当代中国城市发展丛书
Contemporary China Urban Development Series

连云港

《连云港》课题组◎著

当代中国出版社
Contemporary China Publishing House

图书在版编目(CIP)数据

连云港 /《连云港》课题组著. -- 北京 : 当代中国出版社, 2017.1

(当代中国城市发展丛书)

ISBN 978-7-5154-0757-9

Ⅰ. ①连… Ⅱ. ①连… Ⅲ. ①城市建设-研究-连云港 Ⅳ. ①F299.275.33

中国版本图书馆 CIP 数据核字(2016)第 297945 号

出 版 人　曹宏举
责任编辑　柯琳芳
责任校对　康　莹
封面设计　蒋宏工作室
版式设计　姚　洁
出版发行　当代中国出版社
地　　址　北京市地安门西大街旌勇里 8 号
网　　址　http://www.ddzg.net　邮箱:ddzgcbs@sina.com
邮政编码　100009
编 辑 部　(010)66572264　66572154　66572132　66572180
市 场 部　(010)66572281 或 66572155/56/57/58/59 转
印　　刷　北京润田金辉印刷有限公司
开　　本　787 毫米×1092 毫米　1/16
印　　张　21.75 印张　32 插页　插图 81 幅　276 千字
版　　次　2017 年 1 月第 1 版
印　　次　2017 年 1 月第 1 次印刷
定　　价　76.00 元

《当代中国城市发展》丛书
江苏省编写工作指导委员会

《连云港》编审委员会

（按时间顺序）

名誉主任 项雪龙

主　　任 吴加庆　仲　琨　滕　雯

副 主 任 陈东美　古龙高　江行舟

成员单位 市建设局　市规划局　市财政局　市档案局

《连云港》课题组

课题组组长 古龙高

主要撰稿人 周　军　古龙高　杨雪英　薛为昶　杨东升
刘洪石　渠敬华　张淑萍　赵　巍　周一云
李洪波　许思文　马　红　古　璇　邱仕明

审　　稿 任　瑜　周玉久

统　　稿 古龙高　薛为昶

图片统筹 张晓晖

出版前言

城市是一定地域范围内的社会政治经济文化中心，是社会生产力发展到一定阶段的产物，在国家和地区发展中起着主导作用。城市发展的水平是一个国家社会经济发展，特别是工业化程度的重要标志。

我国自古是以农业为主的国家，到近代虽然有了一点机器工业，但工业产值在国民经济中所占的比重很低。相应地，城市发展也十分缓慢。当1949年中华人民共和国成立前夕，建制城市只有132座，城镇人口仅占全国人口的10%左右。

中华人民共和国成立以后，我国进行了大规模的工业化建设，城市也有了较大发展。特别是1978年实行改革开放政策以来，我国国民经济持续快速健康发展，不仅传统工业产业得到大幅度提升，而且高新技术产业和现代服务业也有了显著增强，从而极大地加快了城市化进程，使城市的规模、功能、面貌都发生了日新月异的变化。目前，我国城市化率已达到43%，建制城市已增加到661座，城市在国内生产总值、工业产值及社会商品零售额方面均已占到70%以上，城市在社会主义现代化建设中的作用日益突出。

进入21世纪后，我国经济社会发展呈现出新的态势。一方面，随着21世纪头20年基本实现工业化的进程，我国城镇化水平必定会有新的提高；另一方面，人均资源短缺、生态环境脆弱和社会问题增多等因素的制约，也会使城市发展面临新的严峻的挑战。因此，每个城市通过回顾自己发展的历史，认真总结城市建设与管理中的经验教训，勾画未来发展的蓝图，无论对于探索中国特色城镇化道路、落实科学发展观对城市建设与管理的指导、促进城市建设的健康发展、进一步发挥城市在区域发展中的中心作用，还是对于丰富当代中国史研究和建立中国特色的城市科学理论，都具有积极而重要的意义。正是在这一背景下，当代中国研究所继编辑出版大型丛书《当代中国》之后，又在自己的科研规划中列入了组织编辑出版《当代中国城市发展》丛书的项目，并得到了中共中央书记处的原则批准。

《当代中国城市发展》丛书以我国现有各类建制市为单位设卷，既记述每座城市形成与发展的历史，又从城市功能定位、经济发展，以及城市规划、管理、公共设施、建筑、交通、服务、教育、文化、环境、历史遗产保护等角度总结经验教训，展望发展远景。每卷书的内容大致由这座城市的历史尤其是当代历史的回顾、城市建设中的问题研究，以及城市未来发展的展望等三大部分组成。它既不同于已有的当代地方简史，也不同于城市问题的研究报告，更不是学者个人的学术专著，而是在城市领导机关的主持或支持下，以学术研究为基础，既是面向城市决策者、建设者、管理者、研究者的权威性的科研成果，又是面向广大读者的科学性、普及性读物，是史论结合、篇幅适度、图文并茂、规格统一、装帧精美的系列图书。它不仅可以作为研究城市问题、查询城市信息的参考书、工具书，也可以起到城市名片的作用。

正因为如此，《当代中国城市发展》丛书各卷的写作班子，一般应是由当代史、地方志的学者，城市各方面问题的专家，以及城市规划、建设、管理部门的实际工作者所组成的三结合的写作队伍。每卷书在回顾城市发展的历史和总结城市发展的经验教训时，应当以历史唯物主义的观点为指导，把问题放在一定的历史条件下来分析；在展望城市发展的远景时，应当从实际出发，坚持党的方针、政策，立足国情市情，尊重城市规划部门和其他工作部门的意见，并力求吸收和借鉴当代国外有关城市问题研究的最新成果。书稿写好后，应由城市领导机关或领导机关指定的部门审定。我们相信，只要每卷书在写作中都这样做了，这套丛书就一定可以实现科学性、权威性、普及性的统一，一定会为中国城市化与城市现代化的发展作出自己的贡献。

我们衷心希望全国大中小城市都能积极参与到这一大型图书工程中来，成为《当代中国城市发展》丛书大家庭中的一员。我们热切期盼广大读者为这套丛书的编辑出版提出宝贵的意见和建议，使我们的工作不断改进，使丛书的质量不断提高。

《当代中国城市发展》丛书编委会

2007年2月

江苏部分*序

城市是绵延的文化，是凝固的历史，是人类的家园。江苏历史悠久、人杰地灵、文化灿烂，是中国城市文明的发祥地之一。公元前12世纪泰伯奔吴，播撒了中原文明的种子。在历史的长河中，沧海变桑田，催酿出一座座蜚声中外、令人神往的历史名城：南京以六朝古都、十朝都会著称于世，苏州以园林胜迹、“人间天堂”享誉天下，扬州扼南北漕运之咽喉繁华尽染，徐州历来是兵家必争之地……。城市文化绚丽多彩、交相辉映：吴地文化的精致，金陵文化的温婉，维扬文化的博雅，楚汉文化的雄朴……数千年文脉传承弥新、积淀醇厚。江苏人民以自己的勤劳和智慧，书写了城市发展史上壮丽的篇章。

跨入新的时代，踏上新的征程，江苏城市在改革创新中快速发展，在不断嬗变中追求和谐，在传承历史中活力迸发。全省城市化进程明显加快，大中小城市协调发展，城镇空间布局更趋合理。城市面貌日新月异，古城焕发生机，新城朝气蓬勃，经济充满活力，文化欣欣向荣，环境更加优美，越来越多的市民居住其中、乐也融融。全省有9座历史文化名城、13座国

* 江苏参加《当代中国城市发展》丛书研究、撰写的有南京、无锡、徐州、常州、苏州、南通、连云港、淮安、盐城、扬州、镇江、泰州、宿迁13个省辖市，及进入2005年度国家统计局公布的全国百强县（市）社会经济综合发展指数测评前十强的县级市，即昆山、江阴、张家港、常熟、吴江和太仓6市，共19卷，统称“江苏部分”。

家生态城市、20座国家环保模范城市，数量居全国前列。城市的巨大发展与深刻变化，让世人见证一个开放的江苏、发展的江苏，记住一个文明的江苏、美丽的江苏。

“以史为鉴，可以知兴替。”考察城市的历史，展示城市的发展，审视城市的价值，是为了建设更加美好的家园，创造更加幸福的生活。《当代中国城市发展》丛书江苏部分，记载了江苏19个城市的发展历程，史论结合、论从史出，为城市化发展提供了有益借鉴。在短暂与永恒之间，在变革与激荡之中，我们攫取历史的睿智，倾洒今天的激情，描绘明天的蓝图，将城市建设得更具个性、更有诗意、更富魅力。未来的江苏城市，一定是紧贴时代、创新发展的活力都市，一定是立足高远、不断超越的现代都市，一定是环境优美、文明和谐的幸福都市。借改革之力，聚民众之智，尽我们之能，江苏的城市化道路越走越宽广，更多的城市必将成为“人间新天堂”！

中共江苏省委书记 梁保华

2010年3月2日于南京

序

21世纪是城市的世纪，城市是区域经济发展的龙头，是社会进步的示范区和先导区。城市的发展不仅集中体现了一个地区的综合实力、政府管理能力，同时也是区域对外交流、展示地方形象的窗口。

连云港历史悠久，7300多年前的北辛文化时期，这里是以鸟为图腾的古东夷部族的重要活动地区，即“少昊之国”。5000年前，先民在这里筑城群居，建造了我国离海岸最近的一座城址——藤花落，这也是我国迄今发现的首例内外双重城墙结构的史前城址，对研究城市、国家和文明的起源有重大价值。2000多年前，这里开始有城市建制，秦朝设朐县，汉置东海郡，东魏定海州，古海州曾在唐高祖武德六年和清雍正二年分别升为总管府和直隶州。历史上的连云港因享有渔盐之利、舟车之便，曾经是周边地区的经济文化中心，素有“淮口巨镇”、“东海名郡”之美誉。

古今文明，前后辉映。近代以来，连云港因其独特的地理区位，数次进入国家战略的视野，从1984年获批成为首批沿海开放城市，到1992年新亚欧大陆桥通车成为东桥头堡，尤其是进入21世纪，连云港又相继迎来江苏沿海开发、长三角一体化和“一带一路”建设等多重战略机遇的叠加，在全国政治经济地理版图中发挥着越来越重要的作用。

海纳百川，开放创新。今天的连云港，正按照市十二次党代会提出的奋斗目标，围绕建设国际化海港中心城市，落实“一带一路”战略，加快产业强市步伐，奋力夺取全面建成小康社会决战胜利。我们相信，在一代一代港城人的接续奋斗下，未来的连云港将更加的开放、美丽和富饶。

《当代中国城市发展．连云港》一书通过回顾城市发展历程，研究总结了连云港城市化进程中的成就、经验与教训，为我们把握城市发展中带有全局性、战略性、前瞻性的重大问题提供了帮助。希望此书的出版发行，可以让更多的人了解连云港城市发展的过去、现在和未来，感受这座城市的文化、温度和品位，也为中国城市的前进之路提供一个参照。

是为序。

中共连云港市委书记

2016年12月

目录

历史篇

专题篇

展望篇

历史篇

连云港是一座迁徙性强的海港城市，地理环境演变拉动城市、港口变迁，自古为海防军事重镇。它的文化厚重，早期人类活动遗迹表明有三万年的文化根系，北辛文化表明有七千年的文明起步，藤花落遗址表明有五千年的古城文明，尤其是藤花落古城确立了连云港在中国城市发展中的地位。这些丰厚的积淀是当代连云港发展的根基。

连云港有辉煌的历史，秦代首次设县称朐县，唐代、清代称海州，唐时曾升为总管府，清时曾为直隶州，民国时期设连云市，为当时全国除南京、上海、北平、天津、青岛等院辖市外的12个省辖市之一，江苏继南京市后的第二个市。

连云港城市的发展，与盐业息息相关。近代盐业的发展带来板浦的辉煌、助推新浦的崛起与大浦的兴衰。

现代城市的发展，改革开放前是在计划经济体制下由政府主导和推动，由于地处海防前线，发展一度受阻。改革开放以来为中国第一批沿海开放城市，经济社会全面发展，城市面貌大幅改变，城市格局由“一市双城”演变为“一心三极”，城市综合实力也大大提升。随着国家“一带一路”战略的实施及在战略中交汇点地位的确立，连云港正向国际性海港城市阔步迈进。

第一章 古代城市的形成与变迁

连云港的城市发展有三个显著特点：一是历史悠久，藤花落遗址是中国东部沿海早期文明的摇篮，也奠定了连云港在中国古城文明中的地位；二是迁徙性强，地理环境演变拉动港口变迁、城市变迁，所以海州作为州的建置在不断变迁中；三是军事功能突出，无论是藤花落遗址，还是田横岗、巡望城、天马飞凤双翼城的南城与北城，都具有古代海防军事重镇的功能。在中国城市发展史中，具有特殊地位。

一、藤花落遗址确立古城地位

在连云港的城市发展史中，藤花落遗址既是发展的高度，也拉开了连云港城市发展的序幕。

（一）早期人类活动及其遗迹

连云港市是一座历史悠久的城市，最早的先民来自泰沂山系独立发展和孕育的山东大岛[①]上的“沂源猿人”。“沂源”也是“夷源”，是诞育东夷族团的最

① 约 1 万年前，中国东缘的海岸线在太行山和秦岭的东麓，江苏的海岸线偏东，到达扬州、高宝湖及洪泽湖以西。山东这时是茫茫大海中的一个大岛。山东大岛西部与大陆之间最宽处海峡达 500 公里，最窄处也在 200 公里。中原地区还是一片汪洋大海。

早的“产床”，是东夷人的故乡。沂源猿人距今40万年，是东夷人真正的始祖，也是连云港市的最早人类的始祖。考古学资料显示，3万年前，由于冰川来临，高山冰雪使已经进化为新人的族群无法获得生活资料，新人开始由山区向平原、海滨移动，寻找新的生活环境。沂源新人从沂蒙山麓的洞穴中走出来，沿着沂、沭河来到今日的郯城马陵山、东海县大贤庄、海州区锦屏镇桃花涧等地，打制石器、狩猎采集，开始他们新的生活。1979年，市博物馆在参与海州桃花涧汉墓的发掘中，在地层和地表中发现了细石器时代先人们曾加工和使用过的船底形石核、刮削器、切割器、雕刻器等，以后相继在小姐洞、将军崖、哑吧山、马腰岭、孔望山等处发现、采集到细石器标本400余件。后来细石器的发现地点不仅在市区，而且扩大到了马陵山中段的山左口、大贤庄、爪墩等处。

桃花涧是中国现知离海岸最近的细石器遗址，它和锦屏镇酒店村在湖相沉积中发现的野牛、野猪、野象的动物骨化石是属于同一时期——旧石器晚期的历史遗存，明显地反映出旧石器晚期向新石器早期过渡的特点。2005年、2006年南京博物院旧石器考古专家前后两次主持了桃花涧探坑发掘，不仅获得了大量的细石器的标本，而且找到了细石器制作的原生土层。在经过对石器标本和地层研究之后，这个原生地层的时间定位在两至三万年以前。由此，相应确定了连云港人类活动的历史。

（二）藤花落古城遗址及其地位

1. 藤花落古城遗址概况

藤花落古城遗址坐落于国家级连云港经济技术开发区中云乡西诸朝村南部，位于南云台山和中云山之间的谷地冲积平原上。海拔高度6—7米，这是一处适宜人类居住和劳作的山麓台地。远在4500年前，这里已出现了内外双重城郭的古国，成为中国东部沿海早期文明的摇篮。

考古学家经过多年的考古发掘，从中国史前城址的分布中发现了一个规律，即城址均分布于广阔的农业经济具有持续发展潜力的平原地带，由山麓台地向平原、河口三角洲地带过渡发展。而藤花落城址距海岸线的直线距离不到20公里，是离海岸最近的一座城址。城址选择在南北云台山之间的冲积平原上，东面临海，地理位置优越，既有获得生活来源的肥沃的农耕用地，又有利于自卫的城堡。古城平面布局在一个整体规划基础上进行建设，城市的道路，公共设施中的水沟、石埠头、生活区、宗教区以及农作区甚至生活垃圾灰坑都分布合理，井井有条，堪称一个时期城市规划的典型杰作。

藤花落古城是一处面积很大、保存很好的史前聚落遗址。目前古城遗址已揭露面积 4000 平方米，钻探面积 30 万平方米，发现了龙山文化城址、大型台基、居住房址、生活垃圾坑、灰沟、水沟、环城壕沟、水稻田等遗迹 200 多处，出土玉器、石器、陶器 2000 多件以及炭化稻粒数百粒。藤花落作为 4500 年前一座史前城市，充分反映了史前时期社会组织结构、等级差别以及人们的精神信仰、社会生产方式等诸多方面的丰富内涵，充分揭示当时社会已进入了文明社会。《竹书纪年》中的“于夷来宾”、“献其乐舞”，说明于夷已有相当的文明，礼乐文化十分发达。

2. 藤花落遗址奠定连云港古城地位

藤花落古城是中国原创性城堡的代表，也是 4500 年前龙山文化城堡建设的一个典型。在设计上独具匠心，采用内外城式。内城偏于外城的南部，内城发现夯土台基和大量的房屋建筑，而外城则为主要的生产区。内外城是一个时期的建筑，但其功能上有着明显的区别。内城有保卫居住区的安全功能，而外城及其城外的壕沟则有防止洪水倒灌及敌人进攻的防御功能。内外两道城垣组成城墙、城壕、城门、哨所等完整的城址结构，用木桩加固城体的建筑方法，具有显著的地域特色。外城近 15 万平方米的建筑面积，外城外的城壕，宽 7.5—8 米，残深 0.8 米。内城平面是圆角方形，总面积约 4 万平方米，周长 806 米，在内城和外城之间有道路相通，道路两侧有排水沟。内城和外城的功能从发掘的成果来看，十分清楚。所有房址都是在内城，外城的范围内没有房址的发现。北部的内外城之间有广阔的城市空间，没有发现灰坑或其他遗存，但发现了稻田，采集到了稻作的样本，应是该城居民的农作区。

藤花落古城以南北纵线为中轴，建筑平面左右对称，立体建筑主次分明，结构严谨。平面十分整齐的古城格局，为中国以后城市建设的平面布置寻找到了源头。后期的中原地区的龙山文化的城堡建设，甚或中原夏商的城市建设格局，许多专家都认为是学习东夷的筑城方法。史书记载，“鲧始作城”，“鲧作城以卫君，造郭以守民”，“鲧作三仞之城”。鲧是筑城之父，从鲧和连云港的渊源来看，藤花落古城应该是一个原创性的古城。在《中国城池史》[①] 一书中，藤花落被列为首篇——《华夏东来第一城》，可见其历史地位。

① 张驭寰:《中国城池史》，百花文艺出版社 2003 年版。

藤花落古城以方国[1]城堡的形态出现。城堡的出现，是阶级分化的结果。城堡是国家诞生的重要表现，而国家的出现，可视为史前社会的终结与文明社会的开端。作为人类进入文明社会的标志，城堡的出现，一是昭示着阶级或阶层的存在；二是昭示着强制性权力机构的设立。因而史前城址的发现与研究就显得十分重要。龙山文化城址的相继发现，成了考古界特别关注文明与国家研究的引力。藤花落古城以方国城堡的形态出现，是基于以下认识：

首先，藤花落城址内的建筑已经有了以神权为中心的严格的功能划分和等级制度，为古城以方国城堡形态出现提供了重要的证据。居住区、手工作坊、宗教活动场所、生产区、墓葬区，以通向祭祀台基和宗教建筑的中心道路为界，分布得井然有序而又等级森严。城内有两条主要道路，东面通向东城门，是主要交通干道，向西连接台基，·号台基又与通向西城门与南城门的道路相连，长度都在135米以上。城址内东部以一条东西向的主干道为界形成了等级鲜明的南北两个居住区。以北的房址有圆形、梯形、方形，平面形状不甚规矩，房址单间面积小，有着较多的打破叠压关系。而以南的房址结构考究，皆为方形，没有发现圆形房址。除单间外，还有排房，房址的平面比较规整，门向一致，都朝西南。而且分间面积大小一致，都在12平方米左右。房址内部都有灶炕发现。其墙基宽且深，并有出檐柱。

其次，内城居住区北部发现的巨大的高台建筑，植根于台基之上，平面呈回字形，外间面积达100平方米，内间面积达31平方米。基槽内柱洞密集，直径粗大。房址内两层的垫土非常纯净，内间平面上分布三块巨石（即史前先民崇拜的“社石”），南部正中有一条3.5米宽的道路通向居民区。这组建筑毋庸置疑是一处方国举行重大祭祀活动的场所。

第三，在城墙发掘时，在古城南墙门和门口两侧的夯土中，发现土坑中分别埋置的人、猪、狗的遗骸，有的是数人同坑，有的是动物祭坑，是奠基的“人牲”和“牺牲”。社会已出现了强权政治，社会等级已有了明显的差异。如前所述，以内城东部一条东西向的主干道为分界，北部房址多为单间，面积较小，而且形状不规矩。而路南的房址结构讲究，还有排房和双间房，分间规矩。这种南北房址差异的状况，明显地反映出社会阶层已经存在，贫富也开始分化。

---

① 苏秉琦先生对“方国”的定义是：“邦国时代以后是方国时代，古代中国发展到方国阶段大约在距今四千年前”。

第四，城址的规模、城内面积的大小，是考察城邑的规格、等次的重要因素。目前全国属于龙山文化时期的城址约有30余座，除湖北天门石家河城址为屈家岭文化晚期的建筑，面积为100万平方米以外，即使考古界认为是早期的夏城——登封王城岗城址，面积也不过2万平方米。全国古城址分为两类，一类是因为相互之间的分布过于密集而形成的中心城址（都邑）与从属性城址或防御性城堡相结合的形态。另一类就是一个中心城堡结合其周围的聚落成为一个方国。藤花落城址属于后者。连云港市属于龙山文化遗址如大村、二涧 、朝阳乃至赣榆、东海等地约有十余处，它们如同众星捧月般地围绕在藤花落古城周围。藤花落龙山文化时期古城30万平方米巨大面积的遗址，15万平方米的有着外郭内城的城垣，以及遗址中星罗棋布的台基、道路、高台，再现了一个失落的久远古国的身影，华夏文明将在黄海之滨又矗立起一座丰碑。藤花落古城遗址的发现，确认了中国文明的早期进程，以及海洋文明也是中国早期文明的源头之一。

对于藤花落古城的地位，专家们给予了支持与确认：藤花落古城“是中国聚落形态考古的典型”（俞伟超），“代表了近几年中国考古发现的方向”（严文明），“是中国早期国家出现于东方的代表”（李伯谦），“是目前中国发现的史前城址中最典型的龙山文化的城址，不仅对研究海岱地区古文化具有重要意义，对整个龙山文化城址以及国家、城市和文明起源等学术课题提供了最具典型的实物资料”（张学海），“藤花落时代是连云港史前文明最闪光的时期”、“藤花落是4500年前诞生于东海之滨的史前国家不会有问题”（栾丰实）。在2000年度“全国十大考古新发现”评选中，藤花落龙山文化时期遗址的考古发掘名列第三。同时，在国家文物局召开的田野考古评审会上获得了唯一的一个二等奖（一等奖空缺）。筚路蓝缕的先人们的创造，使后代不仅获得了一份为之骄傲的资本，更重要的是继承了一笔无可估量的珍贵的文化遗产。

二、迁徙性强的海港城市

迁徙性强，是连云港城市发展中的一个显著特点。

（一）特殊的地理环境

1. 城市地理环境的演变

沧海桑田，海陆沉浮，这是自然界的变化规律，在连云港市境，特别是在古代、近代，海陆互换的过程尤为活跃，最典型的就是海岸线的蚀退与推进，使连云港成为一个迁徙性很强的城市。从首设朐县到初置海州，从建置东海县到设市，2200多年中城址几经迁徙。名称虽未改，治所却几易其地。其建置之复杂，城址变迁之频繁，在整个江苏省也无过于连云港者。连云港作为一个迁徙性很强的城市，遵循一个规律——海、港、城的互动，即城随港走，港又受制于海岸的变迁。研究连云港的城市发展，首先要把握城市地理环境的演变。

海岸的变化，是指海侵和海退。影响海岸变化的自然因素有两个方面：一是海洋动力——波浪对海岸的侵蚀，使海岸逐步后退；二是河流在各自的运行中伸展。这两种因素孰为主副，从而决定着海岸蚀退还是延伸。孔望山、云台山地理环境的变化，见证了连云港沧海桑田的历史。

孔望山离海州城五里，东部临海，孔子曾登临此山观海，秦始皇在此“立石东门”，事在《史记》。唐代刘长卿笔下的朐山（今称孔望山），仍是“朐山压海口，永望开禅宫。”[①] 北宋大诗人苏东坡两来海州，登孔望山，隔着茫茫大海，遥望云台山，喟然长叹：“我昔登朐山，出日观沧凉。欲济东海县，恨无石桥梁。”[②] 直至明代，海州知州王同的六言诗中，孔望山以东，仍是“潺潺朐海东流。”今天已成为陆上高山，登山所见，四周一片无边绿野，平原广泽。

云台山分为前、中、后云台三部分，孔望山与后云台之间古为第一道鹰游门海峡，后云台与中云台之间是第二道海峡，前云台与连岛之间是第三道海峡。前、中、后云台三部分原来都在大海中，称为“海上仙山”。自清康熙五十年（1711年）海涨沙淤，第一道海峡成陆。新莽始建国四年（12年），今东西连岛为东海县郡朐与琅琊郡柜的分水岭，今连岛向西北有陆地与云台山相连。桑田变沧海，而今东西连岛成为江苏第一大岛，吞吐于波浪之中。如今的连云港主港区位于前云台与连岛之间，是原鹰游门第三道海峡，南云台与大陆相连，“策马上云台”是近280年来发生的事情。南云台与中云台之间的五羊湖，原来“湖内烟波浩荡”，山水、海水汇于其间。清道光十二年（1832年）开“半边河”

---

① 见刘长卿《登东海》，全文为：“朐山压海口，永望开禅宫。元气远相合，太阳生其中。豁然万里馀，独为百川雄。白波走雷电，黑雾藏鱼龙。变化非一状，晴明分众容。烟开秦帝桥，隐隐横残虹。蓬岛如在眼，羽人那可逢。偶闻真僧言，甚与静者同。幽意颇相惬，赏心殊未穷。花间午时梵，云外春山钟。谁念遽成别，自怜归所从。他时相忆处，惆怅西南峰。”

② 见苏轼《和陶杂诗十一首》，全文为：“我昔登朐山，出日观沧凉。欲济东海县，恨无石桥梁。今兹黎母国，何异于公乡。蚝浦既黏山，暑路亦飞霜。所欣非自誷，不怨道里长。”

运盐，湖水由大板皝入海，湖水泄尽，1860 年前后还是“南城到北城，全靠水上行”的海路，现在成为一片平陆。

2. 地理环境演变拉动城市变迁

海岸线的变迁对连云港城市的形成和发展带来很大的影响。苏州建城 2500 年，城址基本未动。但连云港从公元前 221 年秦代首设朐县到东魏武定七年（549 年）建置海州，再到今天的连云港市，有 2000 多年的建置史。而作为政治中心的城址，屡有迁徙，凸显了一个迁徙性很强的海港城市的特点。

清康熙以前，连云港市的海岸线还在柘汪、九里、罗阳、洪门、锦屏山至板浦一线。今日下口、大浦、太平庄、新浦、范庄及灌云县东南大部地区都为近海海域，锦屏山前惊涛裂岸，云台山孤悬海外。直至清初新浦以东南到南城仍然是一片海水。

秦代首设朐县。秦汉时期的朐县位于朐山西，因州治紧临朐山，民谚“浪打朐山头，船拢黑风口”是秦汉时代州城的写照。这里的“黑风口”是现在的锦屏镇的范庄村，与云台山南城中间隔 20 里海峡相望，为当时海州与云台山最便捷的海上通道，渡口名曰“恬风渡”。由于风高浪急，清康熙年间还曾在渡口立一石碑“舟中人众休争渡，海上风高且暂停”，警示来往船只与行人。清康熙四十九年（1710 年），淮安知府姚陶为赈济云台山民，曾从黑风口渡海。姚陶在《云台山记》中描绘：“庚寅夏，余以赈饥至海州。念海屿民困尤甚，携帑金自海州恬风渡渡海。甫登舟，暴风作，舟人不敢渡。余曰：饥民枵腹待赈，奈何不行？遂扬帆，至中流，篷索尽断，大桅忽折，声震若雷，一舟皆惊，无复人色。山上观者飞舟来救，余笑曰：刺史固无恙也。易小舟，到山下，入凤凰镇，即南城也。”这片近州海域，时称“小海”，包括今日新浦、孔望山、南城这片区域。

北朝的海州治所到了今灌云县的龙苴，隋唐时的海州治所又到了朐山以北。这一时期城址虽屡有变迁，但大都没有离开朐山。宋代诗人冉琇笔下的海州仍是“波涛起天末，舟楫满城隅。”宋诗人张耒《登海州城楼》也是“城外沧溟日夜流，城南山直对城楼。”今日城东的岗嘴山，山下一片沃野，在《宋史》里却是宋金交战的“隔湖港”。

到了清末由于新浦成陆，1905 年新浦、大浦自开商埠，新成立的临洪市治所就移址于新浦，成为海州的政治、经济、文化中心，有着 2000 多年建城史的海州城成为东海县的县治所在。

连云港市城址变化总的趋势是越到近期，城址越向东北迁徙，愈贴近海滨，形成了独有的城市建设的特点：城市和港口互为依托，城随港走，而港口又受制于海岸线的变迁。最典型的就是新浦，① 200年前这个地方还是海州湾临近陆地的浅海，静静地躺卧在大海的怀抱，可以说是一座从海中诞生的城市，在整个江苏省也是最年轻的地级市的政治、经济、文化中心。

清康熙五十四年（1715年），板浦口下渐近淤塞，海潮不通，黑风口至孔望山一线，最先脱离海境，"潮涨无路、潮落方通"，成为滩涂。由于中正、板浦场的盐业运输受到影响，为此向北新开卞家浦，以利盐斤运输。清嘉庆三年（1798年），淮北盐商以卞家浦海戽淤垫，要求捐挑戽河，该河就是由海州东流入海的新浦河，它的入海口就是新浦口，② 新浦至此出海问世。清嘉庆九年（1804年），海州知州唐仲冕在《甲子河记》中具体地记叙了这一沧海桑田的巨变："此州十年来，潮渐北徙。故恬风渡最险恶，已成平陆，朐山以东，郁洲以西，得沙田数千顷。"清道光时的漕运总督阮元来东海营阅兵，从海州已可"平畴策马上云台"。阮元目睹了云台山的沧桑巨变，在《阅兵海上驻节凤凰城》一诗中，对此作了生动的描绘："云台山下结军辕，弓矢锄犁共一屯。田已为桑原是海，营惟种柳半成村。潮头水影犹清浅，月底峦光更浑沦。谁作家山安稳住，今宵有梦到三元。"

《两淮盐法志》卷五《图说·下》关于临兴场的图说中，阐释了作为城镇新浦形成的原因："临兴旧为临洪（今临洪滩）、兴庄（赣榆）二场。雍正六年并此，故名……运盐河由各海口出场，旧皆运至板浦洪河堰。乾隆八年，开浚河道于洪河堰北卞家浦（今灌云县新河乡的卞河口），筑坝堵水，名三岔口（今新坝乡三岔子）。海运至口，舁（yú 音于，抬的意思）盐七里，贮于洪河堰。捆重后，即于卞家浦配捆。亦以海潮不至，艰于发运，嘉庆三年，于卞家浦东北，改立新浦，堆贮垣盐"。成为又一处临兴场的盐坨。清嘉庆九年（1804年）五

---

① 2014年新浦区经国务院批准并入海州区。

② 连云港市带"浦"字的地名特别多，如板浦、卞家浦、大浦、小浦、浦北、浦南，等等。"浦"在地名学上有多种解释，但就连云港市地理、地貌特征而言，它是"水源枝注江海边曰浦"以及"大水有小口另通曰浦"的综合形成的入海河流。连云港市上游历史上入海的河流很多，包括沂河、沭河、涟河、游水、临洪河等固有的河道，甚至包括那些无河道、行洪时期自由行洪的大水。"水流千里归大海"，漫流的洪水到了下游分散开来四处漫流冲刷成沟、成河，各自形成小水系，选择自己独立的入海口。新浦口就是这样一条自行入海的小水系，它是涟河、沭河下游一支入海口。此口原在新坝北边的卞家浦，随着河道下移，就到了新浦口，在今纱厂工农桥附近入海，当地人称为朐山河。

月，知州唐仲冕开挖“甲子河”，就是“东至新浦口，西达城东门”。

20世纪80年代文物普查中，在新浦公园发现刻于民国六年（1917年）由东海县临洪市新浦商会公立的一块《创建新浦天后宫纪》碑，该碑也对新浦的开发和崛起作了历史的记述：“新浦据蔷薇河下游南岸，上沿沭河，为运河尾闾，河流所及之，土货泛而至焉。渤海商舶，因是翔集，而交易成然。余童年至此，茅屋星星，帆樯环立。而庙乃有今日，闻诸父老言，新浦之兴自有天后宫始，其或然欤？”

如前所述，新浦因水而兴。它能由百余年前沿海滩涂变成新的原盐集散地（盐坨），继而发展为鲁南、苏北的粮油贸易中心，成长为一座新兴的现代化城市，经济层面是因盐而荣，城市地理层面是因水而兴，是河流的贡献：是河流洗去了这块新淤滩地的盐碱，焕发了勃勃生机；是河流带来了人流、物流、信息流、资金流。新浦在大河的滋润下成长和壮大。

新浦在成镇以前是一个水乡泽国，其境内北有蔷薇河、临洪河，东有龙尾河，西有西盐河。市区内有两条河流，北有后河（又称后潮河），南有前河（今市化路），都呈东西流向。前河东联龙尾河，西接西盐河，北通临洪河入海。后来在纱厂附近向西挑挖一条扁担河，一根扁担挑两河，将西盐河与龙尾河又联通起来，形成了“六河穿城”的发达水系，为渤海商船翔集、土货泛而至焉的航运要道，成为新浦对外开放的交通水路。

前河在上述水系中贯串南北、沟通东西，是商业贸易集散水道的重要联结点，因此新浦开埠，商业网点、店铺建筑都顺着前河西从西艞东至东艞外，在

▲ 海州城内天后宫大殿

前河底和后河底东西约三里长的地段上一字排开。后河底中间位置就是过去的老大街，今天的民主路，行栈林立，商业兴旺。至此，天后宫碑纪中所描述的“荒冢累累，于蒿莱一望间”的景象早已为两旁近代化楼房和摩肩接踵的人流所代替。这样一个河海交接、交通便利的新淤滩地，遂名新浦。虽然从清光绪十八年（1892 年）以前已经得到了开发，但“新浦之兴自有天后宫始”。天后宫兴，是海运发达的标志，物流带动了人流的汇集，新浦由一个渔村成为一个集散原盐、小麦和杂粮等货物的集镇。“渤海商舶因是翔集”，到清光绪三十一年（1905 年），新浦已成为“商业日兴”的集镇。

3. 地理环境演变牵动港口变迁

海州古港史源上溯 2000 年前。秦汉之际，朐山岗嘴是个天造地设的天然港，专家考证，这里是秦代方士徐福扬帆东渡蓬莱的始发港之一。《宋史》里称为“隔湖港”。元明时期移址于新坝，清初成为最早开放的四大港口江海关的子口，成为征收榷税的分关。

秦始皇统一中国，在海州港（朐港）立东门阙，并派方士徐福东渡日本。汉代的朐港，曾是“海上丝绸之路”的海陆枢纽，为沟通中国同许多国家的友好往来、经济贸易、文化交流作出过重要贡献。今天云台山小村北小山禅兴寺下当时作为航海标志的旗杆石尚存，大村山下还挖到过唐宋时期的沉船，可以想见当时朐山海港的繁忙景象，以及航海史的久远。

早在春秋鲁昭公十七年（公元前 525 年），为了考察郯国的官职制度，孔丘“乘桴浮于海”，“问官于郯”，曾在云台山停泊，并登临孔望山观海。汉代的农民起义领袖吕母、中国第一支水上起义军孙恩都曾在云台山的海边驻扎。

南北朝时，海州港是外通日本、朝鲜，内达建康的中转站。唐时，海州是一个繁荣的商港，码头货场规模很大。唐天宝十二年（753 年），长期留学中国长安的日本人晁衡（本名阿布仲麻吕）作为唐使者从云台山（时称苍梧山）出发去日本，传闻在琉球遇风殉难。他的朋友李白写了一首《哭晁卿衡》悼念他：“日本晁卿辞帝都，征帆一片绕蓬壶。明月不归沉碧海，白云愁色满苍梧。”唐开成四年（839 年）春，日本和尚园仁乘船来中国求法，也曾泊于“海州东海界山湾浦”。园仁描述他当时看到的云台山是：“高石重岩，临海险峻，松树丽美，甚可爱怜”。云台山的一个山峦孔望山有龙兴寺，经常有外国僧人在这里下榻，他们都是从海上泛舟而至。

北宋元丰前后，为了鼓励、接待海外商贾，朝廷在海州专设高丽亭馆。

宋、辽对峙时，中国东北及华北大片地区为辽属地。位于山东半岛的登州和辽隔海相望，宋王朝禁止与辽经並州、莱州界的海路相通，海事活动南移，促进了海州的相对繁荣。元时，皇粮漕运改行海运，海州港是必经之地。

明初，朝廷在海州设巡检司。嘉靖间，新坝、板浦已成为近海与内河航运枢纽的口岸。清初期，朝廷为防止郑成功父子对东南沿海的“侵扰”，把“片帆无许入海”的“裁海”、“迁民”作为国策，加之黄河夺淮后海岸位置的变迁，海州境内众多口岸逐渐衰败，海州地区的经济受到了严重打击。

一个时期后，朝廷再倡海运，撤海禁，准渔樵，迁民复业，海州地区的河口口岸相继缓慢恢复。康熙十六年（1677 年）宣布复海后，海州生产逐步复苏，经济日益旺盛。到乾隆初，板浦已成为一个经济、文化中心，成为淮北盐业的集散地。安徽、山东、山西、河南来此定居和从事商业活动的人日渐增多。

清光绪三十一年（1905 年），临洪河口的大浦港得到朝廷的应准而自行开放。1926 年陇海铁路东端修到大浦，由国民政府陇海铁路局、盐商、地方绅商相继建造 9 座简易木制栈桥码头，港航出现了短时期的繁荣。20 世纪 30 年代初，由于临洪河淤积愈益严重，航运受阻，铁路局筹借资金，急谋开辟西连岛的老窑港，并将铁路终端提前一年修到了连云港。

时移世易，由于海岸东迁，河道淤塞，榷关裁撤，港口遂废，海州地区的贸易进入了以淮安榷税的常关时期。新坝港衰落，代之而起的是赣榆青口港。清乾隆朝末，青口享受了清政府给予的特殊开放政策，准许青口的粮食与浏河（太仓）对渡，促进了沿海经济的发展，使青口成为苏北鲁南地区的交通口岸与粮油的集散中心。

清嘉庆道光以后青口港又衰落。清末，新淤滩涂陆地新浦由于位于临洪口上游，六河穿城，交通便捷，逐渐由渔村发展为近代航运中心，古海州也由一个封闭的农业县向开放的港口城市发展。1905 年，清政府批准新浦、大浦为自行开放的商埠。但是，由于回淤严重，中外有眼光的筑港专家，经过多次实测与考察，从清末到民初，确立了在老窑建大港的方案，连云港口怀胎出世。大浦港从开放到放弃只有 30 年。

（二）海州城市的形成与发展

海州城市建置史从公元前 221 年秦始皇首设朐县算起，至 2014 年建城已 2235 年。

1. 朐县

秦统一六国后，大一统的理论及其实践体现在秦王朝的政治制度上。最初设置 36 郡，设县大约有 1000 个。朐县，是古海州地区首设的三个县（朐县、赣榆县和祝其县）之一。

朐县从公元前 221 年立县，历经两汉、三国、南北朝至北周，公元 557 年，在今海州设朐山郡，将朐县改为朐山县，历时 778 年。朐县延续的历史比较长，初设县治在朐山。①

两汉朐县属东海郡。其北界为云台山北麓，2006 年在连云区东西连岛苏马湾发现新莽始建国四年（12 年）的东海郡与琅琊郡的界域刻石，其中有“朐与柜（县）分高顶为界”。连岛为柜界属地，云台山属朐，南界到达今灌云县的伊卢山。② 东海县尹湾汉墓出土的《东海郡吏员总簿》的木牍中明确记载，朐有盐官，并有三盐场：伊卢、郁州与北蒲（今于公疃）。东至海、西隔游水与利城、祝其为界。三国至两晋仍设朐县，魏属东海国，国治郯。晋朐县属东海郡，南朝刘宋时期，设南东海郡，有朐县，并非实土，侨置丹徒。东魏武定七年（549 年）首设海州于龙苴，领郡六、县十九，有朐县，治朐山（孔望山）。北周改朐县为朐山县。③

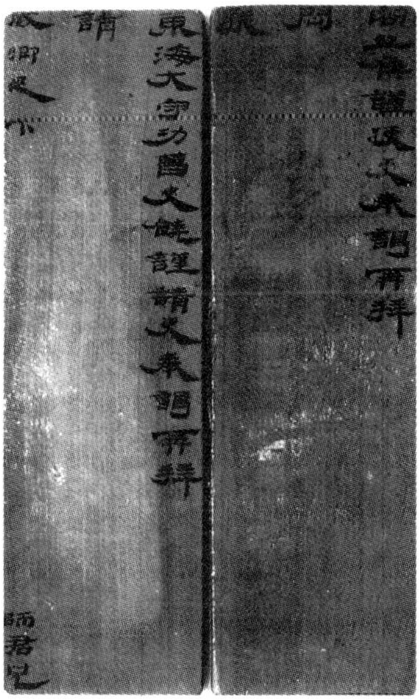

▲ 尹湾汉简，是中国最早的郡级行政档案资料。

2. 海州建置的迁徙

海州是连云港市历史上的州级建置，正式建置的时间为东魏武定七年（549 年），是海属地区被东魏正式占领的时期。《元和郡县图志》载：“魏改青州为海州。”此青州即南朝时侨置于郁洲岛的青冀二州。

太清三年，明少遐在青、冀二州任上“举州附于魏”。东魏武定七年，魏

①《水经注》有载：“朐山西山侧，有朐县故城。”

②《后汉书·郡国志》：“朐县有伊卢乡。”

③《隋书·地理志》载：“海州朐山县，旧曰朐。后周改曰朐山，郡曰朐山。”

将海州建置由青州迁往龙苴，这是海州建置第一次迁徙。[①] 东魏将统辖六郡十九县的海州移往龙苴是军事和行政统治的需要。龙苴位于沭河入海口，郁洲岛成为其天然屏障。由胶莱南下淮海，此为必经之地。龙苴扼淮北而望山东，“北拒齐鲁，南蔽江淮”，成为东南半壁的军事要地。建置海州，置重镇于龙苴，一方面掣肘南方政权的北上，又可防御齐鲁北方政权力量的南下，进退自如，是为南下夺取南朝政权所作战略的准备。

海州建置迁徙于龙苴，开州大于郡的先例。[②] 龙苴故城遗址位于现灌云县龙苴镇驻地东北 1.5 公里处，因传为楚将龙苴始筑二垒以抵御汉将韩信进攻而得名。[③] 根据文献的记载，龙苴古城是南北朝时期南朝梁萧衍 [④] 时始建的“龙苴县城”，[⑤] 城为方形，残垣犹存，周长约 3600 米，残高 1—5 米不等。城墙断面可明显看到逐层版筑夯土的痕迹，夯层中发现有汉代绳纹灰陶片。城内有一高台遗址，在城北部，尚残存高约 3 米，台基周长 720 米，应是一处古建筑的遗址。[⑥] 城内地表汉代陶片俯首可拾，城址内还出土过汉陶罐、南北朝时期的箭鏃等物，特别珍贵的是一件“都督府”公牌，为南北朝时期遗物。

龙苴城的始筑要上推到公元 472 年，即南朝刘宋时期。《齐书·垣崇祖传》：“泰豫元年（472 年），行徐州事，徙戍龙苴，在朐山南。崇祖启断水清平地，以绝虏（指魏）马，未成。魏主谓彭城镇将平阴公曰：‘龙苴若立，国之耻也，以死争之’。数万骑掩之。崇祖马槊陷阵不能抗。乃筑戍自守。会天雨十余日，虏乃退，龙苴不立。”这次战斗在南北朝史上是一次著名的战例，说明龙苴扼守淮河入海口，已成为一个军事重镇，具有重要的战略位置，龙苴城的初筑应当

①《魏书·地形志》载：“海州，刘子业置青州。武定七年改置龙苴城，领郡六县十九。”

② 海州隶属的六个郡是东彭城郡（下辖龙沮、安乐、渤海三县）、琅琊郡（下辖朐、海安、山宁三县）、海西郡（下辖襄贲、海西、陵海三县）、武陵郡（下辖洛要、上鲜两县）、东海郡（下辖安流、广饶、赣榆、下密四县）、沭阳郡（下辖下城、临渣、怀文、服武四县），其范围广及今鲁南、徐淮以及连云港市，是历史上海州辖境最为膨胀的时期。

③ 公元前 204 年，项羽围困刘邦于荥阳。韩信出奇兵袭赵，龙苴大战九江王黥部。韩信继而下齐，挥兵南下。此时项羽急令龙苴率兵至朐南六十里的沭河口筑垒，迎战韩信，这个筑垒之处就是今日的龙苴。龙苴筑的“垒”与“龙苴城”是完全不同的概念。所谓“垒”是一种防御工事，史称“高沟深垒”，和“城”有本质上的区别。龙苴镇的古城遗址，不是龙苴所筑。

④ 萧衍执政 48 年，从天监元年（502 年）到太清三年（549 年）。

⑤ 萧衍始置龙苴县，《魏书·地形志》有载：“海州东彭城郡，萧衍置，魏因之。有即邱城、房山。”

⑥ 或许就是龙苴县治或以后的东彭城郡的治所所在。

此时。后梁萧衍时置龙苴县，在原有垣崇祖城防的基础上又加修筑，今天能看到的古城遗址是这一时期的历史遗存，而海州初设于龙苴，就是利用南朝刘宋时期所筑城垣作为州治驻地。

东魏改青州为海州仅仅一年，公元550年，高洋废掉魏孝静帝，自立为齐文宣帝，改国号为齐，史称北齐。到北齐时，由于国力衰微，已无力窥视江南南朝政权，而南朝梁的萧氏的军事力量大有再度北上、重夺海上重镇云台山的可能。于是，齐政权放弃龙苴，将海州州治又迁到原西汉时期的朐城故址——今日海州古城。龙苴城在历史上虽昙花一现，但在史书上也镌写了独特的引人自豪的一笔。

《元和郡县图志》记载："高齐文宣帝移海州琅郡为朐山郡。"州治所在地原为琅琊郡属，改为朐山郡。海州徙置的朐山郡，据清《嘉庆海州直隶州志》的记载："琅琊山在朐山东北"（今二涧水库西），朐山郡治即今天海州鼓楼以东、小礁山西的山麓台地上。其时州领五郡，但县的建置已大大缩减。

公元557年，宇文觉篡西魏自立，史称北周。北周时，海州改为朐山郡，朐县改为朐山县为其直属县，州治驻朐山县，其治所在今孔望山。从北齐到北周，作为州一级建置所在又第二次徙至孔望山（《通鉴》"海州治朐山"）。其时海州无论其所辖郡县和地理范围都已大大地缩水，北齐、北周时领有五郡，即东海郡，领县广饶、东海；朐山郡，领县朐山；武陵郡，领县上鲜、洛要；沭阳郡，领县沭阳；海安郡，领县襄贲。实际上已经大多郡县合一。

隋代，随着北方的统一，积极地推行南下平陈的战略，海州的军事地位又凸显，成为隋朝通过海路南下建康、夺取南朝陈的政权的重要通道。开皇初年，废朐山郡又改为海州，领五县。但却委派了"使持节上仪同"、"开国侯"王谟为海州刺史并领海州诸军事。此时州城主要在海州鼓楼以东。

唐朝立国不久，武德六年（623年）海州升为总管府，领沿海四州，即涟州、海州、环州、东楚州，地域扩大到今淮安以东，海州自领龙苴、曲阳、利成、厚丘、新乐五县。这一区划变动，再次提升了海州的地位。变动的原因，和唐朝立国不久就拟定并实行的吞并高丽的国策有关。贞观十八年（644年），李世民下令在洪、饶、江三州造战舰400艘，作进兵高丽的准备，任命韦挺为馈运使，转运粮草，并在海州招募水手、舵师（即船老大），积极组建水师。唐王朝分兵两路，向高丽进军。其中东海一路以刑部尚书张亮为平壤道行军大总管，率江淮一带劲兵四万，战船500艘，沿海州湾北上，从莱州湾渡过朝鲜海峡直趋平壤。海州作为主要的兵源征集地和海上粮运、后勤保障，地位十分重要。①

历经北宋一百多年的比较稳定的发展，到南宋绍兴十一年（1141 年），南宋政府割海、泗二州予金。南宋端平二年（1235 年），李璮占据朐山（孔望山），将海州治迁往东海县（今海州区南城镇），史称“东海州”。淳祐十年（1250 年），李璮又将海州迁往朐山，另筑新城，以防金人。景定二年（1261 年），李璮又以“西海州”（今海州城）为海州治所，朐山作为州治十年（见《宋史》）。从端平二年到景定二年 26 年间，海州又两迁治所。②

元、明时期海州在行政区划上不断降格、裁并、省合，元代至元十五年（1278 年），由海宁州升为总管府，复又改为海宁府，未几又降为州，下辖仅有朐山、沭阳、赣榆三县，反映了海州地位的衰落。由于区行政建置上不断下缩、裁并，元代海州，大量农田成为牧场。明代海州更是衰蔽，虽称州却仅领赣榆一县，属于淮安府管辖。

清雍正二年（1724 年），海州升为直隶州，这是海州建置史上又一次重要的转折。海州位置的提升，主要是淮北经济的发展和淮盐中心北移板浦的原因。民国初年废州设县，将海州析置东海和灌云两县，加上沭阳、赣榆，时称海属四县，海州建置取消，海州仅作为东海县的治所③。

“盛世修志，乱世筑城”。州治的迁徙随之而来的是城池的建设，海州虽有历史上的四次迁徙，但作为州城的建设，能够代表海州、而且曾有长期作为州城形象代表的只有今日的古城海州。人们经常说的海州城，也指的是今天的古城海州。

3. 古邑赣榆

赣榆作为县置历史悠久，源头可追溯到 7000 年前，在春秋战国五个多世纪的历史中有着举足轻重的地位。它东北临海，北与齐国接壤，西接沂蒙山麓，为莒国之属境。西北则与郯国毗邻。在这块海疆一隅之地上，曾先后有纪国、

---

① 见敦煌唐代文书卷子。

② 这样龙苴、海州、南城、朐山都曾作为治所，故历史上有“四个海州城”的说法。

③ 新中国成立后，江苏省原来同为州治的徐州、苏州、常州等地作为一个地区的政治、经济、文化中心而进入了现代城市的行列，以原州名市。而“海州”这一曾存在并延续近 1400 余年的历史名称，却从地级市名称中划掉，代之而起的是新海连市——连云港市，而海州仅作为区级地名而保留其历史的遗绪。城市的市政中心，又转移到 20 世纪 30 年代兴起的商埠——新浦。

郚国、祝其、莒国建都置邑，秦汉时有赣榆、柜县、曲阳、计今、祝其，在此置县建城。

赣榆也是公元前 221 年秦始皇封建郡县中首设之县，公元前 221 年，秦始皇封建郡县，设县已有 2200 多年，为琅琊郡之属县。[①] 赣榆本是生活在东方海滨的鸟夷中的一个部族，是句芒的后代。句芒部族观天测象，较早地建立了古代天文学，并留下了古代的天文学的记录，所以“赣揄”的原意是天文中心，在云台山建立方国，归属于郁夷所建立的羲和之国，后为夏一统。商、周之际，仍是郁洲岛上的方国部落，即《山海经》中记载的《海外东经》中的十七国之一：“肝榆之尸”（读夷）所建立的“盖余国”。

赣榆是立县悠久的古县，也是一个县治不断迁徙的县城。初设赣榆县的县治在郁洲，[②] 尚未发现确切的城址。赣榆县治第一次迁徙的准确时间史无记载，但从尹湾汉墓简牍中，可推断最晚在汉成帝元延三年（公元前 10 年）赣榆已迁至盐仓城。东汉光武帝六年（公元 30 年），并省四百余县，赣榆县建置于此时裁撤，其属地划入祝其县。东汉建初五年（公元 80 年），又恢复赣榆县建置。《后汉书·郡国志》赣榆条下注：“本属琅邪，建初五年复”。这是赣榆归属东海郡的准确时间，此时东海郡的祝其、利成二县编制仍在，赣榆县治仍在盐仓城。[③]

盐仓城为汉代赣榆县城，该城址在今赣榆区龙河乡境内。[④] 据田野调查，盐仓城略作方形，城墙系夯土筑城。东西、南北各长约 1000 米。城外有郭，外郭

---

① 这已为 1979 年陕西省临潼县赵背户村秦代刑徒墓中所发现的两片瓦文所证实。一片刻“赣揄距”；一片刻“赣揄得”。

②《水经注》：“朐县东北海中有洲，谓之郁洲，《山海经》所谓在海中者也。”顾祖舆《读史方舆纪要》：“汉赣榆县即郁洲也。”宋代沈括在其《梦溪笔谈》中也指出：“今东海县（宋代东海县在今云台山）乃汉之赣榆，自属琅邪郡，非古之东海也。”国学大师钱穆在《先秦诸子系年考辨》也指出：“赣榆为海道要港，秦末之田横，东汉之吕母避居海上皆在此邑。越王徙都琅邪也在此。”

③ 此时赣榆县属境西至游水和祝其为界，南至沭河与朐县为邻。从城市考古发表的资料看，秦初所设郡县筑城者少，大多利用春秋战国时旧有的都邑为治所。郁洲山至今未发现有秦汉城址，直至汉高帝六年（公元前 201 年）才“令天下县邑城。”（《汉书·高帝纪》）从尹湾汉墓出土的元延三年（前 10 年）的郡级政府的主要文书档案《上计簿》中记载，当时东海郡三十八个县邑、侯国中只有“廿四有城”。赣榆筑城的历史就目前史料看，可以上推到西汉，即今天的盐仓城。

④ 唐李吉甫《元和郡县图志》载：“赣榆故城，名盐仓城，在县东三十里，汉旧县也，属琅琊郡。”《魏书·地形志》：“归义有盐仓”。魏之归义县即汉之赣榆。《赣榆续志》引《嘉庆海州志》：“盐仓城县治北三十里，土垒巍然，由来莫考。”1962 年秋，南京博物院曾来此考察，确证了盐仓城为汉代赣榆县旧城遗址。

周长6公里，内城周长4公里，城墙现存西南、西北两段城垣，残高5米，宽约20米。城西北有一高台子夯土遗址，[①]高出地面3米，东西长120米，南北宽115米。高台遗址探坑发掘显示，文化层共分三层，上为秦汉文化，中为商周文化，下为新石器时代文化。城西南角曾发现作坊遗址，出土石具及铁渣。距此往南300米，即为消失的古游水河道，底层曾发现大量的柞木。在古城东约3公里，有歇马台，为古代接官亭处。

盐仓城历经兵燹，至明代已一片废墟，后逐渐聚落为村。[②]明正德年间庚辰科进士、工部郎中刘守良告老返乡，曾登临城垣，作《过盐仓城》诗一首，可见当时的凄凉景象："劳人车马易黄昏，晚度墟城逸思存。河自西南流入海，路从高下乱通村。钟鼓日落初闻寺，荆棘秋萧半没门。为惜梳妆楼上草，年年留绿怨王孙。"

魏黄初六年（225年）置利成、祝其二县，复归东海郡。西晋太康元年（280年），复置赣榆县，县治又移至郁洲，在艾不城筑城，仍隶于东海郡。南朝刘宋，明帝失淮北之地，立赣榆县于郁洲，侨立青、冀二州，治赣榆。泰始七年（471年），又立东海县于赣榆。

东魏武定七年（549年），魏设义塘郡治黄郭戍，领义塘（郭下）、归义（盐仓）、怀仁（吴山、莒城）三县，相当于今之赣榆全境。这是赣榆曾为怀仁一名之始。

隋开皇三年（583年）废东海郡，立海州。废义塘郡，以归义、义塘二县归怀仁县，隶海州。大业十三年（617年）秋臧君相起兵占据怀仁，并将怀仁县城从黄郭戍迁至今罗阳乡大沙村，建怀仁县城。

李唐王朝建立，于武德四年（621年）恢复赣榆、祝其、利城等县建制，建海州总管府，领海、涟、环和东楚四州。海州领9县，今赣榆县境为怀仁、利城和祝其3县。赣榆县仍治郁洲山，由环州管辖。环州领东海、赣榆、青山、石城四县。后废环州，郁洲成立东海县，以石城、赣榆、青山3县并入。

宋代赣榆仍称怀仁县，县治移至赣马，这是县治第三次迁徙。建炎二年（1128年），怀仁县入于金。绍兴十一年（1141年）宋、金议和，以淮水中流为

---

① 根据现遗址分析，此高台应是当时县治机关"长"的署衙。

② 清咸丰十年（1860年）九月，鲁王余部血洒紫阳桥后，退驻盐仓城。当地劣绅周翰儒带领72村的反动武装，同清兵一起发动对捻军的围攻，捻军在此又一场血战，多少热血男儿捐躯疆场，而盐仓城经过此役也化作一片废墟。

界，海、泗二州皆入于金。金大定七年（1167年），怀仁县又改称赣榆县，南宋端平二年（1235年）复归宋。元代赣榆属海宁州，治赣马①。

三、古代的海防军事重镇

作为古代海防军事重镇的功能，一直伴随着连云港城市发展过程的始终。

（一）古代军事城池的建设

中国城市的出现以城墙建造为标志，城池建设的初始目的有二：一是防御自然灾害的侵袭，二是抵御敌人的进攻。前述距今4500年的史前时期的藤花落古城池的建设，双重功能已经体现于整个城郭、壕沟以及城市内部建筑的布局上：双重城郭以及壕沟、瞭望台，体现了其重要的军事功能。

连云港这块古老的土地，在军事上的战略地位十分重要，历来是兵家必争之地。从上古东西轴线上的夷夏之战到商、周伐夷；从吴越北上到楚国问鼎中原；从秦始皇立石东门到南北朝时期的烽火鸣镝；从隋、唐一统到金人南侵；从宋金交战到大元帝国的统一；从元末群雄割据，到朱洪武一统天下；从民国军阀混战到日寇海上登陆，4000多年来，战争的硝烟此散彼起，金戈铁马之声在历史的字里行间时时传来。因而它的建置沿革变动幅度大起大落，城址的中心随着战争的需要和政权中心的移动而变动无常。

海州建置的迁徙，几乎都和战争有关，一个海州城的建设变迁史，就是一部战争史。雄踞于锦屏山麓、西依白虎山的海州古城，跨山临海，号称“金城之固，汤池之险。”因战争而焚弃，也因战争而重新建设与巩固。建置随着战争的需要和政权中心的移动而变动无常，州城也随着战争的需要不断地修固和扩展。隋王谟出任海州刺史，积极筹备平陈战役而重加修筑海州城。这时的海州城城址，主要在鼓楼以东山麓台地上。唐时扩州城为东西二城，城外浚壍筑

① 赣马又称旧城，是宋、元、明、清直至民国的五朝赣榆县治所在，一千多年的历史。赣马虽从宋代始作县治，但并未筑城。直至元至正二十四年（1364年），由于元朝统治受到各地农民起义军的冲击，为了巩固统治，下令各地筑城。赣马城原为土城，至明洪武二年（1369年），由于沿海倭乱，曾骚扰赣榆，知县郎廷珪重修土城，以御倭寇。万历十九年（1591年），知县樊北程重修城池，加高城墙，凿深壕沟，并在土墙外砌以砖石。新筑城郭高二丈，池深四尺，周长四里多，共设三座城门，南曰“迎薰门”，北曰“拱辰门”，西曰“瞻圣门”。东门无门，建谯楼名曰“海晏”。取“河清海晏、时和岁丰”之意。

郭以环之。南宋抗金名将张浚为防止金人占城，于绍兴十一年（1141年）焚城迁民，州城毁于大火。绍兴卅二年（1162年），南宋抗金名将魏胜为抵抗金人入侵海州，对旧有州城复加修筑，"筑城浚湟"。并在州城南郭外增加一道土垣，围南门外白虎山于城内，形成一座固若金汤的抗金城防（见《宋史·魏胜传》）。公元1255年，李璮又对海州城进行整修加固。元代海州城屡遭兵燹，先后曾为李璮、南宋、蒙古军占领，攻掠城池，破败不堪。

海州城在明代防倭的历史大背景下得到重建。明初，东南沿海曾受到倭寇的骚扰和掠夺，洪武朝制定和颁布了严格的禁海政策："片帆寸板不许下海"，禁造三桅以上大船。这一海禁政策，初期是对着流亡于东南沿海各岛反抗明朝的张士诚余部，但后来发展到外贸不开，海运断绝，致使沿海许多赖以外贸和航运为生的人私自出海、冒险贩洋，其结果是开海则寇转为商，禁海则商转为寇，更有甚者与倭寇勾结，联成一体，劫掠沿海。这部分人更成为倭寇的带路人，造成了明朝初年的倭乱。至中期倭寇的骚乱更趋严重，促使明政府更加注重沿海各县的城池建设，并增置沿海各卫所和烽墩建设，加强水师巡船的巡逻和检查，并组织沿海村镇自卫乡勇团兵、官民结合，组成了一道严密的防倭海上"长城"。特别是海州成为防倭重镇，战略要地，不仅有力地保卫了海州地区的一方平安，也成为整个东南沿海的防倭体系中重要的组成部分。

海州城从明洪武到清乾隆嘉庆年间，历经近200年不断加固修葺而成为防御坚堡，纳入了沿海防御体系，不仅作为州治而且成为东西两所的"海西中前哨"的指挥中心，[①] 担负起防倭和州治的双重任务。据《隆庆海州志》记载："旧志有东西二城，东城高二丈七尺，周围三里，有东西二门。并西城。元季兵废。国朝洪武廿三年，淮安卫分中前千户所，千户魏玉守御，因西城故址修筑土城。永乐十六年，千户殷栻乃砌以砖石，高二丈五尺，周围九里一百三十步。东西南北四门：东曰镇海、西曰通淮、南曰朐阳、北曰临洪。月城二。西设水关，池深六尺，吊桥三座，在东、西、北门外。嘉靖间，知州吴必学复因城埤增拓，环以铺舍，翼以栅门。署印通判范永官、李维东，郑州钱腾蛟、高谣、杨本俊，

---

① 清《康熙海州志》中刘兆龙的《东西守御二所并屯田纪略》，详细记载了海州城西所的建设缘起："东西二所之设，盖缘本州城逼处海边，东海（山）孤悬海上，地当要冲。前朝洪武年，倭警与海寇交讧，故于淮安卫八所之内一分中所守御海东，一分中前所守御海西。东所有南北二城十四墩，明朝奉行增筑四墩，共一十八墩。西所为州治所在地，有十三墩，又奉行该有司增筑三墩，共一十六墩，皆分派军丁操防城池，了望墩台，从不领运"。

相继修葺，工未就绪。隆庆壬申，知州郑复亨修筑沿西一带始为完成，民可持以固守矣。”

州城坚固，人民同心。在明初倭乱最为猖獗时期，倭寇在沿海各地长驱直入，如入无人之境。仅就江苏而言，从嘉靖二十四年（1545年）开始，倭寇前后作乱三十余年，甚至打到南京，兵临城下。两次占淮安，犯扬州、天长，侵盱眙、泗州。三十八年（1559年）四月，更进入通州（南通），再犯淮安，据庙湾（阜宁）。而海州地区，倭乱时有报警，但城池坚固，军民奋勇杀敌。陈宣《海州志》记载，倭寇嘉靖三十六年（1557年）五月窜至新疃（今太平堰），州兵斩首数级，其余逃跑。《赣榆县志》也记载嘉靖三十四年（1555年），倭寇由夹仓山登陆，侵犯县东，海州同知章道明，县丞林松率兵抵御，敌未得逞。《淮安府志》记载，嘉靖三十四年倭寇36人自海州入境（沭阳），遇邳州兵而歼。海州成为未受倭害而又成为倭寇闻风丧胆之地。

连云港市在历史上，还曾经因为防御或者军事上的需要建设过多座军事城堡，如孔望山的巡望城，西汉早期的田横岗与吕母崮石城，以张氏家族舍资财修筑的完全为防御捻军进攻的朝阳大雾崖石城，还有南城和北城。南城始建于南朝，初始完全是因为军事需要，但却成为自南朝刘宋始建的东海县的县治，历经800余年沧桑。自明至清初，南城仍是军事要塞、海防城堡。随着海势东迁，让位于北城——墟沟。

（二）垒石为城田横岗

连云港南云台山有一个山头称小鬲山，亦名隔峰山，坐落在国家级连云港经济技术开发区境内，海拔250米，山形峻峭，形势险要。东西北三面山体陡峭，大涧环绕，只有南面一条小道与云台山主峰相通。山上有古营寨遗址，世代相传是田横和五百义士所营造的岗寨，俗称田横岗。《太平寰宇记》载：“田横岗在东海县东北六十里，小隔山上，孤峰独秀，三面壁立，俯临深壑，唯有东隅才近行人，累石为城，即田横所营处。”《元和郡县图志》说：“小鬲山在东海县北六十里，田横避汉所居之山也。其山三面绝壁，皆百余仞，惟东南一道略容行人。”《辞海》中说：“郁洲，古洲名，相传秦末田横居此，故又名田横岛。在今江苏连云港市云台山一带，古时在海中”。据连云港市博物馆田野调查，田横岗西边为狼窝涧，东边是大青涧，临涧多悬崖绝壁，高者十多米，矮者亦有四五米，错列迴曲，宛若城墙三面。唯东面可通行人，险要天成，令人惊叹。

田横岗分左、中、右、前四个营寨，均面向北面的大海。寨墙全部用块石垒砌，其中寨面积最大，位于隔峰山山顶最高处的小龙顶，由此有四条小道通向左、右、前各寨。田横岗的石城墙高 2 至 3 米，宽 1 至 1.5 米，最高处达 8 米，总长 200 多米。另外，田横岗东、西、北三面绝壁陡坡的隙缝处还有断断续续用作封堵的石墙，约 200 多米。在田横崮正中位置，有一处明代建筑基址，方志记载这是田横将军庙，1937 年连云港乡绅张学瀚改其名为“田横祠”，在建筑基址旁竖有一碑。① 田横岗旁的大清涧全长 2.1 公里，曲折幽深，深潭、瀑布、峡谷、悬崖、古洞、石棚，错落其间，步移景换，气势非凡，为当年田横壮士的水源地。

田横入居海岛后，汉高祖刘邦为免除祸患，即派艾不领兵追横于郁洲，并筑城居高临下与田横对峙，史称“艾不城”。② 今艾不城尚存数十米城墙，石墙南侧裸崖壁立，崖下有洞，称“艾不洞”。艾不恩威并重，田横被迫前往洛阳，但想到鲁山齐水失尽，故人烈士不见，又耻为汉臣，在距洛阳 30 里一个叫尸乡的地方，自杀身亡。留居海岛者闻田横死讯，也全部自杀，史称田横五百壮士。为了纪念田横，世人就把海中的云台山称之为田横岛。唐初徐坚的《初学记》即云：“海州有田横岛。”唐开元年间的诸王侍读率长史张守节在《史记正义》中指出“在海州东北”，“去岸八十里”是田横屯兵之处。田横当年所踞的隔峰山地理形势和唐《元和郡县图志》记载完全相符：此“田横避汉所居之山也，其三面绝壁，皆百余仞，唯东南一路略行人”。《方舆纪要》云“其上累石为城，谓之田横岗”。

（三）孔望山下巡望城

原新浦区南五公里的孔望山上，有一座由黄土夯筑而成的古城墙，依山势

---

① 该碑残高 1.4 米，宽 0.71 米，为张学瀚《云台山导游诗抄》中所记的清康熙四十一年（1702 年）里人成俭立《田将军讳横暨二客、五百义士碑记》，原在今朝阳镇新县西五里的小西山东侧，后被人迁移至此。由于年久风吹雨打，碑文已模糊不清，正面有字四行，尚可辨认者唯“今隔”二字。背面有字十四行，只有南边上首“齐王田横碑”五字清晰可见，字径 4 公分，皆楷书。祠堂两侧有楹联，上首是，“赤手难回齐社稷”，下首是，“丹心耻作汉公侯”。

② 艾不城，《云台新志》引《太平寰宇记》：“在东海（指南城东海县）北二十里，相传田横避难，使艾不追横所筑。”清咸丰年间，朝阳老贡生张才甫在他的《云台补遗》中写得具体：“在新县东山，石观音顶，垒石为城，城址尚存，世人称为土城。前有烟墩、马道相连，向东至田横岗而止。登此峰顶，凭高视下，则田横岗不攻自破矣。”

逶迤，连绵起伏。东边从孔望山山腰向南延伸到果园，折而向西，顺凤凰山的山脊，起伏西去，然后由南再折而向北，爬上孔望山脊，迤逦东去。这座古城完全体现了中国古代筑城的风格：因山为垒，缘海为境，充分地考虑了地利的因素："城于山，则不入斗，可长保安逸"（《永嘉县志》）。孔望山以东，直至明代，在王同①的六言诗刻中仍然是"朐海潺潺东流，向东一望海天高"。古城的北城垣沿孔望山脊而建，南城垣则依托凤凰山山脊。东城垣、西城垣则建在两山之间的台地上，东西各僻两座城门。城垣不求方正规矩，但求依山缘海，形势天成，是一座典型的山水城。

孔望山古城经过实测，东西长 640 米、南北宽 550 米，总面积 29 万平方米，是一座近似于长方形的土城。从保存的现状来看，以西城垣保存得较为完整，宽度 10 米左右，高度均在 5 米以上。南城垣经过实测，现存宽度 5—8 米，高度 4 米。南城垣南面（外），大部分被村民剥落，在城基上建屋；北面（内）保存较好，其中古城西南角和凤凰山山脊上的古城相当完整。北城垣主要盘旋于孔望山山脊，墙体较完整，由于长期雨水冲刷的结果，现存宽度仅在 2 米左右，高度约 1—3 米不等，现已成为山脊上的一条旅游通道。东城墙破坏严重，除在孔望山东南山坡、山脚尚留下一段城墙以及在果园还保存两个土堆外，墙土已被运光，但仍可以看出东城墙的基本走向。

历史上对孔望山古城的建造年代及其功能认识，较早的明《隆庆海州志》引《舆地要览》云："孔子问官于郯子，尝登此山以望东海，故名"。州志的作者指出，孔望山"又名古城山，山畔有故城基址"。新编《海州区志》认为"朐山城，北周大定元年（581 年）于孔望山与锦屏山之间筑朐山城，并于孔望山设哨棚，巡望海面，所以又称巡望山。"孔望山古城经国家博物馆考古队两年的发掘，已完整展现以孔望山和小凤凰山脊连成一体的"半山垒石为城"的建筑风格，确立了它是军事城堡的功能。它的功用主要是军事防御的需要，筑城与军事、战争的需要有极大的关联。

孔望山筑城可上推到南北朝时期，首筑者为宋齐时的垣崇祖。《南齐书·垣崇祖传》："崇祖妹夫皇甫肃……乃将家属及崇祖母奔朐山，崇祖因将部曲据之，遣使归命。太祖在淮阴，板（书在木犊上的任命书）（崇祖）为朐山戍主……徐州刺史成固公……遣步骑二万袭崇祖，屯洛要，去朐山二十里。崇祖据城……

---

① 王同，字一之，明河南郏县人。明嘉靖二十三年（1544 年）以举人身份出任海州知州。

令人持两炬火，登山鼓叫。虏参骑谓其军备甚严，乃退。泰始三年，明帝以为北兰陵、琅琊二郡太守。亡命司马从之谋袭郡，崇祖讨捕斩之。”泰始三年（467年），垣崇祖据城防守，说明早在此前古城作为军事防御已初具规模或崇祖为戍守朐山而赶筑土城。

南北朝时期，作为郁洲的前哨和咽喉要地，朐山成为兵家必争之地，战火绵延，争夺十分激烈。宋明帝时青州刺史明僧暠原治朐山。南齐时龙骧将军刘怀珍保东海，明僧暠退据郁洲，刘怀珍进据朐城。齐高帝时，建元二年（481年）东魏攻朐山。其秋，魏再攻朐山。南部尚书拓跋嘉，率十万众围朐山。朐山戍主玄元度固守，青冀二州刺史卢绍之遣子由郁洲渡海运粮草供应城内。卢绍之出兵屯石头亭，与魏军缘岸攻朐山城。会潮水至，元度出兵，大破魏军。梁武帝天监五年（506年）六月，青冀州刺史桓和前军攻克朐山城。十年（511年）三月，以朐山降魏，齐振远将军马仙琕讨之。是月，魏徐州刺史卢昶赴朐山，马仙琕大破魏军，斩首十余万，克复朐山城。陈太建五年（573年），陈军吴明彻北讨，其部徐敬成为都督，克涟口、朐山二戍。以其功进号壮武将军，镇朐山。

孔望山古城最大规模、时间持久的修复是在南宋李璮占据海州时期。朐山城作为州治11年期间，李璮在旧城基础上从军事防御的需要而修竣（见《宋史》），考古发掘的成果证实了记载的历史。从古城现存状况看，其构筑方法有三种：西城垣和南城垣西段，直接在较平缓的基岩上夯筑而成，墙体保存较好，城外挖有城壕。南城垣中段、北城垣和东城垣的北部构建在山脊和半坡上，其墙体下部筑内外挡土墙，内部垫土夯实，然后逐层向上夯筑。南城垣外有护城濠，并发现其筑城工具为集束夯，即由8—10根直径约5—8厘米的木棒捆成一束，作为夯具，夯层厚度约15—20厘米。有一条宽约5米的道路东西向穿过城中，并保存着城的西门。根据城门的结构，证明至少西城门外应有瓮城。经踏勘，发现北城垣、南城垣、西城垣外筑有马面。2001年春，于西城门北侧顶部发现由青砖砌筑的台阶。从城垣底部出土的瓷片和砌筑台阶的青砖及城垣外筑有马面判断，此城最后一次筑于宋代。此城不是行政经济型的城市遗址，而是一座军事城堡，和文献记载相吻合。

2002年，以西城门北侧切出一个断面，在西城门东侧布一个10×10厘米两个探坑，发现了由城内登向西城门顶部的马道。该马道延伸至城墙顶部，后分为两个方向的青砖布道，一条（由青砖台防）通向西城门门楼，一条向西南通向瓮城城垣顶部，更证实了该城的军事性质。主持发掘的考古队队长信立祥

▲被誉为“九州第一窟”的孔望山摩崖石刻

先生认为：“孔望山古城为全国罕见的、保存完整的宋代军事城堡”。

孔望山内城发掘后，选择在孔望山西麓南侧，三年合计布探方、探沟20余个，其范围在孔望山摩崖造像群、圆雕石象、馒头石和圆雕石蟾蜍附近。2001年发现了一处巨大的建筑台基，并发现直径约1米的水井。在水井内清理出汉代至魏晋南北朝时期的绳纹瓦片、双系陶钵瓦片，由此推断此井最晚也开凿于南北朝时期。2002年又发现了一处建筑台基，呈现出一处面阔7间35米左右、进深3间15米左右、建筑面积500平方米以上的建筑台基，初步认定为南北朝时期的宗教建筑遗址。唐代该建筑极有可能就是圆仁笔下记载的龙王庙的遗址，后期改造成军事首脑指挥机关；有可能也是李瑄的都督行营所在地，后期曾作为海州治所。

（四）天马飞凤双翼城

天马、飞凤是连云港市历史上两座重要的防倭重镇、海防要塞——北城墟沟和古为临海镇的南城的雅称。清道光朝两淮都转盐御史谢元淮在巡视海疆时，曾以“北城倚天马，南城跨飞凤”的诗句，赞美这两处城池。

1. 南城

连云港市东南部地形由东北向西南逐渐降低，境内有东西两座凤凰山，南城坐落于东西两山之间。东西两山如凤凰展翅，故南城又有“凤凰城”之誉称，是城市的南大门。先有南城，后有北城。

当云台山还是位居大陆北部的一个海岛时，三道鹰游门海峡将其分割成南云台、中云台、北云台互不连接的三列大山。南城是南云台隔海与大陆交往的一个重要的港口，中间就是宽约20里的第一道海峡鹰游门，又称恬风渡，是大陆渡海进山的必经之路，地理位置十分重要。

南城以城闻名于世，筑城的历史要上溯到南北朝的侨置时期①。魏晋南北朝时期，是中国历史上一个极为纷乱时期，也是军事上和行政建置上具有重要意义的时期。当时的侨治政府都在长江两岸，但本区却成为南北政权攻守进退之地。由于国家分裂，而郁洲阻海连山，北拒齐鲁、南蔽江淮，地理位置十分重要，遂成军事重镇②。同时由于这里偏离中原战乱中心，成为北方南徙流民一个重要的落脚点和中间站，为南朝侨立的徐州、郁州、冀州的建置之地。

东晋、南朝时期，国家政治的一大特点就是侨置州、郡、县的大量出现。造成这一状况的原因始于西晋的八王之乱，中原地区相继陷入匈奴、羯、氐、羌、鲜卑等少数民族政权手中。郁洲虽说是僻在海隅，但却有海峡和大陆相隔，退可以守，进可以战，而且有海上交通线和南朝政权保持着密切的联系，战争时期不仅是一块安全的避难所，而且成为侨置政府选择的理想地区。一时间，北方的士家大族、部曲流民，纷纷涌入，抢地盘，建政府，营构治所、开荒种地，热热闹闹了80个年头。

刘宋泰始三年（467年），北魏拓跋氏的军队南侵，徐淮守将张永、沈攸兵败退走，薛安都被逼降魏。而北方的青、冀二州也相继失守，尽为拓跋氏所有。战争的失败，惨遭苦难的是老百姓，在异族的铁蹄下受尽蹂躏。青、冀二州的士家大族、领兵将帅，却带领门宗部曲裹挟百姓，纷纷逃至郁洲岛，郁洲岛成为北方豪强士家大族的避难之地。南朝政权为了安置流民，鼓励豪强武装抗击北朝，收复失土，因而郁洲岛这个弹丸之地，一时间成为侨置政府的密集地区。宋明帝曾将徐州侨立于钟离，泰豫元年（472年）移治于朐山，元徽元年（473年）又还治于钟离、郁洲的东海郡的赣榆县，归属侨置的青、冀二州辖制。泰

① 侨置，又称侨治，是寄居的意思。一个建置政府跑到不属于自己统治区域去建立政权，只一居所，护印者数人，这就是侨置政府。

②《读史方舆纪要》载：（海）“州阻海连山，为南北襟要，六朝时置重镇于此，以掣肘牵制南寇之锋。”

始七年（471年），又首设东海县归属东海郡，这是本土的政权机构，又从赣榆县属地中分割出一块土地新建一个郁县，同时建立一个北海郡，郡治就设在郁县。① 从刘宋泰始六年（470年）在郁洲始设青、冀二州侨置政府，成为郁洲岛流亡政权机关的“龙头老大”。为了便于统治，开青、冀二州共一刺史的先河。据统计，刘宋时期在郁洲岛上设立侨置政府青州和冀州，冀州实际是虚设，并无侨立郡县。青州侨立的80年间，宋、齐、梁三朝青州治下先后就有东海郡、海西郡、齐郡、北海郡、东莞郡、琅邪郡、东彭城郡、南彭城郡之设，以及郡下再侨立十余个县。这在中国政区史上可以说是独一无二，创造了连云港历史上的又一个“中国之最”。虽然郡县实体十无八九，但却有名存。从公元407年到公元549年，郁洲岛经历了南朝宋、齐、梁和北魏四个中央政权的更迭，虽建置无常，却形成了和朐山北魏政权隔海而“一国两制”的政治局面。恬风渡海峡成为两国政权鼎立的分界线、海上屏障，使宋、齐、梁、陈四朝得以偏安一隅。与此同时，郁洲岛也进入了历史上一个短暂而又辉煌的发展时期，成为人文荟萃之地，演出了一幕幕悲喜剧。

南城始筑城者是侨置郁洲的第三届青冀二州刺史刘善民。刘善民在南朝刘宋废帝元徽二年（474年）时出任侨置青冀二州刺史，莅任之初，为了确保郁洲岛与南朝政权海路的畅通，防止朐山北朝政权军队越海进攻郁洲，以南城为其政权和军事中心，以南城倚山抱海之地理优势，就地取石，垒石为城。② 该城易守难攻，称为“石头城”。

唐朝，为进军高丽，海州地位日渐重要，南城设临海镇，成为军事前沿阵地、后勤运输的重要海港。贞观十三年（639年），丞相魏征巡视东海，登凤凰城，亲笔题书“宁海门”三个大字，勒石于南门之上。③

南宋时，贾似道任淮西节度使，海州地位更趋重要。为戍守防金，贾似道下令在南城再筑大城。西南控海，东北抵山，大城连接原刘善民筑的小城，形成一坚固的城池，并设南、东、北三座城门，时称东海城，环山而建，恃此以防金。

明朝立国之初，南城城防进一步加强，成为海州防倭的前哨。明洪武十三年（1380年），在海州设东西二所，属于淮安卫八所之一。西所设于海州

---

① 连云港市博物馆曾在云台山征集到一方“北海太守”火烧玉印，就是这段历史的证明。
② 据文献记载，石城长13里，墙高2丈2尺5寸，城铺25个，城门3座，共圈入8个山头，2个湖。
③ 此石刻现存于连云港市博物馆。

城，称为中前所。南城设中所，互为里表，海陆互应，成为东海的战略要地，有效地阻止了倭寇从海陆两个方面取道海州对内陆腹地的劫掠、侵扰。东所建有南、北二城十四墩，后又增筑四墩。据明《隆庆海州志》记载，此后东海城又加以巩固和修筑，洪武元年，调官军镇守。永乐十六年（1418 年），淮安卫指挥周得辛增高二尺五寸，并女墙高二丈二尺五寸。城铺二十五座，又有东南水关。东西二门以北因山为险。吊桥三座，在东、南、北门外。守御东海的千户所就设在东海城内十字街东，为洪武十七年（1384 年）千户黄军创置。有正厅三间，抱厦三间，后堂三间，穿堂三间，左右厢房各一间，东西司房各五间。镇抚厅三间，库房三间，监房三间，仪门三间，规模和规格都说明东海千户所建置的重要①。

为东海城的安全，又在东海城北 80 里凤凰嘴，设东海营寨两处。《清嘉庆海州直隶州志》引《陈宣州志》："有二寨 ，洪武二十六年守御千户杨从益设，去东海城东北八十里"，确保东海城的前翼安全。

东海城在云台山清顺治朝实行裁海政策之后，全部放弃，三百里锦绣海岛成为荒凉之区。清康熙朝复海之后，海防重点由南云台移向北云台。移守备府于墟沟，东海城设把总一员镇守南城。至清末南城最后一次修茸，修补城墙，修复城门。清咸丰十一年（1861 年），海州州牧黄金龙主持修复工程，并为三城门题刻。北门曰"秀挹云台"，东门为"拱卫东瀛"，南门就是古凤凰城。

南城的精华、南城的历史积淀在宁海"六朝一条街"，②能够凸显这条街这座古城灵魂的，是曾为东海县治的治所。从刘宋泰始七年（471 年）在南城首设东海县，历经隋、唐、宋，直至元至元廿年（1283 年）裁撤东海县，南城作为县治所在，历经了 800 年最稳定的历史，这和迁徙无固的海州州治形成了鲜明的对比。南城曾以城而闻名江淮，云雾造就的仙境，怀抱湖水的青山，东山、西山犹如翱翔飞凤的双翅。如今，东山辟成了一方宗教的净土，西山墨客骚人镌刻下无数的诗诵题记。

2. 北城

历史造就了南城，同时也造就了一个与它隔山相望、互为倚重的北城——

① 见明《隆庆海州志》。

② "六朝一条街"是南京大学六朝史研究的权威专家对南城宁海街的历史定位。六朝，实际只有宋、齐、梁三朝在郁洲有 80 年的侨置史，这条街上没有丝毫的六朝历史的遗迹。

墟沟。[①]“南城到北城，全靠水上行”。在云台山没有成陆之前，墟沟和南城的交通是以海峡为连接的通道。

墟沟从一个沟边的集市成为海防要塞北城，和南城一样，同样是在明初防倭为重的历史大背景下演进而成的。明初倭寇侵城事件屡有发生，沿海各地频频告急。洪武初年开始了墟沟北城的营建。清《嘉庆海州直隶州志》转引《陈志》：“墟沟营寨，旧垒并女墙五十七座，高一丈四尺，面七尺。脚广一丈八尺。周围三里九十步。东、南、西、北四门。永乐十六年，指挥周德辛增加三尺。”规模虽小，但营构十分坚固，并配置了杀伤力较大并可远射的火炮。与此同时，在西石岛（今西墅）设水师营寨，配备巡防船只，直接迎战海上的侵犯之敌，成为海上咽喉要塞。[②]同时在北云台山的重要制高点上增设烽火台，一遇敌情，举火为号，速递敌情，作好准备，从海上和陆地痛歼来犯之倭。明清之际在今北云台山设有炮台 7 座：华严嘴、西墅、北山嘴、海头、孙家山上、孙家山下、高公岛炮台，沿海置烽墩 12 处[③]。有民谚云：“墟沟好屯兵，一夫当万众。”

为了更好地组织指挥东海山的防卫工作，在墟沟和宿城建营寨。据地方志记载，墟沟营寨建于明洪武二十六年（1393 年），守御千户杨从益首创，有正厅三间，后堂三间，左右耳房各一间，东西司房各三间、教场一处，演武厅三间，成为水师都司的指挥机关。清初复海之后，都司府移往南城，墟沟营寨仍置把总、外委各一员，负责墟沟海防。同为明洪武二十六年（1393 年），又在宿城保驾山与万寿山之间建宿城营寨，有正厅三间，后堂三间，仪门一间，教场一处，演武厅三间。

北城的建设，健全了海州作为防倭重镇的防御体系：中所有海州城，守御海西，保证内陆不受侵犯；东所有南城北城互为倚重，并在西石岛配置水师营，建有三处营寨，建有 34 座烟墩，海上堡垒时刻严阵以待。陆岛相依，海防不可

---

① 墟沟背山面海，势极险要。南崮山、北崮山对峙竞秀，山奇林秀，翠峦如涛。南固山中峰狮崖下有二岭，岭接一涧沟，穿城而过。“墟”是集市的意思，墟沟即沟边的集市。古时连岛、西墅等地的渔民天蒙蒙亮开始赶早集，销售鱼虾，日上三竿便告结束。所有交易都在一二小时内进行，古人称之为“夜鹄市”。至今墟沟还留有“北门鱼、东门米、南门水、西门柴”的民谚。

②《隆庆海州志》有具体的载述：“东海西石岛，去东海城八十里，山高险。南、西、北三面环海，东接舍利山。凡舟往来，舣以伺风信，控制海道，实为要地。洪武六年，淮安卫委官统兵泊舟于此守备，令弓兵把守了望。”

③ 至今南围山（烟墩山）、平山上的烟墩遗址保存完好。

谓不固。在明代沿海倭乱一直持续到隆庆朝才告平息，而海州却从未遭倭寇劫掠，这与防御体系完备有极大的关系。①

四、古海州经济与文化

古海州的经济、社会、文化发展，是连云港城市发展的缩影。

（一）古海州的经济社会

1. 唐代以前

（1）行政建制沿革

夏商时代属徐州，称人方东夷、人方国、隅夷。西周时代属青州，称人方国东夷。春秋战国时期，先属鲁后楚，叫郯子国。秦代称东海郡，辖朐县、郯城、兰陵、襄贲、缯、下邳、淮阴、盱眙、东阳、堂邑、广陵、凌12个县。西汉时称东海郡，属徐州刺史部。辖朐县、郯城、曲阳等38个县。东汉时期辖朐县、郯城、兰陵、襄贲、戚、利城、祝祺、承、厚丘、合乡、昌虑、赣榆、阴平13个县。三国时期称东海国，属魏，辖朐县、郯城等11个县。西晋、东晋、南朝前期称东海郡，先隶属于徐州，后隶属于后赵、前燕；南朝后期辖青州、冀州。北朝东魏称琅玡郡（又称海州朐县）。北齐、北周称海州，隋朝称海州，后称东海郡。辖朐山、东海、涟水、沭阳、怀仁5个县。五代时属吴、南唐、后周，称海州，辖朐山、东海、沭阳、怀仁4个县。

宋明帝泰豫元年（472年）于郁洲岛（连云港东部）立青州、冀州，是为连云港独立设州郡之始。青州领齐、北海、西海三郡，冀州无实领土，共计17县，相当于今连云港市连云区和新浦区东部。同年，徐州移治朐县（今连云港市海州区），领东海郡，辖襄贲、僮、下邳、厚丘、曲城5县，相当于今新浦区西部、海州区、赣榆县南部、沭阳县、新沂县、涟水县、灌云县、灌南县、淮安市淮阴区。

① 明顾乾《云台山志》有这样的记载：明洪武四年，倭寇侵扰墟沟，水师、百姓奋起反击，兵甲旗帜漫山遍野，蜂拥而至，倭寇怯阵，下海逃窜，被杀被俘多人。据陈宣《海州志》："嘉靖三十六年五月，倭寇突至新疃，州所兵斩获数级，余遁去。至清河口，州判王柱、千户吴继勋等剿杀之"。《赣榆县志》亦有载："嘉靖三十四年，倭由夹仓山登岸，掠县东鄙。海州同知章道明、县丞林松率民兵御之。"《淮安府志》记载："嘉靖三十四年，倭贼三十六人，自海州流入境（沭阳），遇邳州兵而歼。"

宋后废帝元徽元年（473 年），徐州移治新昌（今安徽省滁州市），而所辖淮北领土不改。齐高帝建元元年（479 年），东海郡转属冀州，改名北东海郡，领土不变。同时，青州无西海郡，改辖东莞琅邪二郡，此时连云港东西两部分才合一，作为一个完整的行政区，辖现连云区、新浦区、海州区、赣榆县南部、东海县、灌云县、灌南县、沭阳县、新沂县、涟水县、淮安市淮阴区。同年，北海郡郁县易名都昌县。

东魏孝静帝武定七年（549 年），青、冀二州改名海州。《元和郡县图志》载："魏改青州为海州"，此青州即南朝时侨置于郁洲岛的青冀二州。这是连云港市行政建置史上的一个大转折点。在此之前，尤其是汉代，本区虽有好几个县的建置，但分别隶属于当时的琅琊郡与东海郡。海州的诞生，标志着本区有了独立的州级行政中心。从此，海州的行政建置历经 1462 年，名称虽有改易，辖区虽有盈缩，但其行政区划基本在此范围内省废或复置。

（2）经济发展

7000 年前，古海州出现了早期的制陶工业，二涧村遗址出土的夹砂大陶鼎，是收藏在南京博物院的一级文物。到了四千年前，古海州的居民已能烧制出薄如蛋壳但十分坚硬、光亮的黑陶器，它就是中国工艺史上著名的"蛋壳陶"。到春秋战国时期，古海州又出现了硬陶工艺，如今在锦屏九龙口、海州玉带河等处都有发现。

秦汉时期，朐县的工商业已建立并发展起来。该时期朐山已有铁矿可供开采，并有鼓铸的冶铁工场。据花果山下出土的汉代简牍所记，当时的海州已出现了刀剑铺子和酒店等商业。海州的黄铜手工技艺十分精巧，厚薄均匀，造型端正。尤其是一些铙钹之类的敲打乐器，共鸣部分大，音响效果好。海州市井上设有专门管理这种坊的机构——铜官，早期的青铜工艺也有相当的规模。1960 年，云台区大村水库出土了直径达 50 厘米的商初大铜鼎，这是目前江苏发现的最大铜鼎。1977 年冬，中云华盖山还出土了当时铸造铜斧的模样。为了专卖盐铁，汉王朝在这里设铁官，管理铁器的冶造和买卖。东汉末年至南北朝时期，酿酒工业在海州十分活跃，海州出土酿酒缸的腹径达 75 厘米。从商代开始兴起的漆器工艺到汉代也在海州得到了发展。直到现在出土的漆器还光泽可鉴。东汉末年，朐县还出了一个"祖世货殖"的大商人麋竺，[①] 刘备兵败时，他

① 麋竺家祖辈经商，家里有一万多个奴仆和食客，财产有"巨亿"。

不仅能提供军资，而且一次送给刘备两千名奴客，足见糜竺家商业经营之大，也从侧面说明汉代海州商业市场的繁华程度。

（3）城市建设

古海州的城址从迄今所知的史料中，时间记载最早的是秦代的朐城。① 自汉至元这一漫长时期中的城市规模和布局，除了一些主要建筑、街道的位置外，大多已难寻记载。古海州城遗存以明清为主。

2. 唐代的海州

（1）行政建制

唐高祖武德六年（623 年），海州升为总管府，领海州、涟州、环州、东楚州 4 州，海州领朐山、龙沮（新置）、新乐（新置）、曲阳（新置）、沭阳、厚丘（新置）、怀仁、利城（新置）8 县，涟州辖涟水、金城（分涟水县置）2 县，环州辖东海、青山、石城、赣榆 4 县，东楚州辖山阳、安宜、盐城 3 县，共计 17 县。相当于今连云港市区、赣榆县、东海县、灌云县、灌南县、沭阳县、涟水县、阜宁县西部、盐城市区、建湖县、盐都县、淮安市区、淮安市淮阴区、楚州区、洪泽县、金湖县、宝应县，是为连云港领域较大时期。

唐高祖武德七年（624 年），改总管府为都督府，海州总管府改为海州都督府，此时海州总管仍辖 4 州 17 县，相当于今涟水县、山东省临沂市区、费县、平邑县、临沭县、莒南县。唐太宗贞观元年（627 年），罢都督府，分天下为 10 道，② 海州属河南道。此时，海州辖朐山、沭阳、怀仁、东海 4 县，相当于今连云港市区、赣榆县、东海县、灌云县、灌南县、沭阳县。唐昭宗光化二年（899 年），海州入吴国。南唐元宗保大十三年（955 年），为后周所占。

（2）经济社会发展

唐代的海州，已发展成为一个繁华的商业码头，唐宋时期“天下名瓷集海州”，成为中国外销瓷的中转港，并为后来地下考古材料的大量发现所证实。1987 年，随着海州电厂的扩建，地下墓葬瓷器纷纷出土，地下堆积丰厚的瓷片俯首可拾。这里有柔润光滑的邢窑白瓷、晶莹如玉的青白瓷，更有具“夹心饼

---

① 海州秦汉墓葬群的考古资料表明，汉代朐县已经出现了有市籍的地主。

② 唐十道，明张岱所著《夜航船》载：“自晋藩阴败，复南北分争，州郡割裂，宋、齐、梁、陈，狃于江左，隋氏虽能混一，而享祚不长。至唐太宗肇造区夏，并有州郡，始因山以形便，分天下为十道，曰关内、曰河南、曰河东、曰河北、曰山南、曰陇右、曰淮南、曰江南、曰剑南、曰岭南。”

干”誉称的龙泉青瓷。铜官窑器构图雅致，越窑器造型精美，耀州窑器刻花奔放，寿州窑器粗犷凝重。长沙窑器的典型器物大多是外销瓷，即使在长沙窑产地瓦渣坪也较少发现，而连云港市出土的釉下彩绘壶、褐斑贴花壶、釉下蓝褐点彩双耳罐、白釉绿彩壶和釉下点彩水盂等与长沙外销瓷属于同类产品。海州长沙窑器的发现弥补了海上陶瓷之道的空白点，从而证实了故宫博物院陶瓷专家李知宴的论证：“登州、海州、扬州、明州等成为沟通日本和新罗的重要港口”。《太平广记·李邕》篇中记载，李邕任海州刺史期间，海州不仅有一个能停靠十条大海船的码头，装“珍货数百万”，而且在很短时间造出远航日本的海船，这与地下名窑外销瓷器的出土已经互为印证。

（3）教育

古代的海州，历来注重教育，立学很早。[①]汉平帝时期（公元1—5年），海州地区的各级行政区划都有了相应的教育机构：县有校，乡有庠，村有序。唐贞观四年（630年），在海州城西创建了一座学宫，经过元、明、清历代重建和维修，海州学宫成了一座“堂字聿新、宏敞壮丽”的古建筑群。[②]学宫分大学，小学。大学讲堂的东侧，建有三间小学。西侧建时习斋，东侧建日新斋，并“架门为楼，加高围墙，以隔喧嚣”，保证学宫有一个安宁的环境和秩序。据《元陈一凤海宁州创建小学记》的叙述，“小学”为“童子肄业之学也”，元延祐五年（1318年），曾召集“子弟40余人”，由学正胡璋负责管教，“诸童环坐，开小学之书，明小学之训。”使他们诵习有课程，游居有节制；揖让有礼貌，坐立有秩序，“事亲奉长，各有其度”。

3. 宋代的海州

（1）行政建制

宋太宗至道三年（997年），分天下为十五路，海州属淮南路。后淮南路分为淮南东路、淮南西路，海州属淮南东路。宋高宗建炎元年（1127年）至宋宁宗嘉定十二年（1219年）的92年间，海州两次为金侵占，又两次复归南宋。宋理宗景定二年（1261年），海州改为西海州。宋恭帝德佑元年（1275年），西海州为元所占，复改为海州。

---

① 根据明代《陈文烛海州重修学记》所载，两千多年以前西汉时期的朐县，已设有学校。

② 其中包括收经藏书的奎文阁、象征文曲星的灵星门、祭孔的大成殿以及科举考场的号房明伦堂等。学宫的管理设学正、训导各一员。在这里就学的有享受廪膳的一等秀才和不领廪米的秀才各30名，每次通过考试录取文秀才20名，武秀才12名，并负责向淮安府学推荐一名。

（2）经济社会发展

赵宋朝廷在全国设有六大茶叶集市，各地的茶集中在这里出售，皇家占有专卖权。海州茶市是六个当中规模最大、税收额最高的一个茶市。宋景德二年（1005 年）朝廷向贩售海州茶叶的商人专门发布加税诏书，因“海州茶善而易售，故入钱之数，厚于他州。”当时，海州茶市一年的税收，高达几千万文。

多年来，海州地区不断出土大批的汉、唐金属货币，西汉五铢、开元通宝，成串成贯，数以千计。宋代的铜钱，更有大量的窖藏，成为该时期商业繁荣的历史见证。

由于古代海州陆路交通的早期开发，正式驿站的建立从秦朝就已经开始。两千多年后的西汉时期，古朐县的邮驿制度已经相当完备，与郯城、琅琊等府所在地以及郯县、赣榆县等地都有频繁的来往。当时的公文信函都写在竹木片上，用特制的木板固定捆牢，绳子上还加盖封漆印，以保证传递过程中的稳妥与慎重。

宋代以后，海州也建立了一种称为“铺递”的驿站。到明朝，海州设有“州前总铺”，并且与附近的州县形成邮驿网线。铺口都备有马匹、驿卒，铺口换马，数铺换人。遇有紧急的信件，白天响铃，夜举火把，日夜赶路，马不停蹄，风雨无阻。

海州总铺有长差铺 15 名，每年发给额编工食银 54.95 两。邮政方面的支费，都得向老百姓摊派。明代海州一年的邮政用项，要向人民征银两千多两。

4. 元代的海州

元世祖至元十五年（1278 年），升为海州路总管府，领朐山、沭阳、赣榆（怀仁县改）、东海县及录事司，后改为海宁府。元世祖至元二十年（1283 年），海宁府改为海宁州，录事司与东海县均并入朐山县，海宁州改属淮安府路。元世祖至元二十八年（1291 年），设立河南江北等处行中书省。海宁州属河南江北行中书省淮东道宣慰司淮安路。元顺帝至正二十七年（1367 年），海宁州归吴，属江南行中书省。

5. 明代的海州

（1）行政建制

明太祖洪武元年（1368 年），海宁州复改名海州，属淮安府，废朐山县，沭阳县直属淮安府。海州至此保有州治和赣榆县，相当于今天连云港市区、赣榆县、东海县、灌云县、灌南县，是连云港区域最小时期。同年，废江南行中书省，海州属中书省淮安府。明思宗崇祯十七年（1644年），海州为满清侵占。

（2）经济社会发展

海州经济的转折始于明代。先是人祸，由于海州在元帝国时期是模范区，顺从大元，明开国之初就遭到了驸马都尉黄琛以海州民乱为由进行的残酷屠杀。《明史》记载："战乱之地，掳人搡财，鸡犬一空，村庄城邑，多成废墟"。人祸之后是水旱天灾，灾害之后，田地荒芜，民多流移，"卖妻子，以求苟活"。接着是明王朝"片帆不许入海"的国策，沿海迁民，海州荒芜，民疲日渐，"民逃而差不减，田荒而粮照旧"。[①] 明代建筑材料的生产发展很迅速，用柴草烧砖，火匀而烧得透，质量好，尺寸齐全，形制多样。用海州城墙砖进行受压试验的数据都在每平方厘米160公斤以上。

（3）城市建设

明清时代的城市格局，城东门里，紧靠东门路设察院，为巡按御史来此的公所。向西依次是州衙、府馆，中心位置为学校。清代海州的衙门十分排场，影壁至后墙长三十九丈五尺，占地三十亩九分四厘，大约是雍正年间升为直隶州的缘故。除影壁外，栅栏东侧的牌坊上，题有"东海名邦"，西侧牌坊上题有"长淮重郡"的榜额。大门、仪门外，分有大堂、二堂，堂后皆有抱院。二堂之后为内宅，宅后花园中建有枣香亭。州衙东偏院内还有著名的乘槎亭和考究的花厅。大堂东侧建为官厅，仪门后又有牌坊，内宅两偏院内有肄雅斋、寄柯等清幽所在。大门内、大堂前西侧为监牢，牢房前为吏目衙。州衙向北靠近城墙处有一景疏楼，为海州八景之一的"疏楼夜月"之所在。由此向西，为千户所，所西有军器局，鼓楼向西约150米，依次为城隍庙、儒学（今中大街小学）、文庙、大慈寺（今海州文化馆）。内城河从"疏楼夜月"经千户所顺儒学、大慈寺墙后出城西北注入蔷薇河。北门外东侧设演武厅，再向东北设临洪场；西侧有真武庙。

州治衙门的大门西侧有栅栏，栅栏东西两侧各开一门，栅门外，东侧有"承流"，西侧有"宣化"两个牌、坊。州衙正门内尚有仪门，仪门后为牧爱厅，连后院共四进，四周设迴廊由边门和东院、西院相连接。文庙有牌坊、月池、庙门、先师庙、明伦堂、尊经阁等建筑，西院设有了贤祠、名宦祠等。

---

① 据《隆庆海州志》所记，嘉靖二十三年（1544年）前后，海州知州王同曾丈量过海州的土地：海州的官民田地，包括今东海、灌云的一部分（不包括当时为海州管辖的赣榆、沭阳等县），共计11460多顷。由于封建统治的严酷和自然灾害，"节年逃绝荒芜"，成熟有收成的农田仅有1500余顷。海州的人口也多减半。

（4）教育

明隆庆六年（1572 年），学宫又加建了讲堂三间，在门楼上竖题了“朐阳毓秀”的匾额。清嘉庆年间，在城西北（原海州师范附属小学处）建了石室书院，有五间讲堂，及用于科举考试的九间考棚。并筑有仪门、内门、书堂，外有八字墙和照壁，召集海州及所属两县中治学严谨的秀才在这里研习。课程分上课、中课、附课和外课。由嘉乾学派的代表人物之一、海州知州唐仲冕亲自担任主讲，并由学正翁咸封为“讲义评文”。

6. 清代的海州

（1）行政建制

清顺治二年（1645 年），设江南省，属江南省淮安府。清康熙元年（1662 年），从江南省分出安徽省，海州属安徽省淮安府。清康熙五年（1666 年），淮安府复归江南省。清康熙六年（1667 年），江南省改名江苏省，海州属江苏省淮安府。清雍正二年（1724 年），海州升为直隶州，这是海州建置史上又一次重要的转折。海州直隶州统州治和赣榆、沭阳 2 县，脱离淮安府管辖，恢复唐初以来的局面。相当于今连云港市区、赣榆县、东海县、沭阳县、灌云县、灌南县、响水县。清末废州设县，将海州析置东海和灌云 2 县，加上沭阳、赣榆两县时称海属 4 县，海州建置取消，海州作为古城地名而保留，成为东海县的治所。

（2）城市建设

清代，在知州衙门东设通判衙门，后面建盐义仓和常平仓。原千户所附近为石室书院，嘉庆十年（1805 年）曾改为科考的试院。河对面的关神庙、大慈寺西又设建了游府署，路南为守备署。内城河出城墙西北通环城河，与甲子河、蔷薇河相通，由临洪口入海。北城墙内建有二官庙、元帝庙，城内西北还设有中军守备置，西街北首有千总把总署及公馆，清代中叶后，改为居民区。州衙路南有奎文阁等建筑。北门街市桥西建有十五间房屋的养济院，收容孤贫，每月口粮钱约银二两。

城内街以十字为其主干，以巷为棋格。据明张峰《隆庆海州志》所记，十字街在州衙门西南，与四个城门口的集市相通，每十天集会两天。至清代，逢二、七日为西门集，四、九日为东门集，其余皆为十字街集。因市桥而名的北市桥在州衙门的背后（今海州医院），东市桥街在州衙西，西门外街因处于交通要道，是最繁盛的街道，城的四角都有小巷与十字街相通。除了街巷，还有州衙门东侧的敦化坊、城隍庙前的时雍坊、南门大街的惠泽坊、北门的阜民坊、

藤花落遗址

中国目前发现的最早反映农业部落社会生活的石刻——将军崖岩画

左图　秦东门

右图　中国现存最早的汉代圆雕

海州古城图

上图　20世纪30年代港口钟楼
下图　1937年的煤码头运输带

上图　民主路老街
下图　新浦民俗陈列馆

上图　东海孝妇祠

下图　墟沟望海楼，民国时期曾任安徽、山东两省主席的陈调元是它最后的私人拥有者。

海港城市

上图　连云港东站

下图　连云港——新亚欧大陆桥东桥头堡

魅力港城

新亚欧大陆桥东端起点标志

儒学前的崇礼坊、南北街上的威武坊，儒学两侧各有攀龙附凤坊、起凤腾蛟坊，还有明代进士张朝瑞立的兴贤坊、丁泰立的大司徒坊、乙瑄立的育秀坊等。这些坊既是建筑标志，也被用作城内的地名。这些街、市、坊巷和州衙等建筑，一起组成了古海州地区的政治、经济中心，并与八十多个乡镇沟通。“屋宇鳞次，衣食饶裕，弦歌不绝”，一派太平盛世景象。

城外西北，有社稷坛、厉坛、文昌阁，蔷薇河对岸又有关帝庙一所。西门外蔷薇河渡口西，设教场。其中演武厅五间，将台一座，后有更衣亭、耳房、厨房等，东门外设有先农坛，南门外设山川坛。

清康熙七年（1668 年）的大地震，海州城墙倾倒了十分之二三。康熙二十四年（1685 年）遭大水，城墙倾倒了十分之六七。乾隆三十二年（1767 年），又进行了修筑，开拓了护城的壕沟：东门至南门深六尺，宽十四丈；南门至西门深五尺，宽十四丈；西门至北门深六尺，宽四十一丈；北门至东门深五尺，宽三十七丈。南门外还砌筑了砖桥，东北有城河与甲子河相通。

清代末年，海州和其他地区一样，出现了一种私人经营的商业性组织，为民间传递信件，这种邮传机构叫做民信局。光绪三十二年（1906 年），海州人沈云沛就曾任清政府邮传部的右侍郎。

在辛亥革命前后，海州已经能够收到上海、北京等地的“电达”、“文语”。一些近代和现代的邮传工具也逐步开始使用，中国第一次发行的大龙邮票，也在海州地区流行并被采用。

（3）城镇发展

明清时期的海州城镇发展具有相当规模。

据明代张峰《隆庆海州志》所载，弘治年间，海州城的街市坊巷“屋宇鳞次、衣食饶裕、弦歌不绝”。十字街四通八达的路上“皆有集市”，并且每值十日、十一日逢集两天。此外，东门、西门、东市桥街、北市桥街或值二日、七日，或值四日、九日，也逢集。然而，由于“薪米皆取给予东南诸镇”，往往因为“商贾不通”，米价高于乡间好几倍。

张峰的《隆庆海州志》还记载，海州地区的居民多以“数十家”聚集谋生而成为集镇，镇的四周散布着许多村庄，“皆与镇为声援”。每一镇至少要推选两位“老成晓事”、德高望重的老人以主管镇上的事务。嘉庆年间的海州地区已有了 81 个这样的集镇。海州东南一带有通达涟水的 17 个集镇，大多在今天的灌云县境内。其中包括有 81 所盐厂的板浦镇；因涟河淤塞不能通船而衰落的新坝镇；“人稠货聚、米票极通”的大伊镇；与涟水、安徽人民“聚处贸易”的新安镇等。海州西部，有可通达徐州、邳县、郯城的32个集镇，大多在今天的东海县境内。有开发于明朝以前并见于史书的牛山镇；有建于17世纪中叶、后来发展成桃林大镇的七堰镇，“颇称殷富”、“东西通达”的阿湖镇；靠近羽山温泉的博望镇以及西门、石榴、临洪等镇。明代以前记载的桃林镇称七堰镇，兴盛于清道光年间。有200多户居民，40多家私营的酒坊、油坊、饭店和骡马客栈，还有几所官办的粮坊、盐栈。

云台山上的东海东路镇和东海西路镇，周围是“村村出贤人”的“东海十八村”。赣榆区有30个集镇，其中有“灯火万家、商贾辐辏”的青口镇以及龙王庙镇、欢墩埠镇等。沙河镇[①]1400多年前曾是武陵郡的治所，有长达九里的圩城，几十家门面宽绰的货栈、酒店、油坊，几千间炊烟缭绕的民居，是仅次于青口的赣榆重镇，至今尚有城子村。清代嘉庆年间，已有居民数千家，每十天有四次逢集，粮市、牲口市的规模很大，商贾云集于此。许多海州城的商民也寄居在这里。明万历年间的赣榆县知县樊北程曾经征得大府的批准，要这些外地的商民一律归县府“钤束”，州府不直接受理这些商民的申诉。

明清时期的海州城镇在一定程度上活跃了农村集市和小生产经济，促进了海滨和内地的交流，但由于官僚机构和名目繁多的层层剥削以及腐朽没落的封建制度的束缚，社会经济的繁荣和乡村集镇市民生计的提高却依然遭受到沉重的压制。

（二）古海州的文化发展

1. 文化渊源

东夷文明[②]作为华夏文明的一个有机组成部分，大约起于后李文化（距今

---

① 沙河镇名也早见于明代的方志。

② 东夷文明是古代中国黄河下游地区早期文明的重要代表，创造了灿烂的文明，发明了炼铜技术和弓箭等，烧造出了薄如纸、黑如漆、音如镜的蛋壳陶，制造出了原始历法和最古老的文字，在原始农业的基础上，兴起了家禽饲养业和酿酒业。早在龙山文化时期，东夷人就已经进入阶级社会，并出现了国家，标志着文明社会的开始。他们崇拜太阳和东方，多以鸟、凤、龙、蛇为图腾，少数以蜘蛛为图腾，部落众多，人丁十分兴旺，大致分为太昊伏羲氏—女娲部落（凤性）和少昊金天氏部落，以及后期的黄帝部落、炎帝部落（姜姓）、蚩尤部落（姜姓）、后羿部落、夸父部落、有虞氏部落（姚姓），还有一些嬴姓部落等。其中，黄帝部落和炎帝部落后期陆续西迁，进入山东西部、河南东部、古代黄河南部、淮河北部的中原地区，开创了中原文化的时代。其后，来自关中的文明占领并中断了中原地区的发展，将北方的文明中心带进黄河上游的关中，使关中地区在随后的很长一段时间成为中国政治和文化中心。

约 8300 年)，历经北辛文化（距今约 7300 年)、大汶口文化（距今约 6500 年)、龙山文化（距今约 4500 年)、岳石文化（距今约 3900 年)，创造了灿烂辉煌的文明，同中原文明、关中文明，和诸多南方文明，一同构成了整个华夏文明。

连云港市古属“东夷”范畴，至今仍保存着大量的东夷文化遗存，主要有大伊山遗址、二涧遗址、大村遗址、朝阳遗址、九龙口遗址（包括尾矿坝)、陶湾遗址（包括马腰岭）等。二涧遗址出土了新石器时代典型的器物红衣陶钵、磨光石斧、代槽石斧等，为探索我国文明起源和我市海岸线的变迁提供了重要的实物资料；大村遗址出土了新石器时代的陶片，西周时期的鬲足、豆柄，是我国有名的新石器时代的遗址；朝阳遗址出土文物器形多为鼎、盆、罐，纹饰多指甲纹，附加堆纹，鼎足多为圆柱形、扁凿形，多见鸟头形鼎足以及薄如蛋壳的黑陶，属典型的龙山文化。[①]九龙口遗址出土了典型的东夷器物——红砂质分裆陶鬲，对探索东夷文化有重要价值；陶湾遗址出土过新石器时代红砂质粗陶器和蚌壳、商代和战国的陶片，马腰岭遗址还出土了新石器时代的泥质平底碗和粗砂质陶罐腹片并采集到打制石器，对探索我市古文化的面貌有重要的历史价值。

东夷文明的萌芽、发展在连云港至今的历史文化遗存中都能得到很好的印证，并能昭示其历史的轨迹。

大伊山石棺墓是东夷族最早的文化遗存。20 世纪 80 年代，考古工作者发现了中国迄今最早的石棺墓——灌云县大伊山石棺墓，距今 6500 年。在对大伊山石棺墓进行两次发掘后，清理出新石器时代早期墓葬 62 座，其墓葬全部采用大伊山自然石板镶砌而成。墓葬中随葬陶器以釜、钵、罐或鼎、盆为基本组合，鼎釜多带腰沿，钵多为平底，部分为盖在死者头部的“红顶钵”，其中 6 件底部有刻画符号，被考古学家称为是中国发现最早的文字萌

▲ 大伊山石棺葬遗址

① 朝阳遗址是江苏省距海岸线最近的新石器遗址之一，对研究龙山文化的地理分布及连云港市海岸线的变迁有重要价值。

芽。大伊山遗址中独特的墓葬形制、红陶钵盖脸的史前风俗以及陶器底部刻画的部落徽铭，为人们推现出一个6500年前有着独特文化面貌的部落，呈现出东海之滨的早期农业文明。专家认为这是中国最早的石棺墓，南京博物院学者吴荣清在《中国最早的石棺墓——大伊山遗址及其出土文物》一文中提出："它是海岱历史文化区的早期新石器时代文化的石棺墓，早于大汶口文化，一般称为青莲岗文化或北辛文化。大伊山（石棺墓）是东夷族最早的文化遗存。"大伊山石棺墓晚于北辛文化，早于大汶口文化，由于它处于南北交汇区，因而既具有黄河下游新石器文化特征，又具有长江下游新石器文化的特征，同时还具有独特的文化因素。

将军崖岩画是农耕文化的代表。将军崖岩画中最有代表性的岩画是人面像与禾苗图案相连，反映了该地区的先民与农业经济生产的紧密程度。将军崖岩画中的农作物图案有两种：一种是禾纹，另一种是谷穗图案（稻穗的变体图案），人面与谷穗相连，图案有"人面穗身像"，喻以通神。在原始人看来，植物也像人一样，有生命、有思想、有父母、有子女，代代相传，繁衍不息。所不同的是，植物比人有更强的繁殖能力和更长的寿命，这就是原始人崇拜植物神的原因所在。

藤花落遗址是城市文明的代表。藤花落遗址自1989年发现以来，因在全国已经发现的50余座史前城址中，具有一定的特殊性而得到国家、省、市文物主管部门和学术界的高度重视。2000年被国家文物局评为中国十大考古新发现，2010年被省文物局评为江苏省首批大遗址。

古海州是一座有着古老悠远文明的城市。已故南京博物院姚迁院长曾说过一句名言："地上看苏州，地下看海州"。将军崖岩画的发现，藤花落遗址的发掘，桃花涧细石器遗址的出世，向世界展示着中国古代文明的多姿多彩。正如中国考古学泰斗苏秉琦先生所言：中华文明并非单一起源于中原的黄河流域，当浙江河姆渡遗址、江苏将军崖岩画公之于世，黄河文明、长江文明和海洋文明一齐成为中国主流文明的三大板块。

2. 文化遗存

南京大学高国藩教授将连云港的文化特征提炼为"石头文化"。将军崖的原始艺术、孔望山的佛教造像，遍布众山的历史石刻以及鬼斧神工造就的石雕，不仅展示了丰富多彩的艺术魅力，而且世代传承历经风霜而愈显风采，传递着历朝历代的文化信息。

据考古学研究结果证实，远在1万年以前，古朐山即现在的锦屏山地区就有古人类活动。早在四五千年前，先民们就掌握了较高的打石、旋陶、冶炼等生产技术，创造了具有青莲岗文化和龙山文化交汇特征的史前文化。从锦屏山尾矿坝出土的9只编钟及东海县育湖、海州小焦山出土的陶埙和甬钟中，不难看出春秋战国时代这一地区文化艺术的丰富和兴盛。1959年和1978年在锦屏山南麓二涧和东海县山左口乡大贤庄，均发现了迄今为止中国东南沿海地区唯一的有明确地层关系的旧石器时代遗址。2002年出土的海州双龙汉代女尸的考古价值堪与湖南长沙马王堆汉墓出土的女尸媲美。东汉时期的艺术珍品——孔望山佛教摩崖造像，据考证比敦煌莫高窟还要早200年，比云冈石窟、龙门石窟早400年。2006年“海州五大宫调”入选全国首批国家级非物质文化遗产名录，藤花落与海清寺塔双双入选第六批全国重点文物保护单位，桃花涧遗址（含将军崖遗址）、青墩庙遗址（含苏青墩遗址）、盐仓城遗址（含庙台子遗址）、孔望山古城遗址、塔山古道入选第六批江苏省文物保护单位。

▲塔山古道

目前，在古迹遗存方面，连云港市共有县区级以上文物保护单位118处，其中国家保护级3处，省级12处，县区级55处；共计馆藏文物16000余件，其中三级以上文物6500余件。

3. 文学名著

一部中国文学史特别是古代文学史，无论是汉赋、唐诗、宋词、元曲，还是神话传说、明清小说，都有涉及连云港地域的人或事。南北朝时期的东海籍诗人鲍照，以乐府诗擅长，其作品《拟行路难》《梅花落》等在中国诗歌史上占有重要地位。宋代诗人苏东坡、辛弃疾、李清照等都多次经临海州，留下他们的诗文和墨迹。明清两代连云港市涌现出一批擅长文墨的官员，如张朝瑞的《禹贡本末》《孔门传道目录》，王鸣鹤的《登坛必究》《平黎纪事》，徐可久的《固庵漫录》《树滋堂杂编》，裴天佑的《拙逸亭稿》等，都在连云港市的文化史上留下光彩的一页。特别是中国古典文学名著《西游记》和《镜花缘》，以及《水浒传》《三国演义》《红楼梦》《儒林外史》《窦娥冤》等都与连云港有关。

吴承恩受云台山地域名胜的影响，创作了神话小说《西游记》；《镜花缘》的作者李汝珍，随其在连云港板浦盐场任盐课司大使的哥哥李汝璜来此生活，并与连云港海州著名学者许桂林、许乔林之姐姐许芙蓉结成连理，在连云港的板浦镇，写成了具有极浓厚开放意识的名著《镜花缘》，被列为中国十大明清小说之一。《水浒传》中梁山起义军从山东转战至云台山（时称郁州山），海州知府张叔夜窥探到消息，设伏兵，打败了义军。梁山主帅宋江就是被张叔夜擒住，杀死于海州白虎山，至今犹存“好汉茔”遗迹。并有诗为证：“白壁虎山阴，坟垒草木清。问是谁家墓，梁山好汉茔”。《三国演义》的主人翁皇叔刘备（刘玄德）公元 196 年（汉建安元年）带兵抵御袁术，被吕布乘机偷袭下邳城，刘备被迫转移到广陵海西（今连云港市属地灌云县南）。要夺取天下重振汉室，空有雄心壮志，手中无钱无人，连云港云台关里村人糜竺不仅将家妹嫁与刘备还支持钱粮若干补充刘备军饷，并将二千奴客送与刘备作为起家的班底，刘备因此而得以重振军威。《红楼梦》作者曹雪芹的父亲为江宁织造使，爷爷是皇帝的运盐使，连云港作为中国四大盐场之首的盐场，曹雪芹的爷爷、父亲多次到连云港来，《红楼梦》中有许多方言俚语、地方掌故、语言习惯、生活习俗中找得到连云港的影子。《儒林外史》的作者吴敬梓祖籍在安徽全椒，吴敬梓 14 岁随父亲来到连云港市的赣榆县，其父吴霖起任县教谕，在这里生活了八年，为其后创作名著《儒林外史》打下了坚实的基础。

随着经济的发达和资本主义的萌芽，海州地区形成了一批以乾嘉学派为代表、以板浦为活动中心的文化作家群体。除李汝珍创作的《镜花缘》外，许乔林的《弇榆山房诗略》《弇榆山房笔谭》等，其弟许桂林的《春梦十三痕》《味无味斋文集》《许氏说音》等，乔绍傅的《书泉纪梦》等，使海州进入了一个文化发展的鼎盛时期。这一时期无论在经学、史学还是在诗歌、戏剧方面，都取得了卓越千古的成就。淮楚气息、齐莒风概，不需要如何张扬和转折，很容易在这里相融一体，构成古海州的一个重要的人文特色。

4. 文化艺术

连云港市最早的戏剧演出可追溯至汉代。西汉张衡《西京赋》中所记载的角抵戏《东海黄公》，源于汉代东海的民间传说，历来被戏剧理论家们视为中国戏曲的雏形。当地出土的大量汉画像石和各类文物，工艺考究，形态逼真，反映了在汉代连云港文化艺术已达到相当的水平。如桃花涧出土的汉画像石中“铺首衔环”的图案，被认为是傩舞中方相氏面具的形象。花果山高高顶汉墓出土的女舞俑，头盘高髻，长袖及地，舞姿翩然。孔望山摩崖石刻中的乐舞像、吹竽像及叠罗汉像，赣榆县金山乡出土的汉画像石“乐人舞”，反映了汉代歌舞百戏的欢乐场面。明代之后，民间的戏曲、曲艺等活动逐步兴起。据明《隆庆海州志》卷二“风俗”篇载，在海州居民婚丧仪式中，“丰酒食，具鼓吹，以待吊客，多妆绢亭，广搬彩戏，以相夸朔”。可见当时“具鼓吹”、“广搬彩戏”已是民间风俗中的重要内容。清乾隆后，当地流传的小戏（即今淮海戏）已从“打门头词”的演唱形式，逐渐形成季节性的演出班社。工鼓锣、时鼓子等曲艺也逐步完善，并涌现出王大娘、葛兆田、杨洪学、乔开生、陈六等一批知名的艺人。清同治末年，京剧流入连云港市并迅速普及，进一步促进了地方戏曲、曲艺的完善和兴盛。又如音律学家凌廷堪，他的《燕乐考源》《论曲绝句》等著作均为中国民族音乐史和戏曲史上的宝贵财富。戏曲家吴恒宣的《义贞记》《玉燕钗》《火牛阵》，戏曲家程枚的《一斛珠》等，也在中国戏曲史中占有一席之地。

◀ 淮海戏

清代末年，剧作家刘清韵在海州诞生，她一生创作 24 部戏曲作品，为中国历史上最多产的女剧作家。

5. 民间艺术

民间艺术，较早的是贝壳的应用，远在 1.8 万年前山顶洞人时期，就被穿成串链作为装饰。汉代以后，人们利用贝壳的色泽，雕成各种图案，镶嵌在铜器、镜子、屏风和桌椅上作装饰，称为“螺甸”，这种工艺目前不少地区仍在使用。连云港市每年的传统节日、庙会都有旱船表演，表演动作最具渔业劳动的鲜明特点，一般是崴、晃、倾。蚌舞和旱船一样，吸引无数赶庙会的人们。所谓蚌舞，又名蚌壳灯，是渔民们祈求丰收及节日里表演的舞蹈。龙舞也是连云港人民在传统节日里喜闻乐见的一种民间舞蹈，具有极为广泛的群众性，不仅在街头、场院可以舞龙，而且还到各家各户去表演，有贺喜之意，称“送灯”。

6. 文化名人

自古及今，众多名流英豪都与连云港有着千丝万缕的联系。公元前 525 年，孔子登山望海，孔望山因此得名。秦始皇四次东巡有三次到此并立石建秦东门。方士徐福于此扬帆东渡瀛洲寻求不老仙药。一代名君唐太宗征军途中曾在宿城留下美好的传说。陶渊明、李白、苏东坡、石曼卿、沈括、李清照、吴敬梓、林则徐、朱自清等文人骚客也留下了他们的足迹与诗篇。孙中山先生也曾两次到此描绘大港蓝图，开国领袖毛泽东曾亲口指证孙猴子老家就在连云港市。诸多名人豪客的遗迹常常使人流连忘返。可以说，一代一代的文人墨客成就了山光水色的连云港海洋文化。

◀ 石棚山中石曼卿读书处

第二章 近代城市的发展

盐业，是连云港地区历史最悠久的主导产业。盐业发展，影响着连云港地区的发展；盐田的变迁，引起连云港城镇的变迁。板浦、新浦、大浦等作为连云港历史上的重镇，就是因淮盐而聚人成邑，又因盐田逐渐消退而衰退。近代城市发展中，民族工业促进新浦发展，外地资本助推城市繁荣。连云市设立，是连云港近代城市发展的里程碑。

一、盐业的发展与连云港城镇的兴起

连云港近代城市发展，与盐业息息相关。

（一）盐业的发展与板浦的辉煌

在西汉晚期，连云港地区就有伊芦、郁洲、北蒲三座盐场。伊芦盐场在伊芦山（今灌云县伊芦乡）周围的滩地，郁洲盐场在云台山周围的滩地。当时伊芦山、云台山都为海中岛屿，北蒲即现在的板浦，[①] 是主要产盐区。唐垂拱四年（688 年），朝廷为了盐业运输需要，开挖从涟水三里至山东密州经板浦的漕河，

① 官河开挖之前的板浦，在滩地中间有一条南北方向流淌的入海小河。开始为了便于交通，在小河上架桥，在低洼处以“苍梧板”铺垫以利通行，因而人们把这种做法称为“板铺”，又因为小河入海处称浦，人们就把此地称为板浦，沿用至今。

亦称官河。由于板浦地处海滨，靠近出海口，又有官河开通，使板浦成为水陆枢纽，是周边淮盐产区的主要集散地。据《宋史·食货志》载："板浦、惠泽、洛要三场岁鬻盐四十七万七千余石"。当时板浦盐业生产已居淮北之冠。

元朝初年，板浦盐场为两淮都转盐运使所辖，驻有七品盐司令、八品司丞和九品管勾各一员。明洪武元年（1368 年）改设板浦盐场盐课司大使。因板浦是海州至淮安府的通邮要道，特在这里设驿站，配有马匹数头，为灌云境内最早的邮路，主要服务于盐商。洪武二十五年（1392 年），大使丁乙、副使贾清在板浦中心河东孙家桥北创建盐课司大使衙门，设"官厅三间，后厅三间，书房二间，门楼一座，廨舍二所"。海州副长官"州同"衙门也一度设在这里，是国家征收田赋、盐课、工料的要区。城墙、护河、市桥、八大名庙、四座花园及高大的北城门，是闻名遐迩的板浦胜迹。盐商大贾、行会老板、实业厂主在此投资发迹、钻营冒险；行商鱼贩，小本生意也在这里经营。

清康熙十六年（1677 年），板浦设立口岸监督，统收船舶货税，以板浦盐关为中心，北至大浦，东达海边，运盐河、纳潮河形如蛛网。由于煮盐改为滩池晒盐，产量提高很快，灶民（盐民）生产的淮盐在圩里堆成一个个盐廪，运盐小船在弯弯曲曲的河汊里向板浦盐运码头集圪，然后装入大船外运。外运大船须经盐关核准，盐关通过官称核量、盐票核对、缴纳盐课等审验关目后方可放行。淮盐外运盛期，板浦盐关每天放行出关盐船都在 80 艘以上，成为两淮包括盐渎（盐城）、西坎（淮安）在内的三大盐运码头之一。清康熙十七年（1678 年）以后，板浦产盐区计有官私盐滩 300 多份，之后又逐步发展扩大，淮北盐产量已大大超过淮南。清乾隆二十八年（1763 年），淮安盐业公司更名为海州盐业公司，地址移至海州并在板浦建立公署，从而使板浦成为国家征收盐税的要区。

板浦既是海港，又是苏北三大盐运内港码头之一，板浦港的装卸码头，分布在板浦南门洪河的北岸和城区的穿心河（今为大街）两岸。码头结构以木桩上铺板或块石垒就，河面停泊的盐船成了这座古镇的标志，清时漕运总督管干贞在《板浦》诗中赞道："昔闻营板筑，远浦接蓬莱。山月随潮入，秋帆逐水开。地令临海断，人自涉淮来。信宿犹知处，渔矾绣绿苔。"

康熙十七年（1678 年），板浦场设徐渎场，辖于公、北献、大义三疃，产盐区在东陬山与朐山之间。清朝中叶，盐商又在云台山北麓濒临海处新建池滩，时有垣商（负责从盐民手中收购盐的盐商。还有一种盐商称为运商，则负责把盐运往全国各地）331 家。雍正五年（1727 年），雍正帝"敕建"板浦盐义仓，仓储大米三万四千二百石，“以备贫苦灶户缓急之用”，即备荒为盐民。鉴于两淮晒盐生产的 3 个盐场都在海州，在任盐政官吏对原衙门进行了扩建，增设了大门、仪门、大堂、内堂、内室、东西书房，同时开始修建城墙，营造城门，规划街市铺面。

道光年间，陶澍剔除旧弊，大力发展盐务，扩建板浦、中正、临兴三场，使淮北盐务得以复振。淮北海州分司运判童濂在板浦设督销局，管理票盐的放销事宜；海州副长官“州同”衙门也一度设在这里。板浦凭借“岁产百万金”的盐场为依托，成为商贾辐辏之地。商业之盛，曾被视为江北各镇之冠。当时，“四方豪商大贾，鳞集麇至，侨寄户居者”不下 3 万人，其中商业市民占该镇总人口的 85%以上，可谓“皆鹾客侨聚，为财赋重地”。运盐河穿街心而过，河面上架设永安桥、永济桥等 13 座木石桥梁。盐河两岸商号林立，店铺济济，以布、粮、药、杂货、京货五业最为兴旺；镇上有大盐商十余家。陶澍设府于板浦，专门管理漕运。以板浦盐关为中心，北至大浦，东达海边，运盐河、纳潮河形如蛛网。运盐盛期，板浦盐关每天出关盐船达 80 余艘，日运盐量达 500 余吨。板浦榷关每年征收的淮北盐税居海州地区之首，不仅左右海属经济形势，还直接支持了淮安、扬州的繁盛。漕运总督杨锡钹在《板浦》诗中咏道：“板浦沿东海，鱼盐夙号饶。人家都面水，井灶自通潮。野烧随风起，寒声落雁遥。云台欣在目，谁共履岧峣。”

1914 年，稽核总所为改变两淮税收日减的状况，遂将原两淮稽核的一套人马，分解为二，在板浦另立淮北稽核分所，专门管理淮北盐税征收及盐斤秤放。

1911 年辛亥革命后，行政区域重新划分，海州改为东海县，后又析为东海、灌云两县，灌云县政府设在板浦。淮盐又空前发展，至民国三十五年（1936 年），仅板浦盐场就有池滩 552 份，约 5.27 万亩，年产盐 150 万担。各种盐业机构也蜂拥而入，除两淮盐运使衙门外，设置了如板浦盐场课司、建圩委员会、济南七公司驻朐办事处，以及湘、鄂、赣、皖四岸公所等。板浦镇的深巷小街到处都是盐务机关，加之板浦、中正两场垣商多居于此，三街六巷市井显得分外繁华。民国二十年（1931 年），两淮盐运公司也由扬州迁驻板浦，公司下设 81 处大小盐场，产盐行销苏、豫、皖 41 个州县，板浦成为两淮盐业中心。淮北盐产空前发展，漫滩“积雪中春，飞霜暑路”。

盐业的兴旺也促进了金融、商贸、旅游业的发展。自民国三年（1914 年），中国、中央、上海、商业、交通、江苏、厚康诸银行均在此设立分所，典当、银楼、钱庄等有15家之多；20世纪三四十年代，先后有8家保险公司在此设立分支机构或办事处，金融业空前发达。

板浦盐业的发展带动了商业的繁荣。各地来此地做生意的很多，盐河两岸商业林立、店铺济济，为官府、盐商以及各办事机构的职员提供各种商业服务，尤其是板浦的饮食文化高名远扬，当时比较有名的饭店有杨福记、四海春、海园春等，著名的食品有板浦滴醋、香肠、小脆饼、大糕、绿豆凉粉等，还能做出百种菜肴的豆腐席。苏北地区流传的“穿海州、吃板浦，南城土财主”的民谣可见一斑。

板浦盐业的发展促进了城镇建设的发展。板浦既是两淮盐业中心，又是灌云县政府的所在地，城镇建设发展较快，人口往板浦集聚，街道向四周扩展，各种风格的建筑矗立在街面。板浦成为海州地区的旅游胜地，名胜古迹非常丰富。有相传唐初大将罗成挑出的天龙泉，后经唐代开掘扩建成为大天池。人们往往以一方庙宇香火状况来衡量这个地方的兴衰，板浦先后建有国清禅寺、拾骨寺、关帝庙、火星庙、天齐庙、龙王庙、文昌宫、天后宫、百子匪堂、善林庵、观音堂、崇庆院、陶公祠等寺庙二十多处，或殿阁巍峨，佛像庄严，或画栋雕梁，飞檐流金。其中金碧交辉的国清禅寺始建于北宋，堪称建筑艺术的上乘佳品。李汝珍著书楼和二许故居也是游人必到之处。1924年还成立板浦京剧院，许多名人也在此地留有足迹。这座盐业古镇一时名扬苏北、鲁南、皖东，有“小上海”之称。清人黄申瑾将板浦“盐池汇宝”列为云台二十四胜景之一，到这里游览的人常年络绎不绝，“登山场者必宿板浦场市”。时人程枚有诗云：“一望青山下，池盐积似陵。晶莹初降雪，皎洁乍消冰。东海流应广，南风课有登。味饴堪厥贡，王膳最先承。”

板浦不仅“鱼盐饶浦上，百室可能盈”，而且积淀深厚的文化底蕴，堪称人杰地灵。这里的秀山媚水曾孕育出李汝珍的《镜花缘》，也曾哺育出凌廷堪、刘淑曾、许乔林、许桂林等一批享誉海内的文士。清代著名诗人袁枚、文学家阮元、思想家魏源、官宦文士陶澍、杨锡钹、管干贞等都曾到在板浦游说、巡视或居住过。近代教育家江问渔以及电讯专家、原联合国国际电信联盟高级官员汪德官，中国水声学研究奠基人、中国科学院院士汪德昭，原厦门大学名誉校长、细胞物理学家汪德耀，中国科学院院士、核物理学家汪德熙，原邮电部副总工程师、电讯专家汪德诚，美籍数学博士、曾任美国少数民族学院副院长程君复，著名表演艺术家朱琳等，都是板浦人。在他们的身上无不打上淮盐文化的烙印。

淮盐经济在板浦留下了深深的烙印，但随着海退东移，板浦开始衰退。民国七年（1918 年），板浦以北的西临至朐山一带滩池废弃，加之大浦港的兴起及下游临洪河口东南岸一带的佟圩、开太、太和及夸圩新盐滩的形成，为盐业管理方便，板浦盐场于民国十五年（1926 年）由板浦迁往大浦；民国二十八年（1939 年）春，日军飞机对板浦轰炸，使板浦许多建筑被毁，瓦砾遍地，疮痍满目。随着海州盐务管理局在新浦的成立，以及之后县政府的迁出，板浦从此失去了昔日的繁华。

（二）盐业的发展助推新浦的崛起

1. 新浦地区与盐业的渊源

新浦地区也有悠久的盐业发展史。据《金史·食货志》载，距今八百多年前的金大定年间，即南宋高宗绍兴三十一年至孝宗淳熙十六年（1161—1189 年）期间，新浦地区已有临洪盐场。明万历元年（1573 年）至清咸丰五年（1855 年），黄河都从苏北入海，泥沙骤增，板浦口淤塞后，在其下游出现了卞浦口。清康熙五十年（1711 年），海退沙淤，第一道鹰游门淤塞成陆，并迅速扩大到现新浦地区。清雍正六年（1728 年），临洪盐场与兴庄盐场合并为临兴盐场。其时，北起蔷薇河，南到朐山头，盐田星罗棋布，盐斤全由板浦发运。至乾隆二十年（1755 年），大浦已经成陆，并辟为盐田。后卞浦口又淤塞，清嘉庆三年（1798 年），海州知州唐仲冕开挖官河至孔望山北，称为新浦口，紧接着就出现了新浦河。清咸丰、同治年间（185l—1874 年），新浦口移到了原新浦区民主路的洋桥巷一带，成为蔷薇河、官河及龙尾河交汇之处，大片滩地被铺设为盐池。[1] 新的盐田的兴起，给淮盐运输和外销带来了商机。为运盐，垣商将新浦河挖到了前河底、洋桥一带设运盐码头，渔业码头设在后河底许大圩一带。

元代至元三十年（1293 年），临洪盐场设盐使司，置盐官。元贞元年（1295 年），改设盐场司令一员（从七品）、司丞一员（从八品）、管勾一员（从九品）管理盐务。明代洪武元年（1368 年），临洪滩盐产兴盛，盐税丰盈，故设临洪场盐课司。洪武二十五年（1392 年），大使刘文、副大使李兴重建临洪

---

① 原新浦区的许多地名如人民桥附近的许大圩、新浦公园附近的许新圩、国安大厦以北的贾圩均为该时期的产物。

场盐课司官厅三间，东西厢房三间，耳房左右各一间。

清雍正六年（1728年），临洪场和赣榆兴庄场合并为临兴场。那时候，北起临洪口，南至朐山头，盐田星罗棋布，东南方与板浦、中正两盐场毗邻。产盐全由海运抵洪河埝，由板浦关发运。后来海水东退，海口往北移动七里，富安到新浦间的滩涂逐渐远离海岸，卤质淡化，盐池无以为继，1919年清末秀才刘振田联合多人，上书两淮盐运总署，报请废除蔷薇河下游的各圩盐滩，兴垦种粮，获批准。于是西艞外原有旧盐滩皆予裁废，部分盐民去灌河口新开盐滩谋生，还有部分人改推独轮车或推面磨为业。

海口北移期间，官府雇用民工开凿了卞家浦（今灌云县新河乡卞河口），不久卞家浦海口又淤塞，复于嘉庆三年（1798年）在更北的地方，“淮北盐商以卞家浦海戽淤垫，捐挑戽河”，重新开通海运，盐商捐资清淤疏浚的河道，叫做新浦。当时的新浦只是条河名，后来围绕它建坨堆盐，设肆经商，从而人烟日稠，这才将河名移作地名。

2. 盐业兴盛带动城区发展

城市的诞生与发展，是以商品经济为其纽带的，而支柱产业则是城市兴衰的主要基础。新浦盐业的兴盛无疑带动、促进了城区的发展。

在新浦口发展的同时，海岸线仍在不停地向东北迁徙，经过几十年的变迁，到咸丰、同治年间（1851—1874年）新浦口移到了如今新浦的前河底、洋桥巷一带，大片海滩被开发为盐滩，时称新滩。当初，新浦“茅屋星星，帆樯环立，而庙东则是荒冢累累，于蒿莱间一望而已”。盐田的开发，给这片荒漠的咸土地聚集了人烟。围绕原盐运输、灶民生活、盐官享用等需求，各种手工业服务业逐渐兴起，这里很快成了穷人栖息谋生场所和商贾牟利宝地，被人称作新浦庄。①

盐田开发之初，河网遍布，把新浦分隔成若干区域，特别是运盐河阻断了新浦通往临洪滩和古城海州的去路，动步靠渡船，极为不便。到了光绪初年，人们仿照盐圩搭艞板的做法，首先在盐河靠集镇的河流两岸搭上可以移动的木板，过人搭上，过船移开，人们便通称为艞。有了艞，盐船通行与过往商旅大为便利。最多时，新浦地区有艞20余座。20世纪20年代末30年代初，一条3华里长的前河上，就有七八座艞。老新浦地名有西艞、东艞、马艞、魏艞、宋

① 近年来新浦地区房地产开发清理地基，时常挖出卤塘和砖池，即是以往盐田的遗迹。

艌、刘艌等，无不与盐运有关。

当时方圆 50 多平方公里的新浦为淮盐运销要地。各盐圩产的盐集中到临洪口，然后用海船运到扬州的十二圩码头转销。临洪滩、西艌头设有官盐店。清末民初，临洪场稽核所依然设在临洪滩，40 多间三合头的房子，圈起一个大院，外地来买盐的人在那里办理手续，然后住到西艌外小人堂等待发货。当时，西艌外还设盐防营，是海州镇守使官署下属的盐政机关派出的缉私队。

由于地处南北要冲的特殊位置，运输兴旺，随着大浦港埠兴起和陇海铁路延筑，新浦逐渐发展成为一个消费性商埠。围绕盐业发展需要，商业、服务业逐渐兴旺，这里很快成了容人栖息、谋生的场所及商贾牟利的宝地。又由于渔盐之利，前后河一带很快继板浦、卞浦兴起之后迅速发展起来，形成了新的集镇。清光绪十八年（1892 年），垣商刘振殿弟兄为首筹建天后宫大庙；光绪二十四年（1898 年），沈云沛创办临洪榨油厂；光绪二十七年（1901 年），天后宫用 10 年时间建成，更促进了新浦的发展。板浦、海州、青口以及山东、安徽、河北等地客商纷纷向新浦转移，新浦日趋繁荣。正如《创建新浦天后宫纪》所言："新浦之兴，自天后宫始"。其时建成区面积 0.75 平方公里。

1862 年，新浦盐运码头集中在前河（原新浦区市化路），到了 20 世纪 30 年代，前河两岸粮行、货栈、商会、盐号、浴池、旅馆、茶肆、酒楼、舞台、戏园应运而生，计有 13 个行业，经营业主达 400 余家。前河岸边，各式行人、买卖人来来往往；河面上，大小船只，帆樯如林；海昌青楼女子，打情骂俏，娇声嘤嘤；还有那临河店主揽客招呼声，扛包人的号子声，赶牲口的吆喝声，独轮车的吱呀声，唱小戏、耍把戏的锣鼓声，甚至叫卖聚赌，打架斗殴的嘈杂声，勾勒出一幅活生生的市井风俗画。此时的新浦街朝墟暮市，熙熙攘攘，已成为海属地区商业、交通的中心，江苏东北部的繁盛之地，被民众戏称为"第二上海"。

民国元年（1912 年），新浦有了轮船公司，发往上海的第一班小火轮从前河底出发，发往青岛的第一班小火轮从后河底出发，新浦成为当时淮盐运销的要地。据《两淮盐务纪要》载：民国三年（1914 年），新浦西艌放盐处转运的外销盐达 36 万吨，时价 40 万银元。

20 世纪 30 年代以后，外地盐商纷纷在新浦设立盐号，除了河南盐帮，还有大陆、聚安、自新等盐业公司。"四方商贾，陈肆其间，易操什一起富"。其中大陆盐业公司是上海大陆实业公司在新浦设立的子公司，该公司专营淮盐产、运、销业务，对外挂牌是“公益盐业公司”，下面除设有大浦坨地外，还在板浦、中正两盐场购有盐滩。民国二十一年（1932年）又先后买进3000—5000吨的货轮五艘，除自运淮盐外，也代客装运出口货物。正因为如此，它的资本像滚雪球一样，越滚越大，在当时的新浦大街不是其他商号所能抗衡的。大陆盐业公司与设在新浦的淮北盐务稽核所和两淮盐运使司捆在一起，垄断了整个淮北盐运。

民国十年（1921年），大浦以胶海关名义自行开放，海关建于新浦东艞外，新浦成为大浦港的后方依托。民国十四年（1925年），陇海铁路修到新浦，更促进了新浦的发展。新浦成镇前后，地盘不大，东西约三华里，南北一华里许。随着经济的发展，新浦街区不断扩建改建，填平了前后河，平掉了大庙东侧的坟地，城区规模不断扩大，逐渐成为一座消费性的商业城市。凡到大浦港办事的人，多在新浦享受生活。民国二十三年（1934年），新浦建成区面积达到2平方公里，居民7288户，人口32368人。粮行、客栈、商会、浴池、旅馆、茶庄、酒楼、戏院等也应运而生，业主有400多家。新浦由此成为海属地区商业、交通的中心。民国二十四年（1935年），新浦成为东海行政专员公署所在地。民国二十七年（1938年），日军飞机屡次轰炸海州，海州大批居民迁逃到新浦，致使新浦人口进一步剧增。民国二十八年（1939年），日军占领新浦，并在新浦设立军政机关，新辟南马路（现解放中路）。民国三十三年（1944年），东海行政专员公署改称海州市人民政府，将新浦火车站改称为海州站，将盐坨站称作新浦站。但时间不长，1945年8月15日，日军投降，又恢复东海县建制。

1948年底，新浦居民12453户，人口53290人，分布在东艞到西艞，沈圩桥至老铁路以北的6平方公里的土地上。1948年4月，江苏省政府第168次会议决定将东海行政专员公署迁至连云市，以专员兼任市长，其目的是城市建设中心东移。1948年11月7日，新浦、海州解放，11月9日新海连特区军事管制委员会成立，11月28日成立新海连特区行政专员公署，驻地新浦。1949年5月，江苏省淮北盐务管理局进驻新浦。从此，因盐而兴盛的新浦成了连云港市政治、经济、文化的中心。之后几十年，新浦一直是连云港城市发展的重点。

（三）盐业的发展与大浦的兴衰

大浦同样因盐业运输需要而发展起来。

大浦位于蔷薇河的入海口临洪口南岸，东临中正、板浦两盐场，西与临洪盐场（今青口盐场）隔河相望。陆路与灌云、新沂、沭阳等苏北诸县沟通。水路沿临洪河往南，可经蔷薇河直达青伊湖；北接黄海，通达青岛、天津、大连、上海等沿海港口，渡海达朝鲜、日本。

清乾隆十五年（1750年）以后就有居民在此以晒盐为生。清光绪元年（1875年），已获开发新浦的有识之士首先看好大浦，清光绪三十一年八月二十四日（1905年9月22日），光绪帝批准大浦口自行开放。大浦口开放后，除盐运以外，民国八年（1919年）锦屏磷矿开采的大批磷矿石运到大浦港外销，更促进了大浦港的发展。至民国九年（1920年），大浦港的进出口船只已达8380只，吞吐量达14.6万吨。民国十年（1921年）4月大浦港以胶海关海州分关名义正式设埠时，是自鸦片战争以后全国第32个自开商埠。

民国十五年（1926年），陇海铁路铺设到大浦，建大浦火车站，建临时栈桥码头3座及其他配套设施，从而使其至徐州的198.3公里铁路成为淮北运盐专线。接着，陇海公司修了3个泊位，裕仁公司修了1个泊位，大振公司修了1个泊位；豫海公司建了2310平方米仓库，大振公司修了1407平方米仓库，大久公司修了977平方米仓库。由于具备了优越的淮盐海（轮）铁（路）联运条件，民国十五年（1926年），板浦盐场也由板浦迁到了大浦，垣商集资建成大浦盐坨，板浦盐场的太平盐坨和中正盐场的张艞坨地均将运盐河延伸到大浦火车站。大浦专用线铺就后，淮盐在此装上火车可直接运往全国主要省区。加之与临洪盐场隔河相望，大浦港的盐运，从陆路可达徐州以远及灌云、新沂、沭阳等地，甚至国内其他省区；水路可达青岛、天津、大连、上海等沿海港口及朝鲜、日本。连陆通海的交通优势，使大浦港成为淮盐外销的理想门户，海陆联运、河海联运的新兴港埠。仅民国十五年（1926年）大浦坨外销盐斤就达22万吨，较以前新浦坨超出1/3。民国十年至二十二年（1921—1933年）已发展为近千户的河口集镇，有商户90多家。

据《中国盐政实录》载，民国十五年有自新公司、公益公司在大浦建立盐坨，福泰、聚安、大陆、聚兴等公司在这里建立码头9座。1、2、3号码头栈桥长35米，宽8—10米不等。为应付港口淤塞，陇海铁路局又将一个码头栈桥接长至50米。聚兴公司除承运淮盐外，还转运大宗花生、黄豆、豆饼、棉花、粮食、糖等，各种土产杂货堆积如山。每年从这里运销淮盐21万吨。大浦坨1926年外销淮盐达21.96万吨，比1921—1925年平均年销量超出6.68

万吨。随着大浦圫的兴起，从事盐业运销的各公司纷至沓来。民国二十一年（1932年），中国近代史上有名的实业家、化学工业的先驱范旭东看中了大浦这块宝地，在这里兴建久大分公司，除生产精盐外还加工牙盐，以供人们洁齿之用。

由于大浦圫的扩大，城镇面积由民国初年的0.75平方公里，拓展到2平方公里，大浦人口也急骤增加，除大批流动人口外，固定居民已达4000家之多。街上有名菜馆20家，经营京广杂货的商行及布庄有18家，还有云台、永昌、高升、山东、大兴等旅社9家。每到夜晚，街市灯火辉煌：盐官、夫役、脚力、商贩，吆喝喧哗，人声鼎沸，甚嚣尘上，热闹异常。平日里，轮船、火车进进出出，汽笛声不绝于耳，满眼是忙碌的人群。甚至码头工人扛包时撒下的碎盐，也成了一些贫民的生计来源。可谓一时四方商贾云集，徽调楚腔杂陈。当时有诗曰："满地雪花多拥彗，天将余利养穷嫠"。大浦的繁荣支撑了新浦的发展，并产生了很大的辐射作用，带动了灌河口盐场与港口业的兴盛。

这一时期，大浦的机关有公安分局、放盐处；旅馆有义和、齐鲁、陇申、云台、大兴；饭馆有天乐园、大盛园、四鲁春；澡堂有大观园等。

大浦港自清光绪末年开港设埠起，到20世纪30年代初，历经30年的繁荣，至民国二十一年（1932年）后，大浦港逐渐走向衰败。民国二十二年（1933年）11月10日，上海《大公报》载："大浦为陇海铁路之终点。地濒临洪口，轮轨辐辏，人烟稠密。惟日来，港口逐渐淤塞，轮船搁浅之事曾见迭出，青沪航轮视为畏途。经测量，无潮时最浅处水深三尺，来潮时水深不过八九尺。虽雇工加紧疏浚，然收效甚微。"面对大浦港口淤塞的严重局面，陇海铁路局自叹无力回天，乃宣布大浦港不值得以全力疏浚。因此，于1933年在墟沟老窑东侧重建陇海铁路出海口——连云港。淮北盐务局只好在猴嘴利用陇海铁路局赠送的

▲1934年12月，连云港1号码头第一泊位竣工使用

600 亩土地新建盐坨，以取代大浦盐坨，同时也在此地兴建新的火车站，并命名为盐坨火车站。从此，大浦风光不再，失去了往昔的勃勃生机。民国二十三年（1934 年）以后，随着连云港口部分泊位开始启用，结束了它 40 年的海港命运。新浦亦因大浦港的衰落，进入了城市发展的停滞期。

二、民族工商业促进新浦发展

新浦作为近百年连云港城市发展的中心，始于盐，也展现了民族工商业发展的历史长卷。

（一）浦南富安刘氏家族开始奠基

新浦的最先开发，是从浦南富安刘氏家族开始奠基，弃制盐而迁徙新浦从商。继之而起又后来居上的是许鼎霖、沈云沛等亦官亦商的有识之士，其他还包括墟沟的王公屿、实业大家董才卿，海州殷、葛、杨、谢等一大批本土的精英群体，他们是新浦的开发、建设与发展的早期拓荒者。

富安村位于临洪河以北，古属临洪镇。在明代以前尚未成陆，明弘治年间滩涂初现，扼临洪河入海口，与今半滩等地成为临洪场的一个分场。明政府开始征集灶丁，煮海熬波。根据明政府典律，灶民带有强制性的征丁制度，一旦为灶，终身为灶民，子孙相继，世代为灶户。明弘治七年（1494 年），明政府具巡盐御史奏请，实行“三丁抽一”制，到新设富安场砌灶煮盐。刘姓先祖原籍山东沂水白旌镇，老三刘钦因为未成家主动请命，于弘治七年孤身到富安滩入籍为灶民，在富安安家落户，置买田地，亦盐亦农。到清嘉、道时期，成为富安滩刘姓的殷实户，并开始从事商业和船运，成为较早发迹氏族。

同治以后，临洪口不断向东延伸，卤淡水薄，产盐日绌。富安滩、半路滩包括今天的临洪滩在内的临兴场基本停产，富安也逐渐萧条。清同光时期，有北大门之称的海州城北最有声望的刘兆垣审时度势，毅然到滩涂初成的新浦，在今新浦南极北路西侧、王巷北端，清蒿莱，挑圩筑堰，搭建茅屋，开了一个同泰行，经营土产品。[①] 继刘兆垣之后，后辈中的刘际贡、刘际品、刘际台等也

---

① 刘氏家谱记载：当时刘兆垣审视“海州形势与农商消息”，新浦已成为“运盐场所，蔷薇河出海之尾闾，上溯之沭阳，两岸农田收获与在鲁海商交易于此”。

陆续弃盐从商。[①]到民国初年，后河底、前后底的所有粮行几乎全为刘氏家族所经营，刘际贡清末已成为新浦巨富。民国六年（1917 年），清末庠生、毕业于上海龙门师范的刘振殿成为新浦商会的会长，[②]此时刘氏振字辈又成为新浦商业实力派的代表。

新浦天后宫是光绪十八年（1892 年）新浦海上贸易鼎盛时期的象征，以刘氏家族刘振殿等为首创建。天后宫的建立，是海运和海上贸易发达的精神需要，是海运发达的标志，也是刘氏家族从商最为兴旺时期的代表。刘振殿在撰写《创建新浦天后宫纪》碑时，追述了天后宫的修建，新浦初期的开发，碑记中还特别提到鲁商林乾一、林栋臣对新浦开发的贡献，为刘氏家族竖立了一块开发新浦的纪念碑。

（二）沈云沛、许鼎霖、董才卿接力

新浦的开发，除刘氏家族外，还有海州沈云沛、赣榆许鼎霖、墟沟董才卿接力。其中，沈云沛、许鼎霖与南通的张謇在历史上并称为对江苏民族资本主义发展作出贡献的江北三名流。

沈云沛亦官亦商，虽起步较早，但其根据地始在海州，其早期创立的小厂企业以海州为依托；许鼎霖根据地在青口。自 1905 年新浦、大浦自行开放后，实业家的眼光才投向新浦，占地办厂，从表 2–1 中可见一斑。

表 2–1

序号	实业名称	创办人	创办时间	地址	资本额（仟元）
1	蛙茂商行	沈云沛等十家	1881	海州	不详
2	海州种植试验场	沈云沛	1895	海州	420
3	果木试验场	沈云沛	1895	海州洪门	70
4	临洪榨油厂	沈云沛	1898	海州	280
5	树艺公司	宋治基、沈云沛	1898	云台山	140
6	海州织布厂	沈云沛	1903	海州	5

① 刘兆鳌在后街开永顺行，刘际志在大街上开小永顺土产行，刘际标在大街上经营小杂货商店，刘际运在大街上开泰永顺粮行，刘际泰从事糕点酱货土产生意，刘际贡、刘际品弟兄在大街东头开福茂永粮行。

② 其子刘一麟民国初年留学德国，成为刘氏家族也是当时新浦地区唯一的医学博士。

续表

序号	实业名称	创办人	创办时间	地址	资本额（仟元）
7	海赣垦牧公司	许鼎霖、沈云沛	1904	海州	420
8	上海渔业公司海州分公司	沈云沛	1904	海州	100
9	海丰面粉厂	许鼎霖	1904	新浦	20 万两
10	海州硝皮厂	沈云沛	1906	海州	不详
11	赣丰油饼厂	许鼎霖	1907	新浦	28 万两
12	耀徐玻璃厂	许鼎霖	1910	宿迁	60 万两
13	甡泉槽坊	沈仲长	1910	新浦	不详
14	甡泰油坊	沈仲长	1910	新浦	不详

资料来源：根据连云港市档案馆馆藏资料整理。

上表显示，沈云沛经商的大本营原在海州，而且主要经营本小利微与群众生活密切相关的粮行、油坊、酒坊等。1900 年以后，跳出老城区，其重心逐渐向新浦转移，接受张謇的建议，利用其特殊的政治地位，大量地以低价购买了临洪滩、后河底等处大片滩涂，[①] 其经营由槽坊、织布厂、硝皮厂等向近代农业、树艺公司与滩涂开垦发展。许鼎霖同时将工厂选址由赣榆定在新浦，从事以机器生产的榨油业与面粉业。投资的力度与开拓经营的项目比沈云沛更大更宽，后期并和沈云沛共同投资，成立海赣垦牧公司，向沿海滩涂开发，与张謇合作，在宿迁开办耀徐玻璃厂。

许鼎霖以其资本 20 万两兴建的海丰面粉公司（今连云港军分区大院）添置两台进口磨面机，其生产的面粉投入市场，不仅极大地抵制了洋面的倾销，而且运销上海、江苏各市、镇，占领了部分洋面的市场，并获得了清政府商部的褒奖，以军机处存记安徽后补道衔，准为工商部三等议员加三品顶戴。

沈云沛早期商业营销依赖于董才卿，董才卿在自己经商致富的同时，由于感恩于沈云沛在自己身陷囹圄时的相助，遂成莫逆之交，全方位地成为沈云沛所有商业活动的总管，不仅将沈云沛的实业经营得有声有色，而且与许鼎霖、张謇都有着深厚的交往。张謇首创通海垦牧公司，沈云沛将董才卿一力推荐，为张氏初期垦牧公司的创立从理论到实践上多有建树，使这位名享大江南北的

① 原新浦沈圩得名即缘于此。

实业家也不得不对董才卿刮目相看："自是垦牧公司成立，规划多出君手，该君计学最精，尤有世界眼光。""盖君于计学最精，尤有世界眼光。临洪初振，仅以粮艘达北海。自君入商界，始业粮油。分于苏、沪、烟台，远且及于香港，而君竟以商与欧人战，亦云伟矣。"董才卿在管理沈氏实业经营的同时，也从事自己的商业经营，但却界限分明，深得沈氏信任，举家相付。沈氏曾有对与董才卿相交30年的评价："分财而理之"。"而于取与之界，如布帛之有幅，虽一芥不敢苟也，虽暗室不敢欺也。而人之以是尝试君者，亦必毫厘无所受。故人往往服君于精，又未不笑君子之迂且托也。"

南城秀才胡雄鳌在《董氏宗谱序》中称："才卿公出为商界泰山北斗，提倡新商法。"程桂毓先生《董君才卿传》中这样评价："盖先生一生事业，自少壮服贾……通沪渎（上海）、辟胶澳（山东），南航香港，北达榆关（山海关），使往古闭塞积困之海邦，顿抗衡于名都大邑。拔商坛帜，揭实业旗。"新浦由一个渔村而成为苏鲁南的粮油集散地，这一个区域性市场的形成，新浦振兴，董才卿功不可没。

海州殷、葛、沈、杨、谢五大姓，在这股经商大潮的裹挟下，都曾在新浦投资经商。杨家在新浦的商号都带裕字头，杨景衢裕兴粮行在前河街，裕隆恒布店在今市工商联院内，并在大浦兴建码头，从事航运事业。墟沟的董氏家族、王公玙都在新浦开店、开行。本地的商业投资、早期开发，奠定了新浦发展的基础。据1918年统计资料，仅新浦年集散粮食即达60余万石（每石360斤），新浦真正形成了一个以粮油集散为中心的大市场。20世纪30年代初，不仅取代了古海州的地位，此时青口日渐衰落，资金、人才、商品都向新浦集聚，近代商业城市初具规模。

三、外地资本助推新浦城市繁荣

新浦由一个集镇向商业城市的发展，外地资金引进是一个重要的因素，海商崛起，催生了一座近代商业城市。

新浦原有民族工商业发展缓慢，仅有一些粮行、油坊和槽坊等低成本的手工业。据《中国实业志·江苏省》卷统计，1933年以前，新浦各行业概况如表2-2所示：

表 2-2　　新浦各行业概况

业别	家数	资金额（元）	每年生产价值（元）
面粉业	1	200000	1420000
渔坊业	7	30000	3127000
酒坊业	13	35000	102820
酱园业	13	18100	
染坊业	8	2870	
电灯业	1	75000	

资料来源：根据连云港市档案馆馆藏资料整理。

新浦由一个集镇向近代城市的转换，其决定性的因素是东陇海铁路通到大浦。沿海诸港口兴起，港口城市逐渐发展，海外贸易日趋活跃，商品流通与日俱增，随着民族资本主义商品经济的繁荣，新浦终于成为苏北、鲁南经济区粮油集散中心和海外贸易的近代城市。新浦、大浦自行开放，成为黄海沿岸北接青岛、大连、营口，南联上海的商埠；在连云港市的近代城市发展中，新浦和大浦如一对孪生兄弟，大浦兴则新浦兴，大浦衰则新浦衰。商品经济是港口存在的基础，经济腹地和海外贸易是港口兴盛的两大支柱。当大浦繁荣时，新浦和大浦两相依托，河海双向联运，更促进了新浦的经济发展与繁荣。

这一区域性的地理优势以及初期开放国家所给予的优惠政策，极大地吸引了外地商户，他们带来了雄厚的资金、先进的管理技术以及大江南北的特色商品。外部资金的注入，使得各类商店、工厂企业如雨后春笋在这片新辟的滩涂上绽放新姿，不论是投放的资金，还是经营范围、经济规模，企业管理、经济效益，都远超本土原有的像沈云沛、许鼎霖这样的商户，成为新浦经济社会发展的重要支柱。由于大批外商来海州投资，山东同乡会、安徽同乡会等商业团体纷纷成立，并在天后宫成立了商务公所，这种局势一直持续到 1948 年古海州解放。

据有关资料统计，在当时新浦的 24 个同业公会的 600 余户工商企业中，外地客商就有 242 户，约占工商总户的 40%。而在 24 个行业中，占有较大经营资本、经营品种或加工项目、技术先进而服务良好的百货、粮油输出、五金电料、汽车运输、机器榨油、轮船航运等行业，外籍客商比例高达 70% 左右。新式商行、保险、银行、印刷等百分之百被外商所占领。

更有甚者，20 世纪 30 年代初，国有的或私立的长安银行、大中银行、交通银行、实业银行、江苏银行以及宝丰、中国、泰山等保险机构也在新浦纷纷设立机构，抢夺先机，开展业务。不仅如此，美国、英国、日本等在新浦开设美孚、光华等煤油公司，花旗、太古、太平洋等保险公司。这时，新浦万商辐辏，商贸、航运发达，帆樯环立，“渤海商舶，因是翔集”。有以华中裕经营商业百货的河北帮；有以福聚东土产行为首的山东帮；有以经营盐号为主的河南帮。

外来资本的进入，促进新浦城市规模不断扩大，城市人口急剧增加。民国十年（1921 年）2 月在大浦港正式设埠对外通商，民国十一年（1922 年）新东电灯股份有限公司在新浦创建，民国十四年（1925 年）东陇海路铺到海州洪门，民国二十三年（1934 年）开发连云港口，这些都为新浦商业发展创造了有利条件。原来新浦街的规模，由西艞到东艞东西长约五六百米。30 年代不仅向东西延伸，市区西到临洪滩，东到第八工厂（原食品公司肉联厂），南北扩展，北到后河底，南边到了铁路根（原新浦区南极路）。由面积不足 0.5 平方公里，扩展到 2 平方公里。主要街区从西到东，一个新的商业街区已经形成。两旁的中西合璧各式楼房，鳞次栉比，各有建筑特色，都是各商号请原籍建筑师精心设计、严格施工，成为新浦地区体现文化特色的建筑一条街，成为近代崛起的见证。新浦人口到民国二十七年（1938 年）前已有 3 万多人，一座近代的商业城市在黄海之滨崛起。

1933 年，中央大学地理系胡焕庸教授在其《两淮盐政考察报告》中记录下这座新兴商业城市当时的繁荣:“新浦水陆辐凑，商铺林立，是新兴的商业码头，商民俨以‘小上海’自诩，其前景正方兴未艾”。

四、民国时期城市的经济社会发展

这个时期，城市规模还很小，城市功能很弱，城市建设欠账太多。

（一）城市设施

1. 水

新中国成立前连云港市城市基础设施非常薄弱，供水量很小，海州城内用水全部依靠水井，在 20 世纪 30 年代曾对全城水井作过一次普查，将水井编号，设石头井圈加以保护。城区以双龙井为最大，日出水量600—800吨，不仅供应半边海州城人吃水，新浦街也有用马车拉水的。直到民国二十九年（1940年）秋，新浦大街（原新浦民主路）和后街（原新浦建国路）局部地段装上自来水，仅供达官贵人之用。

东部地区水源，一是利用山谷筑蓄水池，如黄窝蓄水池，本是陇海铁路局承建，侵华日军占领时扩建，最高蓄水量35万吨，实际供水20万吨，解决了火车与轮船的需要。南云台山的山东庄蓄水池，蓄水量100万吨，供新浦街用。墟沟砚台山蓄水池可贮山水7000吨，连岛上有小型蓄水池20多个，供当地居民饮用。二是在山麓前的砂质土地上打井。老式水井一般每井可供1000人饮用，大井昼夜出水量可供1500—2000人使用。墟沟群众吃水在自来水未通前也多取之于水井。

2. 电

连云港口地区最早建的电厂，是陇海铁路局1933年在港口建的小型电厂（原江苏省海洋渔业公司内）。该电厂主要为连云港码头服务，主设备是荷兰公司提供的一座80千瓦的柴油交流发电机和一座20千瓦的柴油直流发电机。民国二十五年（1936年），连云港发电厂落成发电，该厂有500千瓦交流发电机两座，解决码头煤炭输送机械的动力问题，提供港口地区有关单位的用电。

新浦地区最早建的电厂是民国十一年（1922年）在海昌巷南头建的新东电灯厂，拥有发电机两部、蒸汽机两部。因供电不足街面上经常用的还是汽灯，广大居民则都用小煤油灯。新东电灯股份有限公司在1928年底因缺少资金濒于倒闭，据民国十八年（1929年）4月13日《东海民报》："国民革命军独立第四旅旅长谭曙卿召集地方各团体，讨论维持新浦电灯公司办法。""主要困难是电灯公司缺钱，再就是偷电严重。于是规定各欠户先交电费三分之二，以便从速购置机器，由警察局派人协同催收，军队及警察局半价收费，定1929年4月20日通电。以后军队发生偷电事，电灯公司报告商会转函军队机关函令制止。军队如有换防情事，应由该公司先为装置电灯，事后开正式单据，收款如有不给情形，即报告商会据理争之。"为解决街上晚间照明，民国十八年（1929年）底在陇海公寓至西腕口，装路灯11盏。

新海发电厂原称海州电灯厂，为铁路运输和汲水方便始建于民国十七年（1928年）初，由沈云沛的儿子沈华山在新浦联合几家商号，利用海昌巷南头的新东电灯厂为基础筹建新东电气公司。沈华山任董事长，赵理斋任经理，装有两台总容量不足100千瓦的发电机，只对军警和几家大商号提供照明。民国二十五年（1936年）该厂锅炉烧坏，将其机组迁至面粉厂内，同时增建100千瓦直流发电机一台，继续维持新浦地区供电。

民国二十八年（1939年）2月，日本侵略军对新东电气公司实行军管，并在海州北门外蔷薇河南岸建立新电厂，取名为“华北电业徐州支店海州营业所”，于民国三十年（1941年）4月，从石家庄搬来一台510千瓦德国AEG厂制造的小汽轮发电机组，安装完毕即投入发电。次年6月又开始安装一台1600千瓦发电机组，同时架设海州到连云港20千伏送电线路，往墟沟、连云方向送电。

民国三十四年（1945年）9月，侵华日军投降，国民党江苏省第八区行政专员公署接管电厂，更名为海州电灯厂，专员夏鼎文兼任厂长。因贪污腐败、管理不善，8个月后即停产。民国三十六年（1947年）11月电厂作价卖给当时省民政厅厅长王公屿，王公屿任名誉会长。因集资复厂未成，便以机器需运到青岛修理为名，或拆走或变卖，最后连主机部件也运到外地。民国三十七年（1948年）10月，国民党军队于撤退前再次对电厂进行拆毁，到解放军接收新浦发电厂时已残破不堪，仅剩大小两个机房和两个烟囱。

3. 给排水

1935年，江苏省人民政府第718次会议通过决议案，设连云市。民国三十六年（1947年），时任连云市市长张振汉等人拟制《连云市建设刍议》，在市区建设计划概要中，提出连云地区因地势关系不能采用排水集中制，最好是分区排水较为经济，港埠排水，采用雨水、污水分流制，雨水用管子引入山沟，污水则另设污水管，总泄于最低处放入海中。墟沟区亦采用分流制，污水出口或入东部海中，或引至西北边灌溉农田。行政办公区及商业区排水因地面低下，海拔平均高度约5.4米，与陇海路所测最高潮几乎相等，如发生意外高潮，海水有侵入之患，故不宜采用合流制。连云地区两边峰岭对峙，一遇急雨山洪立至，排水迟缓，难免泛滥。为排水迅速起见，可于平原两边与山坡交界处各辟河道一条，使山水直泻入海。平原之中将半边河疏浚整理，以排泄平原本身之水，故此平原共有平行河流三道：中河通航运，南北两河则专排雨水，挖河所得之土，用来填高街道。至于污水排泄，不能顺自然坡度流出，只能在污水汇总处，用抽水机升高，引至他处灌溉农田。

以上的规划设想，其中虽有合理部分，但因形势急转，国民党政权很快垮台，仅留于纸面。

新浦地区由于市区一开始就建在海滨滩涂上，海拔仅3米左右，每遇潮汛，临洪河口海潮倒灌，沭河上游来水又急，内涝难以排出，若逢连续降雨，市区低洼处积水成潦，解放前一直未能得到解决。直至解放后建起了临洪闸，又在大浦建翻水站，新浦地区的内涝排水问题才得以缓解。但在雨季，由于有些下水道管径偏小，排水标准较低，新浦的内涝仍未能完全解决。

4. 公路

新浦—板浦公路是民国十七至十八年（1928—1929年）连云港市修建的第一条正式公路；市区出现的第一辆汽车是民国七年（1918年）美国人在海州西门外开办崇真女校时带来的小轿车；最早一家汽车公司是民国十七年（1928年）2月成立的普益汽车公司；第一条石子路面的公路是民国二十四年（1935年）修筑的沿海国防公路，经过海边大兴圩、云台、南城、海州、沙河、青口，直至涛雒①。

连云港市早期公路建设是在清代交通大道的基础上修筑的。公路交通的发展与商品经济的发展密切联系，物资交流，国外机动车辆大批进口使用，原有道路显然不能适应运输发展的需要。从辛亥革命到民国十六年（1927年）4月成立南京政府，这一时期公路交通虽已萌芽，但由于军阀混战，各自为政，致使道路支离破碎，缺乏统一管理，设施简陋，所以公路交通事业不可能有较大发展。

从民国十八年（1929年）起，省建设厅训令各县推广征工筑路，对近代公路修筑起到一定促进作用。连云港市近代修筑的公路干线，即在这种形势下出现。

通榆路（南通—盐城—赣榆）中的灌云境内一段长69公里，宽7—9米；赣榆境内一段长32公里，主要通行人力车，偶尔也通汽车。通榆公路从1929年修筑路基，1931年加修，并建筑桥梁，1935年基本竣工。

淮海路（淮阴—沭阳—东海）全长约200公里，路宽7米，1932年修成。

海郑路（墟沟—东海—沭阳—宿迁—铜山—河南省）全长365公里，其中通过灌云县境22.5公里，东海县境58公里，沭阳县境44公里，到1929年全县

---

① 即山东日照市东港区涛雒镇，位居日照、岚山两个国家一类开放港口中间，是世界著名物理学家、诺贝尔奖获得者丁肇中的故乡。

土路路基全部筑成。其中新浦—墟沟段已通行汽车、人力车、畜力车。

海州境内的公路主要是新浦至南城段和新浦至宋跳段。连云地区主要是连云港至墟沟段，墟沟至猴嘴山头段。路况都很差，其中连云港至墟沟段，山岩崎岖，行车速度受限。

盐场公路。解放前，淮北盐务机关为加强各盐场间的联系，加速淮盐外运，也注意发展盐区公路交通。如板浦场的板浦—宋跳—黄沙坨，长 40 公里；中正场的板浦—中正场—东陬山，长 50 公里；临兴场（青口场）的黄沙—梁东沙—海头—柘汪。此外，淮北盐务机关还对新浦至伊山的路基进行了修缮整理。

上述各盐场公路筑成后，与连云港市其他公路干线及其支线互相连接，从而构成稍具规模的公路网络。淮北盐务局在辖区内的公路筑成之后还制订规章，成立护路队和雇用护路警，对盐区公路进行维护。当然这些公路的等级很低，还不能跟现代公路相比。

与公路运输配套的是商业性的汽车公司。民国初期，新县街名士张步成先后接受军阀孙传芳部白宝山等人赠送的 4 辆汽车，成为连云港市地方上最早的私人汽车拥有者。此后，淮北盐务机关开始购买汽车，以运货为主，1923 年盐务机关在板浦设立汽车修理处。1924 年，张步成以其 4 辆汽车经营新浦—板浦间客运，揭开连云港市汽车客运史的第一页。1928 年 2 月，连云港地区第一家商营汽车公司——普益商营长途汽车公司开始营业，次年 11 月呈请省建设厅核准立案。该公司设在新浦大街，经营新浦—板浦—大伊山之间的客货运输，全长 52.1 公里，资本 2 万元，汽车 8 辆（大客车 3 辆、小客车 4 辆、货车 1 辆）。由于这段公路路基和桥梁涵洞系淮北盐务机关改建，普益公司无权实行专营，其他各营业汽车在这段公路上揽载旅客，票价不一，互相倾轧，以致该公司营业不振，连年亏损。1935 年黄河决口，水流漫野，公路交通阻断，致使该汽车公司营业停顿，后并入东华商营长途汽车公司，合股营业。

东华商营长途汽车公司设在板浦，有客车 3 辆，运营新浦—墟沟、新浦—赣榆两线。1935 年初东华、普益两个汽车公司合并，除保住新浦—板浦主体客运生意外，还开辟新浦—杨集—响水的客运，全长 67 公里。另外还有新大商营长途汽车公司，公司资本为 1 万元，汽车 4 辆，1928 年 9 月开始通车营业，经营新浦至大浦间的客货运输。

三益商营长途汽车公司，设在沭阳东关，公司资本 4 万元，有大客车 4

辆、小客车 2 辆、货车 1 辆。经营淮阴—沭阳—龙苴—新浦一线的客货运输，全线长 179 公里，1933 年底正式通车。

港口地区的汽车公司以连云商营长途汽车公司为最大，该公司于 1934 年开始营业，开始设于响水口，半年后迁到板浦，经营板浦—杨集的客运。1936 年将运行线路延伸到东坎（今滨海县），增设东坎汽车站和小尖代办站。同年秋因洪水泛滥，板浦经沙行到杨集路段交通中断，公司自购一艘小轮船，从板浦经盐河运客至大伊山，再改乘汽车东行至一帆河边，旅客渡船过河，由河东汽车接往东坎方向，后来客运路线改道由板浦经同兴、杨集至东坎。

商营汽车公司的开办，活跃了经济交流，对促进近代公路运输的发展起到了重要作用。但是到了后期，散车增多，有些汽车运行甚至不履行报批手续，特别是抗战结束至 1947 年间，战祸连年，公路交通经常中断，公路破坏也日趋严重，加之苏北水旱灾荒，饥民遍野，国民经济萧条不堪。各商营汽车困难重重，不是停业倒闭，就是奄奄一息，到解放前夕的 1948 年底，交通方面的市政建设已经衰败至极。

5. 河运

新中国成立前，河运一直是连云港市主要运输方式之一，特别是陇海铁路通车之前，内河航运举足轻重，其中以盐河特别重要。

航行于盐河的在籍民船，80% 以上为运盐船只，吨位在 10—30 吨，盐船分别在徐圩、张圩河口、新浦、猴嘴等地装盐上船，经各运盐河道运至板浦盐场，查验放行。顺盐河而上，到淮阴西坝，再出旧黄河到淮阴杨庄。盐运淡季，盐运民船则多往海州、大浦、响水口等地运输沿岸的土特产品，再从该地装运杂货返航转销内地。

民国初期，盐河上有客运帆船，称之为航船，票价不一，主要航行于板浦与淮阴之间。

民船除相对集中于盐河航行外，在临洪河和灌河也聚积不少，在陇海铁路通车前，以临洪河为中心的民船主要航行在海州至淮阴西坝间，向蚌埠运送临洪盐和板浦盐。陇海铁路通车后，特别是 1932 年以后，铁路运盐与日俱增，因此临洪河民船从事运盐的减少，大部分往返于大浦与海州之间，涨水时航行于蔷薇河至沭河之间，从事杂粮、杂货运输。灌河民船则以响水口为中心，航行于杨集、南新安镇、大伊山、板浦一线。另有客邮船若干艘，往返于板浦至淮阴间，经营客运和传运邮件。

盐河在清末宣统年间进行过一次大规模疏浚，给近代轮船航运提供了必要的条件。民国五至六年（1916—1917 年）商办的利达公司、利朐公司、泰丰公司开始在海州至西坝间交替用轮船进行拖航，从事客货运输，一年以后营运中止。民国十四年（1925 年）三公司共同经营、配备三艘小型轮船拖拉客驳，再从事客货运输，并在新浦、灌云伊山、灌南新安镇和淮阴王营设立代办站。

民国十六年（1927 年），淮阴西坝设轮船局，有小轮船经营杨庄至板浦一线客运。民国十八年（1929 年），灌云县浦东轮船公司成立，拥有“宁海”、“宁顺”、“飞龙”三条轮船，开辟板浦至淮阴王营间航线，全程 130 公里。

当时在盐河航道上经营客货运输的还有同义轮船局“清东”和“华东”两艘轮船，以及盐河轮船公司“庆瀛”号轮。由于盐河上游航道淤浅，轮船在夏秋涨水季节尚可经营板浦至淮阴西坝的全线航运。枯水季节只能到涟水县大关码头或时家码头，冬春时仅到今灌南县新安镇为止。

灌河的轮船航运缘起于济南盐场开设之后，民国六年（1917 年）大源制盐公司开始用小轮船装盐外运，以后逐渐有大型轮船逆流而上，开往响水口的轮船为 500—1400 吨级，开往陈家港的为 2500—3000 吨级。灌河口航运受海水潮流影响较大，涨潮时溯航，落潮时顺水航行。

临洪河在民国十五年（1926 年）前 300 吨级轮船可逆流而上至海州停水坝，以后由于河道逐年淤塞，至民国二十年（1931 年）以后只能航行 100—300 吨级轮船，500 吨级以上轮船逆流至大浦港即止。当时轮船航运多属商办，管理混乱，航道设施也比较简陋。

（二）商贸流通

新浦地区本身并没有特殊的物产资源，因此从它的兴起到兴盛，无不从服务行业入手。自辟为商埠以后，先是刘、王、李、赵几家在这里开办粮行，四乡八镇的粮食运到新浦来进行交易，那时候，多以斗量，因此有打斗行业。接着是办油坊，同时出售豆饼、花生饼。

海州殷、葛、沈、杨、谢五大家都是地方财主，纷纷到新浦来建房置产。沈杨两姓在新浦和灌云东南有大片佃户，至今留有地名沈家圩（沈圩）、杨家集（杨集），所收粮食都运来新浦上市。沈云沛家在新浦大街上开设好几个“甡”字号的杂货店，曾任国民党江苏省人民政府民政厅长的墟沟王公屿家，则在新浦开设“恒”字号的布庄和南北货店。外省商人以“福聚东”土产行为首的山东帮，以经营大宗粮油为主，称为“大市行”，经济实力最为雄厚。还有徽州帮的协和祥、厚昌祥布店，以及各种盐号和为行商服务的饮食业，比较大的商店有资本数万元，雇用店员 7—8 人，外商开办公司在新浦也有分支机构。英美烟草公司以免费赠吸和赊销等手段占领了市场，年销售额达 80 万—90 万元。交通航运有轮船开往青岛、上海、大连、营口，输出粮油土产，购进布匹杂货。

这时期，新浦地区医院、诊所、学校、报馆、牙行、钟表店、茶庄、五金店、鲜果店、干货行、旅馆、浴池、照相、戏院，号称新浦十三业三十六行，达三四百家之多。著名的学校有普爱小学、普益小学、劳工小学、民众教育馆；银行有中央银行、中国银行、交通银行、江苏银行、上海银行、上海商业银行、浙江实业银行、长安银行、大中银行、宝成银楼等；保险业有美商花旗保险公司、英商太古保险公司和日商太平洋保险公司；报社有连云报馆；旅馆有东亚、大东、中央、中国旅行社；饭馆有陇海饭店、味芳楼、六合春；澡堂有第一池、中华池、仁和池；戏园电影院有新新舞台、上海影戏院；运输企业有大振轮船公司、合众轮船公司、三益汽车公司等。

众多的服务行业本身就需要许多从业人员，同时又吸引一大批各地客人，第三产业的繁荣，突出表明新浦街是靠服务性行业起家，而且招揽外客，包容并蓄，实行门户开放，操着南腔北调的人都愿意到新浦来做生意，搞农副产品加工。人多，信息量也多，流动人口的增加，促进了新浦商业繁荣。

这时期海州城内，学校有省立师范学校、县立中学、县立高级小学、普益第一小学、民众教育馆；旅馆有大安、玉兴客栈、郁州；饭馆有普通、三兴、新华园、大圆馆、海天春、新新楼 、春园馆 ；澡堂有双新池、中新池 、德新池、天然池、福兴池；商号有盛茂永（杂）、德丰（杂）、鸿利永（杂）、同聚和（杂）、恒兴祥（杂）、双蚨源（杂）、义昌（杂）、福兴（杂）、恒大昌（杂）、同泰永（百货）、厚昌祥（布）、兴泰（布）、天成（药）、安泉堂（药）、大昌酱园、德来安（当）、三泰粮行、曹玉顺蜡烛店、任万宝鞭炮店。

20 世纪 20、30 年代，随着中国民族工商业的复苏和东陇海铁路的铺设、连云港港口的开发，连云港市逐步发展成为苏北鲁南的区域商业贸易中心。但经过日伪的控制与掠夺以及抗日战争胜利后旧政府贪官污吏的劫收，至解放前夕，社会商业已十分凋敝。当时群众曾这样流传：“小雨纷纷下，柴米要涨价，烧了板凳腿，桌子也害怕”，反映了当时商品匮乏、通货膨胀的局面。民国三十八年（1949 年），市区私营商业、饮食业共 2467 户，从业人员 4254 人，当年连云港市社会消费品零售额仅 2907 万元。

（三）连云市设立

海州民国时期属江苏省淮海专署、江苏省徐州绥靖公署，先称徐海道，后称东海行政区，辖东海、灌云、沭阳、赣榆、连云市 5 个县市。1933 年，连云港随着陇海铁路的东延至海边而开港，因建于连岛与云台山间而得名。

民国二十三年（1934 年）6 月 1 日，江苏省委员会第 662 次会议，通过了《省人民政府决议规划连云港埠市政案》。市政案指出："兹陇海铁路东端，已达于本省灌云县老窑镇，连云海港第一期工程亦将完竣。故港埠市政之规划刻不容缓，准将临洪河以南，烧香河以北，东西连岛以西，及新浦、板浦以东，水陆区域，均由土地局组队，测量土地状态，并派员办理土地查报，限三月办竣，再定新市区规围。"在一系列先期工作完成之后，民国二十四年（1935 年）1 月 18 日，省委员会第 718 次会议决定："连云港埠设置普通市，定名为连云市。其水陆区域暂以临洪口以南，烧香河以北，东至东西连岛，西沿临洪河新浦、板浦以东为范围。先设市政筹备处，由建设、民政两厅，从速拟具组织规程投交委员会。"

江苏省关于连云港埠设市的意见报中央政府后，由于连云港埠当时人口只有 10 万左右，税收也不多，与《组织法》中规定设市条件相差甚远，国民政府民政部认为不够设市条件。[①] 但行政院审议时认为，连云港埠为滨海重镇，港口建设初具规模，东陇海线已通至老窑。港口建成后，中国中西部物资有了便捷的出海口，港埠之市政规划，基础设施建设已刻不容缓。行政院在复交内政、军政、财政三部及江苏省政府再行审查后认为，连云港埠虽不够《组织法》规定的设市条件，但由于连云港埠区位特别重要，民国二十四年（1935 年）11 月，设市终于获行政院批准。

民国二十四年（1935 年）2 月 5 日，江苏省政府召开 723 次会议，通过了《连云市政筹备处组织规程》，规定筹备处设处长 1 人，另设建设、土地、民政、总务四个组，连云市建市工作正式启动。同年 4 月 23 日，赖琏被委任为连云市政筹备处长，计划将连云市建成"至少在经济和交通上，超过沿海以南的上海

---

① 按民国十九年（1930 年）5 月国民政府颁布的《组织法》规定，省辖市的条件有两条，一是人口在 30 万人以上，二是人口在 20 万人以上，所收营业税、牌照费、土地税每年合计占该地总收入的一半以上。二者必居其一。

和以北的青岛的滨海大城市。”正当建市筹备工作紧张有序进行的时候，日本侵略者在华北各省步步紧逼，全面抗战即将爆发。国民党当局深感连云的设市和建港，实已缓不济急，决定市政筹备处的工作告一段落。

这一时期，设立在连云港地区（包括孙家山）的机关有公安局、邮政代办所、税警团、电报电话代办所、连云港分销处；旅馆有东方旅馆、三益旅馆、东来旅社、金城客栈、中亚客栈、长春客栈；饭馆有鸿宴楼 、兴业商场、新雅酒家、春和楼、豫顺楼、豫香春、小东方等。民国二十三年（1934 年）开发连云港口，位于连云港口西 7.5 公里的北城墟沟，与港口开发相适应，设立了公安分局、两淮缉私队税警团，还有省立水产科职业学校、墟沟小学，以及上海银行；兴办了为港口服务的旅馆、商店 200 多家，如中国旅行社招待所、交通旅社、新华旅社、中华旅社、云海旅社、华陇旅社等。随着建港告一段落，大部分商店也停业转移。

至民国二十四年（1935 年）底，全国为院辖市的城市仅有南京、上海、北平、天津、青岛。省辖市也只有杭州、济南、成都、广州、贵阳、汉口、包头、长沙、昆明、武昌、南昌、连云 12 个。至民国三十一年（1942 年），当时全国除北平、天津、上海、南京、青岛、重庆六个院辖市外，17 个省辖市中，江苏省只有连云市。民国三十六年（1947 年）全国除新增沈阳、大连、广州、汉口、西安、哈尔滨六个院辖市外，57 个省辖市中江苏省也只有连云市和徐州市，可见连云港区位之重要，连云港的建设对于中国政治、经济具有深远的影响。

第三章 现代连云港城市的发展

现代城市的发展经历了从量变到质变的过程，新中国成立初期，体量特别小，城市基础设施建设和经济社会经历了一个曲折发展的过程。改革开放和市管县的体制变化，提升了连云港的城市地位和城市体量，经济社会全面发展，城市面貌大幅改变，从“一市双城”到“一心三极”再到大都市的城市构架形成。

一、改革开放前的城市发展

（一）新中国成立初期的城市发展

新中国成立后，面对残破不堪的城市，连云港市随即成立军事管制委员会，并于 1948 年 11 月底建立了新海连特别行政区，隶属山东省。这期间连云港市的区划调整较为频繁。新海连特别行政区成立一年后改为新海连市，1950 年，新海连市和东海县合并为新海县，年底恢复新海连市和东海县建制，仍隶属山东省。1953 年元旦，划归江苏省徐州专区，第二年 11 月改为省辖市，受徐州专区督导。1961 年 10 月 1 日，因面向连岛，背倚云台山，再加上连云港港口而得名连云港，因此改称为连云港市。1962 年 6 月，江苏省委决定，徐州专区所辖的连云港市复为省辖市。

新海连特别行政区成立后，即相继开始发动群众护厂护校，恢复生产，稳定秩序，组织救灾，大力支前，巩固了新生的人民政权。伴随着新中国的成立，连云港市开始全面实行土地改革和行政改革，坚决果断地开展减租减息和生产自救。这一期间开始，相继恢复了电厂、水厂、面粉厂、油厂及磷矿、原盐等生产，港口、铁路和通讯也陆续恢复运营。继“三反五反”运动及抗美援朝的考验，广大翻身作主的工人、农民思想觉悟和生产积极性普遍提高，爱国生产自救取得了显著成果。据统计，到1952年，工业企业个数已超过50家，工业产值较1949年增长65.1%；粮食总产量达到43.5万吨，较1949年增长56.0%；原盐产量实现60.7万吨，增长70.1%；发电量267万千瓦时，增长8.2倍；港口货物吞吐量完成46万吨，增长6.7倍；实现地区生产总值1.54亿元，增长32.7%。

▲ 海州城东关镇海门（1956年拆）

连云港市从山东省划归江苏省恰逢全国发展国民经济第一个五年计划开始实行，在中国共产党过渡时期总路线的指引下，全面开展了对农业、手工业和资本主义工商业的社会主义改造。为加快经济建设步伐，在“艰苦奋斗，勤俭建国”方针指导下，全市广大农村和工矿企业进一步掀起了“战天斗地”、增产节约和劳动竞赛热潮，连续克服了较为严重的自然灾害，经济建设初步取得可喜成就。特别是国家156个重点工程之一的锦屏磷矿和新海电厂及淮北盐场扩建工程的完成，进一步奠定了社会主义工业化建设的经济基础。市级基本建设投资，1957年的投资额是1953年的7.36倍；第一个五年计划的投资，以生产性建设和改扩建为主，分别占基本建设投资的79.58%、84.29%。1953—1957年，工业生产年均增长12.0%，GDP增长近1倍，年均增长为14.8%。1957年，港口货物吞吐量首次突破100万吨，达到105万吨，较1953年增长1.3倍，年均增长23.6%；粮食产量达到45.4万吨，油料产量达到3.2万吨，水产品产量达到2.5万吨，均为新中国成立以来最高水平。

在第一个五年计划顺利完成的大好形势下，自 1958 年开始，全市各行各业迅速掀起了“大跃进”和“人民公社化”[①] 热潮。到同年 9 月份，城乡基本实现了“人民公社化”。在响应党中央号召的同时，结合当时发展实际，提出了“在以钢为纲的前提下，加速发展化学工业，建设以化工为主体的综合性工业城市”的奋斗目标，经济建设全面呈现“大干快上”的势头。1958 年的基本建设投资是 1949—1963 年这 15 年中最高的年份，分别占第一、第二个五年计划基本建设投资总额的 72.4% 和 40.03%。第一个五年计划的基本建设投资，呈逐年上升曲线，到 1957 年为最高点；第二个五年计划的基本建设投资，呈逐年下降曲线，1958 年为最高点，以后逐年下降，到 1962 年为最低点，投资额仅占 1958 年度的 9.53%，退回到 1953 年的水平。

尽管经过极为严重的自然灾害和 60 年代初期的经济调整，经济发展受到严重影响，但由于集中一切力量恢复和发展工农业生产，实行民主管理，巩固集体经济等，经济总体逐步好转。可以说，自 1958 年起，虽然历经高指标、浮夸风、天灾人祸等严重干扰，但这一时期相继建立的一大批工业企业，奠定了现代工业发展的基础，成为江苏重要的生产原料基地和半成品、产成品加工基地，开始显现出重要的战略地位。据不完全统计，仅在 1958 年，市区就新建和扩建工厂 529 个，其中包括曾对全市经济产生较大影响的罐头厂、麻纺厂、变压器厂、造纸厂、红旗化工厂等。在以后几年里，又陆续新建和扩建了黄海化工厂、化肥厂、锦屏化工厂、农药厂、制碘厂及盐化厂等，使这一时期成为新中国成立以来对连云港市经济最具影响的重要阶段。这一时期，全市 GDP 平均增长 44.4%，工业总产值增长 93.9%，农业总产值增长 16.1%，港口货物吞吐量则增长 1.5 倍。到 1965 年，人均 GDP 在全省仅低于苏、锡、常及南京。

这一时期的教育、卫生事业也得到了较快发展，“二五”末，学校数、学生数、教员数分别比“一五”末增长了 50%、22.14% 和 93.88%。“二五”末，卫生事业机构数、床位数、卫生技术人员数分别比“一五”末增长了 85.4%、224.41% 和 173.88%。这一时期的文化事业，除放映单位增长了 3.5 倍外，其他都没有大的变化。

---

① 1955 年，连云港市朝阳乡前进农业生产合作社的总结性文章《大社的优越性》，收入了《中国农村的社会主义高潮》一书中，毛泽东主席在文前写了按语，指出了大社的优越性，号召人们在集体经济的大道上奋勇前进。

（二）经济社会曲折发展

从1966年的“文化大革命”开始到1972年，这一阶段是对社会经济发展影响深远并至今仍在付出代价的时期。经济发展一直在曲折、挫折、机遇中沉浮徘徊。自1966年“五一六通知”开始，群众性的“文化革命”运动“风起云涌”，并从运动初期的“文攻武卫”逐步演变为两派“武斗”。这一期间，经济建设基本陷入瘫痪停滞状态，直到1969年8月之后，随着两派武斗群众组织解散，逐步掀起“革命三结合”高潮，各项生产建设事业才逐渐开始恢复，但1969年仍是这10年来经济发展水平最低的一年。从1970年到1972年，在“抓革命、促生产”等一系列方针政策指导下，社会经济秩序日趋好转，特别是通过广泛开展工业学大庆、农业学大寨运动，强调“多快好省”，经济明显得到较快发展。

“文化大革命”后期，在国家的高度重视下，尤其在周恩来总理关于“三年改变港口面貌”的指示指引下，经济发展取得明显成效，特别是港口建设开始走向健康快速发展轨道。1975年，GDP实现8.30亿元，与1966年比，年均增长6.5%；同期工业生产年均增长8.0%，农业生产年均增长6.4%；港口货物吞吐量完成322万吨，年均增长9.2%。1976年是中国重要的历史转折点，随着“四人帮”的粉碎，全市掀起了“普及大庆式企业、建设大寨式乡村、把国民经济搞上去”的高潮。到1978年，实现国内生产总值10.45亿元，其中工业增加值3.45亿元，占国民经济总量的比重达到33.0%，比解放初期提高了10个百分点；工业从业人员11.67万人，三次产业就业结构调整为78.6 ：9.4 ：12.0，其中工业就业比重为8.2%，比解放初提高6个百分点。工业初步构建起以轻型为主、轻重结合的工业体系，1978年人均GDP 321元（当年价）。

1963年，毛泽东主席发出“向雷锋同志学习”的号召，激起了连云港市新浦汽车总站员工学雷锋、做雷锋的热情。如何学雷锋，怎么学？经过热烈讨论，大家一致认为，学雷锋就要学他干一行爱一行的敬业精神，学习他助人为乐的品德，学习他为党和人民的事业全心全意、无私奉献的高尚品德，就要在平凡的工作岗位上创造不平凡的工作业绩。于是，“雷锋车”诞生在当时汽车站到火车站之间500米的距离中，从开始时使用的扁担、平板车，到时下的电动雷锋车，雷锋车一拉就是半个世纪，从未中断。雷锋车手们用自己的朴实与善良，续写着一个又一个春天的故事，在平凡的岗位上创造了不平凡的业绩。

（三）城市基础设施建设

1. 城市概况

解放初期的连云港，城市破烂不堪，饥民成群，街市萧条，新浦地区也仅有几家小商号、铁匠铺和土制的织布厂。整个城市的建成区面积仅 7.5 平方公里，城镇人口 15.8 万人，自来水供水能力仅 2500 吨 / 日，排水管总长 6.2 公里，城区道路长只有 380 米，用地面积约 3000 多平方米，路灯 100 余盏，没有公交车辆。“一五”末的 1957 年，市区铺装道路 7.96 公里，下水道长度 9.25 公里；“二五”末的 1962 年，市区铺装道路 26.37 公里，下水道长度 17.83 公里；到 1978 年底，市区建成面积达 16.9 平方公里，是解放前的 2.25 倍；城市化水平 11%，市区人口 14 万人，城市道路长度 41.14 公里，其中高级道路 15.43 公里，道路用地面积为 32.77 万平方米，其中高级道路面积 15.68 平方米；下水道长度 51.4 公里，排水面积率 26%。公园 2 个，占地 18.9 公顷。

2. 供电供水

连云港市解放后的首要任务，是抓紧新海电厂的恢复工作，由于机器设备残缺，从连云港孙家山和墟沟找来仪表、电机设备。1949 年元旦，电厂 510 千瓦机组发电，海州、新浦地区大放光明。以后又经过四次扩建，到 1978 年，全市售电量 2.42 亿度，其中工业用电 2.09 亿度，农业用电 0.19 亿度，生活用电 0.13 亿度。

解放初期，海州城里饮用水依靠井水，新浦街饮用水则依靠沟、塘水，市区其他地方饮用水依靠抗战时建的小龙潭涧水库供水，蓄水量仅 1.3 万立方米。由于供水能力过小，1955 年又新建一个大龙潭涧水库，蓄水量 9 万立方米。连云地区饮用水依靠黄窝水库，蓄水量 35 万立方米。1962 年，海州水厂建成投产，日供应量 2 万立方米，使新海地区供水有很大改善。以后又陆续兴建猴嘴水厂、墟沟水厂、宿城水厂。到 1978 年，日供水能力 3.47 万吨；全年售水量 1180 万吨，其中工业用水 612 万吨，生活用水 483 万吨。

3. 交通、邮电通讯

解放初，陇海铁路新浦至新沂段遭战争破坏，主要公路残破不堪，当时正值淮海战役开始，必须马上组织运输力量支援前线，抓紧铁路、公路修复。据统计，1950 年有公路 120.5 公里，运输工具以人力板车和木帆船为主，机动运输工具很少，交通汽车仅 28 辆，内河航道仅 32 公里。新中国成立的 1949 年，公路年客运量只有2.1万人，公路年货运量只有18.1万吨。

解放以后，交通、邮电通讯得到较快发展，陇海铁路多次改造，铁路质量和技术装备水平也不断提高。到1978年，公路年客运量达到1150万人，公路年货运量477万吨，分别比1949年增长547.6倍和26.35倍。港口1949年码头泊位3个，没有一个万吨级以上码头泊位，货物吞吐量6万吨。到了1978年，码头泊位9个，其中万吨级以上码头泊位5个，货物吞吐量594万吨，码头泊位、货物吞吐量分别比1949年增长3倍和99倍。

邮电通讯，解放初只有新浦、连云港两个电信局，市内电话使用日本占领时遗留的400门手摇式电话总机，一共300个用户，长途电话只通临沂、徐州，邮电业务总量27万元。到1966年，新浦地区淘汰了手摇式磁石电话总机，安装了960门供电式电话交换机。1973年新浦地区使用了较先进的电子1000门自动电话交换机。经过解放后30年的努力，到1978年，有电报发报机14部，长途电话39部，市内电话2110部，邮电业务总量122.46万元，增长4.53倍。

二、改革开放以来的城市发展

（一）经济社会全面发展

1978年12月，中国共产党十一届三中全会召开，拉开了中国改革的序幕。在这一期间，全市积极深入贯彻“解放思想，实事求是”的精神，以坚持改革总揽全局，在广大农村逐步推行承包和联产计酬责任制，鼓励多种经营，积极发展乡镇企业；在工交企业则大力提倡挖潜、革新、改造，而连云港港口建设重点也由改造老港区转向开发新港区。经过拨乱反正，工作重点已完全走到经济建设上来。

自1983年元月起，开始实行市管县新体制，揭开了全市社会经济建设新的篇章。1983年，GDP突破20亿大关，实现20.26亿元，相当于1976年的2.3倍；人均GDP首次突破500元，达到585元，较1976年高出一倍多。农村改革取得初步成效，与1976年比，农业总产值翻了一番；港口货物吞吐量自1982年首次超过800万吨达到1983年的858万吨，相当于1976年的2.8倍，是新中国成立以来增长最快的时期。

1984年成为全国首批沿海开放城市，提升了连云港的区位。1984年2月，邓小平在视察广东、福建后，肯定建立经济特区的政策是正确的，并建议增加对外开放城市。同年 4 月，中共中央、国务院根据邓小平的意见召开沿海部分城市座谈会，并于 5 月 4 日发出《沿海部分城市座谈会纪要》的通知，确定进一步开放 14 个沿海港口城市，这 14 个港口城市是：大连、秦皇岛、天津、烟台、青岛、连云港、南通、上海、宁波、温州、福州、广州、湛江、北海，连云港进入我国第一批沿海对外开放城市。同时，成立了国家级连云港经济技术开发区，作为开放的平台和载体，从而开启了经济发展建设的新时代。开放初期，坚持对外实行开放、对内搞活经济的总方针，狠抓城市基础设施改造，加快港口、铁路、公路及通讯等建设。1985 年民用航空正式开航，开通北京、上海、广州、深圳等城市。先后新建了全国三大碱厂之一的连云港碱厂、江苏最大的食品中外合资企业——中日合资三得利食品有限公司以及钟山氨纶、药用包装项目等，奠定了加快发展的基础。

1990 年，连云港市成为新亚欧大陆桥东方桥头堡。1990 年 9 月 12 日，我国北疆铁路与原苏联土西铁路在阿拉山口接轨，由此宣告一条新的连接太平洋与大西洋、横贯欧亚两大洲的新亚欧大陆桥形成。新亚欧大陆桥从中国的连云港到荷兰鹿特丹港，全长 10870 公里，国内依托陇海兰新铁路和北疆铁路，全长 4131 公里。作为东方桥头堡，1992 年 12 月 1 日连云港组织了新亚欧大陆桥第一列国际集装箱运输专列。1995 年 11 月 23 日，连云港组织了新亚欧大陆桥

▲ 中国三大纯碱生产企业之一——连云港碱厂

▲2011 年中亚班列（连云港—阿拉木图）首发现场

首列国际集装箱运输专列，整列美国货物首次在连云港上桥西行中亚。1997 年 1 月 17 日，新亚欧大陆桥国际信息中心在连云港成立。2007 年 10 月 8 日，连云港—莫斯科的过境集装箱“五定”班列在连云港首发，标志着新亚欧大陆桥抵达欧洲通道的正式开通。2011 年连云港经阿拉山口至阿拉木图国际集装箱直达班列开行。2014 年承担了我国新亚欧大陆桥国际运输 58% 的箱量，其中完成通过阿拉山口口岸的新亚欧大陆桥过境运输 9.6 万标箱，是青岛港的 2.7 倍，是天津港的 16.3 倍。

伴随着新亚欧大陆桥的全线贯通，特别是 1992 年初邓小平南方讲话发表以来，连云港发展力度明显加大，发展步伐明显加快，经济总量迅速扩张。尽管在全省乃至全国的位置变化不大，但连云港的知名度和社会影响明显提升，整体综合实力则呈现显著增强的态势，为加快崛起积累了扎实的基础。1992 年，省委、省政府制订了《江苏省淮海地区经济发展规划纲要》，提出要建设东陇海经济带，范围包括东陇海沿线各市、县；提出加强连云港桥头堡的建设，发展其对外窗口和亚欧大陆桥东出西联、双向开拓的功能；提出密切连云港和徐州的联系，用 10 年左右的时间，把这一地区建成以东陇海铁路为轴线的经济开放带。1994 年 3 月 25 日，国务院第 10 次常务会议通过的《中国 21 世纪议程》，把连云港至徐州重工业带规划为 21 世纪初首批开发项目，联合国开发计划署将其列为对中国优先承诺援助的20个意向项目之一。1995年9月，中共十四届五中全会在《关于制定国民经济和社会发展“九五”计划和2010年远景目标纲要的建议》中，把加快以新亚欧大陆桥为依托的经济带的发展放在重要位置，作出了加快建设陇海兰新经济带的重大战略决策，要求该地带逐步成为继珠江三角洲、长江三角洲、环渤海地区之后一条新的经济带，带动陆桥沿线11个省区的开发开放，缩小东西差距。沿线的许多省、市都把这条经济带作为振兴本地经济的重要战略之一。江苏省第九次党代会在制订15年基本实现现代化的宏伟蓝图中，正式提出要大力实施区域共同发展战略，以沿江、沿海、沿东陇海线整体推进，构架全省生产力布局框架，促进“区域共同发展、南北共同富裕”，使全省经济在更高层次上合理分工、协调发展。1996年，省委省政府出台了《江苏省徐连经济带规划》，[①]“九五”期间徐连经济带发展的主要奋斗目标是：经济总量迅速扩大，实现国内生产总值在1995年基础上翻一番。农业、工业基础得到强化，初步建成现代化农业生产基地，形成重工业带雏形；第三产业得到较快发展，初步形成大流通、大市场、大贸易格局；城市建设和城市文化水平有较大提高，中心城市的综合实力和辐射带动功能明显增强；外向开拓有较大突破，开放型经济水平显著提高；淮河水污染治理有大的进展，环境质量有所改善；到2000年全面实现小康，初步确立连云港国际枢纽港和徐州商贸都会地位，形成经济崛起局面。连云港抓住机遇，审时度势，稳抓落实，按照“项目启动、加强合作，共同发展、增强实力”的工作思路，充分发挥新亚欧大陆桥东桥头堡的优势，自加压力，调动各方面的积极性，坚持加快发展，不断完善桥头堡功能。

这一时期直到1997年9月中国共产党十五大召开之前，经济建设已进入到整体推进、重点突破、加快实现经济体制和经济增长方式两个根本性转变，建立社会主义市场经济体制的攻坚阶段。6年间，坚持“能快先快、能活先活”的经济发展思路，大胆实践，顽强拼搏，坚定不移地实施对外开放和对内搞活，特别是不断加快工业改革发展力度，经济建设取得明显成果。1997年，GDP提高到195.9亿元，相当于1992年的2.8倍，年均增长达11.2%；人均GDP达到4501元，相当于1992年的2.7倍，是新中国成立以来最快的发展阶段之一。其中工业经济在改造传统行业的基础上已初步形成以医药、化工、纺织、食品加

① 徐连经济带包括徐州、连云港两市及所辖9县（市），土地面积和人口都占全省的20%左右。

▲ 田湾核电站

工及建材等 5 大新兴支柱行业，工业增加值年均增长达 14.7%，经济发展进入新的阶段。进入 21 世纪之际，在加快国企改革、完善股份制改造、深化融资体制改革、推进完善农村各项改革等方面均取得一定突破，经济建设开始进入新的加速增长期。特别是随着益海粮油、恒瑞医药、港口集团、罗盖特公司等最具发展潜力企业的崛起，进一步拉动了全市经济社会的快速发展。1999 年，人均 GDP 首次突破 5000 元，达到 5209 元；2000 年，工业增加值达到 73.5 亿元，历史上首次超过农业。

这一时期，核电发展位于全国前列。田湾核电站位于连云港市连云区田湾，1997 年 12 月 18 日成立江苏核电有限公司作为项目业主，负责田湾核电站的建设管理和建成后的商业运行。厂址规划建设八台百万千瓦级压水堆核电机组。一期工程 1、2 号机组和二期工程 3、4 号机组均采用俄罗斯 AES-91 型核电机组，[①] 是中俄核能合作的标志性工程。

这一时期，连徐高速、汾灌高速相继开工并建成，连盐高速也在这一阶段

① AES-91 型压水堆核电机组是俄罗斯在总结 VVER 型机组的设计、建造和运行经验基础上作出的改进型设计，采用了一系列重要先进设计和安全措施，包括安全系统 4 通道、堆芯熔融物捕集器、全数字化仪控系统、反应堆厂房双层安全壳、非能动氢气复合器等，满足国际上第三代核电站的要求。

▲连徐高速鸟瞰

开工。连徐高速公路是国家高速公路网规划的连云港至霍尔果斯高速公路的重要路段，也是江苏省高速公路网规划“五纵九横五联”中“横一”高速公路的重要组成部分。境内全长88.1公里，为双向四车道高速公路。1998年10月开工建设，2001年11月建成通车，荣获国家第四届詹天佑土木工程大奖、江苏省扬子杯奖。汾灌高速公路是国家高速公路网规划的沈阳至海口高速公路的重要路段，也是江苏省高速公路网规划“五纵九横五联”中“纵一”高速公路的重要组成部分。连云港市境内全长85公里，为双向四车道高速公路。1999年5月开工建设，2002年10月建成通车，荣获江苏省扬子杯奖、交通部优秀工程质量奖。连盐高速公路是国家高速公路网规划的沈阳至海口高速公路的重要路段，也是江苏省高速公路网规划“五纵九横五联”中“纵一”高速公路的重要组成部分。连云港市境内全长44.3公里，为双向六车道高速公路，2003年10月开工建设。到2014年，全市公路总里程已达11914公里，密度达160公里/百平方公里，高于江苏全省153.5公里/百平方公里的平均水平。

2005年，根据省委、省政府统一部署，省发展计划委员会会同省委研究室共同编制了《江苏省沿东陇海线产业带建设总体规划》。规划以2004年为基期，2005—2010年为规划期，明确沿东陇海线产业带建设的主要目标和任务，重点规划了产业发展、城镇建设、基础设施建设、环境治理和保护等，是本区资源优化组合的方案、沿东陇海线产业带建设和发展的指导。规划中提出，连云港市要以建成国际性海港城市为目标，面向海外，面向国外，大力发展开放型经济，积极提高对外开放能力和水平，进一步巩固和提升新亚欧大陆桥东桥头堡地位。加快建设新（浦）海（州）和连云两个城区组团，合理确定产业布局和功能分工，提高各组团的能量。加快双组团之间的交通建设，形成便捷的快速通道，强化双组团之间的联系。全力推进连云港经济技术开发区、连云港出口加工区和连云港高新技术产业开发区的建设，密切港口与连云港经济技术开发区、出口加工区，新浦区与连云港高新技术开发区的联系，进一步增强港口、城区对开发区的服务功能，促进产业向开发区集聚，通过开发区的发展，推动港口地位的提升和城市综合实力的增强。大力吸引省内外特别是中西部地区的科研院所和高等院校在连云港设立分部。注重人口积聚，扩大人口规模，积极向 100 万以上人口区域性大城市迈进。

（二）城市面貌大幅改变

自 1978 年改革开放以来，城市建设始终保持良好的发展势头，城市面貌大幅改变，“一心三极”的城市格局已然形成。

1. 城市建设

改革开放以来，连云港市城区建设始终保持“大投入、强推进、快见效”的强势状态。1978 年中心城市建设资金投入仅为 2509 万元；1978—1990 年，完成城市建设投入 35 亿元（包括港口、交通、水利、电力、通讯、公建、市政、公用等基础设施）；1990—2000 年，完成城市建设投入 50 亿元；特别是 2001—2008 年，城市建设投入每年以 10 亿元增幅递增，共完成投入 360 亿元。2008 年是改革开放 30 年，当年完成城建投入达 80 亿元，连续八年占全市固定资产投资 15%以上，是 1978 年城建投入的 320 倍。至 2008 年，共完成城建投入 445 亿元，年均增长 17.4%。建成区面积由 1978 年的 16.9 平方公里，扩大到 90 平方公里，城市化水平由 1978 年的 11%提高到 42.3%，市区人口由 1978 年的 14 万人增长到 80 万人。

2008 年以来，城市建设投入的力度更大，并拉开了新海新区和连云新城建设，有力地推进了城市建设水平的迅速提高，推动了城市社会经济的快速发展。2014 年，全市城市建设完成投入 188.8 亿元，是 2008 年的 2.36 倍；全市城市化率 57.13%，比 2008 年提高 14.83 个百分点；建成区面积扩大至 182 平方公里，是 2008 年的 2 倍多。2014 年 11 月 21 日，连云港市通过创建国家节水型城市考核组验收。

2. 城市基础设施建设

开放初期，连云港市坚持实行对外开放、对内搞活经济的总方针，狠抓城市基础设施改造，加快港口、机场、铁路、公路及邮电等建设。1984年9月，完成改建连云港庙岭码头工程——中山路自程庄桥至港务局段为水泥混凝土、沥青路面，这是连云港首次大面积使用水泥混凝土真空吸水新工艺铺装路面。1984—1989年，新建新海南路、连云港经济技术开发区经二路和纬二路、平山路和海滨南路为水泥混凝土路面，朝阳路、郁洲路、苍梧路、新建路为沥青路面；改建新浦新农路自解放路至铁路段、解放中路、通灌路自铁路至海连路段、大浦路、中山路自海军司令部至港务局段、北城西路为水泥混凝土路面，新孔路自海连路至大庆路段为沥青路面，中山路自海棠路至程庄桥段为水泥混凝土、沥青路面。其中，1984年和1986年，分别将通灌路和海昌路向南延伸至机耕路为沥青路面。1986年11月至1989年6月，改建连云港第一条一级公路——新墟公路为水泥混凝土沥青路面，路长23公里，宽27.5—33米，上下道分道行驶。1990年扩建海连东路。1988年至1990年，分别建成平山广场、龙河广场、朐阳广场，其中龙河广场为当时最大的广场。新建改建大庆路、利民东路、新海南路、朝阳路、台北路、龙河广场、江化路、新孔路、幸福路等主要下水道。

1993年12月8日，我国最长的拦海大堤——连云港西大堤建成合龙。1994年1月20日，连云港至韩国釜山国际集装箱班轮航线开通。1993年，城市道路建设步伐加快，全年新铺城市道路5125米。1994年，人民东路建成通车，长途汽车站搬迁至新址。1995年1月10日，新浦汽车总站启用，人民路正式开通。昌中路、大港路、幸福南路、石花路等道路工程如期完成。1995年，新建、扩建了朝阳西路等13条主次干道，城市建设取得新进展，市区路网逐步健全，交通拥挤情况有所缓解，城市交通条件得到改善。1994年9月12日，宁连一级公路新沂河大桥通车。1996年11月18日，宁连一级公路全线建成。

1998年开始，连云港城市建设进入加速发展阶段。1998年当年，扩建了海连西路、海昌南路、南极南路以及苍梧路、西苑路，新建海滨大道北段。1999年，完成了海连路、瀛洲路改造和通灌路降坡工程。2000年，盐河路、花果山路建成通车，完成海昌路降坡改造和海滨路立交桥引道工程，苍梧东路实施改造，陇海商业步行街东街竣工开业、中街开工建设。2001年，先后完成了大港路拓宽、南极路降坡、青年路改造等工程，建成了陇海步行东街和中街，启动了新城区建设，苍梧东路、朝阳东路、郁州南路等市政重点工程项目按期竣工；完成了新火车站广场、朐阳门广场照明工程和解放中路路灯改造工程。2002

年，新浦新区的“五路三桥”工程已全部竣工，城市美化亮化工程加速实施。2003 年，市区新建和改建新港城大道、盐河南路等 30 多条城市主次干道，修建了龙河南路等 7 条便民道路，新增道路 48.5 公里。到 2008 年，城市规模和内涵明显扩大，城市现代化水平明显提升。2014 年，投资 1000 万元，改造了 14 个低洼易涝片区。投资 6000 万元，改造背街小巷 1167 条，总长度 120 千米，维修改造路面 147795 平方米，铺设沥青路面 87742 平方米，新建下水道 30507 米，疏通下水道 42149 米，砌筑各类检查井 3734 个，路缘石 20410 米，维修改造人行道 85348 平方米。

3. 市政道路

改革开放之前，城市道路用地面积为 77.49 万平方米，排水管道长 63 公里，排水面积率 26%。市区仅有几条道路，南北不通，东西不畅，路不成网，排水系统紊乱，给市民的生产生活带来许多不便。改革开放以来，用于城市道路桥梁建设的投资 12 亿元，尤其是近年来，新建、改建盐河路、海连路、港城大道、东方大道、花果山大道、黄海大道、海宁大道、郁州路、嬴州路、人民路、新建路、通灌路、中山路、栖霞路、海滨大道等 200 多条高标准、高档次、高品位的城市主次干道和园区道路，质量全部达到优良。其中海连路、盐河路、海滨大道、凌州广场、港城大道等 11 条主干道路被评为省优工程。在抓好主次干道建设的同时，本着“以人为本、以民为先”工作原则，重视对小街、小巷、小路的修建力度，新建改建繁荣路、中大街等 360 多条便民道路。铺装人行道板 250 万立方米；结合新建改建便民道路整治下水道 636 公里，疏通下水道 1600 余公里，不仅解决了市民出行难的问题，还使城市低洼地区的雨季积水问题得到了解决。

改革开放促进连云港城市的快速发展，到 2008 年，市区拥有城市立交桥 4 座，城市桥梁总数达 197 座，城市道路总长度为 951.5 公里，总面积达到 1519 万平方米，较改革开放初期分别净增 831.5 公里、1439 万平方米。主干路面平均宽度由 1978 年的 5 米拓展到 60 米，人均道路面积从 1978 年的 5.3 平方米提高到 21.61 平方米，形成了外部成环、内部成网的城市交通网络，东西城区连接更加畅通，市民出行更加方便。另外，随同道路建设，路灯事业和防洪设施也不断发展，路灯由 1978 年的 1600 盏增加到 8.79 万盏，路灯光源由第一代白炽灯，全部更换为第三、四代节能光源。原有的架空线路 97%实现了电缆入地，并彻底消灭了有路无灯的状况，道路照明度均达到或超过了国家城市道路照明标准。城市排水管道长度达到 1134 公里，比 1978 年增加了 1071 公里。市政道路建设，不仅改善了城市交通状况，构筑了大城市发展框架，而且带动了城区土地的增值，提升了整个城市的价值。

2008 年以来，是发展最快的时期之一。到 2014 年，城市建成区面积 275 平方公里，城市桥梁总数达 267 座，城市道路总长度为 2026.61 公里，总面积达到 3561.93 万平方米，较 2008 年分别净增 1075.11 公里、2042.93 万平方米。城市排水管道长度达到 2669.38 公里，比 2008 年增加了 1535.38 公里。路灯由 2008 年的 8.79 万盏增加到 12.04 万盏。2014 年，全市完成市政道桥投资 72 亿元，新建海滨大道、市区景区连接线（环山路）等道路 166 千米，打通科苑路、运河路等 5 条“断头路”，完成人民路、大港路等 14 条主次干道改造。市区新辟公交线路 7 条，优化调整 12 条，市区人均道路面积达 20.5 平方米。城市布局进一步得到优化。

4. 公用设施

改革开放以来，连云港市的公用事业有了长足发展，先后投入 80 亿元用于公用事业，管道燃气、污水处理从无到有，供水、供气由小到大，组织编制和修编了供水、排水、燃气、供热等 4 项专业规划，并严格按规划组织实施。

在供水方面，1978 年日供水量 5000 吨，1984 年后市人民政府加大对公用事业的投入，1997 年建成了日供水能力 10 万吨的第三水厂，提高了供水能力，保障民生生活和工业用水。新建水厂的同时，改建、新建自来水供水管道，完善供水管网，建设加压站，调节容量，增加传输能力。市区茅口、海州、第三水厂日供水能力提高到 30 万吨 / 日，实际供水量平均 35.6 万吨 / 日，是 1978 年日供水量的 71.2 倍。已建成直径 75 毫米以上城市供水管网总长度 2381 公里，为 1978 年的 25.6 倍。2014 年，水厂综合生产能力 78.3 万吨 / 日，供水管道长度 3901.97 公里，供水总量 15641.85 万吨。2013 年 10 月 12 日，沭新渠送清水工程实现全线试通水，2014 年 6 月 27 日实现供水运行。市区城市供水水质得到明显改善。全年供水总量 9125 万吨，新改建城市供水管网 30 千米，城市供水普及率达 100%。

在供气方面，1978 年没有液化石油气。1985 年 10 月，全市第一座液化石油气站——机关液化石油气站建成投产，只有 40 立方米贮罐 1 只，气源来自山东和本省各炼油厂。1991 年后连云港管道燃气开始使用水煤气，液化石油气直到2004年宋跳液化天然气储配站投产，通过槽车将新疆天然气液化后运至连云港，天然气才落户港城。2005年建成连云地区大港压缩天然气气化站，连云港市天然气发展市场全面启动。2006年建成了西气东输天然气门站、3号高压调压站及配套管网设施，当年12月12日西气东输天然气正式进入港城，每天有5万立方米。到2008年已建成西至浦南开发区、南至宁连高速、东到黄海边、北到临洪河，覆盖整个城市建成区的天然气主干管网，铺设各类管道807公里，所有新建住宅小区同步配套燃气管道，发展管道居民用户9万户、商业用户200余户和益海粮油、东方集装箱等5个工业用户。管道燃气供应量达4992万方，城市气化率99.9%。到了2014年，液化石油气供气总量31924吨，天然气供气总量12637万立方米，天然气供气管道长度1988.97公里，城市气化率100%。

在供暖方面，连云港不属于强制采暖地区，到20世纪80年代初，主要是保障工业生产供暖。随着居民生活水平的提高，普遍要求集中采暖。改革开放以后，市区已建成热源厂6个，市区供热总能力达到987吨/小时蒸汽，供热总面积约360万平方米，其中住宅供热总面积约200万平方米，建成直径200—500毫米的供热主干管约80公里。1984年，新海发电厂抽气供热机组向周围2公里范围内的红旗化工厂、农药厂等供热，能力290吨/小时。1986年，配合老城区改造，建成水管路和通灌路集中供热站。1987年9月，连云港市第一家供热电厂——新浦热电厂一期工程建成投产，向周围1公里范围内的造纸厂、罐头厂、色织一厂等9个厂供热，年供热量75万吨，发电量7000千瓦时。到2014年，全市市区集中供热有新海电厂、田申热电、晨鑫热电、新城热电和罗盖特公司5家供热企业，供热能力为757吨/小时蒸汽。

5. 园林绿化

改革开放前，市区仅有新浦、海滨2座公园，以行道树为主的几条道路绿化，公共绿地平均每人1.0平方米，绿化覆盖率4%。改革开放到2008年，30年来共投资40亿元进行城市绿化建设，组织实施了道路绿化工程、公园广场绿化工程、街头绿地游园工程、河滨绿地工程等十大绿化工程。尤其是2003年以来，市政府以创建省级园林城市为抓手，按照引山、近海的总体布局，认真组织修编了《连云港市城市绿地系统规划》，建立了《城市绿线和绿色图章制度》。2004年城市新增绿地面积360公顷，超过前五年的总和，城市绿地面积达2292公顷，绿化覆盖率达到34.4%。

▲在海一方公园

从2004年到2013年，市区绿化面积逐年增加，平均每年增加328公顷，相继建成了苍梧绿园、在海一方公园、郁州公园、西南出入口绿化景观工程、龙尾河生态景观长廊、盐河景观带、新港城大道绿化、东方大道绿化等一大批园林绿化亮点工程。2013年绿地面积达5247公顷，是2004年的2.29倍，绿地率达37.5%，绿化覆盖率达40%，比2004年增长3.1个百分点，人均公园绿地面积达13.8平方米。其中，城市公园数由1978年的2个增加到12个，建成了中环路游园、朐阳门广场、海昌路游园等198个游园绿地，分布在居民区的周围和道路河道两旁，基本达到了每500米有一处游园绿地，市民活动空间得到拓展。公园绿地面积达到761.68公顷，比改革开放初期增加20倍。2006年10月被江苏省人民政府命名为江苏省园林城市，四城同创荣获第一块金字招牌。2009年，建成了花果山大道、中央景观大道、青年公园、海州行政中心广场、中云火车站广场等一大批亮点工程。2011年，园林城市创建顺利通过了国家考查组的考核验收。至2012年，加快实施了东盐河景观绿化、新浦公园改造等重点园林绿化项目111项，新增绿地380公顷，市区建成区绿化覆盖率达40%，绿地率达37%。人均绿地面积19.06平方米，人均公园绿地达到13.8平方米。2013年，园林绿化不断推进。BRT1号线沿线绿化有效提升，城市道路景观实现出新，海滨大道绿化迅速实施；孔望山公园二期加速推进，连云新城商务公园快速施工，苍梧绿园改造有效落实；苍梧元宵灯会成功举办，省第八届园博会硕果累累，国家园林城市奖牌成功捧回。

6.邮政通讯

邮政通讯业务总量继续扩大。2014年全市邮政通讯业务收入达到37.89亿元，邮政速递业务收入7.33亿元，移动产品更新加快，互联网业务发展加速。截至2014年末，全市电话用户数达到518.24万户，其中移动电话用户数429.62万户；互联网用户年末达到318.54万户，其中固定宽带接入用户数为82.69万户。

综上所述，改革开放以后，城市供水、污水处理、燃气、供热、邮政等公用事业迅速发展，公用设施保障能力进一步提升，城市公用事业服务水平不断提升，对连云港市产业和人口发展的承载能力不断增强。

（三）城市综合实力大提升

从2004年到2009年，城乡投入稳定增加，中心城市建设项目快速增加，以每年10亿元的幅度递增。2009年，全市城乡建设突破困境、逆势而上，全年完成投入达260亿元，共实施城乡建设项目1160项，其中市区实施城建项目460个，完成投入90亿元，连续五年占全市固定资产投资超过15%，市区建成区面积达到100平方公里。旧城改造全面推进，新区框架进一步拉开，城市形象刷新，城市功能显著提升，形成了东部城区与原新海城区相互呼应、相互促进、互动发展的大开发、大建设、大发展的良好格局。从2010年到2013年，城乡建设稳步推进，城乡建设完成投资分别为420亿、934亿、556亿和947亿，城区面积从130平方公里扩大到150平方公里，城市化水平达到55.7%。2013年，城乡一体化加快推进，全市26个乡镇、119个村庄城乡统筹试点稳步推进，5个乡镇实施市级城市化示范镇创建。从2012年到2014年，按照“一年打基础、两年见成效、三年基本建成”的目标要求，二年累计投资400亿元，重点打造8平方公里的商务中心区，全面加快特色旅游、高端商务和滨水居住三大功能区建设，将连云新城建设成为特色鲜明、环境优美、功能复合、集约高效的高端化商务中心区。2014年顺利完成赣榆、海州区划调整，行政区划与功能组团关系逐步理顺，全市城镇化率提高到57.13%，主城区功能日益完善。城区基础设施配套得到加强，一批城市综合体和历史文化街区建成营业。交通路网得到优化，海滨大道、环云台山大道基本贯通，打通科苑路、运河路等5条断头路，完成人民路、大港路等14条主次干道改造。市区新辟公交线路7条，优化调整12条。完成旧城改造550万平方米，拆除违法建筑6.6万平方米。

借助江苏沿海开发、国家东中西区域合作示范区、长三角一体化、国家创新型城市试点等战略机遇，全市干部群众从外因思维转向内因思维，积极调动要发展的创业激情；从一域思维转向全局思维，坚定能发展的持久信心；从策略思维转向战略思维，形成会发展的宏观思路。选准开发突破口，打好跨越发展的基础。在城市建设上追求高水准——坚持以人为本、以生态为先、以海滨为特色，精心打造一座具有国际水准的海滨城市。着力优化城市生态环境，构筑从河到山、从城到海的生态廊道，保持950平方公里的生态空间。在产业选择上追求高层次——纵向的沿海产业带，以市开发区为中心、沿海产业园为节点，打造新兴临港产业基地；横向的沿东陇海线产业带，以市开发区和各县区开发区为主阵地，打造以都市型、环保型工业为主的先进制造业走廊。在项目选择上追求高标准——新医药、新材料、新能源、高端装备制造等战略性新兴产业成为连云港市的支柱产业。2009年9月，投资78.9亿元的30万吨级航道试挖工程正式启动，开航兴港，这是连云港加快推进沿海开发的重大举措。兴建海滨CBD，打造未来城市核心的连云新城，建设临港产业园，在低产盐田和浅海滩涂上规划出290平方公里的徐圩新区，一座新型

▲ 海州东区鸟瞰

的国际性海港城市正展示出生机与活力。2012 年开工建设的连云港海滨大道将港、产、城这几个海港城市最核心的部分进行了有机串联，进一步体现连云港国际海港城市定位，成为促进全市港口产业城市一体发展，繁荣兴盛的纽带。

2013 年 9 月，习近平主席在哈萨克斯坦纳扎尔巴耶夫大学发表演讲时提出共同建设“丝绸之路经济带”的战略构想，10 月习近平主席在印尼国会发表演讲时表示中国愿同东盟国家加强海上合作，发展好海洋合作伙伴关系，共同建设 21 世纪“海上丝绸之路”。习近平总书记关于“一带一路”的战略构想，为我国沿线各省区新时期扩大对外开放、深化区域合作指明了方向，也拉开了全国各地对接大战略、共建新丝路的新一轮发展序幕。面对新的历史机遇，连云港正在依托自身优势，不断提升服务功能，着力打造“一带一路”双向开放桥头堡，发挥陆上丝绸之路向东延伸、海上丝绸之路向西拓展的重要门户作用。2013 年 9 月 7 日，在中哈两国元首的共同见证下，连云港市政府与哈萨克斯坦国有铁路股份公司在哈首都阿斯塔纳正式签订中哈国际物流合作项目协议。此项目成为丝绸之路经济带和海上丝绸之路“一带一路”建设的首个实体平台，[①] 连云港市成为第一时间响应“一带一路”国家战略的城市。2013 年 11 月 29 日闭幕的上海合作组织成员国会议上又作出了将连云港港作为上海合作组织成员国共同出海口的决定。

2014 年是连云港市被确立为首批沿海开放城市 30 周年，也是习近平总书记提出的“一带一路”战略从构想迈入务实阶段的开局之年，围绕“一带一路”建设，连云港好消息不断。2014 年 5 月 19 日，随着习近平总书记与哈萨克斯坦总统纳扎尔巴耶夫在上海西郊会议中心共同推动项目启用装置，历经 8 个月、由中哈双方共建的中哈（连云港）物流合作基地项目一期工程正式建

① 中哈（连云港）物流合作基地项目总投资超过 30 亿元，其中一期项目位于庙岭作业区后方，毗邻集装箱和散粮泊位，集疏运条件便利，计划投资 6.06 亿元，规划建设集装箱堆场 22 万平方米、1763 个集装箱位，拆装箱库 2.3 万平方米、堆场铁路专用线 3.8 公里，日均装卸能力 10.2 列，年最大装卸能力 41 万标箱，主要经营国际多式联运、拆装箱托运、仓储等国际货物运输业务，是中哈（连云港）物流合作基地的先导区。二期项目紧邻一期项目北侧，计划投资 4 亿元，建设粮食泊位和筒仓，为哈国小麦等农产品出口提供港口装卸、仓储等配套服务。三期项目拟整合 22 平方公里的金港湾物流园区资源，计划投资 20 亿元，规划建设上合组织成员国国际物流合作基地，强化在铁路运输、物流仓储、国际贸易、出口加工等方面共建共用合作，在更大范围、更广领域、更高层次上推进“一带一路”交汇点建设。

成启用。从启用到12月30日，中哈（连云港）物流合作基地已进出场集装箱累计完成65000标箱，拆装箱14000标箱。在海关的支持下，具备了保税仓储、国际物流配送、流通性简单加工和增值性服务、进出口贸易、转口贸易及物流信息处理功能，并对存储期间的过境集装箱货物可开展简单的分拣加工、重新包装和拆拼箱业务，可开辟连云港—境内城市—境外国家的国际专列或航班等。

2014年10月21日，中国（连云港）丝绸之路国际物流博览会暨第十一届中国国际物流节开幕。① 作为国家为推动"一带一路"建设而在新亚欧大陆桥国内沿线东中西三个节点城市举办的三个国际展会之一，连博会和物流节的举办旨在进一步发挥连云港在"一带一路"建设中的双向开放窗口和海陆枢纽作用，推动上合组织共用出海口建设实现新突破，促进东西要素跨区域流动和优化配置，汇集物流产业信息流、技术流和人才流，继而在国家"一带一路"战略发展规划中抢抓更多的政策红利。本次连博会和物流节以构建通畅的丝绸之路国际物流大通道为主题，发挥连云港海陆交通枢纽和仓储物流服务优势，重点展示城市物流、陆桥运输与第三方物流服务、物流设备与技术、港口功能与航运服务，搭建亚欧海陆联运、东中西区域合作交流平台，逐步将连博会打造成服务丝绸之路国际物流大通道建设的国际性专业品牌展会。

2014年全年实现地区生产总值1965.89亿元，一般公共预算收入261.8亿元，分别比1984年增长49倍、130倍；实现全社会固定资产投资1716.57亿元、社会消费品零售总额740.47亿元、外贸进出口总额80.30亿美元，分别是1984年的328.2倍、74.79倍和9.33倍；居民消费价格基本稳定，城镇和农村居民人均可支配收入分别增长10.3%、12.3%。目前正以上海自贸区建设为蓝本，主动

---

① 展会秉持"权威性、专业性、国际性、多样性"的办会宗旨，汇聚了政府、港航、物流企业及科技、金融等业界精英，举办展览展示和系列高层论坛活动，包括2014物流全球论坛、国际港航合作发展论坛、中国城市物流大会、第五届中国物流投融资大会等20项主题活动，重点探讨在"一带一路"、长江经济带、国家东中西区域合作示范区等合作背景下，现代物流业发展模式与企业的战略转型、升级等问题，旨在促进区域全面融合发展，共同培育东西双向开放新优势。约有来自40个国家和地区的专业协会及政府部门在活动中发布项目招标、采购、招商等权威信息。此外，连博会迎来了国内外组团数百个、全球17个国家和地区、全国21个省市的500多家企业及机构参展，上万人次的专业观众和采购商前来现场洽谈、采购、参观、访问。开幕式上，江苏、甘肃、宁夏、新疆、河南、山东、陕西、青海八省区代表在丝绸卷轴上共同签名，共同成立"丝绸之路经济带物流联动发展合作联盟"，从深化彼此合作机制与途径入手，发出了推动物流业协同发展的倡议。

对接、积极融入，充分利用其溢出效应，推动出口加工区、保税物流中心功能整合，推进空港、徐圩港区、赣榆港区实现正式开放，并积极申报综合保税区和自由贸易港区。随着丝绸之路经济带沿线贸易往来的活跃和新亚欧大陆桥运力的提升，连云港市及连云港港口的发展必将迎来更加灿烂的明天。

专题篇

连云港的特殊区位及行政区划的调整扩大，在历次城市规划中得到体现。连云港城市规划的探索，具有典型意义。

城市发展空间布局从沿东陇海走向沿海、从“一市双城”迈向“一心三极”，与港口变迁、产业布局密切相关。城市支撑港口发展，港口引导城市对外开放，港城互动，港口成为新亚欧大陆桥东方桥头堡的核心载体，国际性海港催生国际性海港城市，构成连云港主骨架。

历史文化是连云港的根本，石头文化、历史遗存、文学名著、文化艺术、民间艺术、文化名人是连云港发展的魂。历史文化遗产保护、文化事业与文化

产业发展的成就彰显着城市的特色，一面飘扬了半个世纪的学雷锋旗帜成为城市精神的符号。六张旅游名片、六大旅游特色及相得益彰的旅游产品将连云港扮点得更加靓丽。

改善民生，劳动就业工作进入新常态，居民收入稳定增长；发展社会事业，社会保险制度不断健全完善，覆盖范围不断扩大，待遇不断提高；统筹城乡发展，教育、医疗卫生和体育事业的改革与发展不断深入；苏中、苏北地区首个国家级创新型试点城市建设快速推进。

第四章 城市总体规划的探索

作为江苏省城市建制最早的城市之一，连云港从 20 世纪 30 年代就开始了城市规划的制定。既有解放前城市规划的积淀，又有解放后历次城市规划的探索。城市形态从线性结构到“一市双城”再到“一心三极”，从大城市走向都市区，无不体现规划的引领作用。

一、城市规划的回顾

（一）旧中国的城市规划

在中国行政区划中，最晚出现的建制是市，中国 1921 年 2 月 15 日设立第一个市——广州市，至 2014 年也只有 93 年历史。当时的江苏省政府确定在连云港设立连云市时，江苏只有一个南京市。1935 年 1 月连云设市之后，连云市就开始制定城市规划。1935 年 4 月，根据东陇海铁路建设和港口建设情况，时任连云市政筹备处主任赖琏主持制定了《连云市建设计划》，这是连云港市近代史上第一个城市规划，在江苏、在全国都属起步较早。

1946 年，张振汉任连云市市长，在《连云市建设计划》基础上，又制定了《连云市建设刍议》。该规划确定连云港要建设成为上海至青岛间的大都市，30 年远期城市人口达 150 万人，视野开阔，气势宏大。上述两个规划，均因国内外形势的变化而未能实施。

▲ 1935 年连云市附近形势简图

（二）新中国成立后历次城市规划

1. 改革开放前的历次规划

1957—1960 年，新海连市基本建设委员会在江苏省建设局的指导下，编制出《新海连市城市总体规划》，这是中华人民共和国成立后的连云港市第一部城市规划。此规划的建设重心并没有放在港口，而是将新浦、海州地区作为城市建设的重点，在新浦至海州之间规划了工业集中区。后来遇到三年自然灾害，国民经济处于非常困难时期，以后又发生“文化大革命”，此规划也未能很好实施。

1974 年连云港市开始编制城市详细规划。1975 年连云港市革命委员会生产指挥组增设规划组，专职编制城市规划，于 1976 年 12 月完成《连云港市总体规划》第一稿。为了适应当时改变港口面貌的要求，1977 年国务院港口办公室和国家交通部在北京联合召开了连云港港口建设座谈会，对港口规划作了调整，于是城市规划按照亿吨大港规划要求作了修改，即又形成了《连云港市总体规划》第二稿。

2.《连云港市城市总体规划（1980—2000年）》的制定与调整

（1）城市总体规划的制定

1979年按照国家建委要求组织编制《连云港市总体规划》，于1982年10月完成，10月27日提交市第六届人大常委会第15次会议原则通过，1984年4月3日省政府正式批复（苏政复［1984］53号）。在这个规划中，根据连云港市地理位置、港口前景、资源、工业基础、城市建设条件等，连云港的城市性质确定为“我国沿海中部的重要海港城市”。根据城市现状的特点和发展要求，城市总体布局为“一市双城”，新海城区是连云港市的政治、经济、文化中心；连云城区是港口、旅游和外贸、工业区；猴嘴为原盐集散地和云台行政管理中心。

（2）城市总体规划调整

江苏省人民政府批准《江苏省连云港市城市总体规划（1980—2000年）》施行的第三天，1984年4月6日，连云港市被国务院批准为全国首批14个沿海开放城市之一。鉴于这一情况，市政府根据国务院国函[1984]183号文《关于进一步对外开放实施方案的批复》、江苏省政府苏政发[1984]53号《关于连云港市总体规划的批复》、江苏省连云港建港指挥部苏港规（84）第305号中报交通部的《连云港港总体规划》、连云港市“七五”国民经济和社会发展计划，对《连云港市总体规划（1980—2000年）》的城市性质、城市规模及连云港经济技术开发区规划的性质进行调整，1986年8月13日经市人大常委会第18次会议讨论通过并上报省政府。

调整的主要内容包括：1984年4月省政府正式批复（苏政复［1984］53号）

▲ 先进的石化企业

连云港的城市性质为“我国沿海中部的重要海港城市”，建设上应注意积极发展轻、化工业和积极开发风景旅游资源，修改拟定为“我国沿海中部新兴的工业、外贸、港口城市”。城市人口，原规划的中远期人口由 45 万人调整为 53 万人，其中新海地区 22 万人，连云地区 20 万人，开发区 3 万人，其他地区 8 万人。用地规模，由 45.2 平方公里调整到 50.5 平方公里。另外，还规划将墟沟的西小山削平，以作为生活用地。调整后的《连云港市城市总体规划（1980—2000 年）》于 1986 年 8 月 13 日由连云港市人大常委会审议通过后上报。

1987 年 8 月 5 日江苏省人民政府苏政 [1987]48 号正式批复，批复的主要内容包括：省政府原则同意总体规划调整方案所确定的城市规模及规划布局，所提城市性质与 1984 年 4 月省政府原批复无原则区别，不再更改。为适应港口建设的发展，要突出港口城市功能，开发区应以发展技术先进的工业和现代化科技事业为主。

这一规划为新中国成立后连云港市第二部城市规划。

3.《连云港市城市总体规划（1991—2010 年）》的制定

1990 年，连云港市开始编制新一轮城市总体规划，于 1993 年完成初稿。鉴于上一轮城市总体规划编制工作的艰巨性和复杂性，市政府委托中国城市规划设计研究院帮助修订。在 1992 年 12 月 1 日新亚欧大陆桥国际运输开通、1993 年 12 月 8 日连云港西大堤成功合龙、连云港市委市人民政府提出“开放兴市、以港兴市”的发展战略背景下，完成了《连云港市城市总体规划（1991—2010 年）》的修订完善工作，于 1995 年 5 月经江苏省人民政府批准实施。此

▲ 连云港市新貌

规划为新中国成立后连云港市的第三部城市规划。《连云港市城市总体规划（1991—2010年）》是1987年省政府批准的《连云港市总体规划调整方案（1980—2000年）》和《连云港经济技术开发区规划》的修订规划。

在江苏省人民政府于1995年5月11日批复（苏政复[1995]42号）的规划中，城市的性质确定为：新亚欧大陆桥东桥头堡，我国沿海中部的重要的工业、商贸、科技、文化、风景旅游综合发展的海港城市，远景发展成为国际海港城市。城市的主要职能确定为：亚欧大陆桥东桥头堡、临海工业基地、带动地区经济发展的龙头、风景旅游胜地。人口规模，确定市域总人口2000年380万—390万人，2010年455万—460万人；市域城镇总人口2000年120万—125万人，2010年170万—390万人；市域城镇化水平2000年32%，2010年36%—40%。规划市区人口规模为2000年市区总人口为81万人，2010年为109万人；城市人口2000年58万人，2010年80. 7万人；市区城市化水平2000年71.6%，2010年80.7%。城市规划区范围，北起蔷薇河、临洪河，南至八一河、盐河、妇联河、烧香河（含烧香河向南8公里），东起黄海西岸，西至蔷薇河，并包括前三岛、白塔埠机场控制范围，总面积888平方公里。规划城市形态仍为“一市双城”结构，即由新海地区、连云地区组成。

4.《连云港市城市总体规划（2003—2020）》的制定

2001年8月，连云港市人民政府委托江苏省城乡规划设计研究院编制《连云港市城市总体规划（2003—2020）》。该规划于2003年12月24日通过江苏省建设厅的专家论证，2004年3月31日通过连云港市十一届人大常委会九次会议审查，2004年4月21日报江苏省人民政府审查批准，2005年4月18日获江苏省人民政府批准实施。

此规划为新中国成立后连云港市第四部城市规划。

2005年7月14至15日，市政府邀请国内20多位专家学者，举行连云港市发展战略研讨会。2005年7月，市政府投入80万美金，以国际竞赛方式向全球征集东部滨海地区发展战略规划。如此重金征集分区规划，这在连云港市的历史上还是第一次。7月30日连云港东部滨海地区发展规划竞赛活动正式通过《中国日报》、《新华日报》、全球建筑网、国家建设部、中国连云港网站等媒体向国际发布。同时邀请国际知名规划大师担纲，国内权威的规划研究单位和著名大学规划研究院、有港口海滨城市研究经验的设计单位报名参加竞赛。8月16日，来自国内外八家知名城市规划设计机构会聚连云港，就参加东部滨海地区发展战略规划国际竞赛签订设计合同。10月30至31日，召开发展战略规划国际竞赛专家评审会，邀请中国工程院院士邹德慈、美国哈佛大学城市设计系原主任马歇尔等11位国内外知名的城市规划、产业经济、港口物流与交通方面专家组成评审会，最终确定香港都市规划顾问有限公司、深圳城市规划设计研究院所提供的方案为第一名、第二名。11月1日，为期10天的连云港东部滨海地区发展战略规划国际竞赛成果展示活动正式开始，广泛听取社会各界人士的意见、建议。11月4日，经过市民代表、县区领导、市有关行政部门负责人投票综合排名，报市委、市政府批准，东部滨海地区发展规划国际竞赛最终结果揭晓：香港都市规划顾问有限公司的8号方案被评为第一名，深圳市城市规划设计研究院的3号方案被评为第二名。在这之后，香港、深圳及连云港市规划部门以8号、3号方案为基础整合其他六个方案的优点，择优整合形成新的《东部滨海地区战略规划》。

这次规划成果是连云港市历史上第一次邀请国际规划大师担纲的八家规划单位参赛，11位国内外大师进行方案评审，打破了原来自我封闭通过省市行政部门及其规划单位自己规划的旧的规划模式，改变了“一市双城”的旧的规划理念，跳出行政区域搞规划，向建立城市规划国际市场运作的新机制迈出了关键一步，实现了城市规划标准与国际接轨，使连云港市城市规划达到了国际水平。这次国际竞赛以建设国际性海滨城市为目标，改变了过去城市规划在新海地区“摊大饼”的做法，将城市规划范围拓展到滨海南北两翼162公里的滨海地区，将海滨城市、临海临港产业、港口、开发区作为一个整体进行规划。规划围绕欧亚大陆桥东方桥头堡的战略定位，研究形成“一心三极”国际性海滨城市、“一体两翼”组合大港、“一纵一横”“T”形产业走廊等城市发展总体布局。

2007年元旦，时任国务院总理温家宝到连云港市视察，对连云港市的城市发展作出了明确的指示：“连云港南连长三角，北接渤海湾，隔海东临东北亚，又通过陇海铁路西连中西部地区以至中亚，在中国区域经济协调发展中具有重要战略地位。搞好连云港港口建设任务重大、前途光明，要作好规划、加快发展。”2007年10月16日，时任中共中央总书记胡锦涛在中共十七大分组讨论时指出：“连云港的位置重要，涉及全局的问题，要好好发展。”在此形势下，为了顺应国家及江苏省沿海开发宏观形势，充分发挥连云港的区位优势，不断增强新亚欧大陆桥东桥头堡的地位和作用，积极融入长三角一体化发展总体格局，把连云港市建设成为沟通东西、连接南北的重要节点与区域中心城市，沟通中西部的沿海国际性干线大港，江苏省乃至国家的临港产业基地，环境优美、和谐发展的现代化海滨城市与生态宜居城市，连云港市规划局邀请深圳市规划设计院，从2008年开始编制《连云港市城市总体规划（2008—2030年）》。2009年5月15日，该规划获得江苏省人民政府的批准，成为新中国成立后连云港市的第五部城市规划。

二、城市规划的探索

（一）连云市的大都市规划

1. 赖琏的连云市规划设想

赖琏从1935年开始，在近一年时间里就完成了连云市的城市设计、连云港市土地测量及绘图，以及有关民政和地政方面的法规。赖琏在建市工作报告中提出连云市的规划设想，基本思路是：老窑为港区，墟沟为住宅风景区，大浦为工业区，黄九埝一带为市政中心和商业区。

赖琏还根据连云港口尚未建成，地域经济很不发达，上海和香港的资本家也因时局不稳不敢来连云港买地的情况，制定了符合连云港实际的土地行政法规：市区内土地经地主报价后，政府发行同额的地价券，将连云港市土地收买过来。这些土地待建港完成、商贸发展后，地价必然上涨，然后再由政府卖出。这样，除可还清地价券外，增盈部分用来成立市人民政府和作为市政建设经费。这种法规的实质是政府通过经营土地筹集建设资金。

2. 张振汉的《连云市建设刍议》

1945年，张振汉[①]出任连云市第一任市长，他在市长任上三年，主持制定了连云市继赖琏之后的第二个城市规划——《连云市建设刍议》。该规划两万余字，分两大部分：市区计划；海港计划。

《连云市建设刍议》规划的开篇中将连云港定位为国际交通枢纽，他认为“连云地当中国中部海滨，云台高耸，大海无极。横贯东西陇海干线，由此起始，将来如照国父计划，展筑是路至新疆，与苏联之西北利亚铁路相接，则连云不但为中国西北各省之重要门户，亦将成为国际交通之枢纽，东方重要之水

① 张振汉是个特殊的人物：他是跟随我军走完长征的唯一国民党将官；他作为一省辖市的市长，是由国民政府行政院提出，院会通过任命，程序上享受了特别市市长的提名待遇。

陆联运站，国父实业计划定连云为东方二等海港，实具非常之远见也。”

“振汉奉命，主持连政，于登斯土之后，睹此祖先遗留于吾人伟大河山中天然形势、优良之港埠，瞻瞩国家目前在事实上之迫切需要，深感责任重大，于经费拮据，困难重重中，督促同人，时刻勿懈，一尺一寸，日求累进，并拟于建设连市计划草案，冀能本此按步实施，以赴事功。今特将全部计划，公布于世。连云为中国之都市，为我全体同胞之都市，深望仁人志士，贤达学者，对连云港市之役，多多有所指示与致力，俾吾人国家所理想之新连云，早日建设成为幸！”

在《连云市建设刍议》规划的结尾处，他详细阐述了建市思想：“连云港市建设之重要，及其工作之艰巨，已如上所述，欲使都市建设之三十年计划，海港建设之二十五年计划如期完成，需要相当之人力、财力，必须政府与人民共同努力，国内外之专家及资本家予以协助，方可事半功倍。同时，都市建设与海港建设，二部门工作尤须有适当之配合与密切之联系，按照计划逐步实施。另外，市政建设与其他建设之互相配合联系，亦不可不重视，如陇海铁路之继续发展，甘新铁路与土西铁路衔接，大干线之改铺双轨。西北铁路系统之建筑，希望能于二十年内完成。临洪河、盐河、运河、淮河之疏浚整理通航亦希望能于十五年内完成。本区内农垦渔盐业、改进工矿事业之发展、商业之繁荣，亦希望于三十年内达到相当进展。如此则连云港建成以后，每年四千五百余万吨吞吐量之利用，连云都市建设完竣，居民增至一百五十余万人，皆可无问题矣。此次吾国经八年艰苦抗战，幸获最后胜利，为谋国家未来之富强，必求新中国成立之成功。本计划所列都市与海港建设皆为港国之主要部门，如能使连云市成为一现代化都市，连云港成为一现代化海港，对于整个事业之促进，国计民生，实利赖之。”

《连云市建设刍议》的规划包括连云之现状及天然形势概述、连云港市全部建设计划概要，其中对城市功能区划分尤为科学。道路规划详尽，交通、公共设施、学校、医院甚至屠宰场、公墓建设都有涉及。在海港计划中，特别提出了大港计划及连云未来壮美前景。

张振汉任连云市长时，港区的城市人口约为 7 万人，面积除 134 平方公里的山地以外，城市规划面积为 296 平方公里（其中盐田 57 平方公里）。城市规划分为八区一场，其中连云老港区、庙岭港区和墟沟港区被规划为港埠区；猴嘴以东至墟沟、老铁路基以东与前、后云台山之间的平原地带（含今天开发区全部和大岛山至大、小板艞之间）被规划为商业及行政区；西墅、海头湾、东西连岛、高公岛被规划成为渔业区；台北盐场仍被规划为盐区；今新浦以北至大浦、铁路以西地区被规划为工业区；所有山麓较高地带作为住宅区；大岛山至山东庄与玉带河至山麓之间被规划为文化区；整个岛屿、海滨和云台山均作为风景区和绿地；新浦刘艞至南城之间规划为飞机场用地。

城市道路规划了 11 条主干线，其中，墟沟西小山沿老铁路基至猴嘴线被命名为“江苏路”，猴嘴至大浦线命名为“天津路”；大浦至宋跳线被命名为“广州路”，宋艞至大村线为“重庆路”；猴嘴至南城线为“汉口路”，南城经云台山南麓至大板艞线为“中正路”；大板跳至港口线（即今连高公路）为“连云路”，西墅经北云台南麓至大板艞线为“南京路”，老君堂经黄九堰至大岛山东头凤凰嘴线为“北平路”；港口至新浦线（即今新墟公路）为“中山路”，新浦至南城线（即今玉龙路）为“林森路”。

《连云市建设刍议》将连云港港口规划成为“堪与上海相仲伯，以较青岛且远过之”的规模。他的港口规划分为《大港计划》和《小港及渔港计划》两部分。《大港计划》中对栈桥、突堤、铁路、装煤机、煤场、装卸场、仓储、各种机械、防波堤、航道、浮标、工房、办公场所、通信、医院、福利机构等工程，都作了比较详尽的规划阐述，特别是对西大堤的规划作出了十分慎重的选择。他说：“若西港口闭塞（就是用大堤封闭），诚可增加港湾面积，码头长度大为增加，然流速小，淤积泥沙必多，恐仍是得不偿失也。”他建议：“为避免铸成大错起见，最好在详细计划之先，将闭塞西港口与不闭塞西港口，两种办法，请全国水利委员会中央水利实验处，作模型试验，比较结果，然后决定采用何种办法。”

《连云市建设刍议》的小港计划设想在墟沟湾内，从海头湾筑一防波堤连接鸽岛；再从墟沟火车站附近亦筑一防波堤伸向鸽岛，并在距离鸽岛 200 米处留下一个口门供船舶进出。这个小港也可作为渔港使用；其他渔港建在西墅、西连岛和高公岛等处。

（二）“一市双城”城市总体布局规划

在解放以来连云港市编制的五轮城市总体规划中，1979—1981 年编制的《连云港市城市总体规划（1980—2000 年）》将连云港市性质确定为现代化的港口城市，城市布局为“一市双城”式。新海地区是连云港市的政治、经济、文化中心，也是主要工业区；连云地区为进出口基地、渔业基地、石油开发基地、风景疗养基地、港口工业区和军事要地。规划年限近期到 1985 年，远期到 2000 年。连云港市“一市双城”的城市总体布局框架在规划中首次确定。

1991 年和 2003 年编制的城市总体规划，加大了港口用地、开发区用地、仓储用地的发展空间，并设置了高新技术区，为更好地适应连云港市经济发展需求，大力推进城市建设步伐，起到了规范作用。但因盐业用地不能纳入城市总体规划，基本上延续了这一思路和结构，城市发展基本上都是围绕新海城区、连云城区两大空间单元展开，仍是“一市双城”式的城市布局，未有突破。

《连云港市城市总体规划（2003—2020）》较以前的规划有很大的发展，具体体现在以下几方面：

连云港市的区域定位确定为：新亚欧大陆桥的东桥头堡，上海和青岛之间迅速发展的港口城市，江苏省城镇体系一级Ⅱ类中心城市，淮海经济区的中心城市之一，在“三圈五轴”[①] 中处于徐连城镇聚合轴和连通城镇聚合轴的交汇处，苏北主要的出海口岸，江苏沿海区域性国际商务中心城市。

连云港港口在中国沿海港口体系中的地位确定为：中国沿海主枢纽港之一，中国水运主通道，公路主骨架的重要节点；中国黄海南部的综合性贸易港，亚欧大陆间国际集装箱水陆联运的重要中转港口；中国西北以及中原地区的最便捷的出海口，对外贸易的重要口岸。

市域城镇体系空间组织，城镇发展空间格局确定为：在全省“三圈五轴”空间发展格局指导下，构筑由一个中心和“一纵一横”两条城镇发展聚合轴构成的城镇空间总体格局。一个中心指连云港市区；“一纵一横”两条城镇发展轴：“一横轴”指陇海铁路和连云港—霍尔果斯高速公路的徐连城镇发展聚合轴连云港段；“一纵轴”是指连盐通（沿海）高速公路和规划中的沿海大铁路青岛—连云港—盐城段以及沿海港口群体构成的连通城镇发展聚合轴连云港段。

市域城镇等级规模、职能规划确定为：形成中心城市（1 个）—县城（4 个）—重点中心镇（5 个）——般镇（37 个）的等级结构序列。其中，中心城市——连云港中心城区确定为：新亚欧大陆桥东桥头堡和国际性海港城市，全

---

① 江苏省确定的城市化和城镇发展的城镇空间布局。“三圈”是指南京、苏锡常、徐州都市圈；“五轴”是“三横二纵”城镇发展轴，分别是徐连城镇聚合轴、宁通城镇聚合轴、沪宁城市聚合轴、新宜城镇聚合轴和连通城镇聚合轴。

国重点旅游城市；是江苏省一级Ⅱ类中心城市，江苏省海洋开发基地和新型能源基地，海洋化工、海洋生物高科技研究中心，东陇海产业带中心城市。县城的定位：赣榆县城（现青口镇）是省际边缘的区域中心城市、环境优美的滨海观光城市和以沿海经济带为依托的新兴工业城市；东海县城（现牛山镇）是水晶之都，以硅资源和农副产品加工业为支撑，以水晶生产基地和交易中心为品牌的徐连经济带的次中心城市；灌云县城（现伊山镇）是工业、商贸、旅游协调发展的城市；灌南县城（现新安镇）是以发展机械、制药、农林产品加工为主的新兴城市。另外，将现有的10个重点中心镇择优培育为5个，重点中心镇的区域总人口为7万—9万人，面积为100—150平方公里；城镇人口为5万—7万人左右。其中，海头镇是赣榆县东北部中心，以海产养殖、渔网加工以及海滨度假为特色的海港小城镇；白塔埠镇有发展临空型工业和物流基地的潜在条件，是发展农副产品加工和工贸为主的小城镇；杨集镇是灌河口后方城镇，交通要道，优质棉培育基地。随着灌河口开发，杨集和燕尾港合并为灌河口开发区，可结合大型临海工业的布点，共同形成连云港市大型临海工业区；汤沟镇是酿酒古镇，发展成为灌南县西部中心，以发展酿酒工业及其配套工业为重点的小城镇；燕尾港—堆沟港镇以灌河口综合开发为契机，以港聚业，成为连云港港口群的重要组成部分，发展大型临海工业和外向型经济；同时加快发展海洋捕捞，建设海水养殖基地。

该规划把连云港市定位为新亚欧大陆桥的东桥头堡，国际性海港城市，全国重点旅游城市；仍保持连云城区和新海城区“一市双城”城市空间格局，新海城区为城市的行政、文化、商业中心，连云城区为对外交流窗口、国际商务中心、国际海港区。中心城区人口远期（2020年）100万人，其中东部32万；用地规模120平方公里，其中东部50平方公里。打造两条城市景观主干线，一条是东西向山城相间的自然景观轴线，一条是南北向的海岛、港城多种元素串联的连云港黄金海岸线。建设亿吨东方大港，形成深水港、主体港、地方港等大、中、小配套的港口群，大力开通国内外海空航线等。这一规划较以前规划有了很大进步，在“一市双城”定位基础上，提出组团式城市形态。另外，把东部城区的发展比重加以提高，并提出了发展亿吨大港港口群。

随着港产城发展的不协调上升为城市发展的核心矛盾，“一市双城”式城市总体布局的空间发展的不适应性也日渐凸显，具体表现为：城市功能组织主体的限定，城市空间发展轴线的单一，城市空间增长边界的固化等。

（三）"一心三极"城市总体布局规划

《连云港市城市总体规划（2008—2030）》以2005年《连云港东部地区发展战略规划》为基础，于2007年2月6日经省建设厅同意后正式修编，经过前期调研、专题研究、纲要编制、审查论证、成果报批等五个阶段，于2009年5月15日获江苏省人民政府批准。

此次修编的总体规划从国家、省级战略层面出发，合理确定城市发展规模，适度扩大规模，规划期限调整到2030年，在江苏省直辖市中尚属首次，从根本上解决了一直困扰连云港发展的城市规模、徐圩工业片区纳入城市规划区范围等问题，为大型临海工业产业落户、构建大尺度城市格局奠定了基础。突出了城市空间结构、产业发展、港口交通框架以及城市特色四个重点，并同步开展了城市规模、市域城镇体系、产业经济发展、基础设施支撑、综合交通、城市生态、城市特色等七个专题研究。

1. 城市性质与发展目标

城市性质：中国沿海中部地区的区域性中心城市、现代化港口工业城市和海滨旅游城市。

城市发展目标：经济发展目标，努力保持经济又好又快发展，2030年全市GDP总量达到5500亿元左右，人均GDP达到87700元（12250美元）左右，达到当时中等发达国家和地区的收入水平。实现经济结构的战略性调整，2030年三次产业结构调整为3∶56∶41。

▲ 现代东方大港

2. 空间结构

中心城区以新区为核心，以花果山大道、大港路和产业大道为基本骨架，形成“四组团三轴线”的空间结构。

中心城区四大组团为新区、新海城区、连云城区及南翼新城。

新区包括核心片区、国际产业园片区和北崮山西片区，功能定位为连云港市的行政、文化、金融、商贸中心及高新技术产业基地。启动并逐步推进新区的建设，可以大幅提升城市综合服务水平，为临港产业的发展提供必要的生产服务和商务支持，并满足城市人口的中高端生活服务需求。努力打造成为连云港及周边地区经济发展的引擎，发挥区域中心城市的辐射带动作用。北崮山西片区北部以连云区行政文化中心为核心，促进连云区公共配套服务设施的完善，结合优美的自然环境和滨海景观，重点发展中高档次的滨海居住社区。南部以出口加工区为依托，以临港加工产业为主导，大力发展新材料、新医药、新能源等新型工业，促进出口加工业和商贸物流服务业的发展，并为远景功能置换预留弹性。

新海城区包括新浦片区、海州片区、猴嘴—大浦片区和花果山片区，功能定位为以商业、文化、科技及先进制造为主的综合性城区。优化用地结构，改善空间环境，重点对污染工业进行搬迁改造，实施环境整治，提升地区整体形象。建设城市快速路，与新区、连云城区、南翼新城以及赣榆城区建立快速便捷的交通联系。

连云城区包括墟沟老城片区和中云台片区，功能定位为港口流通、先进制造和生产服务共同发展的综合性城区。墟沟老城片区重点发展港口设施、配套港口发展的物流、办公和配套居住功能。中云台片区重点发展为港区配套服务的后方物流仓储功能和临港产业功能，以解决港口组团内陆域空间不足的矛盾。

南翼新城包括板桥片区、徐圩北片区和徐圩南片区，功能定位为依托南翼港区发展的临港产业基地与循环经济示范区。以南翼徐圩港区为支撑，重点发展钢铁、石化、能源、船舶机械制造、仓储物流等临港产业。板桥片区依托板桥街道，围绕现有板桥工业园重点发展机械制造、机电组装、船舶制造等产业功能。徐圩北片区和徐圩南片区以徐圩港区为依托，侧重建设重型钢铁、石化点建设，实现产业升级置换。

中心城区三轴线为综合发展轴、滨海发展轴、产业发展轴。

综合发展轴是中心城区发展的核心地带，以花果山大道为主要轴线，延续和逐步拓展产业、居住、科研教育、铁路客运服务等职能，成为全市最重要的公共服务、商贸办公和科教文化的发展地带。

滨海发展轴以城市功能“东进向海”战略为引导，主要依托大港路从墟沟老城经北固山、临洪河北延至赣榆形成连云港滨海居住、产业支持中心和休闲娱乐的重要发展带，也是展现滨海城市特征的重要景观面。

产业发展轴以产业功能“东进向海”战略为引导，以产业大道（226省道、242省道）为主要通道，串连南翼港口和临港新城、中云台产业区、经济技术开发区、出口加工区、国际产业园区及赣榆产业园区，形成滨海产业发展走廊。

3. 中心城区近期建设、远景规划设想

（1）近期建设规划

规划目标，实现城市发展重点的战略性调整，转变目前城市建设自然蔓延和“一市双城”的发展格局，通过新区和南翼新城的建设，迅速拉开城市空间框架，初步奠定“四组团三轴线”的空间结构，促进港城一体化发展，为城市远期和远景发展奠定基础。

城市规模，2012年中心城区人口规模控制在130万人以内，用地规模控制在170平方公里以内。

建设重点，加快新兴产业园区的拓展，重点发展宋跳—大浦产业区、花果山地区、国际产业园区、南翼临港产业园区、经济技术开发区、北固山西地区、中云台物流园区等7个地区。按照功能完善、提升服务水平的要求，重点改善新浦老城区、海州旧化工厂区（幸福路北侧破旧的化工厂区）、墟沟老城区等地区。保障城市可持续发展，对需要重点保护的生态、绿化隔离地区如云台山风景名胜区、中云台市政走廊控制带等进行重点控制与储备。提高道路建设力度，增加整体交通容量，适度超前建设市政基础设施，加快公共服务设施建设。进行生态绿化廊道重点建设，构筑城市园林绿化主干网络。实现城市商务旅游的提升，优化改造城市旅游项目和设施的建设配套。

（2）远景规划设想

在规划期末城市发展的基础上完善提升，区域性中心城市、海港工业城市和滨海旅游城市等功能进一步增强，中心城区的整体竞争力进一步提高。

以南翼新城为重点，继续推动港区及临港工业发展，成为江苏省沿海产业带的龙头和国家级临港产业基地；以新区建设为重点，实现城市滨海发展，打造具有区域影响力和辐射力的综合服务中心，营造良好的滨海宜居城市氛围；国际产业园区、猴嘴—大浦等片区得到更好发展，逐步培育南翼新城。

4. 城市特色与历史文化保护规划

建立凸显连云港城市特色的空间框架，重点突出“逐海之城”、“神话之都”、“活力新港”三大主题，并将城市划分为历史古城特色风貌区、现代滨海特色风貌区、神话人文特色风貌区、活力港城特色风貌区、都市产业特色风貌区及一般城市风貌区六类特色片区。

历史文化保护规划，以朐海文化发源地——海州古城为主线，以保护大村、二涧朝阳、藤花落、将军崖岩画为核心的新石器时代遗址为主要内容，尊重历史，延续文脉，抓住特点，打出品牌，凸显文化底蕴，形成城市的人文个性。旅游发展规划：着力塑造“山海连云、神韵古都、活力新城”的城市旅游形象。形成“一心两轴三带四片五区”的市域旅游空间结构。重点建设一个集散中心——连云港中心城区；集中建设两个重点旅游发展轴线——沿海与沿东陇海发展轴；建设三条特色旅游带——滨海海岛旅游带、山岳温泉旅游带和沿河旅游带；形成四个旅游片区——赣榆山水旅游片区、东海水晶温泉旅游片区、灌云灌南沿河旅游片区及城市滨海综合旅游片区；突出五大核心旅游景区——花果山旅游景区、海滨旅游景区、海州古城旅游景区、赣榆山水文化旅游景区、灌南灌云山水旅游景区。将规划区内全部滨海岸线划分为港口与工业岸线、城市生活岸线、旅游岸线、生态保护岸线和特殊利用岸线。

该规划与此前的规划相比，在空间布局上有了重大的突破：一是提出积极稳妥地拉开中心城区框架，东进向海，为科学跨越发展提供空间平台。二是以海滨新区的建设为契机，重塑城市公共服务中心体系，大幅提升城市综合服务水平，发挥区域中心城市的辐射带动作用。三是努力培育、重点打造南翼新城，引领和带动区域沿海产业带及城镇发展。

中心城区城市人口规模也有较大突破。规划提出，2012 年控制在 130 万人以内，较上一规划增加 32 万人；2020 年控制在 170 万人以内，较上一规划增加 65 万人；2030 年控制在 200 万人以内。

中心城区城市建设用地规模有了很大的开拓。规划提出，2010 年控制在 170 平方公里以内，较上一规划增加 70 平方公里；2020 年控制在 204 平方公里以内，较上一规划增加 84 平方公里；2030 年控制在 240 平方公里以内。

但是，该规划在城市性质的确定上，与 2003—2020 年的连云港市城市总体规划版本把连云港市定位为“新亚欧大陆桥的东桥头堡，国际性海港城市，全国重点旅游城市”相比，是一个倒退。2009 年国务院批准的《江苏沿海地区发展规划》将连云港定位为“新亚欧大陆桥东方桥头堡”，“国际性海港城市”，对2008—2030年连云港市城市总体规划版本在城市定性上作了校正，使连云港的城市发展建立在一个科学的、具有前瞻性和可操作性的规划上。

（四）大市区的形成

2014年5月2日，《国务院关于同意江苏省调整连云港市部分行政区划的批复》（国函[2014]56号）同意撤销连云港市新浦区、海州区，设立新的连云港市海州区，以原新浦区、海州区的行政区域为新的海州区的行政区域；同意撤销赣榆县，设立连云港市赣榆区，以原赣榆县的行政区域为赣榆区的行政区域。两项行政区划调整后，连云港市辖海州、连云、赣榆3区和东海、灌云、灌南3县，行政区域面积7615平方公里，人口505.2万人。

通过这次行政区划调整，一个市区面积2890.7平方公里，人口206.7万人的大市区形成，较大幅度地拓展全市的城市空间，有效解决港口发展腹地支撑和产业、城市建设用地不足问题，便于市级层面在更大范围、更高起点调动发展力量，整合发展要素，优化生产力布局，统筹推进港产城联动开发，实现港口群、产业群、城市群的统一规划建设，促进市区与赣榆一体化发展，推动城市功能布局向沿海伸展、梯度推进，形成组合有序、功能互补的城市空间格局，切实增强区域经济发展活力和创新能力，加快把连云港打造成为辐射带动能力强的新亚欧大陆桥东方桥头堡。

三、城市发展空间布局

（一）轴线拓展：从沿东陇海线走向沿海

经过多次规划调整，城市发展轴线从沿东陇海线走向沿海，空间布局大大拓展。东部滨海地区拥有相当充裕的土地资源储备，是城市及产业发展不可多得的空间资源。随着包括同三高速公路、沿海铁路在内的沿海大通道的建设，拥有区位、土地、交通、景观等综合优势的东部滨海地区作为城市与区域发展的战略性空间得到充分重视和利用。城市及区域的发展轴进行战略性调整，在完善提升传统的沿东陇海发展轴的同时，新拓展一条战略性发展轴线——沿海发展轴，从而积极对接并主动融入沿海区域开发的整体格局。

沿海发展轴成为连云港城市未来最为重要的战略性轴线，包括三方面战略内涵：一是区域性的产业发展带。以发展沿海临港产业为导向，培育壮大石化、重型装备制造、能源和物流四大产业集群，打造大型石化、新型钢铁、新能源、现代机电、临港物流、海产品加工等六大产业基地。沿海产业带与以资源加工和劳动技术密集型产业为主的沿东陇海产业带共同构筑连云港市“一纵一横”产业布局总体框架。二是区域性的城镇发展轴。对接区域、整合现状乡镇，构建北起柘汪镇，经赣榆县城（青口镇）、连云港中心城区向南延伸至燕尾港—堆沟港镇、杨集镇等地区的沿海城镇发展轴，使其成为与沿海产业带有机互动，并带动市域城镇共同发展的脊梁。三是区域性的交通联系轴。包括现状及规划的沿海铁路、同三高速公路、国道 204、省道 226 和 242、沿海城际铁路等，共同构成了沿海产业带与沿海城镇发展轴的支撑与保障。

（二）主体培育：打造两大区域新增长极核

随着空间发展轴线从沿东陇海走向沿海，连云港东部滨海地区成为城市拓展的核心区域，即选择在广阔的东部滨海地区打造两大区域新增长极——南翼新城和连云新城。其中，南翼新城重点服务于滨海地区的临港产业发展，承接区域空投型产业，以产业重型化和新型化为目标，打造城市及区域发展的动力源，成为江苏沿海开发的龙头。连云新城则作为连云港城市未来的唯一中心进行建设，主要服务于区域高端的生产服务与滨海居住需求。

（三）基础支撑：建设“一体两翼”组合大港

实现上述空间战略构想，港口是最重要的支撑。连云港港口发展势头良好，2010 年吞吐量和集装箱已经分别达到 1.35 亿吨和 387 万标箱，业已形成以散杂货为主、集装箱运输快速发展的货运格局。但要实现部省联合批复的港口总体规划确定的 2020 年总吞吐量 3.1 亿吨、集装箱 1000 万标箱的发展目标，承担起国家沿海主要港口及区域性中心港口，江苏沿海港口群的核心，中国综合运输体系的重要枢纽，上海国际航运中心北翼重要组成部分的重任，连云港港就必须在港口发展空间与腹地支撑方面寻找突破口。倘若仍局限于现有港区、港城平行发展，不仅无法提供港口带动产业发展的空间，而且将会进一步加剧港城发展的干扰与冲突。因此，连云港港未来的发展同样要放眼区域，向两翼拓展。即利用沿海地区的发展空间及深水航道资源，建设由海湾内的连云港主港区（即现连云港港区）、南翼的徐圩及灌河港区、北翼的赣榆港区等构成的

▲ 欣欣向荣的港口

"一体两翼"组合大港。其中，主港区重点发展综合物流，成为以物资转运、商贸流通为主的集装箱商港，并且通过疏港通道的建设强化其与中云台物流园区和金港湾国际物流园区的联系，实现区港联动，增强港口的区域辐射带动功能；位处南北两翼的徐圩等港区则重点发展以原材料、产成品大进大出为基本特征的钢铁、石化产业及对水运依赖度较高的加工工业，形成临港产业与港口互为支撑的格局。

（四）空间结构重构：从"一市双城"迈向"一心三极"，从大城市走向都市区

以连云港中心城区为核心，整合市域东部滨海区域的县城及重点城镇，构建连云港都市区的空间发展框架：连云港中心城区，是连云港市的行政、文化、商贸及流通中心，中心城区南、北两侧的产业发展及综合配套区。其中，南部沿海发展带主要依托徐圩及灌河港区，承接区域产业转移，大力发展临港重型产业，并适度超前建设与临港产业配套的疏港工程。北部沿海发展带则主要依托赣榆港区，大力发展重型工业及海洋产业，并以原赣榆县城为支点拓展商贸等综合服务功能。

"一心"即连云新城，由新区和连云城区两大组团构成，是未来重点培育的区域性综合服务中心区。主要承担市级行政办公、商业贸易、商务流通、文

化娱乐、旅游接待等综合服务职能，是高标准建设的现代化特色滨海城区。“三极”为新海城区、南翼新城和赣榆城区。其中，新海城区主要承担市级高等教育，以及区级行政办公、商贸服务、文化体育、生活居住等职能，应成为综合配套完善、生态环境优美、历史文化淳厚、尺度宜人的城区；南翼新城主要培育都市发展区、南翼港区及临港产业园区综合配套服务的职能，并进一步拓展成为产业实力雄厚、配套设施完善的大型临港新城，成为中国中部沿海产业带的龙头；赣榆城区主要承担都市发展区北翼的服务中心职能，重点发展区级行政办公、商贸服务、文化体育、生活居住等功能，形成功能齐全、环境优美、具有较高水准的复合型城区。

第五章 港口变迁与城市发展

连云港是国际性海港城市，港城相依，港口与城市关系的演进中，港口引导近代新浦、大浦对外开放，现代连云港市的现代对外开放；港口引领城市从海州、新浦、大浦、猴嘴、墟沟、连云的线性发展，“一体两翼”组合大港又催生“一心三极”的国际海港城市构架。港城互动，国际海港城市为新亚欧大陆桥东方桥头堡建设提供有力支撑。

一、港口建设与发展

（一）近代港口建设

自 1933 年 7 月开工到 1936 年竣工的连云港，共建起能停靠 6 艘 3000 吨级海轮的码头 2 座以及相配套的生产设施。1936 年 1 月 15 日，连云港建成了一号码头，5 月初建成了二号码头。1935 年西安工商界组团来连云港考察，反映了内地急需出海口岸走向世界的迫切愿望。连云港从一个河口港实现到海湾港的战略转移，比天津港至少早了 20 年。

1937 年 8 月，连云港遭到日军轰炸，港口变成一片废墟，码头被炸毁，船舶被炸沉，港口被封。侵华日军占领连云港后，为实现其侵略扩张野心，加强军运，掠夺中国资源，先后在一、二号码头原址仓促修建成木质栈桥码头，1939 年恢复营运，1942 年改连云港码头事务所为连云港港湾局进行管理。侵华

▲1935 年连云港建港初期二号码头

日军出于掠夺锦屏磷矿、枣庄煤矿和中西部农副产品之需，在连云港开通了大连航线和日本航线，使连云港的航线不仅覆盖了中国全部海岸线，而且成了一个国际性港口。这一时期，由于侵华日军采用高压手段，强化生产，使连云港港口吞吐量急剧上升，1941 年就达到 140 万吨，为侵华前一年半总和的 170%。1945 年下半年，国民政府接收了连云港。由于国民政府发动全面内战，国民经济严重萎缩，物价飞涨，民怨四起，连云港开始衰败。码头设备遭到破坏，船舶锈蚀，航道淤塞。加之国民政府派驻港口的接收人员和军、政、警乘机营私贪污盗卖，港口吞吐量迅速下降，1946 年、1947 年的吞叶量分别完成 17.7 万吨和 23.5 万吨，1948 年只有少量军用物资从港口中转。

1948 年 11 月 9 日，连云港获得解放，新海连军管会接管了连云港，1950 年设立青岛区航务局连云港分局，1951 年 9 月 1 日改划为上海区港务局连云港分局。“一五”计划期间，国家在连云港新建了全机械化的油船码头和储油及运载设备，1955 年建成 4500 吨级年吞吐量 40 万吨的原油码头，使连云港成为中国重要的原油转运港，为中国石化工业的发展作出了贡献。到 1957 年，连云港拥有 5000 吨级以下生产泊位 7 个，当年货物吞吐量达 105 万吨。但直到 1959 年 10 月 21 日成立连云港港务局为止，连云港仍然没有摆脱附属港的地位，同时也不具备一个大港的基本条件。

全国解放以后，陇海铁路继续向西铺筑，1952 年修到兰州，1954 年修到张掖，1956 年修到玉门。1956 年 4 月 9 日，中苏两国政府签订“关于修建兰州至阿克斗卡铁路和组织联运的协定”，1958 年完成勘测设计。此时铁路继续西筑，1957 年修至疏勒河，1959 年修到哈密，1962 年修到乌鲁木齐。由于中苏关系破裂的政治原因，停止西进，工程搁置了 23 年，但连云港运输的腹地已经延伸到了新疆。

1973 年，周恩来总理发出“三年改变港口面貌”的号召，这是中国港口发展史上的转折点，也是连云港港口建设的里程碑。连云港因优越的地理位置和广袤的经济腹地，被国家列为重点建设项目之一，连云港掀起新中国成立以来最大的建港高潮。1974 年，国务院港口建设领导小组作出“关于加强连云港建设的几点意见”。同年 12 月 19 日，万吨级煤炭泊位的建成，标志着连云港已跳出了 30 年代开辟的老港区，揭开了全面建设南岸港区的新篇章，而且使连云港泊位从万吨级向 3.5 万吨级迈出了重要一步。1974—1977 年间，连云港港又建成四个万吨级泊位。到 1977 年，老港区的改造基本上完成，浚深、拓宽、延长了航道；扩建了铁路站场和货物堆存库场；增添了装卸机械；改善了水电供应、通信以及其他辅助生产、生活设施。广大科技工作者经过长期、系统、大量的水文地质勘查、试验和论证以及多次腹地调查，证明连云港具有广阔的发展前景。

（二）快速崛起

改革开放以来，连云港港口发展经历了四个重要阶段，实现快速崛起。

第一阶段，1978 年至 1983 年，港口开始大规模基础建设阶段。1978 年 6 月，国家计委主持召开了连云港港口建设规划会议。9 月，国务院批准连云港建港工程委托荷兰承建，要求 1982 年底前建成能进出 5 万吨级船舶和年吞吐量 2000 万吨杂货深水港。1982 年 2 月，设计年吞吐能力 15 万吨的燕尾港新建盐运码头竣工。同年 6 月，连云港庙岭新港区的煤码头填海造陆工程全面开工。统计资料显示，在此期间，港口完成投资 3.36 亿元，是前 25 年总和的 1.91 倍，同期连云港市基本建设投资为 7.24 亿元，港口投资占连云港市基本建设投资的 46.4%。这个阶段为连云港的大发展奠定了基础。

第二阶段，1984 年至 1994 年，港口生产、建设稳定发展阶段。1984 年 4 月，中共中央、国务院确定开放包括连云港在内的 14 个沿海港口城市，连云港港口生产建设开始了新的一页。港口建设方面，1985 年 7 月，老港区三突堤码头东侧北端万吨级杂货泊位简易投产；1987 年 11 月，连云港老港区新建的三突堤 5 个深水杂货泊位的码头工程竣工验收；同年 10 月，庙岭新港区二期建设工程中的 2 个专用深水木材泊位简易投产；1990 年 8 月，东连岛船舶燃料供油码头竣工；1992 年建成年吞吐能力 24 万标箱的第二代集装箱码头。航线航道方面，1988 年 7 月、1989 年 4 月，相继开通日本神户港的第一条集装箱航线，至日本名古屋的集装箱班轮航线。1990 年 10 月，庙岭二期外航道改线工程竣工，新开航道总长 10.5 公里，宽 160 米，为 2.5 万吨木材泊位及配套设施，通过国家验收。生产方面，1988 年连云港吞吐量首次突破 1000 万吨大关，1994 年达 1588.8 万吨。

第三阶段，1995 年至 2000 年，是港口在困难中奋进的重要时期。从 1995 年到 1998 年间，港口吞吐量首次出现负增长。同时，连云港港偿还日元贷款进入还贷高峰期，致使 90 年代的中后期成为连云港港口自新中国成立后最为困难的时期之一，连云港港口生产建设陷入停滞状态。这一时期港口各部门并没有坐以待毙，而是共同努力根据连云港港实际情况创新举措度过了日元贷款危机。

第四阶段，2001 年至今，特别是 2005 年以来，连云港港口进入科学规划、跨越发展阶段。建成 7 万吨级进港航道，启动 15 万吨级深水航道扩建工程，建成江苏等级最大的 10 万吨级散货码头和第五代集装箱码头，加快 25 万吨级矿石码头、庙三突堤集装箱、10 万吨级氧化铝、散化肥等大型专业化泊位建设。2005 年底，建成第五代集装箱泊位 2 个，15 万吨级航道已于 2008 年通航，可接进满载 20 万吨矿砂的散货船和 1 万标箱以上集装箱船。25 万吨级航道正式运行，可通航世界最大集装箱船，30 万吨级散货船可全天候进出。30 万吨级深水航道建成时，世界任何一条大船都能在连云港港安全进出。港口与中远、中海、中外运、马士基等国内外知名航运企业的合作不断巩固和拓展，辟有至欧洲、美洲、中东、东北亚、东南亚等集装箱和货运班轮航线 58 条，月航班密度达到 300 班次，形成了内外贸并举、近远洋互补、干支线配套的网络化运输格局，是中国海运集团集装箱业务在华东地区的内贸中转港和外贸基本港。开通了至韩国仁川、平泽两条大型客箱班轮航线。

（三）历史性转变

一是在港口功能上，从服务中西部腹地的区域战略到多层面的国家战略转变。连云港在国家区域生产力布局中具有独特地位。众所周知，在中国国土版图的东西构架中，以上海为起点的长江黄金水道和以连云港为起点的新欧亚大陆桥是横贯大陆东西的两条运输主通道。这两条通道在中国东部沿海地区相交，构建了沿海、沿江和沿桥三条区域经济带。在这种布局中，连云港、上海分别为沿海和沿桥、沿海与沿江的接合部，是国内外市场要素合理衔接的战略要点，承担着辐射和带动区域经济发展的重任。连云港港区别于东部沿海其他港口的最大特点就是其服务主体为中西部地区，始终与中西部地区的经济发展息息相关。在港口货物吞吐量中，来自中西部地区的货物始终高达60%以上。但在改革开放之初，连云港的发展主要靠中西部地区的推动，与苏北、鲁南等地区经济的联系少，对地区经济的贡献份额小，在港口与经济的互动关系中，处于被动。改革开放以来，港口对中西部地区、苏北区域经济的拉动作用日益明显，《江苏省沿海地区综合开发战略研究》提出，要把连云港港建设成为中国主要港口和大型石化基地。江苏省人民政府已与中石化集团签订合作发展协议，中石化集团将把连云港作为沿海地区原油储备及炼化一体化重要基地列入其发展规划。腹地经济发展进出港口的金属矿石、农副产品、煤炭焦炭、化肥物资等货种货量不断扩大，加速了中西部和苏北鲁南地区的工业化、城市化、经济国际化进程，同时，为连云港地方提供了大量就业岗位，带动了仓储物流业，吸引了临港产业，繁荣了现代服务业，推动了东部地区现代化海滨城市建设，进一步扩大了连云港在国内外的知名度，与地方区域经济的互动局面初步形成。连云港已成为带动苏北发展、江苏沿海开发和大陆桥经济带发展的龙头，具有区域共同发展增长极的功能。正如温家宝同志指出："连云港港处在中国东部沿海中部，是中国沟通南北、纵贯东西的枢纽港。连云港南连长三角，北接渤海湾，隔海东临东北亚，又通过陇海铁路西连中西部地区以至中亚，是连接东西南北的纽带，在中国区域经济协调发展中具有重要战略地位。连云港港，小而言之是带动苏北发展的龙头；大而言之可以带动连云港全省的发展；再大一点，从全国区域范围可以带动经济协调发展。"

二是在港口性质上，由国内港向国际性海港转变。港口性质决定港口前途，新亚欧大陆桥的开通，将连云港推到国际贸易通道东桥头堡的特殊区位上，新亚欧大陆桥把中国内陆腹地与中亚、欧洲国家紧密连接起来，在实现东西双向开放的同时，为日本、韩国、东南亚地区与中亚、西亚、东欧、西欧各国的经贸发展开辟了一条便捷的通道。作为东桥头堡，洲际间货物中转取道连云港的几率上升，连云港在国际运输、经贸中的地位明显提高，连云港的性质由国内港向国际海港转变。连云港的建设和发展对于促进亚欧经贸合作与发展意义重大。中央政治局委员、国家副主席李源潮同志强调："作为新亚欧大陆桥东桥头堡，是国际交通运输枢纽，必须配置国际物流中心的职能"、"连云港港口是一个国际港，是连云港发展经济的最大优势"。原中央政治局委员、国务院副总理回良玉同志任省委书记第一次到连云港考察时也说："要从世界和全国发展的大势、全省发展的大局去考虑连云港的问题"。建设区域性国际枢纽港、集装箱干线港和区域性国际物流中心的目标定位，使国家战略地位凸显。

二、港口与城市关系的演进

（一）港口引导城市对外开放

1. 港口奠定连云港市作为江苏省最早开放城市的基础

连云港港口开放设立海关的历史确立了其作为江苏省最早开放城市的地位。

清王朝在康熙二十四年（1685 年）因台湾郑克塽等已于二十二年降清，令开海禁，分别在东南沿海广东、福建、浙江、江苏（旧称江南省）四省的四个港口广州、漳州、宁波和云台山分设海关。至乾隆二十二年（1757 年），清廷以通商口岸太多，恐外夷滋事，难以管理，又接受明代倭寇沿海骚扰之历史教训，遂只留广州一口，其余关裁撤。从开关到裁撤，其间经历了 72 年的时间。

江海关初设关隘是上海的"崇阙"，后移"华亭"。海州的新坝、板浦是江海关的子关—分关监督所在。设关征税，体现了这个地区的重要地理区位和门户作用。

清前期，榷关掌握国家税收的征收。为了增加国课，除了所设的四海关专收外海航船的税收外，还有掌管、征收内地过关商旅及过境货物的税收。海关在每一个榷关所管辖的沿海范围内，增设大小税口，广立棚座，组成严密的沿海税网，防止沿海走私。当时江海关主要征收闽广洋船所载烟、糖、藤、红木等及奉天、山东等海贩之豆粮，闽、广回船所载棉花、坑沙、杂骨、布匹、丝织品等税收。江海关南北百里处都遍及棚座，差官盘踞。据清《嘉庆海州直隶州志》记载，自康熙二十四年（1685年）后，即在新坝、板浦“题立口岸海关监督，征海船货税，分别应征应免。康熙五十四年勒石后，海潮不通，关隘撤除”。新坝榷关旧址在今新坝乡政府大院以西，当时是河海交汇的隘口，河岸两侧有上下两条街，船舻辐凑，商旅云集。不仅临近的粮船、杂货船在此过关征税，山东、河南过境货船都要在此验货抽税，为防止逃税，河两岸各有一个石制的拴缆石，商船进港后，就拉上铁缆挡，完税验证，解缆放行。[①]

1931年海州设立分关，标志着大浦港由常关[②]管理进入了近代海关管理的时代。

19世纪末20世纪初，由于江海通航，五口通商的刺激，原来以农村商品粮为流通商品的主体，代之而起的是畜产品、手工业加工产品和粮油加工产品以及盐、矿产品都在积极寻找消费市场。为了适应发展趋势，一个以青口、临洪口为中心，以苏北和鲁南经济区的集散地的粮油为主体商品的淮海经济区已经形成。它突破了以淮安关为中心的封闭式区域市场的界限，而逐渐形成了以商品粮为纽带的通过海路运输的国内统一市场。[③]

1840年以后，清代榷关史上发生了两个大变化，使旧有的常关制度受到了猛烈的冲击。一是五口通商以后出现了一批洋关，咸丰年间又出现了海关总税务司直属总理衙门。一是光绪二十九年（1903年）起，以各开放港为中心将50里以内之常关，移归海关管理。这些历史的巨变，直接动摇了常关的正统地位。青口自开放以后，光绪末年大浦口也自行开放，对外贸易更为繁荣。1900年，

---

① 20世纪80年代考察时，那个拴缆的石制的、上端有圆眼的拴缆石尚在，成为新坝曾作为江海关分关的历史见证。

② 常关，我国清代对传统税收机构——工关、户关的统称，以便与新设海关相区别。

③ 其基本的特点是：苏北、鲁南、豫东、皖东南不发达地区的粮食和畜产品同东南沿海殷富之区的手工业品及工业加工品的交换；以其地方的矿藏　　磷灰石和盐出口日本，输入金属、砂糖、木材、洋油、肥皂等物资的新的流通商品的经济结构正在形成。其时，不仅海州、沭阳、赣榆一路所产黄豆由陆路运往青口出口海外，其南来杂货亦由青口而入，绕道漏越。绸缎布匹、茶叶、纸张连樯南下，大半航海。安徽凤阳、颍州等处所出豆饼亦由洪湖蒋坝、三河南下，不至淮关投纳。就连徐、邳地区的豆饼也运至青口出海，或去牛庄（营口）或去浏河、青岛。而山东沿海诸县粮油由登莱处就近航海南下；再加持洋单运货络绎不绝，淮安关到光绪末年实际上关存实亡，已无税可收了。因而早在同治七年（1867年）九月十九日，淮安关监督连志就曾上书要求在邵伯镇、青口镇分别设口，征收货税。光绪十七年（1891年）淮安关监督广英再次上书皇太后，要求将“永丰口移驻青口，照淮安关则例收税”。而户部却没有洞察这已经变化、形成了事实的形势，不能因势变通，而以“骤设关无裨国课有碍商民”为由，予以驳否。（引自国家第一档案馆档案）。

从淮安关入口货船139艘，出口货船69艘，合计208艘。而从海州湾大浦入口货船1270艘，出口980艘，合计2250艘。到1912年海州进出口青岛港的（不包括去上海、苏州、营口、天津等地的商船在内）即达2394艘。随着大浦港的开放与发展，筹建海州分关提到了议事日程上。民国二十年（1931年）3月21日大浦港设立“胶海关海州分关”，至此海州地区揭开了洋关历史的新一页。

民国十九年（1930年）8月8日，江海关（上海）派三等帮办林乐明来海州及江苏沿海进行国外贸易情况的调查，他在调查报告中称：“江苏沿海目前与国外尚无直接贸易，但海州地区的大浦港与青岛、上海等地间，内河航运船舶进行转口贸易来往频繁。民国十八年（1929年）至民国十九年（1930年）八月间，大浦港进口洋货三万吨，土产二万吨，出口为一万五千吨”①。大浦港的贸易情况引起了总税务司的注意。1931年3月5日，总税务司指令江海关授权三等帮办林乐明来海州负责建关。1931年3月18日，林乐明和二等税收员陈在同、书记员张某、三等稽查员张某、四等稽查员文某一行五人到达新浦。三天后的3月21日挂牌营业，公告江海关分关开关。②

两年以后，海州分关主任俞守成建议将分关划归胶海关管辖，并亲自去胶海关请示税务司梅维亮，胶海关税务司表示愿意接收海州分关。民国二十一年（1932年）12月30日，总税务司呈关务署决定“将江海关区之海州分关，拟改为胶海关管辖”。并作了如下说明：“查海州地区虽在江苏境内，但距青岛仅九十海里。且该处与青岛商务之关系较与上海更为密切。现计本年四月一日起至七月三十一日止，民船之由青岛驶抵该处者计八十一艘，由该处出口青岛者计一百一十四艘，而由该处往来上海者仅二艘。至内港内船由该处往来青岛计一百四十一艘，而往来上海者仅五十二艘。自应该将该处分关改归胶海关管辖。”照此理由，民国二十二年（1933年）1月17日，胶海关发布第二十六号布告称：“财政部今开查，海州分关原属江海关管辖，乃以相距甚远，难以控制，应即改归胶海关……兹于一月二十日将接收海州分卡。”③此后，从1933年1月20日直至1948年11月，连云港分卡都隶属胶州海关管辖。

民国二十年（1931年），海州分关在新浦挂牌公告办公，海州分关设立之后，海州分卡区域内设新洋港分卡一处，柘汪、墟沟、燕尾港三处设分所。民

---

① 青岛档案馆：林乐明1931年1月22日致税务司函。

② 关址在今东艉外原盐场医院内。

③ 抄录自青岛档案馆有关资料。

国二十三年（1934 年）新机构的设立，使海州分关的管辖范围超越了新浦、大浦两地，其目的主要是为了防范沿海的走私活动，专为查缉走私而设。同年 12 月，海州分卡迁至老窑，民国二十四年（1935 年）5 月 1 日，胶海关海州分卡改名为胶海关连云港分卡。次年 8 月 8 日，胶海关对关区内分卡、分所重新调整。大浦、燕尾港升为分卡。连云港下辖大浦、燕尾港和柘汪三个机构。

民国二十六年（1937 年）底，连云港沦陷于日本帝国主义手中。民国二十八年（1939 年）12 月 1 日，侵华日军将连云港码头移交给华北交通株式会社，并由胶州关派员来连云港重新开办。日本投降后，国民政府于民国三十四年（1945 年）10 月 12 日接管连云港口，并于第二年 4 月派白庆国为抗战后首任连云港支关主任。民国三十七年（1948 年）时任支关主任李庆庚逃往青岛。同年 11 月，连云港组建了人民海关，海关历史开始了新的一页。

2. 港口引导新浦、大浦对外开放

清光绪三十一年八月二十四日（1905 年 9 月 22 日），临洪河口的大浦港得到朝廷的应准而自行开放。促成此事的是时任两江总督的周馥，他在奏折[①]中提出："海州居胶州上海之中，为航路往来必经之道。本地商人早欲自雇商轮试行贩运。惟筑坝疏河需费甚巨，应俟部议作为自开商埠后，将应办各项工程料理粗妥，再行奏明订期设关收税。现在各工未兴，关员未设，尚无开关之期。该州绅商迭来陈请，拟自雇小轮装运货物来往行驶。查与内港行轮章程相符，自应照准。"

临洪口作为自开商埠后，清户部将海州由常关淮安关管辖划属上海关，当时新浦为东海县临洪市的临洪镇。直至民国二十五年（1936 年）全国自开商埠才 32 个，新浦这时已成为全国较早的未筑港而先行开放的通商口岸。新浦开埠仅有一个孤立的集镇不行，必须要寻找一个出海口和通商口岸，而与新浦相距七公里的大浦，随新浦之兴同时成为一个新的通商口岸。早在 1905 年，大浦由一个盐滩而成为一个河口自然港开始启用，新浦和大浦两相依托，河海双向联运，更促进了新浦的经济繁荣和城市建设的发展。

3. 港口引导连云港市的现代对外开放

首先，港口引导连云港市进入中国第一批沿海对外开放城市行列。

1984 年 2 月，邓小平在视察广东、福建后，肯定建立经济特区的政策是正

---

① 该奏折现存国家第一档案馆。

确的，并建议增加对外开放城市。同年 4 月，中共中央、国务院根据邓小平的意见召开沿海部分城市座谈会，并于 5 月 4 日发出《沿海部分城市座谈会纪要》的通知，确定进一步开放 14 个沿海港口城市。连云港、南通进入中国第一批沿海对外开放城市行列。

其次，依托港口设立对外开放平台。

一是设立国家级经济技术开发区。1984 年 12 月，国务院批准设立连云港经济技术开发区，这是第一批国家级开发区，是连云港的平台和载体。连云港经济技术开发区位于连云港市东部城区的黄九埝。1985 年 9 月动工建设，下辖宋跳高新技术产业开发区、大浦化工区。规划面积 45 平方公里。到 2014 年，开发区已形成“五园五中心”的建设载体。一是国家新能源产业和中小企业科技创新与成果转化示范园与科技创新服务中心。园区核心区规划用地面积为 8000 亩，按照生态友好、资源共享、低碳循环和市场弹性原则进行规划。依据对园区的产业定位、产业布局和空间发展策略的分析，确定园区的规划结构为“一心（创新孵化中心国家软件园），两轴（产业发展轴、公共配套轴），三区（新能源示范区、高科技中小企业示范区、中外高端人才培训区）”。二是新能源产业园与中科院能源动力研究中心。目前正在推进清洁能源创新产业园育成园区项目，该项目由连云港中科云博园区开发有限公司投资建设，总占地面积 2000 亩，总建筑面积 30 万

▲ 连云港经济技术开发区

平方米。其中，育成园区起步区占地600亩，计划总投资13亿元，建设5万平方米包括研发中心、试验中心、试验厂房及配套设施清洁在内的清洁能源产业孵化厂房及技术咨询、开发、转让等公共服务平台，研发生产清洁能源系列产品，以实现清洁能源科技创新技术产品的规模化、产业化。项目建设周期为2012年至2015年，投入运行后预计可实现年产值30亿元以上。三是新医药产业园与创新药物研究中心。在新医药产业园暨创新药物研究中心建设上，确立了“一区两园”的总体布局，培育了恒瑞、豪森、康缘等行业领军企业，宏创医药、诺泰制药、暨明医药等新成长企业渐成规模，建设了国家级靶向药物工程技术研究中心、国家级中药制药新技术重点实验室等高端科研平台，成为全国最大的抗肿瘤药物、抗肝炎药物生产基地和重要的现代中药生产基地。新医药产业是开发区最具成长性和竞争性的产业板块。恒瑞医药研发中心建成使用；康缘、豪森医药产业园完成主体。四是新材料产业园与高性能纤维检验中心。全国唯一的省级高性能纤维检测中心设立运行，以神鹰碳纤维、杜钟氨纶等企业为代表的高性能纤维研发生产水平位居全国前列。五是中日（连云港）生态科技园①与低碳开发研究中心。已建成了园区规划展示馆，成立了中日纳米研究院，基础设施建设、组建合作管理公司、对日招商引资等工作加快推进。

二是设立连云港出口加工区。连云港出口加工区于2003年3月10日获国务院批准设立，2003年7月通过海关总署等国家部委联合验收，正式封关运作。坐落于国家级连云港经济技术开发区规划范围内，东距连云港港口5公里，北靠临港产业区，310国道、陇海铁路、徐连高速公路穿区而过，规划总面积3平方公里。

三是设立连云港高新技术产业开发区。1997年8月江苏省人民政府批准设立连云港高新技术产业开发区，占地面积12.6平方公里，与国家级连云港经济技术开发区实行“两块牌子、一套班子”的管理体制。②

四是设立保税物流中心。2009年2月11日，由国家海关总署、财政部、

---

① 该园已上升为中日两国政府合作项目。

② 其前身为宋跳工业区，其范围东至新墟公路，南至高渠道，北至宋跳河，西至陇海铁路，已开发5.7平方公里。区内设有科技企业孵化器，同时设有科技风险金和科技发展金，扶持高新技术成果产业化及高新技术企业的发展。2015年国函［2015］25号《国务院关于同意连云港高新技术产业开发区升级为国家高新技术产业开发区的批复》正式下发，批复同意连云港高新区升级为国家高新区，实行现行的国家高新区政策，开创了连云港市发展创新型经济的新纪元。

税务总局和外汇总局联合发文批准设立连云港保税物流中心，[①]2010 年 12 月 10 日通过海关总署等四部委的联合验收。保税物流中心可从事保税储存、简单加工和增值服务、全球采购和国际分拨配送、转口贸易和国际中转等业务，并享有国外货物进入中心暂缓征税，国内货物进入中心视同出口，企业可办理出口退税手续等优惠政策，业务操作上真正实现境内关外。

再次，依托港口设立国家东中西区域合作示范区。

2011 年 5 月 31 日，国务院批准下发《国家东中西区域合作示范区建设总体方案》，国家东中西区域合作示范区设在连云港市连云区，包括徐圩新区[②]和连云港经济技术开发区、连云港国际商务中心、连云港区、连云港保税物流中心。

（二）港口引领城市发展

1. 港口引领新浦、大浦的城市发展

没有自行开放的胶海关海州分关就不可能有大浦的城市发展。大浦成在港口，败因港口。

大浦成在港口。

如前所述，大浦为蔷薇河的入海口，河口宽 1.5 公里，水深 7 米，中居海州湾，联陆通海的港口优势，使其成为苏北、鲁南的重要的货物集散地。大浦以“胶海州分关”的名义自行开放，突破了原先封闭式的市场界限，以海关为门户的苏东北、鲁东南，形成了一个以大宗农副产品为交易主体、以港口为依托、以新浦城区为支撑的小经济区。大浦港从 1905 年开放到 1932 年鼎盛，最兴旺时同时停靠 14 艘千吨级轮船，转运公司多达 80 余家，该时期也是新浦市区繁荣之时。

海州自开商埠后，立即引起了中外有眼光的投资者的注意。1900 年前后大浦处于初创阶段，只有小吨位民船自由航行于青岛与大浦之间，其主要运输的是临兴场的盐。与新浦距离仅 6.7 公里，交通却十分困难，芦苇丛生，雨天泥

---

① 是江苏省第 5 个、苏北首个保税物流中心。规划面积 1.39 平方公里，按一次规划、分期投资建设原则，先期建设散杂货储存区的一期工程 51 万平方米，约占用地面积的 36%。

② 徐圩新区是国家东中西区域合作示范区的先导区，位于连云港市城区东南部，总规划面积约 467 平方公里。新区规划布局确定为“一区七园”：“一区”为城市配套功能区，面积 32 平方公里，主要功能为商务休闲、生活居住、科技研发、旅游文化；“七园”为：石化产业园、精品钢产业园、节能环保产业园、现代港口物流园、中西部地区出口产品生产加工园地、香河农业示范园、东辛现代高效农业产业园。

泞，全靠小船驳运。民国七年（1918年）七月，沈氏家族取得锦屏锰铁矿的开采权，成立锦屏公司，在开采锰矿的过程中发现了磷矿。沈云沛在天津病死后，其子沈蕃呈请继承矿业权获准，于1920年正式成立锦屏矿务有限公司，以开采磷矿为主。矿区面积两千余亩，分东、西局两部，相距六七公里，用轻便铁路联络。西局紧靠蔷薇河，水程30里即可到达大浦。沈蕃借助这一便捷的水路运输条件，在大浦建成可储存700吨左右的货栈20余间。矿山所采磷灰石在大浦经火炕蒸干水分，装船经青岛全部输往日本。大浦磷矿的出口，增加了大浦与青岛之间民船来往，拉动了大浦港的发展。

表5-1　　1916—1928年海州民船及货物进出口统计表

年份	船只（艘）	进出口数（吨）	年份	船只（艘）	进出口数（吨）
1916	3189	43159	1922	1640	23967
1917	2559	28825	1923	3069	47360
1918	4593	62209	1924	2796	42843
1919	7161	113111	1925	2696	366392
1920	8380	145814	1926	2668	47684
1921	5345	84257	1927	1805	30420
			1928	1743	28912

资料来源：青岛市档案馆《华洋贸易统计册》。

从表5-1中我们可以看到，大浦港的民船货物进出口，从民国七年（1918年）起经历了三年增长，于民国十年（1921年）下降，到1922年吞吐量猛减至23967吨，这其中主要原因就是磷矿出口量锐减，因为日本在南洋找到磷矿，而以低价收购锦屏矿石，锦屏公司入不敷出，终在1925年停产。大浦港由此失去了货源依托，进出口船只也必然减少。

1926年东陇海铁路通到大浦港以后将新浦、大浦联成一线，更加促进了大浦港的繁荣。

首先促进了盐业运输和销售的发展。据《盐政实录》，民国十五年（1926年）自新公司、公益公司在大浦建坨，年销量达4392000担，比民国十至十四年的平均销量提高了143%。又有福泰公司、聚兴公司、大陆公司在大浦建立。当时徐州、蚌埠、潼关的商人，在此设立各种土产专运公司。大宗的花生、黄豆、豆饼、豆油、芝麻、粮食和“帮猪”在此装运转海路北上青岛、南下上海等地。民国二十一年（1931年）春，大浦火车站设立港务处，专门负责大浦码头管理、使用及组织疏浚。大浦一时商业繁荣，人烟凑集。《盐政实录》记载，大浦固定住户曾达到千户，有饮食业 20 户，百货、商店 20 家。民国十九年（1930 年）夏以后，由于蒋阎内战激烈，交通梗塞，陇海铁路西不能逾归德，津浦路北不能达济南。浦口至徐州间，火车又忙碌于军运，致使中兴煤矿（枣庄煤矿）日产的 3000 吨煤已无法运销各地，只能经陇海铁路转输大浦港装船，出临洪口运抵上海，更促进了大浦港运输的繁荣。

从青岛档案馆保存的 1929 年、1930 年、1931 年的《青岛市港务局统计年表》海州与青岛港间货物输出入统计表中，可以看出大浦港的兴衰。

表 5–2　　海州与青岛港间货物输出入统计表

年份	海州进口数（吨）		海州出口数（吨）	
	青岛大港	青岛小港	青岛大港	青岛小港
1928	391.2	10962.6	1904.4	3819.6
1929	4427.5	8410.4	1530.4	5150.4
1930	4042	16426.3	2036.9	19340.0
1931	6651.1	10816.3	7862.0	4354.7
1932	3599.3	22941.0	50.0	8896.8

资料来源：青岛市档案馆《青岛市港务局统计年表》。

在《青岛市港务局统计年表》中还显示民国十七年（1928 年）海州与青岛港之间的来往船舶为 226 艘，到民国十八年、十九年相继增至 255 艘与 293 艘。增长的船舶主要是停靠青岛小港的、小吨位的民船，而停靠青岛大港大吨位（800 吨以上）的轮船却逐渐减少。这是由于民国十九年（1930 年）之后大浦港日渐淤塞，“青沪航轮视为畏途”的关系。因此民国二十年（1931 年）之后青、海之间的船舶骤减为 188 艘，大浦港的繁华随其淤塞而衰退。

大浦败亦因港口。

临洪河口逐渐淤浅，载重船舶无法靠岸，不得不另觅新址，连云港在 1933—1936 年建成一、二号码头。在当时生产力条件下，只能选择墟沟作为新港的依托，而墟沟又没发展起来。连云港港口距新浦 30 公里，这较之原来大浦与新浦之间的 6 公里，正好是 5 倍。新浦鞭长莫及，从此港与城脱节，港口越投入，对依托城市的需求越大，城市“欠账”越多，形成港口的城市性质与非港口城市的地理布局，所谓“一市双城”即由此而来。后来设立连云市，就是想改变这种情势的一个行政措施。

2. 港口引领连云地区的城市发展

为了开辟陇海铁路终端海港，发展铁路运输，陇海局于 1932 年 7 月 1 日动工兴筑新浦—老窑（即今连云港）之间的路线，至 1934 年 9 月全段竣工。

20 世纪 30 年代初，临洪河淤塞日甚一日，数百吨商船亦需要利用潮水方能出入，而疏浚无方。民国二十三年（1934 年）吞吐量达 107193.5 吨，严重地威胁着陇海铁路的货运发展。另一方面，大浦码头的淤塞，也几乎中断了山东峄县（今枣庄）中兴煤矿公司的煤炭出口运输。为了摆脱困境，陇海局经过再三利弊权衡，决心兴建老窑海港码头。但鉴于经济拮据，并没有采取所谓大港计划，而决定“以最经济的方式、最短促之时期，不事夸张而筑一适用之码头”，后称为第一码头。在中兴煤矿公司等资本家的推动和协助下，后又决定在第一码头西 260 米深水区内添筑码头。

连云港码头从建成后到 1937 年抗日战争爆发，虽仅仅只有四五年的营运史，但其重要的作用，已充分显示出来。民国二十一年（1932 年）《陇海全线调查》书中统计：“本路沿线出产概况表汇总 1932 年陇海线上 30 个县的输出物资总数约为 312000 吨，其中大宗运输货物为煤、盐、棉花、小麦、花生、黄豆、杂粮等。除去煤盐两项外，农产品的输出量约占其余物产的 80%”。而连云港 1934 年建成后，“今年沿线产量甚富，现在全路各站待运货物，堆积如山……自 10 月 4 日连云港码头靠船以来，装卸便利二水陆联运日益发达。”（《陇海日刊》第 705 号，1934 年 12 月 6 日）一年的货运量已大大地超过了大浦港的进出口货物数。

表 5–3　　连云港进出口货物数量统计表

年　份	出口数（吨）	进口数（吨）	合计（吨）	出超数（吨）
1934	151761.00	22757.67	174518.67	129003.33
1935	279255.40	68551.40	347806.80	210704.00
1936	409011.00	100646.00	509657.00	308365.00
1937（上半年）	356913.00	61290.00	418203.00	295623.00

资料来源：《连云港港史（古、近代部分）》，人民交通出版社 1987 年版。

陇海铁路通车，陇海路沿线各市、县的货运亦日趋发展。据《陇海全线调查》一书中对《本路沿线出产概况表》的汇总，1932 年陇海线上 30 个县的物资输出总数约为 31.2 万吨，农产品输出约占 80%，有力地带动了腹地经济的增长。更重要的是陇海线路建成后，引起了大西北诸省区有识之士的重视。民国二十三年（1934 年），陕西各界组团考察连云港，以宋绮云为主笔写出的《陕西各界陇海铁路连云港考察记》对陇海线与连云港给予高度的评价："陇海铁路为吾国横贯东西之唯一干线，西起甘陇，东至海滨。在经济上可使西北物产与外国机械货物皆可直达西北；在文化上可发扬民族之精神，促进东西文化之融通；在交通上可缩毂南北，贯通东西，制陆兼能控海，其关系国计民生至重且大"。

尽管陇海路和连云港经过 30 年的病态孕育才双双问世，但正由于陇海路和连云港港口的建成，连云港地区的经济结构、城市建设发生了重大变化，连云港发展跨入了一个新的历史时代。

3. 徐圩港促进徐圩新区城市配套功能区的建设

徐圩建港，徐圩将成为一座新城。

徐圩新区城市配套功能区规划总面积 32 平方公里，集聚商务休闲、生活居住、科技研发、旅游文化四大功能。在城市配套功能区内，徐圩新区将重点建设云湖商务核心区。

▲ 徐圩新区珠江钢管项目生产现场

云湖商务核心区位于徐圩新区 226 省道东侧、海堤路西侧、徐新路北侧、刘圩港河南侧，总用地面积约 9 平方公里，其中开挖云湖 750 亩。该区域是集商贸、办公、金融、研发、旅游、文化、居住等为一体的综合性产业新城，是徐圩新区率先进行规划、开发的功能区，其功能定位为服务于大陆桥沿线地区的商贸物流中心、服务于连云港南部地区的生产性服务中心、具有滨水特色的地区商贸休闲中心和服务于主导产业的金融服务中心。核心区整体布局确定为四大功能区，包括会展服务区（以举办大陆桥各类活动为特色，以大陆桥沿线城市文化场景为主题）、商贸服务区（以满足航运企业商贸要求的商贸交易、行政办公、休闲服务等功能为主）、产业服务区（以服务于区域企业、员工以及开发建设人员为目标的办公、行政审批、商务休闲等功能为主）、金融服务区（以服务于区域企业、大宗物资交易、金融交易、证券融资等功能为主）。已开工建设功能平台 13 个，建成面积 40 多万平方米。其中，1.5 平方公里云湖商务区景观工程初具规模，产业服务中心、徐圩社区服务中心、节能环保科研基地和云湖会所建成投用，云湖社区服务中心主体封顶，示范区合作论坛国际会议中心、人才公寓和创投服务中心开工建设。

（三）港城互动

1. 繁荣的商港带动盛唐的发展

唐时，海州已经是一个繁荣的商港，码头货场规模很大。与繁荣的商港相适应，工、商经营十分繁荣。在今天连云港地区出土的古代钱币之中，唐玄宗开元年间所铸“开元通宝”的出土数量仅次于五铢钱。以碗、壶、罐为主要组合器具的大量出土，反映出唐代海州陶瓷业的兴盛。青、白、彩釉的各类瓷具，工艺考究精良，造型丰满而匀致。尤其是海州出土的唐三彩扁壶，花纹繁缛绮丽，色彩丰富明快，是中国唐三彩瓷器中的珍品，现陈列于南京博物院的展览厅。中学历史课本为了阐明唐代的工艺水平，还使用了这只扁壶的照片图版。

唐代海州的银、锡、锡青铜合金工艺水准也达到了相当的高度。海州饮马池村出土的风鸾镜镜面光洁可鉴，制作精细考究，堪称艺术珍品。唐代开元七年（719 年），海州司马崔惟怦之子崔逸在他的《东海县郁林观东岩壁纪》[①] 中称

---

①《东海县郁林观东岩壁纪》摩崖题刻，位于连云港市花果山景区隋代郁林观遗址“飞泉”东侧的崖壁上。刻石面南，净面高 2.1 米、宽 5 米，由右向左竖刻，首行篆书题名，正文连同落款计 24 行，行 17 字，字径 18 厘米，全文共 392 字。

颂了云台山区的农民安居乐业的景象。

晚唐时期，当代最为时新的青、白瓷工艺品，一般只风行于贵族之中。1955年玉带河晚唐五代夫妇合葬墓中出土的白瓷堪称稀世之珍，曾展览于故宫博物院的陈列厅。据《海清寺塔柳峦记碑》，海清寺塔也始建于晚唐，号称“大唐第二至尊”。这座纯砖结构的古建，“上观似从天降下，回彻清霄；下看似从地涌成，宝堂连海”，气度非凡，没有相当雄厚的经济基础和建筑技术，是不堪想象的。

2. 明清禁海政策严重拖累经济社会发展

在明初、清初遗逸义士的文献记载中时见有“海禁”、“迁海”、“移海”、“迁界”、“裁海”的记录，在官方文书中称之为“禁海”或“坚壁清野”。明初和清初实行的都是海禁的政策，但明初实行海禁，并未大规模“迁界”、“迁海”。而清初不仅海禁而且将海岸线移后30里，将沿海岛屿、陆地统统放弃。明初海禁只是“片帆不许入海”，禁止近海人民造三桅以上大船入海与外国贸易，违者照谋叛罪处斩，并下令将沿海所有海船“悉改为平头船”，使其无法远航。而清初实行的“迁界”，却是将沿海居民大规模地强制性内迁而“坚壁清野”。迁海政策的实行初衷是政治的需要，明初对付张士诚的余部，清初针对郑成功父子领导的东南义师，但其结果是严重拖累连云港的发展。

（1）明初“迁海”及影响

明初海州沿海大迁民发生在洪武初年，主要去向是山东省，[①]“迁海”造成的恶果对海州地区的影响严重且深远。

首先是人口锐减，田地荒芜，盐田废弃，经济凋敝。朱元璋自己也认为“百姓稀少，田野荒芜，由兵兴以来，人民死亡或流涉他郡，不得以归里，骨肉离散，生业荡尽。”[②] 直到明嘉靖二十三年，王同出任海州知州时，海州更为凋敝，平民百姓挣扎在死亡线上。人口虽减，而官府差赋一如以前：“民逃而差不减，田荒而粮照旧。”作为一名父母官，关心贫民之疾苦，吁呼人民之心声，冒着端掉乌纱帽的危险，秉笔直书，代民请命，向统治者进呈一份减轻人民负担、并里减赋的奏稿。就中可能有夸大其辞，但海州荒芜，民疲日渐却是“据实奏闻”，凄凉景象跃然于纸上。今天读来仍是字字血泪：“州原额

① 20世纪80年代初，山东省临沭县曾经征集了100多份家谱，其中30个姓氏近200个村庄是在明初洪武年间由于海禁从云台十八村或海州迁去的，临沭《袁氏家谱》中说：“明初分海一节，始寄居于琅琊郡（临沂）苍山东第一隅。元时籍直隶省淮安府海州居东门首”。

② 见《明太祖实录》。

一百一十六里（户籍编制），节年灾累，仅存三十余里。人虽然逃亡，但一甲十一户，十甲一里的编制仍旧。征收，差役仍以一里一甲粮差尽责现户包赔。至于全里全甲通无人户者，各项粮差亦照原额科派。上司累累督催未完，参官提吏问罪，殆无虚日。杖并淹禁，种种情苦……鬻产倾家，市儿卖女，叫天踊地。富者益累渐贫，贫者莫可支持，惟逃与亡而已。”“即今惟存州名，十分狼狈：民居倾圮，田地荒芜，市井萧条，乡村寥落”。后来朝廷派出巡按御史郭廷冕巡视海州，亲历其地，目击民艰，不仅向朝廷恳切具奏，而且同样提出了并里减赋的条陈。

其次，是官营盐工灶丁逃亡也越来越多。明代海州有四大盐场，即临洪场（包括今兴庄、富安、临洪滩）、徐渎浦场（今云台大村）、板浦场、莞渎场（灌南新安镇）。由于赋税太重，为生活之需，灶民或倒卖私盐、草场，或私煎和官营制作斗争，甚至集体逃亡。明廷虽一再下令清查逃亡灶丁，甚至采用拉丁补灶的手段，但许多灶丁仍“逃移相继，或负直为人佣工，或乞养为人男仆，或往煎盐场为人煎办。如高、通、泰等州，如兴化、如皋、海门、盐城等县，如富安、东台、梁垛、何垛等场，固逃灶之渊薮窟宅也”（《两淮盐法志·卷下》）。明代海州灶、丁杂处，且又负担沉重，灶户逃亡也是明中期海州户口流失的一个重要因素。

（2）清朝“迁海”及影响

清顺治十二年（1655 年）六月，就曾发布过禁海令：“严禁沿海省份，无许片帆入海，违者置重典”（《清史稿》），正式地、大规模地发布迁海令是在顺治十八年（1661 年）。清顺治十八年十二月，清廷再次发布《严禁通海敕谕》。当时奉诏迁海的共有河北、山东、江苏、浙江、福建、广东六省。这次“迁海”对海州地区的影响是：

一是云台山成为空岛。海州地区的迁海开始于清顺治十八年，《云台新志》记载：“兵部尚书苏纳海，会阅江苏省沿海地方，将各岛附近村庄，俱令迁移内境。云台山以向在海中，一并禁为界外”。康熙年间的胡启睿《复东海序》中也有记述：“迁海之计乃决，三百年备倭防海之要地，人烟稠密之乐土，竟荡然一空矣”。岛上居民全部出迁海州、沭阳、镇江以及临近山东诸县，云台山遂成空岛。“本朝顺治十四年，海船禁。康熙元年，盐场革，民多失业，复设盐场，寻许民间入海采捕。乾隆五年，海禁复开，商旅通行，海之利者乃大”。《赣榆县志》这段记载说明即使云台复海以后，也是解禁海未开。

二是贸易一度完全停顿。清初实行海禁特别是迁海政策以后，不仅私入海上贸易被阻塞，连封建官府直接控制的市舶贸易也一度完全停顿。康熙年间的工部尚书杜臻在奉派巡视各省迁界事宜后指出："直隶天津卫、山东登州府、江南云台山、浙江宁波府、福建漳州府、广东澳门各通市舶行贾外洋，以禁海暂阻"（《清史稿》）。通商口岸的外贸完全禁运，港事活动陷于瘫痪。这对于以入海捕捞为生的海州居民来说，无疑是一场浩劫。在禁海和迁民政策的直接影响下，海州各海港的外贸及商业活动，自清顺治十二年（1655 年）起至乾隆五年（1740），海州地区的海上贸易中断了有 85 年之久。这种闭关政策的实行，严重地迟缓了海州地区社会经济的发展，为清政府后来的闭关政策奠定了基础。

三是海防设施废弃。明代原在云台山濒海处的所有海防设施全部废弃，原东海营马步官兵 403 人，也变为分属海州和庙湾两营管辖，致使整个江南省海防虚弱，沿海荒无人烟。

四是"裁海"对海州及沿海还造成严重的水患。清漕运总督帅颜保的《题复云台山奏疏》中说："云台山系屏障海口，为黄淮之尾闾，自从废为禁地以来，壅沙日积，黄淮浸决，以致淮扬水患频仍，而运道民生俱有堪虞。"①

五是"裁海"也使得名闻千年的云雾茶种植业几近绝亡。直到光绪二十七年（1901 年），由广东候补直隶知州宋治基招商集股承办树艺公司，对云台山区实行大面积开发，才使得云雾茶死而复生。

连云港是个典型的海港城市，本应是以海洋经济为其主要的经济模式，如港口、造船、海外贸易、海洋运输等，港城互动，港兴城荣。但自明至清代乾隆朝 300 多年时间，古海州经历了两次裁海的历史命运，受海禁、迁界的影响，导致连云港市近代城市发展迟缓，港败城衰。

3. 港城分离

在港口变迁中连云港的港城出现分离，城市也经历了"一心—多点—双核"的发展阶段。

受自然条件（地震）和铁路建设等区域地理条件变化的影响，港口变迁呈现出由海州古城到大浦最后到老窑不断东移的过程。与之相适应，城市也因此经历了海州—青口、海州—新浦、新浦—连云港等三个不同的演进阶段，形成港市结合、港城分离两个格局。

---

① 见《乾隆云台山志》卷三《艺文》。

近代连云港城市是港市结合，城因港变。1668 年山东郯城发生 8.5 级大地震，“海退卅里”，“城倾十之二三”，海州港也随之湮灭。如前所述，大青口港在经历了短暂的繁荣之后，因远离海州城和日渐淤塞而销声匿迹。大浦随后成为海州新的港口，并于 1905 年自行开放；新浦则因转运贸易而兴，并逐渐取代了海州古城的商贸中心地位。这是港市结合阶段。

然而，由于临洪河的淤塞日益严重，航运无法持续，大浦的繁荣同样转瞬即逝。民国二十一年（1932 年），陇海铁路从新浦修筑至老窑；1933 年，荷兰筑港公司承包的老窑港口一号码头开工建设，并从云台山和连岛各取一字定名为“连云港”，标志着东方大港之路的伊始，也标志着近代港城新形态的发端——港城分离。以运输贸易为主导的商品经济快速发展，推动渔港加快向初级商港转化。大量的人流物流使墟沟镇从渔盐市镇逐步变为服务港口的近代城镇，出现了以新海城区为行政、经济中心和以连云港为港务中心的双核城市结构。

4. 港产城融合

进入 21 世纪后，尤其是 2005 年以来，连云港市明确了港口“一体两翼”组合大港的发展模式，与之相适应，“一心三极”国际海港城市规划形成，启动了连云新城、徐圩新区建设。“一纵一横”T 形产业走廊的规划建设，与“一体两翼”组合大港、“一心三极”海港城市相呼应，彻底改变了双核城市结构模式，连云港进入了港产城联动发展的新模式。

港口快速崛起。连云港港以建成集装箱运输优先发展的亿吨大港、上海和青岛之间的集装箱运输干线大港、带动区域经济发展的组合大港为目标，全力服务于地方和广大中西部地区发展。港口股份成功上市，苏北首个（B 型）保税物流中心封关运作，主港区 30 万吨级航道先导工程也已经开工建设。2000 年以来，港口货物吞吐量呈现高速增长，海运量对 GDP 的弹性逐渐增强，带动国民经济同步攀升，港城关系进入了加速发展阶段。2014 年，港口货物吞吐量达到 2.10 亿吨，同比增长 4.2%。外贸吞吐量达 1.10 亿吨，同比增长 4.1%。内贸吞吐量 9972 万吨，同比增长 4.2%。集装箱运量 501 万标箱，铁水联运量 21.6 万标箱，过境集装箱量 9.55 万标箱。GDP 总量达到 1965.89 亿元，可比价同比增长 10.2%，全年完成进出口总额 80.3 亿美元、全社会固定资产投资 2090 亿元，地区公共财政预算收入 261.77 亿元。港口货物吞吐量、进出口总额、全社会固定资产投资、地区公共财政预算收入分别是 2005 年的 3.49 倍、3.93 倍、6.45 倍和 10.64 倍。航道、码头、疏港通道等港口基础设施已具一定规模（码头泊位达到 44 个，其中万吨以上泊位 39 个，30 万吨级矿石码头基本建成），从而可以较好地满足腹地经济发展的海运需求。同时，随着区域经济及中西部地区经济快速发展，外向度不断提高，生成大量适合海运的货物，2014 年港口外贸吞吐量占到总吞吐量的 52.38%。

港产联系趋紧。港口吞吐与地方经济联系日益紧密，结构调整加快优化升级。工业经济抢抓沿海开发战略机遇，充分利用创新优势、品牌优势、区位优势实现优先发展。2014 年全市规模以上工业增加值 989.77 亿元，同比增长 12.4%，增幅居全省第四位，高于全省平均水平 2.5 个百分点；工业用电 110.44 亿千瓦时，同比增长 24.5%，增幅位居全省首位，高于全省平均水平 22.4 个百分点。项目建设取得显著成效，宏创药业、亚邦产业园等 124 个亿元以上工业项目开工建设，珠江钢管、虹港石化、益海特种油等 108 个亿元以上工业项目建成投产，100 个市级新增长点项目拉动全市产值增长 10 个百分点，对工业增长贡献率达 65.0%。经济效益不断提高，工业应税销售收入 1845.70 亿元，同比增长 14.9%。收益性、流动性、安全性和成长性四类企业效益指标进位明显。全市工业企业平均资产报酬率 11.8%，全省第四位；平均资产周转率 166%，全省第六位；平均资产负债率 55.8%，全省第七位；平均利润增长率 16.8%，全省第五位。新增规模以上工业企业 245 家，全市销售收入过百亿企业达 5 家，其中新海石化、镔鑫特钢产值过 200 亿元。实施亿元以上技改项目 117 个，完成工业技改投资 605 亿元，工业设备投入增速全省第一。全市产值 20 强工业企业产值 1922.34 亿元，同比增长 19.5%，占规模以上工业总产值的 39.9%，对全市规模以上工业产值增速贡献率达到 49.1%，拉动规模以上工业产值增长 7.5 个百分点。其中亚新钢铁新增产值 90 亿元以上，新海石化新增 35 亿元以上，镔鑫特钢新增 25 亿元以上，分别同比增长 146.3%、18.5%、16.3%，有力支撑了全市工业经济的平稳运行。2014 年全市战略性新兴产业投资 352.4 亿元，同比增长 26.3%，占工业投资的 38.6%，占比高于上年 3.4 个百分点。其中，新能源、新医药、新材料、高端装备制造业分别完成投资 64.3 亿元、55.2 亿元、76.3 亿元、93.4 亿元，分别增长 24.8%、26.5%、24.2%、25.6%。石化、冶金等“两基”行业分别完成投资 140.8 亿元、72.3 亿元，分别增长 23.0%、24.1%。高耗能行业投资 405.2 亿元，同比增长 16.6%，增速较上年回落 6.1 个百分点。金融、商贸、法律、保险等服务配套功能也在不断完善。

港城融合发展。港城功能分区进一步优化，争地矛盾进一步化解，临港工业平台进一步完善。港口与城市的空间布局更加科学合理，连云港正由一域之港向区域性国际航运中心的走向跨越发展，国际性海港城市和现代化的港口工业城市雏形初显。

5. 国际性海港催生国际性海港城市

城市性质不是一成不变的，城市性质是要依据区域经济的增长、社会发展、城市主要职能等因素的变化而处于一个发展、演变的动态过程之中，连云港市港口性质决定城市性质。2008 年，国务院原则通过的《江苏沿海地区发展规划》中，将连云港城市性质定位为“以建设连结长三角与环渤海的国际性海港城市”；在《长江三角洲地区区域规划》中，连云港城市性质定位为“国际性海港城市、综合性交通枢纽城市和临港产业基地”。江苏省根据沿海发达城市的发展模式和连云港自身的特有条件，将连云港定位为“国家中部沿海地区连接南北、沟通东西的外向型海港中心城市，具体就是把连云港建成现代化港口工业城市、国际性海滨中心城市、山海相拥知名旅游城市”。

综上所述，连云港的城市性质为国际性海港城市，城市规模为人口超百万的特大城市，城市发展目标为“现代化港口工业城市、国际性海滨中心城市、山海相拥知名旅游城市”，城市功能为中国沿海中部连接长三角和环渤海地区、沟通中西部地区的区域性中心城市，振兴苏北的引擎，带动江苏沿海和沿东陇海线开发的龙头，淮海经济区的中心城市，面向东北亚、辐射陇海兰新经济带的重要开放门户，服务带动区域发展的新增长极。

三、新亚欧大陆桥东方桥头堡的核心载体

（一）陇海铁路与港口建设

1. 陇海铁路与海州港建设

建筑陇海铁路① 终点海港的计划始于民国元年。最初，陇海局曾有海门

---

① 陇海铁路原名陇、秦、豫、海铁路，它的修筑不是从东端或是两端始筑，而是中间开花，先筑从开封到洛阳的汴洛路。这段铁路从 1905 年开始测量建筑，到 1910 年通车，用了 6 年的时间。陇海铁路东段民国七年（1918 年）开始，到民国十四年（1925 年）徐州至海州的徐海段通车。新浦至老窑（连云港口）全长 27.8 公里的铁路，直到民国二十四年（1935 年）6 月竣工通车，历时 17 年。而整个陇海铁路从连云港到兰州全线贯通已经到了新中国成立后的 1952 年，全程 1759 公里的陇海铁路历经满清、北洋、民国，直至新中国成立后才全线通车，用了 47 年的时间，平均每年筑路 37 公里。旧政府之腐败，国力之衰弱，从中可见一斑。

（今江苏海门县）或通州（今江苏南通市）为终点的计划。但陇海局后来改变了计划，而以老窑为终点海港，徐协华在《中国港务问题》中解释了之所以选择老窑的原因："后以徐州为陇海与津浦交接之点，必为商务荟萃之区，如在海州沿岸建设码头，与徐州相距只有二百五十公里，而海门、通州距徐州均约五百公里，路线延长几及一倍。"可见老窑在地理位置上较海、通占有优势。而且老窑前有东西连岛作屏障，后有云台山为依靠，自然条件十分优越。另外，从政治上看，当时青岛是日本人的势力范围，而上海则是西方洋人的世界，老窑正介于青岛、上海这两个大港之中。一荷兰工程师说："连云港在中国海岸上实为一理想的国际商港也……且陇海路所经过之省区……俱为中国之中原地带，物产饶富，将来发展未可限量"。同时，作为债权国和负责修路、筑港的比利时、荷兰、法国他们也认为，当时长江流域已在英国资本的控制之下，北方也被沙俄染指，而物产富饶的中原地区尚是一块未开垦的地带，选择海州为陇海铁路的出海口正可满足他们掠夺中原的贪欲。而勘测港址的外国专家认为："开封距海州之连云港四百余公里，而修路到海门则须倍之，且复河道纵横，低洼卑湿，洋工程师弃置海门之议。"[①]

民国四年（1915 年）陇海局批准了格锐奈的筑港计划，决定以海州西连岛对面的老窑为陇海铁路终端海港港址，但旧中国军阀派系斗争频繁，财力空虚。另外由于国际资本主义周期性的经济危机，爆发了第一次世界大战。1916 年陇海路修到徐州后，不得不中途辍止。于是，名噪一时的大港方案随之束之高阁。

民国二十二年（1933 年）5 月 3 日，陇海局局长钱宗泽与荷兰阿姆斯特丹城荷兰制港公司的东亚总代表陶普施，在郑州签订了《建筑陇海铁路终点海港码头合同》。民国二十三年（1934 年）2 月 1 日又与该公司签订了建筑第二码头的合同。民国二十二年（1933 年）7 月 1 日，由荷公司以 300 万元承包，预期 18 个月完工的连云港第一码头工程终于开工。从陇海铁路修筑以及连云港口兴建的过程可以看到，连云港与陇海铁路休戚相关、患难与共，可以说，没有陇海铁路就没有连云港。

2. 陇海铁路与新亚欧大陆桥

在近代，海港和铁路互为依托，东陇海的展筑与连云港的建设正体现了这个规律的合理性，也是孙中山先生铁路建设思想的体现。连云港是中国陇海线

① 上引资料见夏开儒《海港与开港计划》。

的中西段，包括中原、陕中和甘东等地区在内的中腹地的直接出海口，也是中国中原和广大西北地区，包括青海、河西走廊、内蒙西部、宁夏、新疆在内的远腹地的出海口，更是当年孙中山先生提出的新陆桥的出海口。陇海铁路的建成才真正为实现这一理想铺筑了坚实的基础。

20 世纪 30 年代，中国许多有识之士曾设想将陇海铁路“展筑到新疆与苏联之西伯利亚铁路相接，使连云港不但为中国西北各省之重要门户，亦将为国际交通之枢纽，东方之水陆联运站”。

中华人民共和国成立后，国家对西北铁路建设十分重视。新中国成立初期，陇海铁路从天水筑到兰州。1952 年，在庆祝天兰铁路通车之际，毛泽东主席就题词“继续修筑兰新铁路”。在兰新铁路展筑的同时，中苏两国在 1956 年签订了修建兰新铁路到苏联阿克斗卡的协定，为新亚欧大陆桥的形成奠定了雏形。1958 年，中国境内乌鲁木齐到阿拉山口的铁路线完成了勘测、设计，并部分动工。1961 年，苏联将铁路修到中国边境阿拉山口的北侧，并建立了友谊门以象征两国人民的友好。此后，由于众所周知的原因，兰新铁路西段（北疆铁路）下马，与苏联铁路接轨推迟了进程。

20 世纪 80 年代初，随着改革开放，作为陇海兰新铁路东端起点连云港市的部分有识之士提出了建设北疆铁路，接通苏联，在欧亚之间形成一个新的大陆桥的构想。这一构想，受到国家的重视。1985 年，经国务院批准，北疆铁路乌鲁木齐至乌苏段正式开始兴建。1986 年，时任国务院总理李鹏出访西欧途经乌鲁木齐时指出，北疆“这条铁路不仅修到乌苏，而且应修到阿拉山口，与苏联接起来”。同年 11 月，国家计委批准乌苏至阿拉山口段铁路工程先进行复工设计的准备工作。1989 年 11 月 26 日，李鹏总理在视察北疆铁路建设时进一步指出：“新疆同五个国家接壤，因此北疆铁路的兴建，将成为连接欧亚的第二座大陆桥，为新疆也为全国向西部开放提供了有利条件，具有重要的战略意义。”北疆铁路建设经过 5 年的奋战，终于在 20 世纪 90 年代第一年的初秋与苏联铁路顺利接轨。

1990 年 9 月 12 日，当兰新铁路西段与原苏联土西铁路在中苏边境的阿拉山口站与哈萨克斯坦德鲁日巴站之间接轨时，国务院为新亚欧大陆桥全线贯通专门发来了电报，表示热烈祝贺：“中国兰新铁路和苏联土西铁路胜利接轨，沟通了又一座亚欧大陆桥，这是新疆建设和中国铁路建设又一件大事。希望再接再厉，为加强中国与世界各国人民的友好往来和经济技术文化交流做出新的贡献，使这座连接两大洋横穿两大洲的亚欧大陆桥，成为造福世界人民的友谊之桥、和平之路。”

1990年9月15日，时任中共中央总书记江泽民亲自为首趟从乌鲁木齐西站开往阿拉山口的列车剪彩。自此，一条在古丝绸之路基础上建起的现代丝绸之路——举世瞩目的新亚欧大陆桥终于宣告形成。

新亚欧大陆桥以中国陇海兰新铁路、独联体、欧洲铁路为陆上桥梁，把太平洋与大西洋以及波罗的海、黑海连接起来，因为它是连接亚欧的第二座大陆桥，所以称之为“新亚欧大陆桥”。东桥头堡地位决定连云港市在国际贸易通道上的特殊地位。新亚欧大陆桥连结辐射亚欧两大洲40多个国家和地区，连通大西洋和亚太两大经济圈，是新兴的亚欧国际集装箱运输陆上通道。新亚欧大陆桥使中国内陆腹地与中亚、欧洲国家紧密连接起来，实现东西双向开放的同时，为日本、韩国、东南亚地区与东欧、西欧、西亚、中亚、南亚各国的经贸发展开辟了一条便捷的通道。

（二）新亚欧大陆桥东方桥头堡

1. 陆桥理论研究成果处于国内领先水平

连云港市是我国率先开始陆桥理论研究的区域，研究成果始终处于国内领先水平。早在刚开放的1984年，连云港市的专家就提出打通北疆铁路，连接苏联土西铁路，构筑第二条亚欧大陆桥（时称新海大陆桥）的构想，与铁道部铁道科学研究院合作开展了“新海大陆桥的运输前期研究”和“新海大陆桥东端桥头堡——连云港”等课题的研究；撰写出版了《新亚欧大陆桥》《新亚欧大陆桥经济方略》《亚欧新海大陆桥研究》《连云港市开放型经济战略纵论》《连云港与海上丝绸之路》《论新亚欧大陆桥与苏北的振兴》等几十部专著；创办了我国第一份研究新亚欧大陆桥的期刊《大陆桥经济》。其中系统研究新亚欧大陆桥的专著《新亚欧大陆桥经济方略》，由全国人大常委会原副委员长卢嘉锡题写书名，中央书记处原书记芮杏文作序。

研究成果受到大陆桥沿线各城市领导的高度关注，通过全国人代会这个特殊平台进入国家最高权力层面。论文《建设自由贸易区式陆桥经济带研究》被陆桥沿线八城市市长（全国人大代表）作为联名议案在十届全国人大二次会议上提出，新华社发了通稿，全国近百家媒体作了报道；论文《桥头堡论纲》中提出加快建设连云港国际商贸中心的观点被沿桥九城市市长（全国人大代表）

作为联名议案在十届全国人大三次会议上提出；围绕江苏省连云港市及大陆桥沿线省区及城市经济发展中的主要问题进行研究而形成的论文《发展陆桥保税物流的战略思考》，被大陆桥沿线连云港、开封、郑州、兰州、西安、宝鸡、定西、张掖、嘉峪关、昌吉等十城市市长（全国人大代表）所采纳，在 2006 年 3 月十届全国人大四次会议上提出，引起很大反响。新华社、中新社、人民之声报、《新华日报》、《苍梧晚报》等媒体都作了相关报道。《将海州湾经济区列为国家综合改革试验区的探讨》被市全国人大代表作为议案在十一届全国人大一次会议上提出。

2. 陆桥运营的主要港口

从陆桥营运实践看，连云港具有不可替代的特殊地位。作为东桥头堡，连云港市承担了营运方案的研究和编制，及陆桥营运以来大部分过境箱量。

新亚欧大陆桥铁路运输开通了至郑州、西安、阿拉山口等地的集装箱“五定班列”7 条，利用新亚欧大陆桥开展过境运输的有日本、韩国和东南亚等 20 多个国家和地区，运输的主要产品有机械设备、汽车及配件、矿产品、农副产品等十多个大类。连云港至阿拉山口的集装箱铁水联运通道获批成为交通运输部和铁道部联合建设的示范项目，并顺利开行阿拉山口（乌西）至连云港的东行班列。

3. 新亚欧大陆桥东方桥头堡定位的确立

东方桥头堡是连云港几十年国家战略的积淀，叠加连云港的“四大战略”的共同点，就是从国家层面确定连云港新亚欧大陆桥东方桥头堡的战略定位。

《江苏沿海地区发展规划》明确提出连云港“成为我国东部地区重要的经济增长极和辐射带动能力强的新亚欧大陆桥东方桥头堡”的区域定位；《全国主体功能区规划》对连云港的功能定位是：“新亚欧大陆桥东方桥头堡，我国东部地区重要的经济增长极。”《国家东中西区域合作示范区建设总体方案》提出：“连云港是新亚欧大陆桥东方桥头堡，西连安徽、河南、陕西、甘肃、新疆等中西部省（区），东与日本、韩国等东北亚国家隔海相望，是中西部地区便捷的出海口和对外开放的重要门户。”其他的定位，如丝绸之路经济带陆海交汇枢纽、陆海交汇点、新亚欧大陆桥经济走廊开放门户等都是其地理区位层面的表述。

第六章 经济发展与城市竞争力提升

在城市发展中，经济是影响城市竞争力的主要因素。城市竞争力的内涵一方面包括可以精确测量的、反映城市地位与水平的硬指标，另一方面还有不能精确测量的、但确实影响城市竞争力的一些“软”指标。连云港的城市发展中，经济增长带动城市发展，经济发展促进城市竞争力提升和城市功能的完善。在2014城市竞争力报告中，连云港宜居城市排名71位，宜商城市排名80位，城市发展将有力支撑经济的快速发展。

一、经济增长带动城市发展

（一）推进城市化发展的动力

1. 农业发展为城市化奠定基础

农业产业化进程不断加快。截至2014年，全市共有市级以上龙头企业218家，[1] 建成国内最大的蝴蝶兰种苗生产基地和全省规模最大的鲜切花、蓝莓基地，形成国家级连云港出口农产品加工产业集聚区1个，省级农产品加工集聚区3个，市级农产品加工集聚区8个。初步形成了特色蔬菜、优质水果、高效畜禽、

① 其中国家级农业产业化龙头企业2家，省级39家，市级177家，福润食品、榆城渔业、利昂集团等一批国家和省级龙头企业实力雄厚。

观赏花卉、食用菌和精品水产等六大主导产业。“花果山”牌风鹅被评为中国名牌产品，“榆城”牌长江系中华绒螯蟹苗，“口福”牌大豆油等8家企业被评为省名牌产品，文峰木业、金五食品等15家企业的商标被评为省著名商标。

高效设施农业扩面增效。2014年全市大力发展各类设施栽培，重点发展蔬菜园艺、规模畜禽、特色水产、优质粮油、花卉苗木等“五大特色农业”。全年新增设施农业面积11万亩，累计达到104万亩，占比达17.7%。建成了海州、灌南、赣榆三个“菜篮子”工程，永久性蔬菜基地农业生产结构不断优化。优质稻米、蔬菜瓜果、畜禽、特色林果、水产养殖、食用菌、花卉等主导产业初步形成，建成全国最大的紫菜生产加工基地、泥鳅养殖基地，培育特色农业生产基地97个、“一村一品”特色专业村110个。新增省级现代农业园区2家，总数达10家，居全省第二位。

外向型农业保持全省领先。2014年，全市农产品出口50119万美元，占全省农产品出口额12%，居全省第三位。全市有出口实绩的农业企业145家，其中连云港味之素冷冻食品有限公司等10家企业出口额超1000万美元，海淡水产品、调味紫菜、黄桃罐头、速冻蔬菜等产品出口量全国领先。建成国家级出口食品农产品示范区2个、省级出口示范区4个、示范基地23个，占全省的1/5。花果山出口蔬菜示范区和赣榆区墩尚泥鳅出口基地被批准为国家级出口食品农产品质量安全示范区；云台街道后关村（野仙云雾）获批全国“一村一品”示范村镇。

新农村建设带动城乡一体化发展。2006年初，按照“生产发展，生活富裕，乡风文明，村容整洁，管理民主”的要求，市委、市政府正式启动新农村建设工程。2009年，全市首批30个康居示范村按序时进度稳步推进，有力地促进了农村集中居住点建设，打造了一批规划起点高、功能配套全、示范效果好的农民新村。截至2011年底，全市共创建100个康居示范村，累计建成8665户住宅、145万平方米，其中已有30个村荣获江苏省社会主义新农村建设先进村或示范村称号。2012年初，市委、市政府将推进城乡统筹发展作为贯穿“三农”工作的主线，并在全市范围内选择了11个乡镇、19个村进行试点，全市新农村建设迈出了新步伐。2014年初，全市以统筹城乡发展“十镇百村”示范工程为载体，在全市逐步形成了典型示范带动、面上全面推开、镇村空间布局合理、基础设施配套、公共服务设施完善、社会管理和谐文明、人居环境优美的统筹城乡发展的新局面。

城乡居民收入比缩小。1984年，全市农业总产值12.78亿元，粮食总产量38.2亿斤。自2004年起，连云港市连续发了11个市委一号文件，包括增加农民收入、提高农业综合生产能力、建设社会主义新农村、发展现代农业、加强农村基础设施建设等方面。2014年，全市农业总产值507.39亿元，是1984年的39.7倍。自2009年农民人均纯收入增幅超过城镇居民可支配收入增幅以来，农民收入保持持续增长，连续五年增幅高于城镇居民收入，城乡居民收入比缩小到2.5∶1。

2. 工业为主导的格局为城市发展提供支撑

工业生产规模不断扩大，工业经济实力不断增强，工业在国民经济中的主导地位进一步巩固。初步形成临港基础工业和高新技术产业为主的产业体系。

工业总量规模扩张。2014年，全市规模以上工业企业完成增加值约990亿元，实现销售收入4820亿元、利税605亿元、利润368亿元。全市年销售收入过亿元工业企业766户，比2010年增加496户；其中50亿—100亿元工业企业14户，比2010年增加10户，过百亿企业5户，比2010年增加4户。沿海园区临港基础产业发展壮大，沿陇海线园区高新技术产业提档升级。全市建成重点开发园区14个，其中国家级开发区1个、出口加工区1个，省级开发区9个。

重点产业特色初显。2014年，全市新医药、新材料、新能源、装备制造、冶金、石化六大重点产业销售收入占全市工业比重超过80%，其中装备制造业超过千亿元。涌现出一批国内同行业领军企业，恒瑞医药、康缘药业、豪森药业、正大天晴4家药企跻身全国医药研发20强。日出东方、中复神鹰、中复连众、黄海机械、天明机械、鹰游纺机、太平洋石英等企业，多项技术行业领先。

产业层次稳步提升。2014年，全市高新技术产业实现产值1904亿元，增长15%，占规模以上工业产值39.5%。省级以上企业技术中心共57家、国家级企业技术中心6家、国家技术创新示范企业3家，知识产权培育工程试点企业16家，国家工业产品质量控制和技术评价实验室1家，国家级两化融合示范试点企业2家、省级两化融合示范试点企业109家。2013年以来大规模推进企业技术改造，2014年共推动523家规模企业实施技术改造，59家企业实现产值较上年翻番。

3. 商贸流通促进城市繁荣

1949年市区私营商业、饮食业共2467户，从业人员4254人；当年连云港市社会消费品零售额仅2907万元。1956年以后商业的经营范围逐渐扩大，先后建立了若干专业公司，到1957年，已有百货、五金、纺织品、针棉织品、煤建、木材、文化用品、食品、医药、专卖、水产、蔬菜、石油等13个公司和1个办事处，1个铁路供应站和4个供销社。同时政府对私营企业采取了限制、利用、改造的政策，到1957年末，对私营商业的社会主义改造基本完成后，连云港基本形成了一个以国营商业为主导，以农村供销社、城市集体商业、公私合营商业和个体商业为辅助的社会主义商业体系。据统计资料，1957年市区共有商业服务网点2552个，从业人员6895人，其中，国营合作社网点155个，占6%；公私合营网点76个，占3%；合作商店及小组网点487个，占19%；个体网点1834个，占72%。1957年连云港市的社会商品零售额已达964.7万元，是1949年的3倍多。1963年市区商业网点达到1961个，是1960年的3.5倍，其中国营和合作社网点215个，占10.9%；公私合营网点36个，点1.8%，合作商店及小组网点166个，占8.5%；私营网点1544个，占78.7%。经过调整，虽然购、销实绩与“大跃进”时期相比有所下降，但符合供求规律，促进了货币回笼和市场的基本稳定，79种主要商品的供应量有不同程度的增加。

1978年至1988年，改革的春风率先吹入商业领域，个体经济、集体经济在商业流通领域全面开放，个体户、集体经济如雨后春笋般全面开花。1980年连云港市仅有个体工商户760户，从业人员760人，到1988年，连云港市个体商业已发展到25371户，从业人员38250人，分别比1980年增长了32.4倍和50.3倍。连云港市有新集体商业网点3506个，从业人员17017人，年零售额2.87亿元，占商业零售额的18%。其发展速度超过全民所有制商业，已成为商品流动领域的一条重要渠道。1998年，连云港市实现社会消费品零售总额20.23亿元，是1978年的25.3倍，是1988年的4.7倍。

1998—2008年，是连云港市商业市场发展的腾飞期。经过改革的阵痛，连云港市商业经济度过了一段较为艰难的岁月，改制后的商贸业步入发展的快车道。同时，全国商贸业的发展步入了大流通、大发展时期。为加快全市经济发展步伐，活跃商业市场，提高商业企业管理水平，繁荣商业经济，连云港市及时加强对外开放力度，主动引进外资商业和连锁企业。1999年4月，第一家全国连锁机构——时代超市进驻连云港，当年实现商品零售额3200万元。随后，五星电器、苏宁电器、上海农工商、上海华联、中央百货、大润发等一批重量

▲苏宁广场

级全国连锁机构相继进驻。10年间，中心商圈已经形成，以海连路、通灌路、解放路、海昌路围绕的不足一平方公里的一级中心商圈，集中了连云港市几十家大型商场、超市、快餐店，华联商厦、振大超市、东方和盛、时代超市、苏果超市、苏宁电器、五星电器、汇金广场、国美电器、东方大厦、中德大厦、中央百货、锦云百货、九龙大世界、九龙大酒店、陇海步行街、机电城、麦当劳、肯德基、德克士，吸引大量人流来此购物、饮食、休闲，成为连云港市商贸业一大景点。

2008年，市区居民人均可支配收入突破15000元，达到15255元；农民人均纯收入达到5454元，是1996年以来增长最快的年份之一。城乡居民消费水平提高明显，市区居民人均消费首次突破万元大关，达到10598元；农村居民人均消费实现3476元。城乡居民恩格尔系数平均达到40.7%，已接近低于40%的小康目标。2014年，全市城镇居民人均可支配收入23595元，农村居民人均可支配收入11698元，城乡居民恩格尔系数平均为32.47%。人均可支配收入分别是2008年的1.54倍和2.1倍，恩格尔系数平均下降8.23%。

推进物流、旅游、商务、会展、金融、信息等产业发展，服务业产业层次逐步提高，对连云港经济的促进作用进一步显现。第三产业增加值由2005年的184.6亿元，增加到2010年的429.6亿元，年均增长14.9%，较“十五”时期提高3.4个百分点。2010年社会消费品零售额426.7亿元，是2005年的2.34倍。港口运输不断跨上新的台阶，2010年吞吐量1.35亿吨，是2005年的2.24倍；集装箱运量387万标箱，居全国沿海港口第9位。房地产持续快速发展，“十一五”期间投资472.8亿元，是“十五”期间的4.4倍。2010年旅游收入

▲ 现代气派大同科

163.4 亿元，五年年均增长 20.3%。2014 年全市服务业增加值完成 813.02 亿元，较“十一五”末增长 55.4%。占 GDP 比重达 40.6%，与“十一五”末相比，提高 4.4 个百分点。全市社会消费品零售总额 740.47 亿元，较“十一五”末增长 52.2%。总体来看，经济开始进入制造业和服务业双轮驱动的新时期。

4. 开放型经济提升城市发展层级

形成较为完善的开放型经济体系。全市商务、口岸、外事、侨台、外管、旅游、出入境、民航、教育、卫生等涉外管理部门职能要素完备，开放型经济服务体系具备较强的服务能力。以国家级经济技术开发区为龙头、以出口加工区和保税物流中心等海关特殊监管区和省级开发园区为支撑的开放型经济载体具备较强的承载能力，一批世界 500 强跨国企业、中央企业、上市公司和民营企业落户各类园区，成为全市最具活力和竞争力的经济板块。对外经济合作高速发展，数十万人走出国门挣洋钱，本土跨国企业培育取得初步成效，宽领域、纵深化、多层次的对外开放格局初步形成。

开放型经济总量迅速扩张。利用外资，1984 年 10 月连云港市第一家中日合资企业——中国江苏三得利食品有限公司宣告成立，协议注册外资 700 万美元。2014 年新批外资项目 166 个，协议注册外资 15.14 亿美元，分别是 1984 年的 147 倍、161 倍。截至 2014 年底，全市累计批准外资项目 3159 个，协议注册外资 160.84 亿美元，实际利用外资额为 83 亿美元。内联资金方面，1985 年，连云港市第一家内联企业红光电子管厂（778厂）落户投产，总投资300万元。截至2013年底，连云港市有内联企业20917家，江苏虹港石化TPA项目是目前最大的内联企业，累计到资27.9亿元。2014年，全年引进内联到位资金948.7亿元，同比增长23.6%，是1984年的1529倍。

对外贸易。1984年9月，连云港市开始实施以“进出口代理制，工贸结合、技贸结合、进出结合”为指导原则的对外贸易管理体制改革，陆续为连云港市对外贸易公司、连云港开发区对外贸易公司、中国粮油食品进出口公司连云港支公司等企业争取国家赋予进出口经营权。经过30年的发展壮大，截至2013年底，全市注册登记备案有进出口经营权的内外资企业已经达到1700多家，有进出口实绩的各类企业近千家。2014年，全市进出口总额达到80.3亿美元，出口额43.55亿美元，成功入选全国外贸百强城市。国际服务贸易进出口11.4亿美元，服务外包合同执行额1850万美元，增长75%，增幅居全省第二。

开发园区。1984年12月，国务院批准设立了国家级开发区连云港经济技术开发区。经过不断发展，开发区已经成为全市最具发展活力和竞争力的经济板块。2003年7月，连云港出口加工区一期封关运作。2010年6月，规划面积1.32平方公里、总投资15.9亿元的连云港保税物流中心（B型）一期工程封关运作，成为江苏省长江以北第一个B型保税物流中心。截至2014年，全市已设立12家开发园区，其中国家级开发区2家（连云港经济技术开发区、连云港高新技术产业园区）；省级开发区8家（赣榆经济开发区、赣榆海洋经济开发区、东海经济开发区、灌云经济开发区、连云港化学工业园区、徐圩经济开发区、海州经济开发区、连云经济开发区）；参照省级管理开发区2家（灌云临港产业区、灌南经济开发区）。其中，特殊功能园区2家（连云港出口加工区、连云港保税物流中心），南北共建园区7家（江宁开发区连云港工业园、镇江开发区东海工业园、丹阳开发区灌云工业园、太仓港开发区灌南工业园、句容开发区海州工业园、丹徒开发区赣榆工业园、镇江京口工业园连云港园），省级特色产业园区8家（东海硅材料产业园、灌南金属精加工产业园、灌南现代物流产业园、灌云农业机械产业园、赣榆新能源特色产业园、连云港盐业科技产业园、海州现代装备产业园、连云港新医药产业园）。12家开发园区规划建设总面积1100.4平方公里，建成区面积295.9平方公里（经过征用的土地，且已有项目实际建成发展起来的区域），待开发面积804.5平方公里。国家级开发区规划面积126平方公里，建成区面积53.9平方公里，待开发面积72.1平方公里。

全市开发园区“十二五”（截至2014年）累计产生GDP4327亿元，占全市总量的48.58%，年递增15.89%；累计实现工业增加值3188亿元，占全市总量的89.9%，年递增13.67%；累计完成固定资产投资5323亿元，占全市总量的67.2%，年递增7.79%；累计完成公共财政预算收入540.4亿元，占全市总量的45.45%，年递增14.37%；累计实际利用外资33.8亿美元，占全市总量的76.5%，年递增9.85%；累计自营进出口253亿美元，占全市总量的67.49%，年递增4.35%。园区经济已经成为全市经济的“主引擎”，占比幅度逐年提高。

2014年全市省级以上开发园区完成工业总产值4247.9亿元，实现工业增加值809.4亿元，地方公共财政收入126.6亿元，全社会固定资产投入1142亿元，实际利用外资及港澳台资62680万元，新增内资注册资本255.3亿元，完成进出口总额53.4亿美元。

对外投资合作。1987年，连云港市向德国派遣2名厨师、向科威特派遣数百名建筑工人，开启了对外劳务合作的漫漫征程。经过近30年的稳步发展，在对外劳务合作、承包工程、境外投资以及本土企业国际化等方面都取得了显著的业绩。2014年，新核准境外投资项目21个。全市共有具有对外劳务合作经营资格的企业14家，全市对外劳务合作新签合同工资总额1.5亿美元，年末在外人员3万多人，分布在世界70多个国家和地区。全市有6家企业具有对外承包工程经营资格，合同额、营业额在5000万美元以上。1986年2月，连云港经济联合开发公司和连云港国际信托投资公司共同出资在香港设立香港振云有限公司，拉开了连云港市对外投资的序幕。截至2014年底，全市累计核准投资项目90个，连云港市企业在海外投资项目遍布美国、加拿大、德国、荷兰、瑞典、西班牙、澳大利亚、日本、韩国、中国香港、英属维尔京、马来西亚、印尼、菲律宾、老挝、阿联酋、沙特、哈萨克斯坦、巴基斯坦、马达加斯加、几内亚、毛里求斯等四大洲22个国家和地区，对外经济技术合作日趋活跃。

国际服务贸易和国际服务外包。自2006年开始国际服贸统计分析以来，连云港市国际服务贸易保持年均29.9%的较高增长率；2012年，连云港市国际服务贸易总额首次突破10亿美元，达13.8亿美元；2014年，全市实现服务贸易总额6.77亿美元，为苏北第一，全省第六。

连云港市服务外包虽起步较晚，但服务外包载体建设逐渐完善，服务外包企业特色明显。2008年，连云港市开发区被认定为省级国际服务外包示范区；

2012 年，栎洋科技首份离岸服务外包接包合同执行完成，连云港市离岸外包业务实现零的突破；2014 年，全市服务外包接包合同总额达 3973.58 万美元，其中连云港经济技术开发区占全市总额的 97.5%。

海陆空兼备的现代化对外交通体系基本建成。改革开放以来，连云港市在港口、公路、铁路、机场和内河航运等交通基础设施建设方面取得了巨大的成就。随着 30 万吨级航道一期工程建成投用，赣榆港区和徐圩港区先后实现正式开港运营，“一体两翼”组合大港的战略布局初步形成。连云港已经发展成为长三角和渤海湾之间重要的区域性国际枢纽港和集装箱干线港，中西部地区内引外联和对外交流的重要口岸，亚欧大陆间国际集装箱水陆联运的黄金物流通道。

对外交往日趋活跃，城市国际化取得积极进展。经过多年持续努力，连云港市与日本堺市、韩国木浦市、新西兰内皮尔市、澳大利亚大吉朗市、俄罗斯伏尔加斯基市、德国威尔堡市等国家的 6 个城市建立了友好城市关系。连云港至韩国仁川、平泽的客货班轮实现常态化运营，港口国际客运站基本建成。2012 年 11 月，连云港至香港包机航线正式通航，在连云港市与国际大都市之间架起一条便捷的空中走廊。

（二）产业结构的优化与调整

1. 产业结构的演变

新中国成立后特别是改革开放 30 多年的快速发展，连云港市经济实力不断增强，产业结构发生了巨大而深刻的变化，三次产业结构由新中国成立之初的 60：24.7：15.3 演变为 2014 年的 14.1：45.3：40.6。下表为连云港市 2000—2014 年间三次产业构成情况。

表 6–1　　连云港 2000—2014 年三次产业构成情况

年份	三次产业比例
2000	28：37.9 ：34.1
2001	27.4：37.8：34.8
2002	26.1：38.2：35.7
2003	24.3：39：36.6
2004	22.8：41.6：35.6
2005	20.5：44.2：35.3
2006	18.3：45.8：35.9

续表

年份	三次产业比例
2007	16.6：47：36.4
2008	16.4：47.3：36.3
2009	16.4：46.3：37.3
2010	15.3：47.4：37.3
2011	14.5：46.6：39.1
2012	14.5：45.9：39.6
2013	14.5 ：45.2：40.3
2014	14.1：45.3：40.6

资料来源：根据连云港市统计资料整理。

从表 6-1 来看，2000 年以来连云港第一产业比重逐年降低；第二产业比重逐步上升，而且 2011 年以来趋于平稳；而第三产业虽然产值逐年呈明显的上升趋势，但是其所占国民经济的比例在 2004 年出现一个拐点之后重新呈上升趋势。国内生产总值中三次产业结构和劳动力三次产业分布明显改善，连云港市从传统的农业经济时代进入经济基础日益雄厚、产业结构不断优化、科技实力逐步增强的工业经济时代。2014 年，三次产业结构为历年最优。产业结构演变过程是一种阶段发展的有序过程，产业结构的变动受人均国民收入的影响，揭示了产业结构变动的总方向。

连云港正处于工业化加快发展中期阶段，第二产业增长速度超过第三产业。这种变化特点与连云港所处经济发展阶段产业结构变动的趋势基本相符。但和省内其他城市相比，连云港第二产业增长效率相对较高，第三产业增长效率较低，这影响了产业结构的高度化和合理化效应。

2. 产业结构逐步优化

从产业结构发展演变的总体趋势来看，产业结构进一步优化。第二、三产业增加值占地区生产总值比重达到 92%。新兴产业加快培育，传统产业优化升级，以石化、钢铁为主导的基础性、基地型临港产业发展实现重大突破，服务业快速集聚，农业现代化进程逐步加快，产业支撑能力进一步提高，产业竞争力明显增强。

第一产业。近几年来，农业发展势头强劲。一是农业龙头企业发展壮大。初步形成稻米、果蔬、肉食等 7 条农产品加工产业链，以及蔬菜、淀粉和紫菜加工等 3 个出口企业集群。二是企业技术创新得到加强。榆城集团等被列入省星火龙头企业培育计划，大盛板业被列入全省首批高新技术产品目录。三是利益联结机制不断完善。总结推广榆城渔业、顺福蔬菜、门河中药材等不同的经营机制和发展模式，鼓励龙头企业采取订单农业、保护价收购、利润返还等方式，密切企业与基地、农户的利益联结。

第二产业。全市规模以上、工业增加值前十位的行业为医药制造业、农副食品加工业、化学原料及化学制品制造业、电力及热力的生产和供应业、非金属矿物制造业、电力机械及器材制造业、饮料制造业、非金属矿采选业、专用设备制造业、金属制品业。以新医药、新材料、新能源为代表的高新技术产业发展迅速，2014 年度全市高新技术产业实现产值 1904.28 亿元，占规模以上工业总产值的 39.5 %，同比增长 15%。其中，新医药、新材料和新能源制造业同比增长分别为 17.04%、12.70%、24.86%。化学药品制剂、硅材料和风电等行业生产保持良好增长势头，同比增长分别为 20.22%、22.53%、31.06%，高于全市高新技术产业产值增幅。

第三产业。从服务业内部结构来看，交通运输仓储和邮政业、批发和零售业、住宿餐饮业、金融业等传统服务业稳定增长，但比重下降，贡献率减小。信息、计算机服务及软件业、房地产、教育等新兴行业发展较快，在国民经济中的比重不断提高，金融、信息服务等生产性服务业的带动作用开始显现。随着人们收入水平的提高和消费观念的转变，旅游业得到了快速的发展，同时带动了相关产业如餐饮业、运输、商业的发展。但第三产业中传统产业（商业、饮食业、交通运输业等）比重仍然过高，新兴产业（金融保险、技术服务、房地产业等）相对发展不足；旅游业配套程度较低，在整个第三产业中的分量较小。总体来看，第三产业的增长主要依靠传统第三产业，发展还处于初级阶段。

3. 产业结构调整与升级

近几年产业结构调整升级虽取得了较大进展，但仍存在部门结构不合理、重化工业加快发展和节能减排压力大等问题。产业结构不合理，不仅加大资源环境压力，也影响经济整体素质和效益的提高。随着重化工业的扩张，环境污染问题也显现出来。控制高耗能行业过快增长、促进节能减排成为产业结构调整的突破口。

产业结构优化的基本战略选择是，将工业化进程由以工业资本的形成、产业规模的扩张为主要特征的工业化中期阶段，推进到以产业生态文明的建设、产业技术的提升、产业结构的优化为主要特征的工业化高级阶段。要以信息化带动工业化，加快发展高新技术产业，提高高新技术对传统产业的渗透程度；加快发展现代服务业，重点发展科技含量高和劳动生产率高的现代服务业，以服务业带动工业和就业结构合理化；加强基础产业基础设施建设，加快发展现代能源产业，使高新技术和现代管理制度在现代服务企业和制造业企业中广泛运用，产业竞争力得到增强，最终实现产业结构的优化升级。结构升级方面，重点从以下方面着手：

一是加快发展高新技术产业，推动产业结构升级。积极发展对经济社会有突破性重大带动作用的高新技术产业，超前部署战略性新兴产业发展，进一步提升产业层次，实现从制造向创造的转变。把传统的优势工业做强做大。用现代技术改造这些传统产业，延长产业链，形成产业集群网络，淘汰落后工艺技术和设备，尽可能采用先进工艺技术和设备，将技术进步贯穿于产业结构调整当中去，提高科技贡献率，依靠技术进步促进产业结构升级。

二是从生态文明发展需要出发，在产业转型升级中打造主导产业。依托重点项目，强化政策支持，特别是要提高关键设备研发设计，在保持医药产业主导优势的同时，加快港口建设，大力发展港口物流业，充分发掘港口物流业的产业扩散效应。根据资源优势和研发优势，立足于自主创新，筹划高起点的发展项目，大力发展新的战略性产业，使其成为新的经济增长点。

三是加快推进服务业发展，特别是生产性服务业。积极培育物流、金融、文化、旅游等现代服务业，以产业结构的大优化促进环境的根本性好转。制定和完善加快第三产业发展的政策措施，建立公开、平等、规范的行业准入制度，重点扶持大型现代服务业优势企业发展壮大，以促进第三产业更好更快地发展。调整和优化第三产业结构，提高服务业水平和层次。大力发展金融、保险、物流、信息和法律服务等现代服务业，着力扶持文化、旅游、社区服务等需求潜力大的产业，贯彻循环经济理念，运用现代经营方式和信息技术改造提升传统服务业，促进服务业的升级换代。

（三）T 形产业带布局的形成

1. T 形产业带布局

纵向以沿海高速、海滨大道和建设中的沿海铁路为交通主轴，连接赣榆区、市开发区、连云区、徐圩新区、灌云县、灌南县的沿海重点产业园区载体，依托临港、土地、交通等优势资源，重点布局战略性新兴产业和临港基础性重

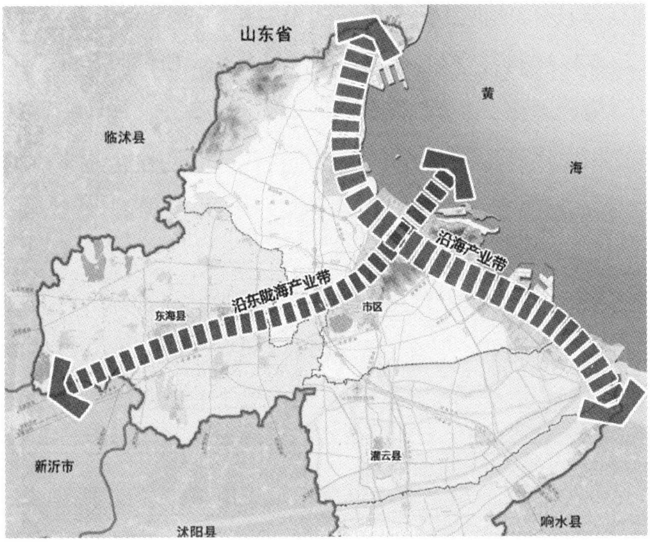

T 形产业带示意图

点产业，着力构建沿海产业带；横向依托东陇海铁路、连霍高速公路，连接东海县、海州区，重点布局都市型产业，着力构建陇海线产业带。

全市围绕“一纵一横”T 形产业框架，重点打造“五大产业片区”。

2. 沿海重点产业片区

国家级经济技术开发区片区。充分发挥国家级开发区综合优势，重点招引国内外 500 强企业，统筹先进制造业与现代服务业融合发展，打造全市新兴高端产业示范区，推进产业与城市互动发展。优先发展新医药、先进材料 2 个战略性新兴产业和大型装备制造、精密机械制造、消费电子 3 个先进制造业。严格限制新上不符合产业定位的项目。

徐圩板桥片区。推进徐圩新区和连云（板桥）开发区一体化规划发展，重点发展临港基础产业和配套加工制造业，招引国内外行业龙头企业和重特大项目，打造国家级石化产业基地、精品钢基地、新型盐化产业基地，推进产业与港口互动发展。南部核心区（徐圩），优先发展石油化工、精品钢、节能环保 3 个产业，围绕上下游产业链协作配套，发展循环经济；北部配套区（板桥），重点发展盐化油化产业、为石化产业基地和核电协作配套的机械装备 2 个产业。

南翼灌云灌南片区。统筹规划灌云、灌南化工产业错位发展，坚持新上高端化工项目和清理淘汰低端化工企业相结合，实现产业上下游链式发展、循环发展、特色发展。灌云临港产业区优先发展为国家级石化产业基地配套的化工新材料、海洋工程装备 2 个产业；灌南临港产业区，优先发展高效低毒农药及

▲ 北翼赣榆港

其中间体、高端环保染料及其中间体 2 个产业，建设国内知名的农药染料产业园；两灌县城开发区，灌云经济开发区优先发展农业机械、电子电器 2 个产业；灌南经济开发区优先发展工程机械、食品 2 个产业。

北翼赣榆片区。充分发挥临港优势，统筹规划沿海园区发展，明确园区产业定位和分工，加快发展先进制造业，突破海洋产业，推进产业和城市互动发展。赣榆港经济开发区重点发展钢铁产业，依托赣榆港，围绕冷轧板带、中厚板等高端产品，做精做强钢铁产业，拓展精品钢产业链。对现有石化产业，提升技术工艺，优化产品结构。海洋经济开发区（海州湾生物科技园），一体化规划、适度扩张，海洋经济开发区加快向高新技术产业转型，重点发展电子信息产业；海州湾生物科技园重点突破海洋产业，加快现有生物化工产业改造提升，限制冶金产业扩张。优先发展海洋生物、电子信息 2 个产业。赣榆经济开发区，突出特色产业发展，加快现有产业梳理整合，优先发展新能源产业，建设新型都市制造业园区。

3. 沿东陇海线片区

发挥城区和未来高铁沿线优势，承接国内外先进制造业转移，加快现有产业优化升级，因地制宜发展都市型工业，带动城市人口集聚，推进产业和城市融合发展。

东海经济开发区，依托硅资源、农副产品资源优势，优先发展硅材料、太阳能光伏、汽车零部件和绿色食品 4 个产业。

海州经济开发区，优先发展专用装备、通用设备、电子信息 3 个产业。东海县加快硅材料产业转型升级，向产业链高端延伸发展，从石英材料向石英制品（器件）方向转型。海州区依据城市总体规划，统筹产业与城市融合发展，突出土地集约高效利用，加快现有低效企业和土地清理整合，推动园区循序渐进、稳步发展。

T 形产业布局有力支撑了“一心三极”城市格局的建设。

二、经济发展提升城市竞争力

（一）民营经济发展奠定竞争基础

连云港市十分重视民营经济发展，每年召开民营经济发展大会，表彰优秀民营企业和优秀民营企业家，将民营经济发展目标纳入全市目标考核体系，加大政策扶持，民营经济进入快速发展的轨道。

1. 民营经济发展实现量的扩张

2014 年全市民营经济实现增加值 1002.6 亿元，比上年同期增长 10.4%，占全市 GDP 的比重达到 51%，对经济增长的贡献率达 51.9%；全市规模以上工业企业中，民营工业企业 1291 家，占全市规模以上工业企业的 84.3%。2014 年全市规模以上民营工业实现总产值 3482.2 亿元、销售收入 3376.8 亿元、利税 410.8 亿元、利润 249.4 亿元，分别比去年同期增长 16.7%、16.4%、28.3%、25.1%。民营经济成为拉动经济增长的重要力量。

2. 民营企业发展有了新的突破

大项目有了突破。2013 年，新海石化位列全国民营企业 500 强第 195 位，比 2012 年上升了 8 位。新海石化位列全国民营企业制造业 500 强第 129 位。2014 年发布的“中国制药工业百强”中，恒瑞、豪森、康缘分别位列中国制药工业百强 20 位、21 位、34 位，其中恒瑞、康缘分别比上年进 2 位、7 位；2013 年度日出东方太阳能、豪森药业、鹰游纺机入围江苏省第二届百强民营科技企业名单；日出东方、黄海机械成功实现上市，天明机械、太平洋石英、德源药业等一批民营科技企业上市步伐加快。

▲ 康缘药业厂区

新产品有了突破。在2013年省科技厅下达的江苏省重点新产品计划项目和第四批高新技术产品中，正大天晴药业集团股份有限公司产品“比阿培南及注射用比阿培南”、日出东方太阳能股份有限公司“高效防过热太阳能采暖集成系统”等15个公司产品获批江苏省重点新产品；获批第四批高新技术产品81个，全年累计获批高新技术产品169个，比上一年增加53个。

新平台有了突破。在2013年省科技厅下达的年度工程技术研究中心建设项目中，连云港润众制药有限公司、连云港水表有限公司等7家企业获批准建设省级工程技术研究中心；江苏天明机械集团有限公司、连云港黄海机械股份有限公司等7家企业工程技术研究中心验收全部合格；连云港鹰游纺机有限责任公司、江苏豪森药业股份有限公司等4个企业工程技术研究中心经省科技厅绩效考评为优良等级，各获运行后补助40万元。江苏正融科技获批为省软件企业技术中心。

3. 民营企业科技创新能力有了质的提升

2013年全市新确认省级民营科技企业95家，全市累计认定民营科技企业1850家。其中鹰游SME472C双辊烫光机、碳纤维成套装备研发与产业化两个项目荣获第七届国际发明展览会金奖。中复神鹰干喷湿纺SYT45（相当于T700）级碳纤维实现规模化生产，填补国内空白；天明机械集团刮板输送机成

▲ 天明机械集团纺机车间

套设备荣获 2012 年度江苏省优秀新产品奖等三项殊荣。恒瑞伊立替康成为国内首个通过 FDA 认证进入美国市场的注射液；豪森药业入选国家技术创新示范企业；康缘药业荣获 2012 年度中华中医药学会科学技术进步一等奖，康缘中药国家重点实验室中试车间投入运行。

2013 年，国家科技部下达了全国重点新产品计划战略性创新产品计划项目，江苏省入围的两个产品——江苏康缘药业股份有限公司产品热毒宁注射液、中复神鹰碳纤维有限责任公司产品 SYT45 高性能碳纤维全部来自于连云港市。另外，江苏中鹏新材料股份有限公司 SOT—23 微型封装用环氧模塑料、连云港天常复合材料有限公司 ETLX870 多轴向新型玻璃纤维织物研发、连云港鹰游纺机有限责任公司碳纤维预浸设备 3 个项目获国家火炬计划产业化示范立项；南京大学连云港高新技术研究院、南京理工大学连云港研究院、中国矿业大学连云港徐圩新区高新技术研究院、南京农业大学（灌云）现代农业装备研究院、中国农科院东海农业综合试验站 5 个产学研重大创新载体承担的 7 个产学研前瞻性研究项目共获得 210 万元支持，受资助项目数位居苏北第一；连云港高新区科技金融服务中心被江苏省科技厅、金融办、银监局等 6 个单位联合确认为省级科技金融服务中心，成为苏北苏中地区首个省级科技金融服务中心，标志着连云港科技与金融融合发展达到一个新的水平。

4. 民营企业发展亮点纷呈

一是部分产品在国内居于领先地位。如中复神鹰干喷湿纺 SYT45 级碳纤维实现规模化生产，填补国内空白。恒瑞伊立替康成为国内首个通过 FDA 认证进入美国市场的注射液。灌南县的工厂化食用菌民营企业已达 50 多家，产品畅销全国 30 多个大中城市，年产达 30 亿元，工厂化食用菌产业集聚规模全国第一。赣榆泥鳅商会年组织出口泥鳅 8000 多吨，创汇 3600 多万美元，出口量占全国首位。

▲ 恒瑞新貌

二是品牌意识增强。近五年来，民营企业创牌意识明显增强，品牌数量增幅较大，尤其是2010年以来保持了年均注册2000件以上的增速。目前全市拥有驰（著、知）名商标12260件，其中民营企业创牌9808件；驰名商标继2009年创建首枚后突飞猛进，目前全市9件中国驰名商标中，民营企业达7件，有汤沟、恒瑞医药、康缘药业、东浦管桩、吴兆娥水晶、太阳雨、泰格油墨，其余两家拥有驰名商标的企业非民营，豪森为外资企业，苏云为中外合资企业。

三是民营对外贸易稳步增长。2014年全市共有民营外贸企业791户，占全市全部外贸企业的78.3%；实现进出口总额44亿美元，同比增长29%，占全市进出口总额的54.8%；其中出口额28亿美元，同比增长28.8%，占全市全部外贸企业的64.2%。形成了自己的出口产品特色，如传统产品中，赣榆县年出口各类石材工艺品65万件（套），年创产值3亿多元；创新产品中，连云港伍江数码科技有限公司新开发的集上网、看电视、打电话于一体的智能3D电视机已远销澳大利亚、新西兰、斯里兰卡及中东等国家和地区。

四是形成鲜明的区域特色。赣榆县围绕石化、钢铁及装备制造业、生物化工、新能源光伏四大支柱产业实现经济较快增长，其中民营企业新海石化和镔鑫特钢均为市“双千双百”工程培育的百亿企业。东海县530余家硅工业企业中，绝大多数为民营企业，其中规模企业140家，产值过亿元企业20家，产品已覆盖电光源、晶体元器件、石英坩埚、晶体硅、太阳能电池等十多个大类，形成石英玻璃制品、高纯硅微粉、高纯电晶体、新型电光源、高纯晶体硅等较为完整的产业链条。灌云、灌南作为全市“一体两翼”发展战略南翼的重要组成部分，凭借团港的区位优势大力发展船舶修造业和精细化工业，已经具备了一定的产业基础。海州区已有 76 家电力辅机厂，均为火力或生物发电提供配套设备，有汽机辅机、锅炉辅机等 4 大系列 200 多种产品。

（二）特色园区建设提供竞争动力

围绕重点产业布局，转变经济发展方式，走园区发展道路，在“五大产业片区”重点建设 27 个特色产业园。

1. 连云港经济技术开发区重点发展 4 个特色产业园

生命健康产业园。规划面积 7500 亩。重点发展抗肿瘤药、肝病药、糖尿病药、心脑血管药、现代中药制剂、新型诊断试剂等新医药产品，积极发展数字医学设备、精密医疗器械等先进医疗设备产品及智能老人健康产品。预计 2015 年，完成工业投入 30 亿元，新上亿元以上项目 5 个，实现产值 320 亿元，新增百亿企业 1 个；2017 年实现产值 460 亿元，2020 年实现产值 790 亿元。

先进材料产业园。规划面积 6000 亩。重点发展碳纤维、高强高模聚乙烯纤维、聚酰亚胺纤维、石墨烯等先进材料及其制品，形成以高性能纤维为龙头、以先进复合材料及制品为主导的国内先进材料研发及应用基地。预计 2015 年，完成工业投入 20 亿元，新上亿元以上项目 3 个，实现产值 40 亿元；2017 年实现产值 58 亿元，2020 年实现产值 105 亿元。

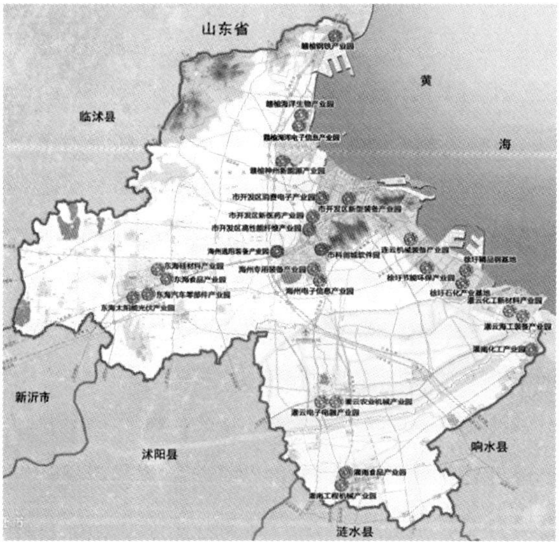

▲ 特色产业园分布图

新型装备产业园。规划面积 6600 亩。重点发展风电、物流、智能制造、数控机床、自动控制等新型装备。预计 2015 年，完成工业投入30亿元，新上亿元以上项目5个，实现产值380亿元，新增50亿元以上企业1个；2017年实现产值540亿元，2020年实现产值935亿元。

消费电子产业园。规划面积1200亩。重点发展智能电视、触屏设备、移动终端、优质生活电器等。预计2015年，完成工业投入10亿元，新上亿元以上项目3个，实现产值22亿元，新增10亿元以上企业1个。2017年实现产值32亿元，2020年实现产值54亿元。

2. 徐圩新区重点发展3个特色产业园

石化产业基地。规划面积12.6万亩。建设以炼油、乙烯、芳烃一体化为基础，以多元化原料加工为补充、以清洁能源、有机原料和合成材料为主体，以化工新材料和精细化工为特色，形成多产品链、多产品集群的大型炼化一体化基地。预计2015年，完成工业投入70亿元，新上亿元以上项目3个，实现产值115亿元，新增百亿企业1个；2017年实现产值400亿元，2020年实现产值1000亿元。

精品钢基地。规划面积3.75万亩。重点发展冷轧板带、热轧板带、中厚板、海洋油化储输运板管、钒钛资源加工、高科技稀土彩钢板。预计2015年，完成工业投入10亿元，新上亿元以上项目3个，实现产值40亿元；2017年实现产值100亿元，2020年实现产值500亿元。

节能环保产业园。规划面积3.3万亩。重点发展新一代环保高端装备、先进工业节能装备、海洋工程装备、港口机械装备。预计2015年完善基础设施，达到企业入驻条件，完成工业投入5亿元，新开工亿元以上项目2个；2017年实现产值20亿元，2020年实现产值100亿元。

3. 连云区重点发展机械装备产业园

规划面积1.2万亩。重点发展化工装备、核电辅助装备、数控机床、智能装备。

4. 海州区重点发展3个特色产业园

专用装备产业园。规划面积1.2万亩。重点发展矿山装备、海洋装备、地质钻探装备、纺织装备、物流装备、能源装备和智能装备。

通用设备产业园。规划面积1.3万亩。重点发展专业机械设备制造、通用零部件制造、机械配套加工。

电子信息产业园。规划面积7500亩。重点发展电子元器件、集成电路封装测试、网络通信设备。

5. 赣榆区重点发展 4 个特色产业园

钢铁产业园。规划面积 3.2 万亩。重点发展冷轧板带、中厚板等高端产品及装备制造，延伸钢铁产业链。

海洋生物产业园。规划面积 3000 亩。重点发展海洋生物、海洋医药、海洋食品、海水综合利用。

电子信息产业园。规划面积 2300 亩。重点发展信息技术融合应用、信息服务、软件开发、信息设备和材料制造、集成电路、电子元器件。

新能源产业园。规划面积 3000 亩。重点发展太阳能电池片、组件、光伏电站、新型动力电池材料、生物质能源、新能源设备。

6. 东海县重点发展 4 个特色产业园

硅工业产业园。规划面积 6000 亩。重点发展高纯石英砂、石英制品（器件）、新一代半导体材料、新型电光源、水晶灯饰。

太阳能光伏产业园。规划面积 6000 亩。重点发展高纯晶体硅、硅片、电池组件、光伏电站。

绿色食品产业园。规划面积 4000 亩。重点发展粮油、肉制品、果蔬加工、休闲食品，打造粮油、肉制品国内知名品牌。

汽车零部件产业园。规划面积 2000 亩。重点发展汽车轮毂、变速箱、仪器仪表、车身构件。

7. 灌云县重点发展 4 个特色产业园

化工新材料产业园。规划面积 1.6 万亩。依托国家级石化产业基地，重点发展高性能树脂、橡胶、高端化学助剂等化工新材料。

海工装备产业园。规划面积 1.5 万亩。依托团港、岸线资源条件，重点发展特种船舶、海洋装卸设备、海上作业平台辅助设备、海上风电装备。

农业机械产业园。规划面积 1800 亩。重点发展旋耕机、播种机、收割机、灭茬机等农业机械及配套产品，打响“中国旋耕机之都”品牌。

电子电器产业园。规划面积 3000 亩。重点发展家用电器、节能灯具、智能家居、电子元器件。

8. 灌南县重点发展 3 个特色产业园

连云港化学工业园化工产业园。规划面积 3.4 万亩。重点发展高效安全农药及其中间体、高端环保染料及其中间体。

工程机械产业园。规划面积 1000 亩。重点发展建筑施工、旋挖钻探、装载起重等工程机械及配套零部件。

食品产业园。规划面积 2000 亩。重点发展名优白酒、果蔬、食用菌精深加工。

9. 市科创城重点发展 1 个特色产业园

软件园。规划面积 530 亩。重点发展云计算、大数据、物联网、电子商务、动漫创意、软件与服务外包。

三、经济发展强化城市功能

（一）强化城市产业功能

连云港“三新”产业和装备制造业的快速发展，构成合理的产业发展链、技术扩散链、市场分工链，促进了区域内经济结构的不断调整和升级，提升了区域产业竞争力。

1. 新材料产业

碳纤维产业。2005 年，连云港市企业利用生产纺织成套设备的优势，自行研发、制备碳纤维原丝和碳化生产设备，建设我国完全国产化的碳纤维生产线。2008 年两条 100 吨碳化生产线投产。2008 年 3 月，首期千吨碳纤维原丝和碳化车间开始安装设备。企业攻破了生产设备和碳化工艺两大技术难关，获得了大量关键技术甚至世界级的独创技术，走出了一条自我设计、自我制造、自我安装、自我调试、投资省、建设快的创新之路，从设备到产品实现了百分之百国产化。建成了 2500 吨碳纤维原丝和 1000 吨碳化生产线，形成了年产 3200 吨原丝、1220 吨碳丝前后配套的生产能力。2012 年又攻克生产干喷湿纺 SYT45 级（相当于 T700）技术，形成 2000 吨生产能力，已建设成国内最大的碳纤维生产基地。配套碳纤维产业以碳纤维项目为载体，向下游延伸，开发风机叶片、高压容器、体育休闲、建筑工程等民用产品，积极打造高性能纤维产业链。建设了神鹰碳纤维自行车公司、中复碳芯电缆公司等，主要生产碳纤维自行车、碳纤维电缆等产品。

硅材料产业。连云港市具有硅资源比较优势，[①] 新材料产业以功能性材料为

① 东海县有 1500 平方公里面积的地域储有丰富的水晶和石英，石英储量约 3 亿吨，水晶储量约 30 万吨，存储量占全国 70% 以上，硅含量高达 99.99%，储量和质量均居全国之首，是国家火炬计划硅材料产业基地，连云港市硅材料产业正是基于东海硅资源优势发展起来的产业。

主，主要有无机非金属材料、有机高分子材料、先进复合材料。无机非金属材料以硅资源深加工为主，有机高分子材料以碳纤维等高性能纤维为主，先进复合材料以玻纤增强复合材料为主。在材料功用方面有信息材料、能源材料、纳米材料、稀土材料、新型建筑材料等。2008 年，获批新材料产业国家高技术产业基地。以连云港经济技术开发区为主体的新材料基地东部核心区，重点发展新能源材料、电子信息材料、高性能纤维、先进复合材料等，拥有中复神鹰、中复连众、神特新材料、奥神新材料等一批创新能力强、具有自主知识产权的龙头企业，在碳纤维、超高分子量聚乙烯纤维、差别化氨纶纤维等新材料产业领域国内领先。2013 年，国家级连云港经济技术开发区高性能纤维及复合材料产业集群获批省优质产品生产示范区。

形成国内最大的环氧模塑料生产基地，环氧模塑料系列产品的市场占有率国内第一。干喷湿纺高性能碳纤维工程化关键技术及设备研发项目通过国家级鉴定，工艺和产品达到国际同类产品先进水平，标志中复神鹰碳纤维公司成为我国唯一、世界第三个攻克干喷湿纺工艺难题的企业。东海县是国内知名的硅材料基地，硅微粉、石英玻璃管、石英玻璃原料产量占全国的 80% 以上，压电石英晶体产量占全国的 60% 以上，硅资源深加工产品覆盖全国，出口德、韩、日、美、巴西、荷兰、东南亚等国家和地区。

建有江苏省高性能纤维产品质量监督检验中心，是国内唯一具备碳纤维、超高分子量聚乙烯纤维、芳纶纤维三大高性能纤维全项目质量检测能力的检验机构。拥有省集成电路封装用环氧模塑料、省新型复合包装材料、省新型药用包装材料、省石英材料、省树脂基复合材料等一批工程（技术）研究中心。以国家硅材料深加工产品质量监督检验中心为载体，积极打造国内第一、国际领先的国内首家专业的硅材料产品检测机构；还建设了太平洋石英制品有限公司石英玻璃材料国家工程中心、南京大学东海新材料工程技术研发中心等。在碳纤维、超高分子量聚乙烯、硅材料等产品的研发和生产方面都取得了突破。国内规模最大的碳纤维复合芯导线生产企业——中复碳芯，成为“中国航天事业合作伙伴”，已占据全国 60% 的碳纤维复合芯导线市场。连云港丽港稀土实业有限公司自主创新的纳米活碳液和纳米活碳粉，顺利获得国家专利。奥神新材料参与制定《聚酰亚胺短纤维》国家标准项目。

2. 新医药产业

1984 年全市医药产业产值仅为 0.6 亿元，占全市工业总产值的 2.3%；2014

年，全市拥有规模以上医药企业90家，工业总产值实现449.4亿元，30年增长749倍，占全市工业总产值的9.32%。目前，全市建成了抗肿瘤药物、抗肝炎药物、麻醉手术用药物、新型中成药、新型药用包装材料、医疗器械等六大生产基地，成为国内最大的抗肿瘤药物、抗肝炎药物研发生产基地和全国重要的现代中药、药用复合包装材料生产基地，拥有恒瑞医药、正大天晴、豪森药业和康缘药业四大支柱企业。2013年，四大药企再入中国医药工业企业50强、中国医药企业创新力20强名单，且名次均有提高。

全市拥有国家级企业技术中心4家、博士后科研工作站4家、高新技术企业10家、省级企业中心4个。恒瑞、豪森等多家企业在美国、上海、北京等地建有研发机构，恒瑞获准建设的国家靶向药物工程技术研究中心是苏北首家企业国家级工程中心，康缘药业获批建设国家重点实验室，豪森药业是国内首家拥有全新化合物的生物制药企业。同时连云港市集聚了一大批新医药产业科技人才，医药产业高层次人才累计达到1565人，其中具有正高职称130人、博士学位98人，拥有国家“千人计划”10人，享受国务院政府特殊津贴8人，成立了全国唯一的“千人计划”新医药产业研究院。众多科研机构的建立和大量人才的集聚使连云港市医药产业拥有强大的科研开发和自主创新能力，已经成为全省乃至全国药品研发实力最强、创新成果最多的地级市之一。

全市医药企业产品数500余种，2013年，产值亿元以上的单品32个，其中有3个单品的产值过10亿元。这些大品种、大块头产品在国内拥有较高的市场占有率高，恒瑞医药的抗肿瘤药物和手术用药市场占有率国内第一；康缘药业的妇女儿童用中成药市场占有率达到30%，热毒宁是首个销售过10亿元的单品，2013年获得中国知识产权最高奖项——中国发明专利金奖，成为中药行业唯一获此殊荣的中药创新品种；豪森药业的抗肿瘤药——泽菲的市场占有率达到70%，正大天晴的抗肝炎药物市场占有率达到17.1%。另外，中金玛泰的医药包装材料在亚洲地区生产规模最大，千樱公司的消毒灭菌设备在国内生产规模最大，德源公司主要生产抗高血糖药物，其“瑞彤”销量占全国同类品种市场的30%以上，国内同类产品市场销量第一。

全市医药企业先后有20多个原料药、多个注射剂通过了国外的质量认证。恒瑞伊立替康注射剂和奥沙利铂注射剂，分别获准在美国和欧盟上市，并逐步取得国际市场认可，其中，伊立替康注射液是首批成功销往美国的注射剂产品，注射用奥沙利铂是国产注射剂首次叩开欧洲市场大门。康缘药业的桂枝茯苓胶囊是科技部作为中药现代化示范项目以药品形式申请美国 FDA 认证，目前Ⅱb 期临床基本结束，是我国中药行业国际化进程最快的企业之一；正大天晴的氯雷他定片剂通过欧盟 GMP 认证，实现了零突破。

部分医药企业加大了生物医药的研发力度，豪森医药有 20 个品种生物医药在研，2014 年，多肽类新药比伐卢定及注册剂获得药品生产许可；恒瑞医药有 4 个品种于 2015 年上市；正大天晴拟投入 3 亿元开展多种生物医药的研发；诺泰制药公司是开发区新投产的一家新型生物制药企业，主要生产多肽类原料药及制剂等产品，其中多肽类原料药的生产能力亚洲领先，部分新产品投入试生产。

3. 新能源产业

连云港市新能源产业以核电、风电、生物质发电和光伏、风电装备制造为主，其中核电、风电装备、光伏设备制造业具有先发优势，发展前景较为广阔。2009 年以来，将新能源产业作为战略性新兴产业重点培育，产业规模不断壮大，产业链不断完善，产业竞争力不断增强，对全市经济发展发挥了重要支撑作用。

2014 年，全市新能源产业规模以上企业 52 家，主营业务收入 452.75 亿元。其中，利用核能、生物质能、污泥、垃圾处理环保发电企业 9 家，主营业务收入 96.13 亿元。太阳能光伏产业 32 家，主营业务收入 206.29 亿元。太阳能光热利用企业 4 家，主营业务收入 22.75 亿元。风电装备制造企业 4 家，主营业务收入 94.59 亿元。生物燃料制造企业 2 家，主营业务收入 31.09 亿元。全市规模以上企业中生产太阳能电池 576671 千瓦，多晶硅产量 119360 千克。田湾核电站拥有 2 台 106 万千瓦压水堆核电机组，发电 167.67 亿千瓦时。江苏华电灌云风力发电有限公司 10 万千瓦风电项目采用 2 兆瓦国内最大的陆上单机发电机组，2013 年完成发电量 2.26 亿千瓦时，营业收入 1.16 亿元。生物质发电、垃圾环保发电实现产值 6.26 亿元。

光伏产业是新能源产业的重要发展方向，全市光伏产业形成了“硅料→硅片→电池→组件”较为完整的光伏产业链，韩华新能源、中彩科技、晶海洋、石光光伏、神舟新能源等一大批重点企业先后在连云港市落户。从国电联合动力生产的风电整机，到中复连众生产的风电叶片，再到重山风力生产的风电塔架，都具有较大规模。具备了年产风电整机 400 台、叶片 10000 片、塔架 1200 套生产能力，培育了世界第三、亚洲第一的风机叶片制造企业，具有较强竞争力。

▲ 中复连众公司生产的兆瓦级风力叶片

引进建设了中科院能源动力研究中心等国家级创新机构，国家新能源产业和中小企业科技成果转化示范园、省级清洁能源创新产业园建设加快推进，连云港经济技术开发区列 2010 中国新能源产业园区百强第 28 位。太阳能热利用产业起步较早，规模最大的日出东方太阳能股份有限公司已于 2012 年 5 月成功上市，拥有“太阳雨”、“四季沐歌”两大行业知名品牌，是目前国内太阳能热水器行业的龙头企业。2013 年，日出东方太阳能股份有限公司等 4 家规模企业实现产值 24.24 亿元。

（二）提升物流集散功能

目前商品交易中利润最高的环节是在流通领域。连云港依托地理优势，采用港口带动型模式，依托港口资源，通过港口物流要素的集约化、规模化和高效化，建立围绕港口的集疏运系统和保税物流园区等物流枢纽中心，促进城市和区域现代化物流的发展。

建设中哈（连云港）物流合作基地。2013 年 9 月 7 日，习近平主席在哈萨克斯坦访问期间，连云港港口集团与哈萨克斯坦国有铁路股份公司（以下简称哈国铁）在连云港港口合作建设了物流分拨基地项目。双方以连云港港拥有的物流网络资源为基础共建物流场站，经营范围包括国际多式联运、拆装箱托运、仓储等国际货物运输业务，投资总额超过 6 亿元。习近平主席与纳扎尔巴耶夫总统共同见证了合作协议的签署仪式。2014 年 5 月 19 日晚，国家主席习近平和哈萨克斯坦总统纳扎尔巴耶夫在上海通过视频连线，共同启动中哈（连云港）物流合作基地项目一期工程。以该项目为基础，进一步深化与哈国铁及哈国在物流领域的合作，共同向本国政府主管部门开展优惠政策的争取工作，努力在货物通关、检验检疫、铁路运输等方面取得国家支持，进一步优化新亚欧大陆桥国际运输业务流程，不断提升过境货物运输效率，充分发挥哈萨克斯坦的出口和过境货物运输优势以及连云港港口区位优势，将连云港打造成为哈萨克斯坦货物出海口。连云港中哈国际物流园区的成功实践，将有力支撑桥头堡的地位，发挥其在未来国际物流贸易中作为上海合作组织成员国进出口基地的功能。

建设上合组织（连云港）国际物流园。在中哈国际物流园区的成功实践和金港湾国际物流园区建设的基础上，建设上合组织（连云港）国际物流园，将其打造成上合组织成员国共建共用出海口，面向亚欧和泛太平洋地区重要的物流集散中心。根据需要，对现有金港湾国际物流园区空间布局和功能进行拓展，由 22 平方公里拓展为 45 平方公里，具备物流集散、货物存储分拨配送、国际物流服务、市场交易、信息管理、服务咨询和增值性服务等功能，突破了原有

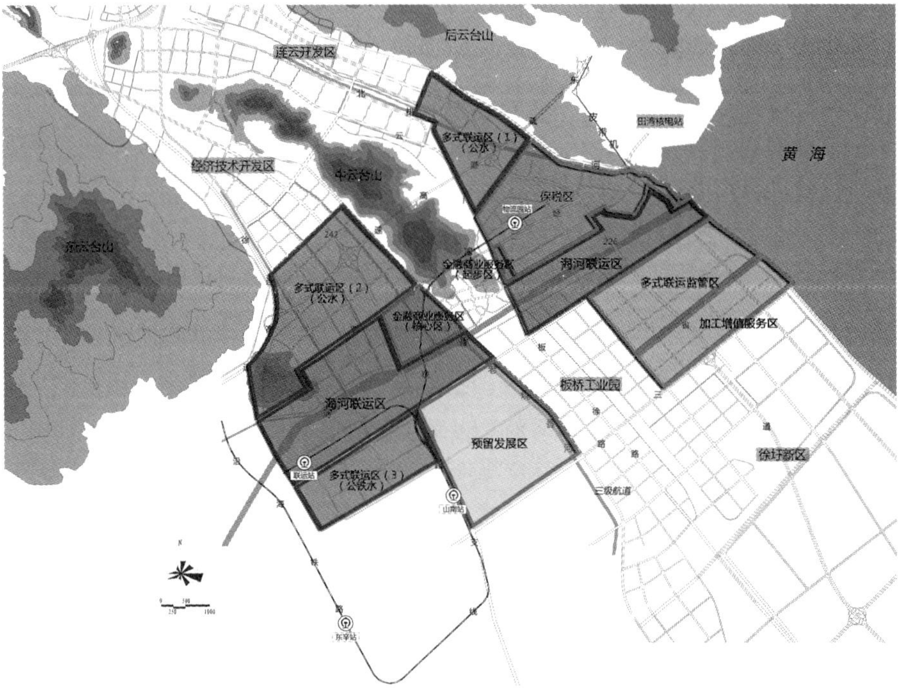

▲上合组织（连云港）国际物流园一轴七区分布图

港口作为单一交通枢纽基础设施的设计理念。根据现代物流的功能要求对港口资源进行重新整合，通过功能多元化、标准国际化、布局合理化、管理现代化和运行高效化的改造，使港口功能适应未来国际集装箱多式联运和国际物流网络节点的要求，以全面提升港口竞争力。

2014 年，全市有物流企业和物流相关行业企业 414 家，完成营业总收入为 718.39 亿元。其中，物流企业 235 家，完成营业收入 237.23 亿元；批发、仓储和包装配送等企业 179 家，完成营业收入 423.93 亿元；辖区内铁路完成营业收入 57.23 亿元。市经济和信息化委推进全市千亿物流产业助推工程，重点推进规划引导、培育机制、园区建设、品牌带动和强化载体五项工作。全市培育省级重点物流基地 1 家、市级重点物流基地 5 家。实现商品、资金、科技、人员的交流和集散，信息的吸收、综合、分析、加工、扩散，从而成为城市群内的资金、商品、技术、人才和信息活动的中心，提升区域经济辐射力。

（三）促进商务功能

通过低廉的交易成本、高效上乘的服务、快捷便利的要素流动速度和高聚集度的要素市场，为区域内各类要素的自由流动和优化配置提供必需的服务；为庞大而纷繁复杂的人流、物流、信息流和资金流的聚合提供功能完备的服务平台。

早在 2000 年，从完善投资环境、全面推进全省开放型经济和现代服务业发展需要出发，省委、省人民政府决定在南京、连云港和昆山建立三个区域性国际商务中心，并列入全省经济和社会发展“十一五”规划纲要。

连云港区域性国际商务中心的定位，是以促进西部大开发、经济国际化、区域共同发展三大战略的实施为目标，以中西部省市和苏北五市为重点服务对象，依托连云港港口、铁路和国际展览中心等基础设施，建立高效完善的服务体系，重点扶持展（博）览业和国际物流配送业的发展，使之尽快形成区域性展（博）览活动中心、国际物流中心和商务活动中心，带动相关产业的发展，为东陇海沿线乃至苏北经济发展提供进入国际市场的商务平台。

连云港建设区域性国际商务中心，是苏北地区进一步扩大对外开放的产物与尝试，它集审批管理与功能服务为一体，是促进苏北地区乃至陇兰沿线中西部地区对外贸易、扩大招商引资和提升商务运作质量的综合性园区。它的功能主要体现在商贸服务体系、口岸服务体系、商务运作体系和生活服务体系等。

连云港的区位决定了它不受大城市辐射，但也不受大城市覆盖。作为新亚欧大陆桥的东桥头堡，要发挥港口优势，把它建设成一个为苏北地区和陇海沿线省区服务的区域性国际商务中心，是符合中国国情的。江苏省外经贸厅将与苏北五市建立工作联系制度，加大行政推动力度，为苏北地区提供招商引资的机会和条件，促进共同发展。

（四）培育创新功能

高新技术产业的发展和科技创新体系的完善推进城市创新中心功能的提升，使城市成为新技术、新产品、新观念、新思想的诞生地或首播地，成为新体制、新机制的发祥地、示范地。

1. 科技创新深入实施

与 20 多家高校院所签署科技合作协议，“校企联盟”发展到 330 个，共建研发机构 120 家，中科院能源动力研究中心、省海洋资源开发研究院形成研发能力，南京大学高新技术研究院、南京工业大学海洋工程研究院等一批创新载体加快建设。连云港市企业院士工作站达 4 家，拥有国家和省级企业博士后工作站 24 家、工程技术中心 26 家，硅产品、高性能纤维和风力叶片 3 个检测中心加快建设。承担国家重大科技专项 19 项，新上火炬、星火等国家计划 234 项，获国家和省部级科技进步奖 20 项。连云港市科技孵化器面积达 12 万平方米，研发投入占地区生产总值比重 1.3%，科技进步贡献率 40%，较“十五”末提高 0.46 个和 6.3 个百分点，跻身全国科技进步先进市行列。建立了高层次人才引进专项资金，实施创业创新领军人才集聚“555”工程，连云港市人才保有量年均增长 11%，有力支撑了区域创新能力提升。

2. 高新技术产业发展

2014 年度全市高新技术产业实现产值 1904.28 亿元，占规模以上工业总产值的比重达到 39.5%，同比增长 15%。其中，新医药、新材料和新能源制造业同比增长分别为 17.04%、12.70%、24.86%。化学药品制剂、硅材料和风电等行业生产保持良好增长势头，同比增长分别为 20.22%、22.53%、31.06%，高于全市高新技术产业产值增幅。江苏恒瑞医药股份有限公司、江苏康缘药业股份有限公司成为国家创新型试点企业。2014 年全市高新技术企业共 140 家，比 2013 年增加 38 家；高新技术企业全年实现总收入 532.31 亿元，工业总产值 585.29 亿元，出口创汇 7.23 亿美元，实现净利润 70.18 亿元，上缴税收 54.81 亿元。

表 6–2　连云港市高新技术企业主要经济指标一览表

指　标	2013 年	2014 年
纳入统计的企业数（家）	102	140
总收入（亿元）	445.27	532.31
其中：产品销售收入（亿元）	424.37	507.64
其中：高新技术产品（亿元）	348.21	397.26
其中：新产品销售收入（亿元）	269.9	333.94
工业总产值（亿元）	481.39	585.29
净利润（亿元）	56.99	70.18
实际上缴税费（亿元）	48.51	54.81
出口总额（亿美元）	4.73	7.23

资料来源：根据连云港市统计资料整理。

2014 年高新技术企业从业人员年平均 55039 人，其中：研究生 2464 人，大学学历 12367 人，工程技术人员 13548 人，科技活动人员 12329 人，高、中级技术人员 3988 人。

表 6–3　高新技术企业经济规模分布状况一览表

经济规模	企业数	总收入	产品销售收入
收入超 10 亿元	14	389.84	378.34
1 亿元 < 收入≤10 亿元	52	116.08	105.14
收入 <1 亿元	74	26.39	24.16

资料来源：根据连云港市统计资料整理。

2014 年高新技术企业内部用于科技活动的非政府经费支出 28.91 亿元，委托外单位开展科技活动的经费支出 2.81 亿元，来自政府部门的科技活动资金 1.42 亿元。高新技术企业技术改造经费为 3.67 亿元；国外技术引进经费为 0.27 亿元；消化吸收经费 0.54 亿元。高新技术企业专利申请数量为 835 项，其中申请发明专利 483 项，当年授权专利 554 项，其中授权发明专利 177 项。企业承担的全部科技项目 1251 项，全部科技项目经费内部支出 29.86 亿元，平均每项科技项目投入 238.69 万元。

第七章 城市发展与文化建设

文化是城市在发展过程中沉淀、积累下来的精神财富，是城市的灵魂。城市发展与文化建设密不可分，相辅相成。连云港的城市发展中，关注历史文化遗产及其保护，推进文化事业与文化产业的发展，以“雷锋车”精神诠释新时期的城市精神，提升城市品质，有力推进国际性海港城市建设。

一、历史文化遗产及其保护

（一）丰厚的历史文化

连云港市历史悠久，文化遗产丰厚，有地上、地下文物古迹 500 余处。2014 年各级文物保护单位和控制保护单位 176 处，其中国家级重点文物保护单位 9 处，省级文物保护单位 28 处，市级文物保护单位 71 处，市级保护控制单位 11 处，县级文物保护单位 57 处。

1. 历史文化的特点

一是古文化遗址多。连云港市内已发现旧石器、新石器时代遗址 20 处，其中海州桃花涧旧石器遗址发掘出的原生层位将古海州地域有人类活动的历史向前推进了 2 万至 3 万年；东海大贤庄遗址为旧石器晚期文化遗址，距今约 1.6 万年至 1 万年；海州二涧遗址为新石器时代早期文化遗址；九龙口遗址是商至战国时代文化遗存，1957 年曾出土一套战国编钟；古城遗址除藤花落遗址外，还有龙苴城、盐仓城、海西城、况其城，以及西汉始为东海县县治的汉代曲阳城遗址、唐代东海县城、金元明清海州城遗址等。

二是汉代文物多。20 世纪 50 年代以来，各级考古工作者在连云港市境内发掘了大量古墓葬，其中汉代墓葬最多，出土了大量精美的汉代文物，重要的有 1993 年在东海县温泉镇尹湾村出土的西汉东海郡行政文书档案以及有关术数佚赋等方面的简牍，堪称国宝；2002 年海州双龙汉墓出土的国内第二具汉代湿型女尸震惊中外；侍其繇墓、霍贺墓、西郭宝墓等也很有价值。

三是石质文物多。市内已发现石质文物古迹 72 处，内容涉及社会、经济、文化、军事、宗教、艺术、科技、地理、环保等诸多方面，上下纵贯 6500 年，数量为省内第一。

四是高等级文物多。全市有省级以上文物 37 处，其中不乏全国之最，如大伊山石棺墓是我国最早的石棺墓；将军崖岩画是我国最古老的新石器时代岩画，也是唯一反映远古农业部落祭祀内容的岩画，被称为东方天书；东连岛东海琅琊郡界域刻石是我国目前发现的唯一的汉代界域刻石，是我国迄今为止发现较为完整，内容明确，有确切纪年的唯一的汉代界域刻石，弥足珍贵；孔望山摩崖造像是东汉摩崖佛教艺术造像，是我国最早的佛教艺术石窟，比敦煌早 200 年。

2. 历史文化的类型

（1）田野石刻

连云港群山逶迤，海天相接，特殊的地理环境滋生了特殊的石质文物资源，目前，已发现地表石刻 30 余处 400 多个点，其中全国重点文物保护单位 2 处，省级文保单位 11 处，市级文保单位 15 处。石质文物跨越了原始社会到民国的历史时空，是连云港地区沧桑历史的见证，从不同角度为研究城市的地理变迁、建置沿革、宗教文化、地方经济、民俗风情等提供了实物资料。田野石质文物数量之多、分布之广、价值之高，使江苏成为与广西、内蒙古、新疆等岩画发现较多的省份齐名。

这些田野石质文物具有丰厚的文化内涵：

原始太阳崇拜，主要以将军崖岩画为代表。将军崖岩画位于海州桃花涧的一座小山包上，因其山顶东崖上曾刻有一员骑马的大将而得名。岩画长 22 米、宽 15 米，分为三组，内容有人面、鸟面、兽面、星象、农作物等图案和符号。岩画中有三个圆形的太阳，太阳四周各有近 20 条光芒线，太阳附近还有一条 6

米多长磨得发白的“银河”，银河中有许许多多人工凿磨的圆窝，好似天上的点点繁星。这些图案和符号是原始先民们对太阳神崇拜的反映，我国著名考古学家苏秉琦先生称之为我国最早的一部“天书”。

宗教文化。连云港石质文物中既有原始宗教内容，也表现了文明时期的宗教信仰。在将军崖岩画中，有一块大石头和两块小石头搭成的平台，这和《周礼》《三国志》等书中关于社神的记载十分相像，推测这里自古以来就是祭祀的圣地。同时，岩画中的人面像、农作物、太阳、星光、古船以及当时人们虔诚的宗教活动场面等，构成了一幅先民们在原始村落中生活的场景。将军崖岩画最显著的特点是人面像与禾苗图案相连，把植物人格化，体现了农耕民族对天地自然的敬畏、崇拜与依赖。文明时期的宗教文化内容，以孔望山摩崖造像为代表。造像内容可分为三方面：一是佛教内容，有佛、菩萨、弟子、力士和供养人等，以释迦牟尼佛本生与本行故事为题，主要是舍身饲虎、涅槃、初转法轮等；二是道教内容，主要表现道教的崇拜形象；三是世俗内容，为汉画中常见的“进谒”、“宴饮”、“杂耍”等场面。孔望山摩崖造像被誉为我国迄今为止发现的最早的东汉末期佛教石刻艺术，是我国宗教文化发展、尤其是佛教文化传播发展史中的重要实物依据。

民俗文化，代表性文物一是位于灌云县大伊山东麓青风岭上的大伊山新石器时代早期石棺墓，反映当时的丧葬习俗。石棺墓计有 61 座，距今 6500 年，采用大伊山上自然石板镶砌而成，基本呈东西向排列，死者葬式大部分为头东面西或头西面东两种，表现了原始人类对太阳崇拜的习俗，这是我国发现最早的石棺墓。二是龙祠摩崖石刻群，位于海州锦屏山之巅马耳峰。龙祠石刻共有 9 处，尚有字迹可辨的 7 处，其中宋刻 6 处、金刻 1 处。据明《隆庆海州志》、清《嘉庆海州直隶州志》记载，龙祠在历史上是一处重要的祭祀祷雨场所。

红色文化。代表性文物是分散在云台山群山之中的抗日战争摩崖题刻，表达了中国人民抗击外倭的铮铮铁骨和民族精神。著名的有：万寿山抗日石刻，位于宿城万寿山麓悬崖壁上，为 1938 年驻守于此的国民革命军游击第八军军长曾锡圭及其部属冯岳等所题刻。该石刻有三处，其一：“保我山河”，跋文后署款“粤东冯岳”；其二:“殷忧启圣，多难兴邦”，下署款“曾锡圭题”；其三:“保卫疆土，复兴中华”，下落款“六月下旬合川李志亲题”。徒然洞抗日题刻，位于原侵华日军构筑的防空洞门楣和洞外两侧石壁上。洞门楣横题直上方有："题徒然洞。徒作藏身想，倭奴计已穷。一朝同鼠窃，凿洞积山中。民国三十五年春武柏年。"飞来石抗日石刻，位于大桅尖峰顶"飞来石"南侧壁上，文曰："国难当头，吾辈军人当以死赴之，得不死，则亦得后天下之乐而乐也，邵思三。"东陬山抗日石刻，位于东陬山东山脚下的抗日防空洞内，为六言诗："民国廿七年八月吉旦。日寇侵我海疆，飞机到处逞强，为免轰炸残亡，依山筑室避将。上校总队长胡文臣题。"锦屏山抗日石刻，是一首七言诗，文曰："云台山上雾苍茫，此是抗日大战场。百日争夺暂归去，可恨倭儿未斩光"，落款"一九三八年八月沈阳周从权题"。鹿场抗日石刻，位于鹿场路旁石崖上，文曰："人心不死，国必不亡"。

（2）碑刻

连云港市古代碑碣中最为著名的为"东海庙碑"，曾收录于《隶释》和赵明诚编著的《金石录》中。此碑虽已不存，但其文字记载见于《金石录》，[①]洪迈《隶释》中全文收录并有跋："予官京日，将士往来朐山者云：海庙一椽不存，不复见此刻矣。"顾蔼吉《隶辨》中说："碑，永寿元年东海相桓君修饰庙宇，部椽何俊等欲镌石，桓君止之"。熹平元年后相满君惜其功绩不著，乃为作颂立碑。碑的后面尚有一行十七字："阙者，秦始皇所立，各之秦东门阙，事在《史记》。"《天下碑录》云："秦始皇碑，东海相任恭修祠，于碑背刻文，在朐山，此阴是也。碑缺任君之名。赵氏、洪氏皆以为惜，乃于此得之。"[②]东海庙碑大约毁于宋金交战时期，从遗存的碑刻拓片来看，文字结构古拙，方圆兼具，体势雄崛，为汉隶中之佼佼者。碑阴的17字，亦隶书却形体扁方，严整中显露出一股妩媚的生气。

在碑刻遗存中，不乏艺术价值较高的书法艺术作品，如宋代米芾书刻的墓志残碑，此碑1976年出土于朐山宋墓，出土时已残，碎成四块，有65个字可识。最大一块宽26.5厘米，高18厘米，墓志的左下角有"涟水军使米芾"款，现存连云港市博物馆。五代王氏墓志，1956年12月出土于海州东门外玉带河

① 碑文为："汉东海相《海庙碑》云：惟永寿元年春正月，有东海相桓君；又云：熹平元年夏四月，东海相山阳满君。其余文字完者尚多，大略记修饰祠宇事。而其铭有云：浩浩沧海，百川之宗。知其为《海庙碑》也"。

② 从这段史料中，我们可以得出两个结论，连云港市最早的碑刻是《东海庙碑》。秦始皇所立之"秦东门"就在东海庙附近。

下五代砖墓中，[①] 该墓志 是一件难得的五代书法艺术作品，现藏南京博物院。

保存完好的碑刻还有海州《海清寺塔壁碑纪》、《重修镇远楼碑记》、《明神宗续颁藏经敕谕碑》、明《院道明文碑》、《圣喻碑》、清康熙《重修云台山香火田地碑记》、《海州乡贡进士题名记碑》、赣榆县《陈鸿寿治水碑》、南城清光绪《环境保护碑》，以及沈云沛夫人墓志 及《创建新浦天后宫纪》、《王得胜纪功碑》、灌云《李味辛纪念碑》。这些碑刻中有的保存了重要的史实，如《海清寺塔壁碑纪》为确定该塔始建于北宋天圣元年提供了重要的佐证；《创建新浦天后宫纪》为研究新浦的兴起提供了重要的史地背景。而《环境保护碑》则是全省乃至全国发现的最早的具有立法意义的关于水源保护的环境碑，十分珍贵，具有重要的历史价值。

（3）古镇

从秦置东海郡算起，连云港建城历史已有两千多年，但由于海岸线变迁、战乱等自然和人为因素影响，大多已不复存在，现存的以南城古镇为代表。南城古镇史称凤凰城，亦称为郁州、东海城等，位于东凤凰山和西凤凰山之间的平坦地带。原城郭十三里，墙高二丈二尺五寸，城门三座（无西门）。历史上因与称作北城的墟沟相对而言，故名南城。唐贞观十三年（639 年），大将魏征巡视东海要塞登凤凰城，执笔题书“宁海门”三字，勒石立于南门之上（此石现存市博物馆）。此后，在宋明两代作过整修，清朝又对古城进行过大修。1958 年南城城郭报毁，只残存南城门，现在残存城门上的“古凤凰城”石匾额是 140 年前清咸丰年间所书。

南城古镇是早期“城”与“市”结合的双璧，现历史文化遗存有：

凤凰街。南门至北门长约 1500 米，街道属官道，宽约 4 米，1799 块大小一致青石铺成的街道，中间一条竖石路脊（龙脊）上，至今还保留有痕迹明显的古车辙。街道两侧的古民居大部为石墙灰瓦，斗栱出檐。古民居结构为前店后坊（仓）式院落，有的门面不大，往里则渐入佳境，有二三道穿堂，三五进庭院，颇具江南庭院民居风格。主屋大门左侧，均建有天香阁，在门楣和两侧用砖雕或石灰膏塑嵌的手法装饰吉祥图案。院院有古井，宅宅有花园。根

① 墓为长条砖筑成的单拱顶墓，随同出土的有大量白瓷器，共 14 件。并有金银器及 24 件形态各异的木俑。其中有石质墓志 一件，长宽各 48 厘米，厚 19 厘米，真书，结构严谨，身架停匀。根据墓志记载，该墓为吴太和五年农历九月二十九日下葬的海州刺史赵思虔夫人太原县王氏之墓，其享年 41 岁。

据调查，从南到北比较有名的杂货店、布店、酒坊、饭店、银匠店等共有25家，民居规模较大的有江家大院、武家大院、侯府和号称九十九间半的两宅互通院。

城隍庙。占地面积约2400平方米，原有庙舍34间，三进。建有山门，前、中、后殿，每殿三间。前、中、后三座殿的左右两侧原有东西连体、对称的配房各十二间。其建筑是南城最具地方特色的宗教建筑，为清康熙庚申年（1680年）在普照寺旧址上所建，清道光十六年（1836年）扩建，清同治年间（1862—1874年）重修。城隍庙建筑为硬山式，整体建筑为石墙蝴蝶瓦屋面，石木结构。主体建筑山门为立贴式屋架；前、中、后殿为正立贴式屋架，山墙为边贴木构架。前院的东西配房南首三间为罕见的人字屋架，其他配房均为立贴式屋架（所有配房均已被拆除，现为新建的仿古边廊）。

古井。古井是古镇一大特色，据记载，全镇原有古井1500多眼，构造各异，有方口井、长口井、圆口井，有高井台、低井台、无井台。有钱人家用花岗岩做井台，环以雕花、铸饰。古井一般设在住宅的后进。最著名的井是匡衡井[①]，在城外有名气的古井有官井、五柳井、二山夹一井等，以官井的水质最佳，甘甜、清爽，终年不干。

在城外东凤凰山上，有建于隋开皇五年（585年）的玉皇宫、奎星阁遗址、清代石坊等。在玉皇宫与奎星阁不足百米范围内，遍布历代名人题刻，有张咏、褚方、阮元诸名家。西凤凰山的东南坡，有一块高约3米、长约10米的不规则花岗片麻岩，从南到北分布石刻三处。南是“夕佳”两字，钱泳题；中是“府瞰东溟”，落款阳湖管干贞；北是民国三年（1914年）南城地方名士举人武露峰、武笏山的三言诗刻。在西北的北端有一处碧霞宫遗址，在南城北门外有一座苏北地区香火最旺的南城城隍庙。

古南城是一座石头城，石街、石井、石墙、块石铺砌的场院，石砌的下水道，古建筑融合了南北过渡的特征，形成南城古镇自己独特的地域建筑风格。墙体上的细石重重叠叠，巴掌大的墙体竟用十几块细小片石精心叠砌，严丝合缝，一块不大的墙面由上万块片石砌成。经过几百年的风风雨雨，片石墙面仍然有平如镜，缝如丝的美感，严丝合缝，工艺精致，异常坚固，具南城地方特

① 传说匡衡曾为避战乱而流落到南城暂居，此井就是为纪念以“凿壁偷光”而闻名的安东侯匡衡而筑。

▲ 南城古墙与古井

色，是我国独特的建筑工艺。附着在墙上的石灰面层，历经百余年，风吹雨淋不脱落，这也是独具地方特色的建筑工艺。这些古民居建筑均为木构架，横檩竖椽，楠木板间山，青砖铺地，既有地方的风格，又具有江南庭院风味，形成了南城古镇特有的地方建筑风格，凸显乡土建筑的特点。

古南城人尊奉道教，庙宇神祇颇多，构成了完整的道教尊神体系，在南城的古建筑中，无不体现出道教文化元素。几乎家家的主屋大门的左侧均建有一个砖制的长方形小龛，雕刻精致，当地人称它为“天香阁”或“天香庙”，阁内供奉“天地亲君师”之神位。南城古镇民俗文化底蕴丰厚，其古建筑院落的堂屋正厅两侧，用白灰膏抹面，剔刻出极具装饰性的露墙吉祥图案，无不充满着民间文化习俗和生活气息。

（4）历史街区

连云港典型的历史街区有连云古镇历史街区、新浦民主路历史街区，为民国建筑的代表。

连云镇是自 20 世纪 30 年代，随着连云港港口建设初始而逐步繁荣兴旺起来的，受西方建筑思潮的影响，连云镇的建筑具有中西合璧的建筑风格，是典型的民国建筑代表作。典型的有上海大旅社、果城里建筑群、海峡巷朱氏别墅、小望海楼（曾为民国陆军司令部）等。特别是由荷兰籍建筑师设计的带有钟楼的连云港火车站，是连云港的标志性建筑。

新浦民主路是一条具有百年历史的老街，位于新浦北半部，原名中山路，清末民初始渐形成，长约 1500 米，宽 12 米，是新浦地区近现代商业的发源地。

连云港民国建筑按照使用功能分，主要有公共建筑、居住建筑和工业建筑三大类八小类：一是政治、军事机关建筑，如陇海公寓、东亚旅社、陈调元小楼、连云港陆军司令部等；二是卫生机构建筑，如益龄医院、三和兴药店、协和医院等；三是工商、金融、服务、休憩场所建筑，如银行大厦、交通银行、

◀ 陇海公寓

稽核所、生庆公茶庄、公大商行、德厚成商店、恒懋杂货店、天福食品店、德康杂货店、复盛祥杂货店、长生泰木器五金店、万康祥食品店、上海大旅社、陇西旅社、乐寿山庄；四是别墅、民居，如谢家洋房、西洋楼、果城里建筑群等；五是市政、交通、水利、电力建筑，如胜利街石板路、连云港火车站、水库大坝、港口、发电厂等；六是宗教建筑，如天主教堂、基督教堂、福音堂等；七是陵墓以及纪念性建筑，如抗日山烈士陵园、刘少奇旧居、子午亭等；八是工业建筑，如锦屏磷矿、海州面粉厂等。

连云港的民国建筑主要有两种风格：中国传统形式和中西合璧形式。

中国传统式建筑，在连云港市的历史街区中多表现为：石木结构或砖木结构，大多是单层，少数为二层，民居多为蝴蝶瓦双坡屋面。民国时期，这一形式的建筑基本上沿袭着旧有的功能布局、技术体系和风格风貌，保持着因地制宜、因材致用的传统风格和乡土特色，如山区表现为全石结构，木质门窗，硬山、蝴蝶瓦屋面，少数为干槎瓦屋面；市区表现为砖石结构，木质门窗，石基础砖墙，硬山、蝴蝶瓦屋面，少数为干槎瓦屋面。而商铺、旅馆等服务设施一般为前店后宅或后坊，多数为四合院布局。20 世纪 30—40 年代受西方建筑艺术的影响，临街立面多数为仿欧式风格，西式拱形木门窗，西式立柱，柱头雕以卷叶堆纹浮雕，女儿墙饰花草图案或“福禄寿”三星浮雕。屋面形式多样或硬山、蝴蝶瓦屋面或机制红平瓦、黑平瓦屋面，有的屋面为现浇钢筋混凝土平顶屋面或四坡屋顶。院内以整条石铺作庭院，临街立面墙体大拉毛墙（俗称鸡

▲ 公大商行是民国时期建筑的精品

爪墙），是当时连云港地区最为流行的建筑外墙装饰特色之一。院内或室内凸显中国传统建筑特色，格扇门窗，木质走廊、楼梯。连云港地区传统形式建筑，以郭家大院最具代表性，为典型的两进四合院中式民居。

中西合璧式建筑目前保存较好的有民主路、市化路、建国路、市民路与新新路山东同乡会（原市民路小学）等民国时期建筑几十处。各种柱式建筑起源于西方古典建筑，民主路上的许多建筑也都表达了这一重要的西方建筑语言，且样式繁多，在屋顶处理上，也显出西方的建筑特点；在这些建筑上又保留中国建筑的传统表现手法，如有的建筑物中的天井、屋檐处的斗拱、厅堂、庭院等设计显得古朴又有浓郁的乡情，以公大商行（现市少儿图书馆北楼）最为典型。该建筑共三层，河北人李品仙于 1932 年所建，经营布庄及日用百货。这座楼房以结构精巧、地板考究而著称，其北立面共三层竟有 30 余根柱子，在二、三层还运用了双立柱。屋顶处理采用平顶，顶层楼面为现浇混凝土，这在当时的设计施工技术水平已经非常先进。平顶上用以雕花栏杆，显示华丽、现代的风采，实为连云港地区民国时期建筑之精品。

（二）历史文化遗产保护

1. 历史文化遗产保护的成就

（1）历史文化遗产的研究、保护

守护文化遗产，延续城市文脉，是文化工作者的神圣职责。1984 年以来，连云港市不断加强文物综合保护力度，先后发掘将军崖岩画、藤花落遗址、海州双龙汉墓等文物，实施了将军崖岩画锚索加固、孔望山摩崖造像危岩加固工程以及防风化保护工程等 60 余项，组织开展第二次、第三次文物普查及近现代古建筑调查，实施民主路历史文化街区、连云老镇改造工程并开街，在全省率

▲ 东海水晶博物馆

先组建文物保护志愿者队伍，文物保护理念进一步深入人心。市博物馆打造推出《连云港历史文化陈列》《彦涵美术作品展》《千古之谜——凌惠平》《西游记文化陈列》《碑林景观陈列》《水晶工艺品展》等基本陈列，“凌惠平”专题节目多次在央视播出。全市现有馆藏文物 18762 件（套），其中等级文物 401 件套，包括被列入中国档案文献遗产名录的东海尹湾简牍、汉代长寿绣品、汉黄玉猪、明代玉佛等。市民俗博物馆重新维修开放，中国东海水晶博物馆、港口博物馆、海洋博物馆、陇海铁路历史博物馆等特色博物馆建成开馆。

（2）编制文物保护单位保护规划

2012 年以来，已完成国保单位海清寺塔保护规划、东海县曲阳城遗址保护规划编制并上报省文物局审批通过上报国家文物局审批。并陆续启动了国保单位大伊山石棺墓、孔望山摩崖造像、将军崖岩画、藤花落遗址、郁林观石刻群、东连岛东海琅琊郡界域刻石、尹湾汉墓等保护规划的立项报告编制工作。目前，基本完成了一至七批的全国重点文物保护单位保护规划的编制立项报告上报工作。2014 年以来，陆续接到国家文物局、省文物局的批复，将军崖岩画、孔望山摩崖造像、藤花落遗址、郁林观石刻群、东连岛东海琅琊郡界域刻石保护规划立项，将军崖岩画裂隙抢险加固方案立项工作已获批准，随后按照要求上报经费计划并准备方案编制的招标工作。国家文物局已安排 253 万元专项经费用于孔望山摩崖造像、将军崖岩画、藤花落保护规划编制和将军崖岩画抢险加固方案编制工作，连云港市已委托专业机构开始保护规划编制和将军崖岩画裂隙抢险加固方案编制工作。

以将军崖岩画和孔望山摩崖造像研究为主题，推动了其他各项研究工作的开展。1996 年完成了汉代墓葬出土缯绣、简牍和毛笔的抢救与保护，100 余件文物列为国家一级品。尹湾汉墓出土简牍的研究列为国家社科“九五”基金资助项目，其研究成果《尹湾汉墓简牍》已由中华书局出版，此书列为国家社科“九五”重点书目。

（3）非物质文化遗产保护研究得到加强

一是非遗普查整理工作顺利完成。2004 年 9 月，连云港市正式启动全市民族民间文化保护工程（2005 年全国统一称为非物质文化遗产保护工程），海州五大宫调成为首批全省民族民间文化保护工程试点项目。2005—2009 年，连云港开展非物质文化遗产普查工作，共计普查项目 5000 余项，收集珍贵实物和资料 8000 余件，记录文字量 1000 余万字，拍摄图片 10000 余张，搜集整理大量的录音录像资料，汇编出版 17 卷、500 余万字的《连云港市非物质文化遗产资源资料》。普查工作抢救认定了一批濒危的非物质文化遗产项目，较为全面地了解和掌握了各县区非物质文化遗产资源的种类、数量、分布状况、生存环境、保护现状及存在问题。

二是非遗保护工作组织构架逐步完善。2006 年，成立连云港市艺术研究所，增挂连云港市非物质文化遗产保护中心牌子。2007 年，成立由市文化局牵头，市发改委、教育局、财政局、建设局、旅游局、宗教局等部门参加的连云港市非物质文化遗产保护工作联席会议，统一协调解决保护工作中的重大问题。2008 年，建立连云港市非物质文化遗产保护工作专家库。2010 年，各县（区）也相继挂牌成立非物质文化遗产保护中心，市、县（区）两级非物质文化保护组织工作体系全面形成。与此同时，一些非遗社团也相继成立，为项目专项保护拓宽了新的渠道，搭建了新的平台。

三是保护项目名录形成完善体系。非遗保护名录项目是连云港历史文化积淀和血脉所系，也是区域内传承的文化结晶和文化元素。海州五大宫调、淮海戏、徐福传说、东海孝妇传说、淮盐制作技艺等 5 个项目已被列入国家级非物质文化遗产项目保护名录；花果山传说、汤沟酒制作技艺、汪恕有滴醋酿制技艺、锻铜、汤沟元宵灯会等 26 个项目列入省级名录；市政府命名市级名录项目 119 个。连云港国家、省、市、县（区）四级非遗项目保护名录体系的形成，较好地实现了非物质文化遗产的分级保护。

四是项目代表性传承人认定全面展开。市文广新局自 2009 年起启动非遗项目代表性传承人认定工作。目前，全市有国家级项目代表性传承人 2 个，省级项目代表性传承人 20 个和市级项目代表性传承人 198 个。全市各级文化部门通过整理记录项目资料，建设传习场所，资助开展传习活动，组织宣传交流，征集保管代表作，建立纸质档案、电子数据库等，积极鼓励支持传承人开展传习活动。

五是非遗展示传承基地建设成效凸显。非物质文化遗产展示馆、传习所等基础设施建设逐步展开。连云港共有市级项目传承基地 76 个，县（区）级传习所、展示中心和传承基地近 100 个，主要涉及海州五大宫调、淮海戏、童子戏、工鼓锣、南辰跑马灯、花果山传说、徐福传说、东海孝妇传说、淮盐制作技艺、汤沟酒酿造技艺、汪恕有滴醋酿造技艺等 20 余个项目。

六是非遗项目宣传研究展示呈现良好态势。宣传方面，2006 年以来，全市各级文化部门大力开展非物质文化遗产宣传展示工作，非遗项目的社会影响力逐步扩大，传承保护活动呈现常态化。市教育部门依据素质教育实际积极推进“非遗进校园、进课堂、进教材”，使港城特色非遗成为对青少年进行传统文化教育和爱国主义教育的重要载体。研究方面，市文化局与连云港师范高等专科学校共同举办全国性的海州五大宫调研讨会，出版 100 余万字的《海州五大宫调》全集，收录 100 余个曲目。市艺术研究所编印 500 余万字的市、县（区）项目普查名录，全面汇集 2007—2009 年期间全市项目普查成果。展示方面，海州五大宫调、黑陶制作技艺、锻铜、水晶雕刻技艺、飞白书法等多个项目，代表连云港参加上海世博会、澳门民间工艺展示、韩国丽水世博会，以及在广东深圳、四川成都、山东枣庄、苏州、南通等地举办的非遗展示活动，很好地展示了连云港地域文化魅力。

七是项目实体性保护得到社会认同。随着非遗保护工作不断深入，非遗保护工作由抢救性保护逐步向整体性保护、生产性保护过渡。汤沟酒酿造技艺、汪恕有滴醋生产技艺等与现代经济活动和居民生活需求联系密切的项目，生产性保护正在有序开展。目前，已建成徐福文化创意博览园、淮盐文化生态博览园、二郎神文化遗迹公园、《镜花缘》文化产业园、连云港老街、民主路民国风情一条街、海州非遗保护街区等大型文化旅游产业园区，加快拓展项目传承保护空间，为生产性保护工作开展奠定了扎实的基础。

▲新浦民主路历史街区

2. 存在的问题

从连云港的实际看，兼有保护和更新历史文化遗产的双重要求。一方面，文物景点和历史街区的特色地段，是人们汇聚之地，商贸、服务等第三产业的集中地区。但是由于历史文化的保护要求，一定会提出对这个地区以及其周围环境建设的限制，这样就会降低土地收益，对经济发展不利。另一方面，急功近利导致古城改造的弊病日益呈现，道路交通不畅、基础设施落后、街面建筑破旧、绿化覆盖奇缺、休闲功能不足、环境质量下降、无序竞争严重等诸多问题日益侵蚀历史街区的传统风貌，使众多的历史遗存和特色文化处于可能湮没流失的窘境：

一是自然消失。古城随着时光的流逝和社会的发展，基础设施日益匮乏，建筑设备简陋而又破旧，危房陋屋到处可见，已不能满足现代人的生活要求，并且严重影响着古城风貌的维护和一些文物古迹的保护。如南城历经千年风雨，古建筑已旧迹斑驳，不少门窗已朽烂，临街的廊檐已残缺不全，还有为数不少的古民居只剩下墙框，且近年来违建情况较为严重。任何发展都无法回避保护与发展的矛盾。随着社会的不断进步，经济的迅速发展，工业化、城市化步伐的加快，现代传媒、信息的快捷传播和渗透，经济发展优先的思想、高效率的生产生活方式的普遍性，他们接受了新的思想、文化，废弃了旧有的生产生活方式。在这种扬弃和转换中，滋生传统文化的土壤日益萎缩，特色的、原生的物质文明和精神文化逐渐退出历史舞台，就自然衰落、损毁、消失了。目前，海州、南城、板浦已难保留成片的传统民居，现存有较高历史文化价值的传统民居需要受到特别的保护。但是如何既能长期地保护它传统的风貌，又能继续为居民使用，这是一个难题。因为这些民居大多为砖木结构房屋，至今多已木朽墙危，多数居民因长期居住条件简陋，渴求改善。而且传统生活环境不符合青年人的要求，居民们在向往现代化的设施和环境的同时，却与传统的文明与文化渐离渐远。

二是人为流失。在全球化浪潮的冲击下，有意识的收集和保护工作没有展开，导致这些历史文化遗产迅速流失，它所蕴含的重要文化和历史信息也随之消亡。正是由于经济、政策、教育、宣传不到位的原因，伴随着房地产的发展，连云港的历史文化遗产破坏现象十分严重。由于认识上的偏差，20世纪八九十年代，海州旧城改造中将古城拆了在原址上规划重建，是连云港人不能忘掉的一幕。近几年来，连云港的新城区发展很快，但老城区还是商业繁荣、人口集中的地方，伴随着经济的快速发展，旧城区成为房地产商热衷之地。要把原来旧城区的居住和其他功能，转换成商贸、办公、娱乐功能，从而使低地价转化为高地价，提高经济收益。这样做虽然改善了旧城的环境，但改建后旧城区的建筑容量大大增加了，人口增多，交通更加繁忙，基础设施不堪重负，结果又得重新调整改建旧城区。久而久之，历史古城文化遗产痕迹就逐渐消失。连云镇历史街区也存在诸多问题，一是房屋产权比较混乱，有的属于部队，有的属于政府，有的属于铁路系统，有的属于企事业单位，还有的属于私人。二是房屋安全存在隐患。如陈调元小楼、墟沟天主教堂分属连云港警备区、铁道部连云港第一疗养院，在2003年进行了修缮。连云港火车站也在1970年和1983年曾两次维修。但隶属于市房产部门的果城里、海峡巷民居，隶属于市机关事务管理局的连云市政厅等均已凋敝不堪，已成危房。三是部分建筑周边环境较为混乱，影响建筑整体环境。

三是坐看消失。连云港经济还不是很发达，可用于古城保护与改造的经费十分有限，在保护、弘扬和发展历史文化遗产方面往往力不从心。老城区一般都缺少现代化的基础设施，要改善居住环境，解决居民的居住问题，需要资金和技术的巨大投入，资金、技术的匮乏，使得对即将消失的传统文化无法抢救。相对于商业开发而言，古城区保护性建设的直接经济效益不明显，政府和规划管理部门缺乏有效措施来协调古城区保护和开发的利益冲突。同时，连云港对古城与文化的保护、管理没有专门的规章制度，保护、弘扬和发展的工作无规可循放任了文化流失现象。

二、文化事业与文化产业的发展

（一）文化事业

1. 文化事业发展历程

（1）复苏繁荣时期

1984 年至 1996 年为连云港文化事业复苏繁荣时期。1984 年，连云港市举办首届专业剧团创作剧（节）目调演，淮海戏、话剧、京剧一度演出不断，不久受电视等多元化娱乐方式的冲击逐渐衰落，1990 年后市京剧团暂停演出。1992 年邓小平视察南方发表重要讲话和党的十四大召开，为文化事业发展注入了活力，催生连云港市文化事业加快复苏繁荣。全市群众性文化展演活动常年开展，传统文化庙会与节日节庆文化相得益彰，戏剧小品成为群众文艺演出的重要形式，徐福节、东海水晶节、连云港之夏等节庆活动相继举办并延续至今，逐渐形成地方文化品牌。

美术创作也是从这个时期进入繁荣期，仅 1984 年至 1988 年，连云港市在省级以上报刊发表或参展的国画作品比新中国成立后 34 年总和还多。1992 年 10 月，连云港市书画院正式建院并举办建院书画展。东海县版画创作多次在全国及国际赛事中获奖，在全省乃至全国产生影响。摄影艺术也得到迅猛发展，全市各县区、各行业纷纷成立摄影工作者协会。1984 年后，随着各种文化形式的涌入，社会文化市场呈现勃勃生机，传统的民间演唱恢复发展，营业性舞厅、歌厅、桌球、录像厅、电子游戏厅等逐步遍布城乡。艺术研究和修志工作开创新局面，承接完成被列为国家艺术学科重点研究项目的《中国戏曲志》等五个项目连云港分卷编纂工作，出版《海州宫调牌子曲集成》《连云港市文化志》等五部专著，抢救研究湮灭近半个世纪的海州童子戏并拍摄电视资料片。

◀ 童子戏

（2）大力推进时期

1996 年至 2006 年为连云港文化事业大力推进时期。1996 年 12 月，江苏率先在全国提出文化大省建设，连云港市也启动了文化大市建设工程。制定并实施了《关于加快文化事业建设若干经济政策的意见》等文件，贯彻实施文化部推出的开展创建“文化先进县工程”、“全国边疆文化走廊建设工程”、少儿文化“蒲公英”计划等；兴起文化设施建设高潮，市文化艺术中心、市博物馆新馆开工建设；推出了舞蹈诗《云港云》、话剧《车站浪漫曲》等一批优秀作品，戏剧小品创作走在全省前列；广场文化活动逐渐占据群众文化主导位置，网吧、量贩式歌舞厅等新兴文化娱乐场所快速发展。从 1997 年开始举办的花果山登山节改为西游记文化旅游节，不断加强对西游记文化的宣传推介。女子民乐团崭露头角，多次走出国门，成为连云港市对外文化交流的主力军。2002 年市话剧团和市群众艺术馆进行整合。2003 年，连云港市在全省率先成立独立建制的少儿图书馆，少儿流动书库工程在全省产生广泛影响。2004 年，全市非物质文化遗产保护工程正式启动。

（3）全面发展时期

2006 年至今为连云港文化事业全面发展时期。从党的十七大提出兴起文化建设新高潮的战略任务到党的十七届六中全会作出《中共中央关于深化文化体制改革推动社会主义文化大发展大繁荣若干重大问题的决定》以来，全市文化建设进入全面发展的新阶段。文化、广电、新闻出版（版权）管理体制实现一体化，文化事业与文化产业并驾齐驱，文物保护与非物质文化遗产保护同步加强，艺术生产与群众文化共同繁荣，文化体制改革步伐加快，文化综合执法管理逐渐深入。市文化艺术中心、市博物馆新馆、市革命纪念馆等一批标志性文化设施建成使用，县级文化设施面貌显著改观，乡镇文化站、农家书屋、社区文化中心建设先后实现全覆盖，城乡四级公共文化服务网络基本形成，群众文化生活日益丰富。推出大型魔幻剧《梦境西游》、歌曲《和谐中国》等文艺精品，女子民乐团成为全省文化名片，市演艺集团挂牌运营。2010 年 2 月，全市文化建设工作会议召开，提出到 2020 年把连云港建设成为中国沿海中部古今文化交相辉映、特色文化精彩纷呈的文化强市的奋斗目标。2012 年 2 月，市委下发了《连云港市文化建设工程行动计划》，2014 年出台了《连云港市深化文化体制改革实施意见》，进一步明确了到 2020 年文化改革发展的重点目标任务。

2. 文化事业发展成就

公共文化服务体系走向完善，文化服务能力逐步增强。改革开放以来，特别是近几年来，连云港市一直着力推进文化民生工程建设，不断完善城乡公共文化服务体系，全面提升公共文化服务水平，广泛开展群众性文化活动，群众文化生活日益丰富。经过多年的建设发展，全市初步形成了覆盖城乡、功能较全的四级文化服务网络，基本实现了“市有三馆一院、县区有两馆、乡镇（街道）有一站、村有一室、社区有一中心”的目标。先后建成开放式文化艺术中心、市博物馆新馆、市革命纪念馆、连云新城海鸥大型文化广场，首个文化综合体新世界文化城开工建设，广播影视文化产业城、连云区科教文化创业中心即将投入使用。四县“三馆”同步建成，功能不断完善，文化站、农家书屋、社区文化中心、广播电视村村通及县级数字影院建设先后实现全覆盖。社区文化中心标准化建设成为国家第一批公共文化服务体系示范项目。东海县成功创建省级公共文化示范区，13 个乡镇（街道）获批省级公共文化服务体系示范乡镇（街道）。全市 7 家公共图书馆中有 6 家被评定为国家一级图书馆，四县文化馆均被评定为国家一级文化馆。至 2013 年底，全市文化广电设施覆盖率超过 90%，万人拥有文化设施面积达 883 平方米。2014 年，连云港市入选江苏省公共文化服务体系标准化建设试点城市。

群众文化形成了“文化大舞台，大家一起来”的良好局面。通过市级带动、上下联动、城乡互动，广泛开展形式多样的群众性文化活动，定期举办社区艺

▲ 连云港市革命纪念馆

术节、企业文化节、全民读书节、农民艺术节、戏剧节、“三新”文艺调演、音乐舞蹈节。2008 年以来，率先推进“三馆”免费开放，年均举办展览、论坛、培训等活动 200 余场，培育形成十大公共文化服务品牌，市文化馆的“市民文化课堂”、图书馆的“苍梧讲坛”、美术馆的“美术大讲堂”、少儿图书馆的“七彩夏日”、淮海剧团的“周末剧场”等系列活动，影响越来越大。大力实施“三送工程”，年均完成送戏下乡千余场、送书进农家书屋十万余册、送电影进村 17000 余场次。2000 年起年均组织举办“和谐文化进万家”广场文化活动 300 余场，两次获“全国特色广场文化活动”称号。东海的版画创作展览、赣榆的方言微电影、灌南的魔术杂技、灌云和海州的民俗文化演出、新浦社区文化讲堂、连云的海滨文化艺术节等特色活动广受好评。

推出了一批优秀文艺作品，艺术创新能力持续提升。创作生产优秀作品，是文化繁荣发展的重要标志。1984 年以来，连云港市组织举办了六届专业剧团新剧（节）目调演、三届音乐舞蹈节、十余届戏剧小品比赛等艺术赛事，推出了话剧《车站浪漫曲》，舞蹈诗《云港云》，淮海戏《左邻右舍》，魔幻剧《梦境西游》，大型音乐舞蹈诗画《大潮连云》、《风从海上来》，歌曲《和谐中国》等一批优秀作品，在省戏剧节、音乐舞蹈节等一系列重大文艺赛事上屡获大奖。出版《连云港优秀剧作选》及三部个人剧作选。美术创作不断摘金夺银，工笔画、东海版画多次获省级以上美术展赛金奖。2007 年始，每年开展新农村文艺作品征集活动，并将优秀作品辑录成册，免费发放给基层文艺团体及农民剧团使用。2002 年市歌舞剧院成立女子民乐团，经过 10 多年的发展，乐团实现 4 次人才升级，从当初歌舞剧院的内设 10 余人小团发展为 40 多人独立建制的职业女子民族乐团，先后出境开展文化交流 10 余次，两次走进国家大剧院，在省音舞节、中国民族器乐组合大赛上获得奖项 30 余个，并赴江浙沪、丝绸之路经济带巡演，被评为“全国五一巾帼标兵岗”。

（二）文化产业的发展

1. 文化产业体系初步形成

发展文化产业，是满足人民多样化精神文化需求的重要途径。多年来，连云港市主要通过项目审批和规范市场管理促进社会文化产业的发展。近年来特别是 2010 年文化、广电、新闻出版三局合并后，市文广新局成立产业处，将发展文化产业摆上重要位置，与繁荣文化事业一起部署安排，突出宏观管理和服务扶持，促进全市文化产业加快发展。出台《关于加快文化产业振兴的若干政策》，设立1000万元文化产业引导资金，下发《市级文化产业园区命名管理办法》，与浙江清华研究院联合编制《连云港市文化产业发展规划》，连续举办六届文化（产业）产品博览会，在省内率先成立文化产业协会，主动对接服务重点文化产业项目，组织特色文化产品频繁参加国家、省级展会，促进文化产品走出去。

新闻出版行业，围绕连云港市发展重心东移战略部署，开设30余个重点专栏。制作大型系列电视专题片《连云港·仁川——对话与启示》。《行风热线》《阳光热线》栏目全年为群众解决和答复疑难问题7732个，成为港城舆论监督的重要品牌；《东方女孩》栏目被授予全国青少年维权岗荣誉称号。与70余家城市台联办广播双向热线直播节目，举办和承办大型晚会和比赛活动，完成广播现场流动直播和电视直播转播任务，新开通连云港传媒网，城乡有线电视入户。

文化市场及其管理方面，连云港市营业性的群众文化活动历史悠久。从清代民间艺人的说唱，到民国年间众多戏曲班社的演出，一直盛传不衰。这些营业性演唱多为自发性质，无专门机构管理。新中国成立后，市人民政府文教科负责文化市场的管理工作，对各类民间艺人、民间职业剧团进行整顿和登记，并对其演唱内容进行审查和甄别，民间流传的戏曲曲艺得以迅速发展。改革开放使社会文化市场获得勃勃的生机，不仅传统的民间演唱艺术恢复发展、遍布城乡，外来的文化活动也以商品形式迅速发展，并逐步占领社会文化市场的主导地位。

新兴的文化旅游行业及文化品牌方面，打造文化品牌，节会招商亮点纷呈，“连云港之夏”、苏台经贸洽谈会、第九届江苏海外之友、第三届苏北地区投资洽谈会等活动取得较好效果。东海县的水晶节、赣榆县的徐福节、海州区的“连云港之春”等一系列经贸招商活动，促进连云港市招商引资在不同层面广泛推进。各县区在参与市综合招商活动的同时，开展小团组、专业化招商活动，累计达百余批次。

通过招商引资、企事业单位改制、扶植民营企业等多种途径，连云港市逐步建立了包括新闻出版发行服务、广播电视电影服务、文化艺术服务、文化创意和设计服务、文化休闲娱乐服务、工艺美术品生产、文化产品生产的辅助生产、文化用品生产等行业的文化产业门类，产生一批投资数亿、数十亿的文化

▲ 文化艺术中心大剧院

项目。以东海水晶产业为代表的珠宝首饰品制造，工艺美术品制造，珠宝、首饰、工艺品及收藏品零售、批发，知识产权服务、版权服务等产业，已实现产业集聚。“酷歌·杰瑞”国际创意孵化园暨连云港广告产业园开园运营，716 文化创意街区开街，东海县至善坊水晶文化发展有限公司入选省级文化产业示范基地，东海水晶文化创意产业园入选江苏省文化科技产业园，伍江数码、新元素、酷歌动漫等企业获评省重点文化科技企业，全市文化产业呈现加快发展、质态优化的态势。文化产业增加值年均增长 30% 以上，居民文化娱乐消费年均增长 17%。到 2013 年底，全市有互联网经营场所 525 家，歌舞娱乐场所 104 家，电子游戏场所 92 家，发行企业 285 家，印刷复制企业 243 家。

2. 对外文化交流蓬勃发展

1984 年之后，连云港市对外文化交流特别是与日、韩的书画交流日趋活跃，市京剧团及以美术、摄影为代表的造型艺术频繁走出国门。特别是 2002 年市歌舞剧院成立女子民乐团后，对外文化交流更加频繁，范围扩大到亚、欧、美、非等数十个国家，女子民乐团成为江苏省对外文化交流名片。2003 年春节期间，先后赴西班牙、德国、荷兰、法国，进行为期 18 天访问演出；2004 年 5 月，以江苏省女子民族乐团名义，随江苏省人民政府代表团赴法参加中法文化年江苏文化月交流活动；2005 年 2 月，作为唯一受邀外国艺术团体参加韩国木浦十届花节、木浦市海洋文化节交流演出；2006 年 1 月，赴台湾进行为期两周的文化交流演出；2007 年 7 月，参加香港回归十周年庆典演出活动；2011 年 4 月，随省侨联赴阿联酋演出；2012 年 10 月，受文化部委派出访土耳其、科威特进行文化交流演出，参加了“2012 年土耳其中国文化年——‘感知江苏’文化节”、第一届亚洲国家合作对话首脑峰会“中国文化日”等重要国际活动。2013年8月受中国侨联的委派，赴美国开展文化交流慰问演出。

在力促文化走出去的同时，还不断加大国外优秀文化引进力度，日本、韩国频繁来连云港市开展书画交流，美国、俄罗斯、德国、奥地利、荷兰、哈萨克斯坦、古巴、乌克兰、瑞士、澳大利亚等国家的文艺院团和艺术家多次应邀来连演出，在一定程度上满足了市民多样化的文化需求。

三、连云港的城市精神

城市精神是一座城市的灵魂，代表着一座城市的整体形象，彰显着一座城市的特色风貌，引领着一座城市的未来发展。

（一）一面飘扬了半个世纪的学雷锋旗帜

1.“雷锋车”组半个世纪如一日传承弘扬雷锋精神

自1963年毛泽东发出“向雷锋同志学习”的号召后，连云港市新浦汽车总站迅速掀起了学雷锋的热潮。当时的连云港火车站与汽车总站间没有公交车，下了火车又匆匆赶汽车的人很不方便。几名车站职工找来三条扁担、几根绳索，在火车站为旅客免费挑行李。后来又添置了一辆平板车，义务为旅客服务，被人们亲切地称为“雷锋车”。“雷锋车”组由清一色的女职工组成，先后有5代车手，500多位姑娘爱心接力，倾情奉献，从三条扁担发展到平板车、三轮车、电瓶车、观光旅游车，行程17万多公里，免费运送老弱病残旅客26万人次，义务运送行包22万余件，为旅客送去了春天般的温暖，用实际行动生动诠释了雷锋精神，成为高扬半个世纪的学雷锋旗帜。“雷锋车”被授予“中国第一雷锋车”称号。“雷锋车”组被授予全国巾帼文明岗、全国青年文明号。所在的连云港市汽车总站获得全国文明单位、全国先进基层党组织、全国学雷锋先进集体、全国文明示范窗口等荣誉称号，涌现出先进人物500多人次，其中有3位全国人大代表、56位全国服务标兵和省、市劳动模范。

2.“雷锋车”精神走向全国

2012年，“雷锋车”组被中宣部树为全国重大典型，成为连云港市推出的第一个全国重大典型，在全国上下引发广泛关注。刘云山同志作出专门批示，省委书记罗志军两次专程看望“雷锋车”组，称赞“雷锋车”精神是“三创三先”

▲ 80 年代初的“雷锋车”

新时期江苏精神在基层的集中体现，不仅是连云港市的骄傲，也是江苏省的骄傲。交通运输部和江苏省委分别下发专门学习决定，16 家中央主流媒体纷纷聚焦“雷锋车”组，《人民日报》、新华社、《光明日报》等刊发长篇通讯；中央电视台《新闻联播》、《焦点访谈》、中央人民广播电台《中国之声》专题报道；人民网等网络媒体开设专题。“雷锋车”组先进事迹报告团走进北京人民大会堂进行专场报告，并赴南京、武汉、合肥等地巡回报告。以“雷锋车”组推荐为全国重大典型为契机，全市通过各种形式掀起了新一轮“与‘雷锋车’同行”学习实践热潮，让“雷锋车”精神融入时代生活，走进干群心灵，引领发展实践。

3.“雷锋车”精神阐释新时期的城市精神

一是助人为乐、服务人民的奉献精神。“雷锋车”组始终坚持以雷锋为榜样，把旅客当亲人，把帮助别人当成最大快乐，把奉献社会作为自觉追求，践行了“宁愿自己千般苦，不让旅客一时难”的诺言。她们寒来暑往、风雨无阻，扶老携幼、排忧解难，使南来北往的旅客切身感受到“在家千日好，出门也不难”。

二是爱岗敬业、奋发向上的精神风貌。“雷锋车”组在走出车站、义务服务的同时，始终坚持立足岗位学雷锋，学技能、学礼仪、学法律、学英语、学哑语，苦练服务本领，提高服务水平，让旅客进站有亲切感、购票有信任感、候车有舒适感、乘车有安全感、离站有留恋感，打造了“雷锋车”组优质服务品牌。

三是团结协作、争创一流的优良作风。“雷锋车”组始终把雷锋精神融入建组育人之中，大力倡导工作上比学赶帮、生活上相互关爱，全组人员亲如一家、团结和谐，形成了独具魅力的“雷锋车”文化，培育出一支齐心创业创新、崇尚集体荣誉的优秀团队。

四是抱定信念、持之以恒的坚韧意志。“雷锋车”精神是对雷锋精神的忠实传承和创新发展，与社会主义核心价值观要求内在契合，是新时期连云港城市精神的生动缩影。“雷锋车”作为引领思想道德风尚的一面旗帜，生动呈现出新时期港城“大爱连云”的独特内涵，成为港城鲜明的精神符号和靓丽的文化品牌。

（二）时代群像竞相涌现

在“雷锋车”组全国重大典型的示范引领下，全市涌现一批全国和省市有影响的重大典型，形成一个地域特色、时代特征鲜明的典型品牌，塑创凡人善举、崇德向善的时代群像，成为“大爱连云”城市精神的生动缩影。

1. 国家、省市重大典型

一是开山岛夫妻哨。① 2014 年 9 月，中宣部授予开山岛夫妻哨全国时代楷模荣誉称号，《人民日报》、新华社、中央电视台等 18 家中央和省级主流媒体聚集连云港，宣传报道开山岛夫妻哨胸怀祖国、情系国防的爱国精神，公而忘私、顾全大局的奉献精神，立足岗位、忠于职守的敬业精神，真实朴实、一诺千金的诚信精神。习近平总书记作出重要批示：讲好故事，事半功倍。二是好法官姜霜菊②。2014 年 5 月，姜霜菊被中宣部授予全国最美基层干部荣誉称号，央视《新闻联播》、《人民日报》、新华社等 20 多家中央和省主要媒体聚集报道；人民网、新浪等 80 多家重点新闻和商业网站专题报道。三是农民致富带头人钟佰均。③ 他先后被评为全国劳动模范、江苏省首届 20 位优秀党支部书记。2014 年，

① 王继才、王仕花夫妇，抱定“守岛就是守国，国安才能家宁”的信念，不畏艰辛、无私奉献、矢志不渝，29 年如一日坚守黄海前哨灌云县开山岛，把人生最美好的年华无怨无悔献给了祖国的海防事业，被人们亲切地称为“开山岛夫妻哨”。

② 姜霜菊是赣榆区人民法院民一庭副庭长，坚持 30 年奋斗在基层审判一线，断家长里短，解群众纠纷，用实际行动兑现着“把公正举过头顶，把群众装在心里”的诺言，先后获评全国人民满意的公务员、全国十佳最美基层法官。

③ 钟佰均，赣榆县柘汪镇副镇长兼西棘荡村党委书记，他团结和带领西棘荡村干群与时俱进，开拓创新，大力发展工业经济，年实现工业税收 1000 余万元，连续 8 年纳税超百万元，把一度陷入困境、落后闭塞的村庄发展成远近闻名的工业经济强村、省文明村和民主管理示范村。

被省委宣传部确定为首批最美人物之优秀共产党员。2014 年 7 月，江苏卫视发布江苏首位最美人物，8 家省主要媒体进行聚焦报道。四是中国碳纤维追梦人张国良。[①] 2013 年，被选树为全省重大典型。五是步班邮路“活雷锋”葛军。[②] 他 2013 年被作为全省重大典型推出后，成为全省广大干群学习的榜样。

此外，全市还涌现出全国示范街带头人祁德、维权卫士张家茂、小巷总理夏倩等干部楷模，港城“叶欣仁”陈军、自强模范谢芳丽等平民英雄，以及海州女子清淘班、灌云“地税妈妈”等默默奉献的时代群像。这些全国和省市重大典型的成功宣传，有效发挥了对外展示城市形象和城市精神的窗口作用，让全省乃至全国人民更加深入地认识和了解了连云港，极大地提升了连云港的知名度和美誉度。

2.“叶欣仁”[③] 公民道德建设品牌

一是用凡人善举点燃向善火炬。自 2010 年《连云港日报》等市级媒体刊登题为《叶欣仁，我想用自己的方式感谢你》的顾姓孤儿求助信以来，市有关部门因势而谋，顺势而为，及时把这个不知名的“叶欣仁”确定为先进典型进行宣传，引发全市爱心、热心、善心大比拼。二是创新打造“叶欣仁”品牌。媒体开设专题、专栏、专版，连续追踪报道“叶欣仁”，推出系列评论、嘉宾访谈，形成舆论强势。三是构建长效实践平台。成立“叶欣仁”基金会，组织“叶欣仁”精神研讨活动，发挥新兴媒体宣传优势，提炼“叶欣仁”精神实质，不断赋予时代内涵。

3. 平民英雄竞相涌现的长效机制

一是完善凡人善举评选机制。紧扣“三个倡导”核心价值观要求，在市、县、乡、村广泛设立港城叶欣仁榜、敬业标兵榜、诚信市民榜、雷锋式好少年榜、孝老爱亲家庭榜等善行义举榜，定期评选上榜人物，引导人们从微善做起，积小善为大德。坚持每两年开展一届“最美港城人”评选活动。长期开展道德

① 张国良，连云港鹰游纺机有限责任公司董事长、党委书记。他主持开发 10 个国家重点新产品，承担 5 个国家级火炬计划项目、6 个国家级星火计划项目，带领的中复神鹰创造了国内碳纤维领域的多个第一，先后获全国五一劳动奖章，被评为中国纺织年度创新人物、全国优秀企业家。

② 全国劳模、市邮政局连云支局投递员葛军 34 年如一日坚持在全省唯一一条步班邮路上寄送邮件包裹、帮助沿途居民、传承雷锋精神，被称为步班邮路上的“活雷锋”。

③“叶欣仁”是“热心人”的谐音。近年来，连云港市创新打造“叶欣仁”公民道德建设品牌，形成蔚为壮观的凡人善举、崇德向善“叶欣仁”现象。新华社、《光明日报》、《扬子晚报》等国家和省级媒体专题推介，人民网、新华网等 300 多家网络媒体深度宣传报道。

模范、身边好人等评选推选活动，让身边的凡人善举竞相涌现。二是完善凡人善举宣传机制。创新打造“美德港城·微善发布”平台，在全社会形成“不以善小而不为”的良好氛围；编辑最美人物、身边好人读本，推动他们的美德形象进社区学校，上公益广告，入道德讲堂、百姓大讲堂和“婆婆妈妈”大舞台。三是完善凡人善举激励机制。举行“港城叶欣仁”表彰座谈会、“最美港城人”大型公益表彰晚会、道德模范与身边好人现场交流等，给予他们出席观礼、颁奖嘉宾、参加主题公益活动等城市礼遇，使“最美精神”成为社会风尚。建立凡人善举回访制度，定期不定期进行回访慰问，帮助解决实际困难，激励典型持久发挥示范作用。

第八章 旅游业发展与旅游城市的构建

作为全国49个重点旅游城市和江苏三大旅游区之一的连云港，一个显著的特点是城市山海相拥，核心景区尽在城中。城市建设中，结合城市发展提升传统产业要素发展新兴旅游业态，壮大旅游产业主体，潜心培育战略性支柱产业；实施项目带动战略，推进区域性旅游中心建设，使旅游业发展与城市建设遥相呼应，相得益彰。

一、独特的旅游与城市发展资源

（一）自然生态环境优越

1. 自然条件

连云港山海相拥，平原、山地、海洋齐全，湖泊、河流、丘陵、滩涂、湿地、海岛俱备，具有独特的地域特征和地理形态，为江苏省内独有。云台山承接山东沂蒙山脉，横贯连云港市区，共有270多座山峰，其中南云台山主峰——花果山玉女峰，海拔624.4米，为江苏省最高峰。沿海岸线全长211.587公里，包括基岩海岸、砂质海岸和淤泥质海岸三种，海岸类型齐全。其中，40公里的基岩港湾海岸、30公里的砂质海岸为江苏唯一。岛资源丰富，共有平岛、平岛东礁、达山岛、达山南岛、达东礁、车牛山岛、连岛、秦山岛、开山岛等岛礁25个。其中，东西连岛是江苏省最大的基岩海岛。

◀花果山玉女峰

2. 自然资源

连云港动植物、矿产资源丰富，具有独特的区域性自然生态体系和特质。连云港东部由滨海区域、滩涂、浅海水域和大陆架组成，盛产紫菜、鱼、虾、盐；中部云台山绵延起伏，横亘数十公里，植被茂密，物种齐全；西南北三面平川环抱，沃野千里，盛产水稻、小麦、花生、棉花、经济林木。海州湾渔场是全国八大渔场之一，淮北盐场是全国四大盐场之一，江苏四大名茶之一的云雾茶和云台山葛藤粉均为昔日贡品。海州湾区域渔民、淮北盐民和云台山山民生产生活习俗、海州湾海洋渔业和花果山传说、《镜花缘》传说以及淮盐制作技艺、云雾茶制作技艺、葛根粉制作技艺、果木种植、药材炮制技艺等项目均为我国温暖气候带区域所特有。

3. 生态资源

生态资源丰富，一是沿海滩涂资源丰富，滩涂总面积 10.7 万公顷，具备生物多样性和景观多样性的良好基础。二是拥有众多的入海河流，自北向南包括绣针河、龙王河、青口河、朱稽河、新沭河、临洪河、蔷薇河、通榆运河、烧香河、善后河、五图河、新沂河、盐河、灌河等大小河流 14 余条，既形成了便利的出海条件，又提供了良好的生态资源。三是生物资源丰富，连云港多样性气候和地貌条件孕育了兼具南北特征的生物区系，既有暖温带生物群落，又有亚热带动植物分布，广阔的海域及滩涂孕育了丰富的鱼类及鸟类。四是形成林

夜色港湾

东部港城风景线

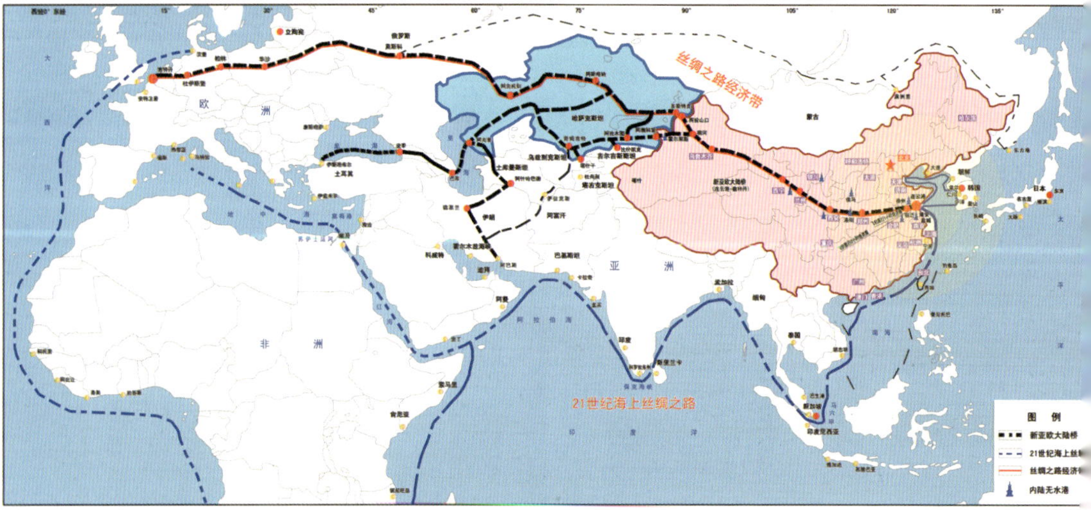

上图　2007年10月9日，连云港至莫斯科国际铁路集装箱班列首发。

下图　"一带一路"陆海交通枢纽——连云港区位图

上图　“一园三区”链式布局

下图　东中西区域合作示范区

四通八达连云港

跨海大桥

港口

渔港

上图　风力发电机叶片
下图　企业“核心”

上图 中复神鹰碳纤维有限公司是国内最大的万吨碳纤维生产企业
下图 科技之光

鲜花盛开的小山村

雪后佛境

花果山

网一体化景观，经过多年河道整治和防护林建设，加上境内纵横密布的大小河流，初步形成以水为纽带的林网化景观。

（二）旅游资源丰富

1. 六张旅游名片

连云港历史悠久，文化积淀厚重，旅游资源丰富，有“神奇浪漫之都”之称，是中国49个重点旅游城市之一，是中国优秀旅游城市和江苏省三大旅游资源富集区之一。2006年，被评为中国优秀旅游目的地，荣获中国旅游竞争力百强城市称号；2009年，在世界旅游精英博鳌峰会上，花果山风景区被组委会授予中国王牌旅游景区称号，花果山风景区是江苏省唯一一家在此次峰会上获此称号的景区，还被国际旅游营销协会吸纳为会员。

全市有风景区14个，风景点116处，集名山、名泉、名竹、名石、名书、名井于一地，构成独特的城市风貌和旅游景观，造就了山、海、岛、港相得益彰，水秀山明、生态人文浑然一体的大美风光。

“名山”指花果山，古称郁洲山、郁郁山、郁林山、东海山、苍梧山、云台山等，一直被人们视为古代传说中的蓬莱、瀛洲、方丈三神山之一，人文景观源远流长，文化底蕴十分厚重。中国最早的历史文献汇编《尚书·禹贡》中有关于这里人类活动的记载，5000多年前少昊氏族的遗迹也很多。花果山下的大圣湖底，就是新石器时代大汶口文化和龙山文化的大村遗址。隋唐以来的古遗址、古建筑以及孔子、李白、石曼卿、李清照、吴承恩、吴敬梓、李汝珍以及林则徐等历代文化名人的游踪手迹更是遍布山中。明嘉靖年间道教复兴，花果山被誉为“七十一福地”；万历三十年（1602年），神宗皇帝敕封花果山三元宫为“天下名山寺院”；康熙三十一年（1692年），皇帝为它亲题“遥镇洪流”匾额，以表示对花果山神灵的敬意。昔日的花果山孤悬海上，迷蒙飘渺，海市蜃楼屡屡出现，所以被视为海中的仙山。到了康熙五十年（1711年）后，海退沙淤，与陆地相连。

“名泉”指东海温泉，在东海县城的西北，邻近“亟鲧于羽山”的羽山，又称“羽山温泉”。温泉最早发现于唐代，明清时期，东海温泉已声名远扬。明代隆庆年间有文述其“冬夏如汤”。清朝嘉庆年间《海州志》记“治南四十里一名金牛山，山南有泉，冬夏常温”，更有学者著《温泉铭》赞之为“名区胜境”。1972年，江苏省地质队在此打了一眼深500米的自流井，水温高达82℃，每天喷流近千吨，温泉由此掀开开发利用新的一页，过去杳无人烟的荒原上矗立起一座新兴的温泉镇。东海温泉无污染、无异味，既可饮疗，又可浴疗，健身祛病，效果神奇，被国内康疗、旅游专家誉为“华东第一温泉”。

“名竹”指金镶玉竹，是我国四大观赏名竹之一，其杆色金黄，间碧绿化条纹，四季常青，挺拔秀丽，具有很高的观赏价值和经济价值。主要生长在花果山、东磊及宿城等山上，分布呈野生状态。金镶玉竹的历史古老，宋代成都人许观在《东斋纪事》上说：“竹之异品颇多……对青竹，竹黄而沟青，故每节若间出，云此竹今浙中亦有之，唯会稽颇多，人呼为黄金间碧玉。”并被视为异品。现在，有的地方还残存一些，有的地方逐渐消亡，而独云台山愈来愈旺盛。在 2003 年“两会”上，金镶玉竹作为“市竹”写进连云港市政府工作报告。

“名石”指东海水晶，主要分部在东海的房山、驼峰、牛山、洪庄、白塔埠、东海农场等地，主要品种有白水晶、浅紫色水晶、茶晶、浅黄色水晶。东海水晶因郯庐断裂带的特殊地质构造而产生，含二氧化硅达 99.99% 。与其他地区水晶相比，东海水晶的硬度更大，水晶的晶体更剔透。1958 年，在房山乡朱柘塘村挖出一块人称“水晶大王”的大水晶，现存放在中国地质博物馆。毛泽东主席的水晶棺由东海水晶制成。东海县也因是世界天然水晶原料集散地，被命名为“中国水晶之都”。

“名书”指《西游记》《镜花缘》。《西游记》由明代小说家吴承恩编撰而成，此书以连云港花果山为背景，描写了孙悟空保唐僧西天取经、历经九九八十一难的故事。《西游记》除却本身引人入胜的情节外，还包含了许多可以品嚼的生活哲理和人生智慧，400 多年经久不衰，影响遍及全世界。《镜花缘》是一部与《西游记》《封神榜》《聊斋志异》同辉璀璨、带有浓厚神话色彩、浪漫幻想迷离的中国古典长篇小说。清代著名小说家、板浦人李汝珍以其神幻诙谐的创作手法引经据典，奇妙地勾画出一幅绚丽斑斓的天轮彩图。《镜花缘》继承了《山海经》中的《海外西经》《大荒西经》的一些材料，经过作者的再创造，凭借他丰富的想象、幽默的笔调，运用夸张、隐喻、反衬等手法，创造出了结构独特、思想新颖的长篇小说。

“名井”指亚洲第一科研钻探深井，位于东海县毛北村，1998 年由国土资源部建议立项，1999 年底国家计委正式批准，2001 年 8 月 4 日钻探主井正式开钻，工程总造价 1.5 亿元。在这里，我国的科学家和钻井工人用钻头打出一条直径 156 毫米，深达 5 公里的地下隧道，连续提取岩心和其他液化、气体物质，供科学家研究地球深处的奥秘，它标志着我国地球科学进入一个新的阶段。

2. 六大旅游特色

连云港旅游具有“海、古、神、幽、奇、泉”六大特色。

“海”的代表是连岛。连岛古称鹰游山，东西直线距离 6 公里，面积 7.6 平方公里，是江苏省最大的海岛，与连云港港隔海相望，通过 6.7 公里的拦海大堤与连云区相连。季风性海洋气候、优质基岩海岸，形成了连岛植物种类繁多、海蚀地质明显的特点。江苏省唯一拥有优质沙滩的天然海滨浴场、阳光、沙滩、森林、海洋以及朴实的渔家民风民俗构成连岛丰富而独特的旅游资源。连岛中部北岸的苏马湾海湾，山林茂密幽深，环抱玲珑金滩，夜闻风涛澎湃，晓望海上日出，森林覆盖率达 92%，远避喧嚣，恍隔世外，具有仙境般的魅力。在苏马湾海湾东南隅山脚下，有一长 6 米，高 1.5 米的天然巨石，石上刻有碑文，为汉代王莽时期东海郡与琅琊郡界域刻石，写于公元 12 年，距今约 2000 年，包含了王莽时期的政治变革及经济、军事、文化和地理环境等诸多内涵，诸多专家考察后称为“国宝”。

“古”集中体现在孔望山、大伊山、桃花涧风景区。孔望山、桃花涧风景区都位于海州区，孔望山属国家 4A 级风景旅游区，因孔子登山望海而得名，古迹众多，景区环境自然幽雅，文化底蕴深厚。这里有秦王朝立石为门的遗石，有中国最早的道教发祥地之一的东海庙遗址，有迄今为止国内外最大的汉代圆雕象石，有宋、元、明、清历代官宦及文人的题刻，特别是东汉摩崖造像，早于敦煌莫高窟 200 年，为全国重点文物保护单位。

▲ 苏马湾

桃花涧风景区是云台山风景区名胜区的重要组成部分，自然风光优美，远古文化深厚，宗教文化源远流长。这里被誉为“东方天书”的将军崖岩画是上古勾芒氏部落的历史遗存，是七千年前东夷先民的朝圣中心、观天测象的原始实录。岩画上的太阳、星象、禾苗、人像、社神，造型古朴、形象诡异，充满了神秘色彩，为国家重点文物保护单位。

大伊山因华夏第一贤相、商朝伊尹建国有功，晚年隐居于此而得名。距今已有 6500 年历史的新石器时代的石棺墓遗址就坐落在大伊山东麓的青风岭上，为全国重点文物保护单位；古海船石岩画、美鹿石岩画等古石刻以及古树名寺等都具有数百年的历史。

“神”指神话，主要集中在花果山。花果山层峦叠嶂，其中玉女峰是江苏省最高峰，因古典名著《西游记》所描述的“孙大圣老家”而著称于世，名闻海内外。“一部西游未出此山半步”，花果山主要景点 136 处，处处与《西游记》密切相关，如孙悟空出生地——娲遗石、猴石、八戒石、沙僧石、唐僧崖，以及七十二洞、定海神针、仙砚、拐杖柏、晒经石、团圆宫等，特别是水帘洞更是名闻遐迩。以三元宫为中心的古建筑群发迹于唐、重建于宋、敕赐于明、兴盛于清，是历史上著名的香火盛地，有极具文史价值的郁林观石刻和建于北宋的阿育王塔、屏竹禅院、义僧亭、茶庵、九龙桥等著名的名胜古迹，还有天下第一巨字“神”字、全国四大观赏名竹之一金镶玉竹。

“幽”的代表主要是宿城风景区、渔湾风景区。宿城风景区位于连云区的东南部，因 1300 年前唐太宗李世民御驾东征时曾在此住过一宿得名。这里历史悠久，古迹文物星罗棋布，有西域众罗汉的焚修灭度，晋代陶渊明的舍舟入山，唐太宗李世民的保山驻跸，新罗人的定居航运，日本圆仁的山中问津，宋明的鹫峰兴佛，清代陶宫保的石室题诗，冯子材的因山设防。这里三面环山，一面向海，环境幽静美丽，晋代大诗人陶渊明曾来过这里，传说《桃花源记》取材与此相关，故有世外桃源之称。渔湾自然风景区位于云台山南麓，为 4A 级风景区。渔湾清初在海中，为渔人揽舟避风之处，故得名。这里有明清顾乾描写的云台三十六景中的“三潭汲浪”，有传说中三龙戏水的老龙潭、二龙潭、三龙潭，还有灵气十足的小瀛州等景点。一年四季流水不断，春夏秋冬瀑布垂挂，涧内潭、洞、汪、瀑、林，景景相连，著名的龙腾广场气势雄伟，营造出震撼人心的绚丽场面。

“奇”最初主要指云台山的石海、磊石、石洞、峡谷、裂隙等自然景观，如东磊的石海、三磊石、花果山的水帘洞、渔湾峡谷、北云台山老君堂蔡庄的裂石等。现在云台山基岩海岸所形成的海蚀景观，亦已成为连云港岩体奇特的旅游景观，如连岛苏马湾的神象汲海、东海龙王、群龟探海等。另外，随着人们对旅游景观的认识和旅游资源的外延，连云港在其他方面也体现着“奇”的特征：一是海市蜃楼、海滋现象的天象奇特景观；二是“星海银潮”现象的海潮生物景观等。

“泉”主要指东海温泉。

3. 相得益彰的旅游产品

连云港有与旅游美景相得益彰的山珍海味。

山珍主要有葛藤粉、云雾茶、山板栗、樱桃等。其中葛藤粉有解热和降低血糖、化痰生津功能，冲服可治烦热、口渴、喉痹等症，还是解酒良药，如《镜花缘》中所说：“葛根最解酒毒，葛粉尤佳……唯有海州云台山所产最佳”。云台山云雾茶历史悠久，品质优良，清光绪二十四年（1898 年）曾获南洋劝业会奖；1980 年在江苏省品茶会上，与南京雨花茶、苏州碧螺春并列为江苏省三大名茶。2009 年，在由中国茶叶学会主办的第八届“中茶杯”全国名优茶评比中，荣获一等奖。云台山特产板栗，在 1974 年江苏省板栗品质评选中，与苏州名栗“九家种”并列全省第一。

海味主要有彤蟹、对虾、海刺参、沙光鱼、紫菜等。其中，沙光鱼是连云港市的特产，为海水及咸淡水产大型虾虎鱼，鱼肉细嫩，味鲜美。据《食物本草》载：沙光鱼“暖中益气，食之主壮阳道，健筋骨，利血脉”。连云港沿海礁石上生长紫菜，历史较为悠久，北宋年间的《太平寰宇记》有“紫菜产在郡（指海州）东北七十五里海畔石上，旧贡也”的记载。在现代养植条件下，连云港市曾为全国最大的紫菜产地。

2009 年由市旅游局、市经贸委、市商贸办公室、苍梧晚报社联合开展的全市十大旅游纪念品评选活动中，入选的有：晶狐水晶家居用品有限公司生产的晶狐牌系列水晶饰品，金海地食品有限公司生产的即食海鲜系列产品，汪恕有食品有限公司生产的汪恕有牌滴醋、醋饮，花果山茶林公司炒制的花果山牌云雾茶，柳美食品有限公司酿造的柳美牌甜闷瓜，金玉黑陶有限公司开发生产的黑陶系列工艺品，葛花葛藤粉食品有限公司生产的葛花牌葛藤粉，南云台林场炒制的清妙牌云雾茶，汤沟两相和酒业新近开发上市的天地之星系列白酒，雅玛珂紫菜食品有限公司生产的雅玛珂系列礼盒装紫菜。

二、城市发展与旅游核心区建设同步

（一）连云区

连云区在城市发展中，着力打造以海滨、连岛、秦山岛、前三岛等为主的黄金海岸旅游带，海滨、连岛、大桅尖、云台山国家森林公园、宿城，以及港口商务、会展、休闲配套设施为主的海滨商务、休闲度假旅游核心区。

1. 滨海旅游景区开发

滨海旅游景区开发以连岛国际旅游岛建设为核心，将大沙湾、苏马湾、在海一方、西墅、竹岛、前三岛及附近广阔海域组成集群式、多层次的“滨海—海洋”旅游体系；开发连岛、前三岛等海上垂钓、海上观光、海岛休闲娱乐游，建设高标准国际水平的海上运动中心；规划建设连岛与周边地区旅游交通与服务体系，提升交通管理和服务能力；注重开发针对中高端客群的旅游项目，建设山海度假、海滩派对、游艇俱乐部、水上飞机俱乐部、潜水俱乐部等，形成高参与度的旅游产品，目标是早日成为国家 5A 级旅游景区。

2. 云台山国家森林公园开发

以世外桃源、万寿谷、云雾茶庄、法起寺、悟道庵、二桅尖、羊山岛等核心景点一线为主轴，融合山、海、港，凸显“海上云台山”特色，作为连云港山海相拥特色的重要载体，已经成为国家 4A 级旅游景区、生态旅游示范区和区域性旅游新热点。

▲ 悟道庵

3. 连云历史街区开发

“十二五”期间，已经编制完成连云历史街区更新整治规划，制定历史街区现存的历史建筑、古树和有价值的村落布局。结合主港区中山路沿线更新，积极引导和控制山体坡地建筑的风格、颜色、高度与屋顶形式，保护山脊线等重要地形要素，结合人工建设塑造优美的天际轮廓线，延续连云历史街区“小香港”之称的“山、海、城”空间格局。已经逐步改善历史街区内部居住条件，在保持原有风貌、挖掘特色的基础上对古城部分住房进行修缮、改造，改善内部结构与空间，使之符合现代生活需要。依据更新整治工作进展，在保持与历史街区风貌协调的条件下，适时对历史街区内部居住功能进行疏解，有计划、有步骤地开展与镇区整体风貌不相协调建筑清理和搬迁工作。在连云历史街区周边，积极引导具有山地风貌和滨水景观特征的高端居住区开发建设。至2014年，连云历史街区已经重拾城市活力，初步形成港城一体、山海交汇的活力港城风貌，突出“山、海、城”一体的城市景象。

（二）新浦地区

新浦地区重点是大云台山风景名胜区旅游文化产业综合开发，突出以旅游服务区建设、文化产业及景观景点开发建设和景区游览通行道路建设为主的大花果山景区改扩建；新建西游记文化产业园。

大花果山景区建设的核心是以花果山、渔湾、东磊、朝阳为主的大花果山宗教、《西游记》文化旅游区，将花果山、渔湾、东磊、孔雀沟等整合为大花果山景区，统一规划，统一建设，统一管理，确立精细化管理、精品化建设的理念，大手笔、高标准建设景区旅游服务区、文化产业及景观景点和景区游览通行道路，完善景区旅游标识系统，确保建成国家5A级旅游景区，成为全市旅游发展的强劲引擎、全国性龙头景区和世界文化名山。

西游记文化产业园为大型综合主题旅游景点项目，包括西游梦世界文化产业园、西游文化服务区和西游文化社区三大部分，定位为我国第四代最高端的文化创意产业项目，将发展为具有世界意义的西游记文化产业聚集区、区域文化创意产业中心以及旅游目的地高端接待平台和时尚休闲区。

（三）海州地区

海州地区以古为特色，建设海州古城、南城古镇以及推进孔望山、锦屏山古迹文化旅游综合开发。

1. 海州古城

以海州区幸福南路和中大街为核心，打造“东来第一街”的历史文化形象品牌。“十二五”期间，严格保护以鼓楼中心的十字街道以及以锦屏山为对景的空间格局，进一步修缮古城商业街两侧外围民居，通过修旧如旧等街巷外立面更新手段，保存各建筑构架形式、装饰布置与墙体屋面做法，完善街巷管线和房屋维修与改造模式，拆除私搭乱建，再现古时秦东门的门户城市历史风貌。保留街坊浓郁的生活氛围，注重保护现存的文物古迹，保留以清水墙、小青瓦、马头墙为符号的传统民居街坊和庭院格局，实现传统风貌保护与现代功能开发的完美嫁接。塑造海州古街文化体验游线，将海州现有的保存完好的古代建筑景点（百子庵、钟鼓楼等）通过旅游路线串联起来，形成浓郁的古建商业旅游氛围。积极探索古街整体开发运作模式，沿街商铺以面向创意产业、特色工艺作坊等项目积极进行商业开发，实现古街项目的良性循环。

2. 南城古镇旅游开发

挖掘古镇深厚文化底蕴，形成居住、旅游、休闲、商务、办公、物流一体化的新型旅游区。规划建设宗教文化游览区、六朝古街游览区等 7 个功能区。建设南城凤凰东山景区，包括普照寺、城隍庙、碧霞宫、玉皇宫等景点，完成

▲ 海州现存最大的佛教寺院碧霞寺

玉皇宫、魁星阁等古迹的修缮工程。

3. 锦屏山古迹文化旅游综合开发

构筑和优化孔望山、石棚山、白虎山、桃花涧“三山一涧”的特色旅游格局，建设旅游观光配套设施工程、观光步游道、车行道、休憩广场、旅游公厕、观景亭台等；深度开发锦屏山内部九龙涧、老龙涧、塔山古道、宋代军事遗址等自然和人文资源，分别以观光、度假、休闲为主要功能，整合打造旅游品牌。

（四）赣榆区

1. 海州湾旅游度假区综合开发

按照国家 4A 级旅游景区标准建设旅游基础和服务配套设施，通过构筑离岸潜堤、建设突堤岬头、人工养滩补沙、控制周边海域养殖量等措施，保护并改善沙滩质量和环境，开发海洋文化体验类和运动休闲参与类产品，打造大容量、大众化、综合性的亲海旅游度假区。加快建设秦山岛游轮客运码头、道路等基础配套设施，开展观光休闲及中高端海岛度假，将秦山岛打造为“瀛洲仙岛”。同时，结合青口休闲渔港建设，推出渔民风情游产品。

2. 农村休闲旅游区

开发城市周边生态农业湿地为主的农村休闲旅游区，2011 年以来，累计投资近 30 亿元，相继建成赣榆徐福生态园、赣榆夹谷山观光休闲农业园区、连云港现代农业科技示范园等乡村类旅游项目。目前，赣榆谢湖樱桃节、石桥苹果节等已成为周边地区知名的乡村旅游节庆品牌，推出了近 20 条成熟的乡村旅游线路，走出一条打旅游牌、唱文化戏、做品牌农业文章、带农民致富增收的路子，呈现出共促共荣的良好态势。

三、旅游业发展与城市建设相得益彰

（一）城市建设突出旅游特色

1. 城市旅游总体形象

自秦代以来，连云港城市发展一直在追随着大海的脚步，因海而育东夷文化，因海而有孔子望海，因海而生花果山、美猴王，因海而有徐福东渡，因海而成连云港，历经沧海桑田，神奇、梦幻、浪漫与仙灵；今天，连云港在沿海开发战略的引导下，已在新时期梦想起航，去完成“新时代的西游记”，实现

“后发先至”历史使命。因此确定以“神奇浪漫之都”作为城市旅游总体形象，既彰显连云港城市性格，又展现“山海连云港，神奇西游城”的历史渊源及时代背景。

2. 城市建设塑造特色景观风貌

城市特色景观风貌是在历史发展过程中形成的具有鲜明地域特征的人文品质和物化空间。在经济全球化和快速城市化背景下，城市特色景观风貌所形成的独特地方人文魅力，对改善城市文化品位，提升城市生活环境和投资环境，凸显城市文化特色，促进城市旅游业繁荣具有重要作用。“十二五”期间，依托与彰显“海、古、神、幽、奇、泉”的自然特色，延续与弘扬“神韵古都”的城市特质，加强城市特色的塑造，把反映和体现连云港人文特色、山海环境、窗口形象和现代化风貌的地区划定为特色意图区，精心再现一批具有区域影响力的特色意象场所、特色文化空间以及特色文化地标等，丰富与提升连云港国际性海滨城市的景观。

3. 城市建设塑造山海景观空间

“十二五”以来，城市建设依托与彰显山海融汇的自然特色，放大连云港人居环境的核心优势资源效应，将连云港山、海、河、岛、湿地五大自然环境要素融入城市建设，着力构建具有连云港自身鲜明特色的国际性海滨城市。规划期间，立足连云港城市风貌主基调，着重凸显现代风貌与人文沉淀共存的海滨城市特色。规划期间注重对海面轮廓线、风景名胜区和山体等城市重要天际线的维护，呈现连云港依山傍海的城市空间格局；重点塑造连云新城中央商务区、徐圩云湖核心区、连岛风景区以及东部滨海休闲岸线等滨海特色空间；以西游神话及人文历史为主题，着重提升花果山风景区、孔望山风景区景观塑造水平以及完善周边相关设施配套。初步形成集山海相拥的城市格局、大气精致的城市个性、神奇浪漫的城市文化于一身的独具特色的城市景观空间。

在滨海特色空间景观方面，充分利用城市海岸线资源，将滨海资源转变为新的景观元素，创造一批富有海滨特色的精品空间。“十二五”以来，以连云新城中央商务区、徐圩云湖核心区、连岛风景区以及东部滨海休闲岸线等地区为重点，大力推进海滨休闲景观长廊、连岛风景区以及东部滨海休闲岸线等以海为主题的人居景观建设；重点完善连云新城中央商务区、徐圩云湖核心区、特色海滨社区等现代新城风貌的塑造，重新塑造西大堤形象，呈现国际性海滨城市繁华且富有活力的人居景观特色。

在生态人文空间景观方面，以花果山（云台山）、孔望山、锦屏山为主的山岳资源是最富有特色的自然资源之一。“十二五”以来，严格保护城市山岳资源，实行森林式的覆盖绿化模式，将山岳资源与城市建设有机整合起来，打造山岳观光、野外体验、森林氧吧等以山岳旅游为特色的自然生态型旅游产品，构建富有特色的城市自然景观系统，为城市可持续发展构筑生态屏障。

以花果山景区（云台山）为主体，结合科教产业园区建设，打造生态休闲与西游神话相结合的特色空间景观格局。“十二五”以来，严格保护山体植被，结合村庄整治，逐步统一村庄民居外立面建设，打造富有山地民居风情的特色院落；结合花果山大道建设，在通道沿线重要节点地区设置主题公共活动场所，引入神话特色的主题性功能，强化沿线对神话主题的感知；控制沿线以云台山为对景的开放空间廊道，增加连接山体和城市的公共空间廊道，改善山体的可意象度与可达性。

以孔望山景区为主体，结合孔望山新城建设，塑造森林式、环保型、同林化的景观格局。“十二五”以来，重点完成孔望山公园以及相关配套设施建设，建设完成孔望山景区、磨盘山公园、城市植物公园、休闲游乐园等重大城建项目，串联东汉摩崖造像、历代石刻、题刻、龙洞庵等人文古迹，将孔望山建成城区大型城市森林公园、大型休闲游憩场所，提高居民生活质量。

4. 城市建设塑造景观节点

滨海岸线景观。深化东部海岸线发展研究规划，重点打造东部滨海区域“海之轴”景观，注重保存滨海自然生态岸线、积极建设生活型岸线、生产型岸线等不同的岸线类型，形成丰富的岸线景观。自然保护岸线和旅游岸线规划要求加强海岸生态防护林的建设；城市岸线及港口岸线区的建筑轮廓及建筑风格按照严格的要求设计和控制。

城市眺望景观。眺望景观的主要特征是以自然山体、高层建筑（城市地标）为主要眺望点，结合城市绿化隔离带、公园、风景区、海滩等城市开放空间，具有良好的视线，能够展现城市面貌。规划选择位于重要位置的城市地标、重要开放空间和山体制高点作为眺望点，组成眺望景观系统，塑造观赏城市全景，体验连云港“山海融城”景观特色的空间场所。“十二五”期间，主要打造了以下城市眺望点：位于新海老城商业中心、滨海新城中心区、北固山 CBD 核心区；城市主要开放空间如连岛西大堤、海州湾岸线、东西海湾岸线等重要滨海活动场所；锦屏山、前云台山、后云台山、北固山、连岛等山体的观景点。

（二）旅游业发展提升城市品质

1. 旅游业发展提升城市传统产业

住宿业。截至 2014 年，重点引入超五星主题度假酒店 1 家，拥有五星级酒店 6 家，四星级酒店 10 家，三星级及以下 60 家，引入青年旅社，建设自助游营地 10 家，增加连锁经济型酒店数量，整个住宿业实现质的提升。一是体系化构建。建立与连云港旅游发展相适应的，集主题酒店、度假酒店、星级酒店、经济型酒店、汽车营地、乡村旅馆等为一体的住宿接待体系。中心城区以发展高星级商务会议酒店为主；三大特色片区的山林湖滨主要建设休闲度假型酒店；连岛、海州湾旅游区、温泉镇和花果山宜发展高端主题度假村。二是品牌化发展。加大连云港酒店业软硬件投入，吸收国内外先进的管理、服务理念、发展经验和酒店管理人才，注重凸显地域文化特色的主题酒店建设，打造知名酒店品牌。三是标准化提升。严格酒店等级质量管理，加强度假酒店、汽车旅馆、主题酒店、乡村旅馆等类型酒店的规范管理，通过举办评级、发展论坛、游客评价等方式促进酒店不断提高服务质量。四是精细化服务。完善硬件设施、提高服务质量、加大智能投入、强化质量管理，为游客提供人性化、个性化、多样化、精细化服务。五是低碳化经营。鼓励绿色消费、低碳生活，积极创建绿色低碳旅游饭店。促进集约化运营，依靠文化、特色、科技、管理、合作减低运营成本。提倡新能源、新材料的使用，提高电、热、水的利用效率，鼓励循环使用。

旅行社。一是优化结构，提升行业竞争力。引导大型旅行社通过连锁经营、混业经营、资产重组等途径实现集团化、品牌化发展；中小型旅行社通过专业化发展，实现错位经营，积极与国内知名旅行社联营合作。培育产品创新能力强、业内联动能力大、旅游服务品质好的大型旅行社，争取拥有全国百强旅行社。二是完善产品体系，提高服务质量。鼓励旅行社差异化发展，创新旅游线路和旅游产品，提供文化、度假、休闲、养生等专一型或混合型旅游线路，打造精品线路品牌，丰富滨海度假游、休学游、奖励旅游、西游记体验、佛教文化旅游等新特色旅游线路产品。提升从业人员素质，吸引高素质管理人才，提高导游解说能力和服务能力，完善游客投诉机制。健全旅游质量监督网络，充分发挥旅行社协会的作用。三是深化合作，推进多元营销。加强行业内部合作，鼓励和推动区（县）旅行社之间的合作，积极开展整体营销，打击无序竞争、恶性竞争。不断提高连云港旅行社在江苏旅游新三角、新干线、陆桥沿线、环渤海、华中、东北、长三角及华北地区、海西地区、港澳台及日韩等主要旅游客源地外联能力，鼓励旅行社自主建立客源互送机制。推进连云港旅行社信息化水平，支持旅行社在线发展，扩大在线预订、咨询、订购业务，深化与大型旅游电子商务网站合作，加强新兴社交网络营销。

旅游景区。一是加快提档升级。改革“门票经济”，扩大利润范围，提升景区在餐饮、购物、娱乐、休闲、度假等多方面的收益。积极建设新型游乐、度假、养生等旅游设施，丰富景区产品文化内涵，提高游客体验参与率，延长停留时间。加快景区数字化的建设步伐，推进智慧景区建设，适时推出全市旅游景区联票。二是打造示范精品。加快西游记文化产业园建设，强化文化与旅游融合；深化海州湾国家海洋公园开发、提升连岛海滨度假区，打造海洋旅游精品旅游；挖掘丰富温泉文化，建设主题特色温泉小镇，引入高尔夫等高档休闲项目，拓展商务会议功能，完善湖滨及水上旅游项目。

旅游交通。一是建设交通枢纽，形成水陆空立体交通联动。健全国家级交通枢纽功能，全力助推水陆空的建设与规划，以建设国际空港和海港为目标，完善和提高道路等级，增开车次，适时开辟旅游交通专线，融入交通旅游的内涵，提高连云港旅游交通的服务能力和水平，以交通为纽带与国内主要客源地建立旅游协作机制。培育大型旅游客运企业，打造本地旅游运输品牌。鼓励大型企业投资游船、游艇、邮轮等旅游交通行业。鼓励外事旅游企业、旅行社等发展旅游专列、国内外游轮等业务。二是完善内部交通，实现旅游交通无缝对接。建设连云港滨海旅游大道和将海岸山水、田园风光、山林幽径、农家风情融为一体的港城绿道，实现主要道路景观化，做好标志性旅游节点和通道的形象建设。加强景区景点与附近高等级公路连接，兴建、整理风景区道路，保证景区内部交通方便，中远期建设东海经城区至连云新城、海州湾的城市旅游交通线，使其成为连云港横向旅游交通的重要通道。积极发展城市旅游观光巴士，开通海上交通环线，采用观光游览船公交化运营，将连云港海洋旅游由海岸线状分布扩充为近海海域的面状布局。

旅游餐饮。一是构建连云港餐饮体系，逐步形成以星级宾馆为主体、主题酒店为辅助、定点饭店和夜市为补充、地方名吃为特色的旅游餐饮接待体系。以大众化经营—文化经营—品牌经营—规模化经营—网络化经营为方向，引进先进管理经验、经营模式、服务理念，聘请高级从业人员，逐步培育连云港知名餐饮品牌，打造以山珍、海味、养生、禅佛为主的特色多元化餐饮体系。二是加强行业内交流合作，成立市旅游餐饮协会，组织海鲜宴、农家宴、水晶宴、西游文化宴等地方传统特产和名吃展示、烹饪技艺表演等活动，开展“名厨、名菜、名小吃”评选活动，丰富菜肴特色系列，加强行业自律，提高餐饮服务水平。三是加强餐饮行业规范化管理，制定旅游餐饮管理条例，认真审定并定期审核各旅游定点餐馆，严格执行卫生管理条例。不断提高从业人员素质，提供高效、优质满意的人性化服务。

旅游文娱。依托丰富的文化旅游资源，把旅游与文化结合起来，加快文化娱乐项目开发，促进旅游产业与文化产业的共同繁荣。一是丰富文化主题旅游活动。以西游记文化、温泉文化、水晶文化、徐福文化为主，探索融入先秦文化、神话传说等更多文化元素，打造具有地域特色和广泛市场吸引力的文娱演出精品。二是加快娱乐载体建设。形成以度假村、温泉、海滨为龙头，社会大众娱乐场所（景观广场、剧院、KTV、电影院等）相补充的文化休闲娱乐供应体系。落实美术馆、公共图书馆、文化馆（站）免费开放政策，逐步完善开放的城乡公共文化服务体系。三是加强夜休闲功能。大力推进晚间游览点的建设，开发晚间游乐项目，推动全市3A级以上旅游区（点）进行景区晚间游览功能性改造。

旅游购物。一是建设旅游购物集聚区，在西游记文化产业园周边选址建设旅游商品研发展销中心，加强展示、贸易、设计功能。在旅游景区、旅游集散中心、滨江滨海娱乐区等游客密集场所增设旅游特色商品店或销售点；结合西游记文化、镜花缘文化、神话传说及丰富的非物质遗产资源开发旅游商品，发展专项旅游购物点、旅游商品展销中心、旅游购物直销店，建设大型水晶旅游购物广场；结合连云港陆桥优势，建设中西部旅游商品街，打造东、中、西旅游商贸中心。二是丰富旅游购物内涵，以艺术性、收藏性、纪念性为方向，注重开发形式多样的旅游购物产品，形成以水晶、云雾茶、葛藤粉、汤沟酒和汪恕有滴醋等土特产品和水晶、黑陶、草柳编等工艺品为代表的旅游特色商品，建立种类丰富、特色鲜明的旅游购物产品体系。三是优化旅游购物环境，将购物与游览、娱乐、休闲相结合，营造购物氛围，增强游客在旅游购物点的支付便捷度，加强旅游购物场所和从业人员的管理，切实保护消费者的利益。

2. 旅游拓展城市新兴业态

充分发挥旅游业综合带动功能，加强产业联动融合，培育连云港旅游产业新业态，促进旅游消费新的增长点，强化旅游产业综合程度，逐步提高旅游新业态在旅游产业中的比重。“十二五”期间，重点发展了六种新兴旅游业态。

一是发展高端休闲。依托连云港滨海优势，重点培育滨海休闲度假、温泉养生、邮轮游艇等高端休闲产业。加快游轮乐园、国际游艇俱乐部建设，建设完善前三岛海钓场，培育大众和专业海钓品牌，逐步成为区域海钓中心；规范发展高尔夫健身旅游；在温泉养生、保健疗养等休闲产业中，融入地域文化和时尚娱乐元素，强化高端休闲行业协会和高端休闲俱乐部的规范引导作用。

二是开放休闲农业。以农业产业的规模化发展为基础，以农产品深加工等第二产业为支撑，抓住乡村旅游发展农庄化、庄园化、度假化趋势，以“一村一品”理念指导建星级乡村旅游区（点），积极发展山村渔村观光、高科技农业园、大型采摘园，实现乡村旅游特色化、精品化、品牌化经营。引导生态观光农业、乡村度假旅游的服务产业体系，加大农产品加工，提高农产品附加值，引导农民向旅游生产者、消费者转变；积极推进绿色产品生产加工龙头企业与大型商场、超市、旅游餐饮原材料供应商、景区购物点建立长期供销合作关系。

三是打造自助旅游。依托连云港作为中国五大交通枢纽之一的便利条件，重点打造滨海、海岛（连岛、秦山岛）、山岳（花果山、锦屏山）和城市绿廊（山海景观轴、滨海休闲带）四种类型的自助游线路。对车友会、自驾车俱乐部、徒步组织等自驾车组织和经营者进行资格认证。积极建设房车营地、自驾车营地、汽车旅馆、宿营地。

四是开发旅游地产。引导旅游主题社区、度假村、产权式酒店、商务会所等多样化的旅游地产项目有序建设，规范旅游地产业发展，鼓励主题化、低碳化发展。

五是发展旅游电子商务。加强与在线旅游供应商、服务商的合作，支持建立木地化的电子商务分支机构。支持木地旅游电子商务创新，加强与连云港旅游官方网站互联合作。

六是完善旅游咨询服务。培育完善旅游咨询服务产业体系，包括旅游规划公司、旅游策划设计公司、景观设计公司、旅游广告公司、设计布展公司、酒店咨询公司等。提高旅游规划设计、旅游市场营销、旅游形象设计、旅游企业质量管理、旅游景区和饭店改造提升、旅游企业公关等方面的业务水平。

（三）城市建设助推区域性旅游中心建设

1. 推进区域旅游集散中心建设

加快区域旅游集散体系建设。建设配套完善的旅游集散地，力争在西游记文化产业园营业前建立功能一体化的旅游集散体系，采取政府主导、行业支持、企业运作的模式，集成游客服务中心、票务预订中心、游客客运中心、旅游纪念品展销和旅游品牌推广中心；推动区域化、网络化运营，加强与上海、南京、苏州、郑州、青岛等旅游集散中心的对接，成立区域旅游集散协调机构，整合旅游线路产品，共享票务系统，建立长效客源互送机制。发展城市旅游专线交通，公交服务逐步延伸到周边主要景区和乡村旅游点，实现旅游交通与城市交通的无缝对接，构建舒适、快捷、通达的旅游绿色通道；进一步完善自驾车旅游服务体系，积极建设自驾营地；开通海上观光线路并公交化运营。

加快旅游引导标识系统建设。按照《长三角旅游景区（点）道路交通指引标志设置规范》，规范旅游引导标识；在主要口岸站点及景区、商业区设置多语种旅游信息电子触摸屏；在交通口岸、商业区、景点、主要街道设立多语种导向牌和导游图；新建城区和旧城改造要规划、设计、建设相应的旅游指示导向系统。

2. 加快区域旅游信息中心建设

加强旅游咨询服务设施建设。结合城市公共服务体系建设，在市、县、重点旅游镇（村）和机场、火车站、汽车站、商业中心建立旅游信息咨询服务中心。提升现有咨询点的功能，在新增交通站点及游客密集处规划部署新的旅游咨询站点，合理布置相关服务终端，在旅游经营场所设置多国语言标识和旅游信息多媒体设施。加强管理部门、旅游景区、旅游企业的电力、通信设施建设投入。

完善旅游推广和咨询服务体系。结合城市管理建设，成立连云港市旅游推广中心，负责协助市旅游主管部门开展市场化旅游宣传和市场拓展工作；积极发起成立区域旅游推广联盟，协商联合促销计划，共同塑造区域旅游品牌；加大市旅游信息咨询中心投入，加强“12301”全国旅游公益服务热线、旅游通“9688988”和“12580”旅游语音声讯平台等多项服务专线和平台建设，并积极协调成立区域旅游信息咨询中心。提高连云港旅游信息网、旅游网、政府网站以及各类门户网站、专业网站旅游信息发布功能，并为区域内各城市发布旅游信息提供便利；加强新媒体营销，开通市县旅游局及各景区官方微博和社交网络页面；加大报刊、户外广告、杂志、广播电视等传统媒体信息传播力度，建立不同类型、覆盖面广的旅游信息发布、咨询、推广体系。

积极推进智慧旅游。结合智慧城市建设，以五网融合（互联网、电信网、广播电视网、物联网、金融网）为基础建设“旅联网”，推广采用社交网络（SNS）、基于位置服务（LBS）和云计算技术等；适时启动设计编制全市智慧旅游总体方案；重视移动信息平台建设，加强移动通信融合，主要景区及旅游集散中心推广无线网络全覆盖；丰富电子地图、导航地图的信息，增强旅游交通服务便利性。

3. 完善区域旅游公共服务保障

加大旅游公共服务投入。实施城市绿化、亮化工程，加强文化元素设计，建设城市绿地、休闲街区及观光游览车道，提高市民城市生活品质；推进城市公园、博物馆、纪念馆、公共海滩等免费开放。完善市旅游年票制度，扩大景点覆盖范围，推动与周边景区年卡互通互惠；全面落实对老年人、残障人士、学生等特殊人群的免费与优惠措施。力争沿海铁路通车前全市所有等级景区旅游交通畅通，旅游标识系统完善，旅游厕所达到国家星级旅游厕所标准，景区停车场基本满足需要；城市公交服务延伸到城郊主要景区和各乡村旅游点，完善旅游山村渔村道路、停车场等旅游配套设施。推进旅游公共设施无障碍化，以花果山、连岛为示范区进行无障碍设施建设和改造工作，在城市公共场所增设无障碍化设施与导引标识，保障残障人士、老年人、孕妇、儿童等特殊群体便利出行。

健全旅游安全保障机制。建立区域旅游安全保障应急救援联合机制，健全旅游安全预警信息发布制度和旅游突发事件的信息报告制度，推进旅游安全标准化建设，规范安全服务流程，完善各级各类旅游应急预案体系。加大旅游安全设施投入，推进旅游景区安全监控系统建设，完善景区内的紧急救护救助系统，加强重点时段、重点部位和重点环节的旅游安全检查和隐患督改。提高旅游从业人员和游客的安全意识，增强应对和处理突发事件的能力，建立健全旅游从业人员的安全教育培训制度，加强对游客的安全宣传教育。

加强游客权益保障。建设旅游消费者投诉中心、旅游服务质量监督和管理中心，落实旅游消费者权益保护措施，形成有效的投诉—反馈机制。投诉中心设置24小时游客投诉热线，旅游服务质量监管和管理中心负责监督各旅游经营单位服务质量、标准规范的落实情况，对于侵犯旅游消费者权益的行为及时进行查处，情节严重的责令限期整改。建立并完善区域游客投诉受理机制，联合打击合作区域内的不正当经营行为，实现区域内异地旅游投诉维权。

（四）旅游业发展与城市建设共生共振

1. 城市会展与旅游节庆一体组织

会展业是现代服务业的引擎之一，具有强大的经济集聚和扩散效应，它对促进内外贸易、优化经济结构、扩大社会就业有着十分重要的作用。旅游业发展中，依托区位优势和展会基础，全市组织开展了丰富多彩的特色旅游节庆活动，推进了城市会展工作的开展。1997 年举办首届“连云港之夏”，1998 年举办首届西游记文化节，1999 年举办首届徐福文化节，2001 年举办了首届“连云港之春”，2008 年举办了首届东海花卉博览会。旅游产业取得了较快的发展，产业规模跨上了新的台阶。以“连云港之夏”等大型节庆活动为抓手，策划举办了连云港旅游美食节、黄川草莓节、白虎山庙会等活动，并组织参加香港旅展、上海花博会等展会活动。

2. 城市功能与大型旅游接待场所一体完善

1990 年，全市共有连云饭店、云台宾馆、云华宾馆、连云港科技活动中心、连云港远洋宾馆、神州宾馆、天然居宾馆等 7 家旅游涉外饭店，其中神州宾馆和天然居宾馆为三星级宾馆。1984 年至 1990 年，全市共接待境外游客 3 万人次，创汇 1500 万美元，接待国内游客 200 万人次，实现旅游收入近亿元。2013 年以来，先后又建成了花果山大酒店、海州湾会议中心等大型旅游接待场所，经受了“连云港之夏”、西游记文化节、连博会、八曲节等大型节庆展会活

▲ 海州湾国际会议中心

动的接待考验。截至 2014 年，全市共有星级旅游饭店 52 家，其中五星级 2 家，四星级 7 家，全市旅游产业基础设施明显改善，产业要素日益健全，区域合作快速推进，品牌景区大幅增加，旅游环境不断优化，旅游的综合带动作用进一步凸显。2011 年至 2013 年，旅游接待人次年均增长 13.2%，旅游收入年均增长 14.7%。2014 年，全市共接待国内外游客 2417 万人次，实现旅游总收入 302 亿元，实现旅游业增加值 136 亿元，旅游业增加值占全市 GDP 的比重达到 6.9%。

3. 城市交通与旅游交通一体发展

2012 年，全市 BRT 快速公交系统正式运行，启动了海滨大道建设，陆续出新了全市主要旅游道路，对 BRT、海滨大道和出新道路的指示牌和两侧的旅游综合信息导游牌进行了全面更新，设置了 11 处旅游咨询服务中心（点），推出了“山海游 +”手机旅游 APP，进一步助推了自驾游和自助游的发展，旅游产业规模跨上了新的台阶。

4. 港口建设与旅游开发同步

1993 年 12 月建成了从连云区北固山黄石嘴直达连岛江家嘴全长约 6700 米的拦海大堤，被称为“神州第一堤”，从此连岛开始了快速发展。1999 年 5 月，市政府批准成立连岛海滨旅游度假区管理委员会，为正处级建制，是市政府的

▲ BRT 快速公交

派出机构，统一负责连岛开发建设、经济发展和社会事业等各项工作，2001年，成立连岛旅游开发有限公司，为连岛度假区的直属国有企业，负责连岛景区的经营管理、旅游服务接待、景区开发建设以及大型旅游节庆活动的承办。

5. 国际性海港城市建设体现旅游化、主题化、休闲化

城市建设旅游化。结合城市社区改造，原海州城区实施文化主导，资源整合，复兴老城，山城互动，以海州文化为主题，整合古城、名山、名州资源，建设海州历史文化旅游城区。原新浦城区实施休闲化战略，全面提升城区的休闲氛围、休闲设施、休闲项目和休闲配套。建设休闲时尚城区。以花果山为依托，建设休闲娱乐产业集中发展区。港口滨海新城围绕建设国际性海港城市的标志区和滨海旅游城市的标志区为目标，实施海陆连动，建设岛为城景、城为岛基的时尚滨海城市景观；以城市即景区的理念，通过休闲化、景观化、旅游化、人本化的手法建设新城，将新城建设成为宜居、宜游、宜商的生态、低碳的休闲城区；依托后云台山良好的森林生态环境和大海景观，开展森林生态观光、户外旅游活动。连云港港区，以东方桥头堡为主题，在港产城联动的基础上，进行休闲化、景观化改造和旅游化配套，建设国际邮轮母港，成为江苏省邮轮旅游的中心。城市建设中的市政项目或大型工程的方案设计中，兼顾旅游功能建设，做到旅游设施建设与国际性海滨城市建设相配套；结合陆海空交通枢纽培育建设交通导向型游憩商业区，有效衔接城市交通网络与旅游区，完善城市旅游公共服务体系。

城市文化主题化。城市文化主题之一——逐海之城，以海陆变迁为背景，凸显城市、山体、海洋交融共生的特色空间格局；城市文化主题之二——神话之都，挖掘神话传说、文学创作、地域民俗等的历史人文特色；城市文化主题之三——活力新港，突出连云港临港产业的活力形象。

城市景观休闲化。如构建海连路—盐河路—朝阳路—花果山大道—新港城大道—北崮山大道—西大堤—新光路为连云港城区旅游景观主干廊道，连通各旅游功能板块、景区及服务设施。加强城市滨水空间、绿地生态廊道设计，对历史文化等内容进行旅游特色景观设计，增强文化场馆、体育场馆、城市公园、博物馆等的休闲和旅游服务功能。

第九章 改善民生，发展社会事业

连云港市在城市发展中，始终坚持把发展社会事业和改善民生作为重要任务，作为全面建设小康社会的迫切要求，作为转变经济发展方式、扩大国内需求的重要途径。就业和城乡居民收入增长，社会保障体系健全，教育、卫生、体育事业改革与发展快速推进，经济发展与社会发展的协调性明显增强，已经具备了加快发展社会事业、改善民生的物质基础和条件。在今后的发展中，仍必须以更大的决心和力度，推动民生和社会事业取得新的更大进展。

一、就业和城乡居民收入增长

（一）劳动就业工作进入新常态

劳动就业是民生之本，事关经济社会发展大局。改革开放30多年来，伴随着全市经济与社会的快速发展和制度转型，连云港市劳动就业事业紧跟经济和社会发展的脉搏，实现了就业体制的深刻变革，劳动就业从政府统配机制逐步转为劳动者自主择业、市场调节就业、政府促进就业相结合机制，打破了城乡劳动者差异化就业制度，统筹城乡就业、均等化就业已经成为新时期连云港市劳动就业工作的新常态。

就业机制实现转变，就业渠道趋于多元。完成了由政府统包统配就业机制向劳动者自主择业、市场调节就业、政府促进就业相结合机制的转变。就业渠道趋于多元化，就业形式日益灵活多样，各类劳动者平等参与市场竞争，市场机制在人力资源配置中的基础性作用越来越明显。

就业规模日益扩大，就业结构不断优化。1984 年至 2014 年，全市从业人员数从 166.89 万人增加到 249 万人，年均增加 2.7 万人；三次产业就业人员比重由 73.4：14.1：12.5 转变为 33.3：31.2：35.5，第三产业年均增加近 2.25 万人，成为扩大就业的重要渠道。

就业政策有效落实，各类群体有序就业。积极就业政策的实施，基本解决了国有企业职工下岗失业问题。据劳动部门统计，自 1995 年启动再就业工程至 1997 年底，全市共有 4.86 万名（人次）失业和下岗职工重新走上工作岗位，再就业率达 50%。到 2007 年底，基本解决了国有企业下岗职工再就业的问题，完成了下岗职工基本生活保障向失业保险的并轨。从 2006 年起，对就业困难人员个人缴纳社会保险给予补贴，全市每年有 1 万多人享受这一惠及民生的政策。加大就业创业扶持力度，2014 年完成各类职业技能和创业培训 29.3 万人次，新增城镇就业 7.6 万人、农村劳动力转移就业 3.6 万人，下岗失业人员再就业 1.9 万人，城镇登记失业率 2.4%。促进重点群体就业，高校毕业生总体就业率稳定在 90% 以上，零就业、零转移家庭保持动态为零。

就业调控扎实推进，政府就业职能得到强化。政府加强对就业工作的宏观调控，强化了促进就业的职能。2003 年以来，全市将城镇新增就业和控制城镇登记失业率纳入政府宏观调控的重要指标，城镇登记失业率近年来都保持在 4%左右，在扩大就业的同时，保持了就业局势的基本稳定。

基层基础得到夯实，就业体系基本建成。市县区都建立了以公共职业介绍机构为窗口的综合性服务场所，对城乡劳动者广泛开展就业政策和信息咨询、职业介绍和职业指导等服务。

劳动就业事业的改革发展历程中，在“引、稳、创、优”四方面形成特色。

“引”是为产业发展招引和配套人力资源。做好就业工作，既要解决群众就业难题，又要积极为产业发展提供人力资源支撑，使扩大就业与产业发展实现良性互动。一方面，通过人力资源市场和人才市场，满足用人单位用工需求和人才需求；另一方面，采取“走出去，引进来”的办法，积极主动到市外、省外建立劳务基地、人才基地，为新引进项目、新开工企业配套专技人才和短期大批用工提前做好准备。

“稳”是维护好就业稳定的大局。始终抓好重点群体的就业，确保就业形势的总体稳定。做好就业困难人员分类帮扶工作，落实好职业技能培训、社会保险补贴和小贷贴息政策，确保城镇零就业家庭和农村零转移家庭“发现一户，解决一户”。落实农村就业服务四项制度，引导农村劳动力有序转移就业。实施高校毕业生就业促进、就业储备等五项计划，帮助他们顺利实现就业。

“创”是大力推动全民创业。创业是就业之源，抓就业必须突出抓好全民创业。通过开展国家级创业型城市创建活动，积极倡导全民创业，营造浓郁创业氛围，通过制定创业扶持政策、落实创业引导资金、扩大创业小额担保贷款贴息投放规模等措施，加大创业帮扶，破解融资难题，激发创业热情，引导和带动更多的群众投身到全民创业大潮中去。

“优”是提供更加优质的公共就业服务。随着城乡发展一体化进程的加快，公共就业服务质量对促进就业创业的作用也越来越凸显。全市逐步健全完善市、县（区）、街道（乡镇）、社区（村）四级公共就业服务体系，加强就业服务信息联网，通过为基层配备自助求职机、公共就业信息发布屏等设备，实现就业服务与社区居民零距离，推进城乡公共就业服务均等化，推动人力资源合理流动。

（二）居民收入稳定增长

改革开放以来，连云港市城乡居民收入持续增长，特别是“十二五”以来，居民收入进入了快速增长时期。与2013年相比，2014年全市居民人均可支配收入17798元，增长10.5%，增速居全省第二位。城镇居民人均可支配收入23595元，增长9.9%，增幅居全省第二位。其中工资性收入12893元，增长10.3%；经营净收入4833元，增长8.3%；财产性收入1847元，增长12.8%；转移性收入4022元，增长9.4%。城镇居民人均消费16016元，增长7.6%。农村居民人均可支配收入11698元，增长11.8%，增幅居全省第二位，其中工资性收入5392元，增长11.2%；家庭经营收入4235元，增长11.9%；财产性收入146元，增长19.7%；转移性收入1925元，增长12.6%。农村居民人均消费支出8282元，增长11.1%。

二、社会保障体系建设

（一）建立健全社会保险体系

1. 社会保险制度不断健全完善

连云港市社会保险制度从无到有，从有到全，制度建设不断健全。1984年开始实行劳动合同制工人养老保险制度，到 1988 年实行企业职工退休养老费用社会保险统筹，1996 年全面建立企业职工基本养老保险制度；1986 年初步建立了失业保险制度；1996 年建立了工伤保险和生育保险制度；2000 年 8 月建立了城镇职工基本医疗保险制度；2007 年建立了城镇居民医疗保险制度；2010 年建立了新型农村社会养老保险制度；2012 年建立了城乡居民养老保险制度。至此，全市全面建立了养老、医疗、失业、工伤、生育保险制度，形成了覆盖城乡、水平相当、普惠群众的多层次社会保障体系。

2. 社会保险覆盖范围不断扩大

社会保险从最初的国营企业合同制工人养老保险开始，逐步将国有集体企业职工、外资合资企业职工、私营企业职工、机关事业单位聘用人员、农民工等各类企业（单位）职工纳入参保范围，2003 年又率先进一步扩大参保范围，在制度上做到了基本养老保险全覆盖。2014 年城镇职工企业职工基本养老保险、基本医疗保险、失业保险、工伤保险、生育保险五项保险参保人员参保率稳定在 95% 以上，城镇居民医保覆盖率达 96%，城镇职工、城乡居民合规住院费用报销比例达 80% 和 70%。实现企业退休人员养老金“十连调”和城乡居民保险基础养老金“三连调”，新增失地农民全部进保。城镇居民医疗保险、城乡居民养老保险、机关事业单位养老保险参保人员分别为 46.2 万人、121.84 万人、6.84 万人，领取城镇职工养老金、城乡居民基础养老金人数分别为 17.84 万人、55.12 万人。养老服务体系不断完善，建成区域性养老服务中心 49 个，城市社区居家养老服务中心实现全覆盖。全面落实城乡低保、困难居民医疗救助自然增长机制，近 7 万名残疾人得到相应保障。

3. 社会保险待遇不断提高

城镇职工基本养老金自 2005 年调整以来，已经连续上涨了 10 年，养老金从 1988 年的人均 65 元 / 月增长至 2014 年的 1780.1 元 / 月，涨了 27.4 倍。医疗保险启动初期主要实施城镇职工基本医疗保险和大病医疗救助，在此基础上，又逐步建立了企业补充医疗保险、公务员医疗补助。同时对城镇职工医疗保险有关政策适时进行调整完善，如参保人员统筹金最高支付限额由 3 万元提高到 5 万元、8 万元，随后又提高到 12 万元；大病救助基金最高支付限额由 10 万元提高到 15 万元，随后取消大病救助基金最高支付限额，实行不封顶；还将参保人员转外居外个人先自负的费用由 20% 降为 10%，随后又降到 5%；另外又扩大了门诊慢性病病种范围，由原来的 6 种增扩为 26 种；住院报销比例也进一步得到了提高；2009 年连云港市启动实施城镇职工基本医疗保险门诊统筹制度，成为苏中、苏北地区开展门诊统筹医疗的领跑者。2014 年，连云港市城镇职工、城镇居民医保政策规定范围内的住院医疗费用报销比例分别达到 84% 和 70%。失业保险和工伤保险待遇建立了定期增长机制，城乡居民基础养老金从 2010 年实施的每月 60 元调整到 2014 年的每月 90 元，社会保险各项待遇都得到了大幅提高。

4. 社会保险经办服务逐步科学化规范化

2000 年 7 月，社会保险费的征缴、发放和管理由社会保险经办机构征收改为地税部门征收，逐步建成了“地税征收、财政监督、劳动保障部门发放”的社会保险金管理体制。2005 年市政府出台了《关于进一步做好养老保险扩面征缴工作的通知》，明确了劳动、财政、地税各部门工作职责，建立了养老保险扩面征缴目标奖惩机制。2008 年，成立市社会保险征缴中心，市区率先实行了五项社会保险统一征缴模式。率先在全省实行市级养老保险数据集中管理，市、县、区实现了社会保险经办机构和地税部门实时联网、信息共享。建成了集信息网站、1233 服务热线、电子触摸屏于一体的网络公共查询系统，不断提升社会保险公共服务能力。全市各级社保机构建设日趋完善，队伍素质稳步提高，经办管理更加规范，服务水平进一步提升。2007 年，率先在全省建立个人医保信用失信管理机制；2010 年初在全省率先推出医疗保险定点责任医师管理办法，将医保对医疗机构医疗服务的监管延伸到对医务人员医疗服务行为的监管；2012 年，会同市监察、卫生、财政、药监、物价等部门对原医保服务责任医师管理办法进行了重新修订，成为全国第一个六部门联手出台医师管理文本的城市。

（二）建立多层次住房保障体系

为了适应住房制度的改革要求，不断满足人民群众对住房的需要和解决广大城镇居民的住房困难问题，自 20 世纪 80 年代后期，启动了保障性住房工程。加大保障性住房建设力度，多形式、多层次、多渠道解决城市低收入家庭和其他困难群体住房困难问题。加强住房公积金制度建设，充分发挥住房公积金保障住房职能，不断扩大覆盖面。全市已建立起以公共租赁住房为重点，以廉租住房、经济适用住房、限价商品住房实物安置为主体，以人才安置房、发放廉租住房租赁补贴为补充的具有连云港特色的住房保障体系。

1. 住房保障体系建设基本情况

自1996年市政府正式出台《连云港市安居工程实施意见》以来，保障性住房建设进入了崭新的发展阶段。“十一五”期间全市累计投资24亿元，共解决了43000多户城市中低收入家庭、新就业人员、外来务工人员以及引进的高层次人才的住房困难问题，较好实现了省委省政府提出的“低保家庭能住得上廉租房，低收入家庭住得起经济适用房，新就业人员租得起房”的目标。

“十二五”以来，坚持把住房保障列为全市十大民生工程的重要内容，将住房保障纳入民生幸福工程六大体系之一重点推进，保障性住房建设更是快马加鞭，在建设规模、资金投入、保障数量等方面均超过了历史上任何一个时期，实现了历史性突破。自2011年开始，截至2014年9月份，全市通过政府主导、社会参与、保障房配建、从市场集中收购等方式，累计投资55亿元，开工建设各类保障性住房38822套，包括廉租房926套，公租房20750套，经济适用房7189套，限价房9957套。市区新开工建设各类保障性住房19535套，市区先后开工建设了茗馨花园、茗怡花园、茗昇花园、茗泰花园等多个保障房小区，永安新村保障房小区、幸福村危旧房改造等全市重点工程项目正在加快推进。茗馨花园作为全市第一个集中开发的保障性住房小区，已建成保障房4174套，并全部分配入住。市区经济适用住房保障对象扩大到城镇中等偏下收入家庭，廉租住房实现城镇低保和低收入住房困难家庭“应保尽保”，住房困难保障标准从人均住房建筑面积低于15平方米扩大到18平方米。多次被评为全省住房保障工作先进市，2013年被列为全省共有产权经济适用住房制度创新试点城市。

2. 住房保障体系建设主要做法

一是政策推动，建立满足不同需求的多层次住房保障体系。市政府先后出台了《连云港市市区廉租住房建设租赁管理办法》《连云港市市区城镇廉租房货币配租和公房租金减免实施办法》《连云港市经济适用住房管理暂行办法》《连云港市市区共有产权经济适用住房实施细则（试行）》《人才安置房申购管理实施意见》等政策文件。国发［2007］24号文件出台后，根据该文件精神，结合本市实际，对经济适用住房和廉租住房管理办法进行了修订，出台了《市区廉租住房保障办法》《市区经济适用住房管理办法》。2009年制定了《市区“两限”房申购、销售实施细则》，2012年制定了《连云港市公共租赁住房管理办法》《连云港市市区配建保障性住房管理办法》和《连云港市市区保障性住房申请资格审核认定办法》等一系列政策文件。2013 年全市投资 12 亿元，新建、筹集各类保障性住房 8500 套，基本建成 6500 套，发放廉租房住房补贴 1650 户，其中，市区新开工各类保障性住房 4440 套，基本建成 3260 套人才安置房 100 套房源。2014 年连云港新开工建设各类保障性住房 8330 套（不含棚户区改造），其中公共租赁住房 3490 套、经济适用住房 1140 套、限价商品住房 2700 套；基本建成各类保障性住房 7762 套（不含棚户区改造），其中公共租赁住房 4837 套、经济适用住房 1395 套、限价商品住房 1530 套。

二是阳光操作，确保保障性住房分配公开、公平、公正。在保障性住房分配方面，坚持实行"三级审查、两轮公示"的办法（街道、社区初审，县区复审，市房产局、民政局和总工会终审；初审公示和终审公示），对符合条件的购房户，通过电脑摇号确定供应对象和选房顺序。去年还在全省率先推出电脑抽签选房，杜绝了可能发生的违规行为。在销售价格上，实行政府定价。

三是商品房销售日趋理性，房地产市场平稳健康发展。认真落实商品房预售资金和商品房售后质量保证金监管制度，积极准备实施二手房网上交易和资金监管，严格执行商品房预售审批、"一房一价"和网上备案制度，对房地产开发企业在预售许可审批前，坚持约谈开发企业，宣传有关政策法规，引导开发企业理性定价。对违规代理预售商品房、违规收取定金的房地产开发企业和经纪机构进行了查处，促进了市场规范。同时，坚持实施商品房退房公开摇号再销售制度，坚持定期编发房地产市场月度快报、季度报告，市场分析研判和动态监测水平有了一定提高。

四是动态管理，不断完善住房保障的准入和退出机制。建立并完善低收入家庭和住房困难家庭电子档案数据库，对经济适用房、廉租房实行动态管理。落实县区、街道、社区等基层部门工作责任制，严格报名资格准入审查和监督，加大"空关房屋"排查力度，认真处理好经济适用房购房户的直管公房腾退工作，对不符合保障性住房条件的住户通过年检及时退出。2013 年，全市有 69 户低收入家庭因实物配租而退出货币保障。

三、教育改革与发展

截至 2014 年，全市共有普通高等学校 4 所，中等专业学校 9 所，普通中学 173 所，技工学校 13 所，职业学校 5 所，小学 449 所，特殊教育学校 7 所，教育事业发展取得了长足的进步。

（一）教育改革

1. 新课程改革的实施

2002 年秋季新学期小学段（市区）开始课程改革实验工作，2003 年秋季新学期四县小学段进入课程改革实验。2004 年秋季新学期初中段开始课程改革实验工作，2005 年冬季新学期全市高中段开始课程改革实验工作。课程改革有以下几个方面的主要特点：一是确立三维目标，把原来目标单一的课堂转变为目标多维的课堂。二是开设综合课程，大力提倡课程综合化，设置跨学科的综合课程。三是实行弹性课程管理，新课程具有弹性，充分发挥师生的差异性和主动性。四是推进"一纲多本"的教材政策，结束了"一个大纲，一套教材"的历史。五是开发地方课程和校本课程。与宿迁市、淮安市联合开发了地方文化课程"淮海文化"，不少学校也积极尝试开发校本课程。

2. 深化教育体制改革

市教育主管部门引进市场机制，深化教育体制改革。一是完善教育管理体制，强化政府办学行为。二是完善农村教育管理体制改革，积极配合政府调整财政支出结构，着力做好农村中小学教师工资的保障工作，继续做好企业办学分离后学校的管理工作。将以县为主的农村义务教育管理体制落实到位，实现"四个统一"。进一步强化乡镇政府实施义务教育的责任。三是积极进行办学体制改革，实现办学主体多元化。积极在公办学校中引入民办运行机制，大力发展民办教育，鼓励、支持普通高中、职业学校"名校办民校"，大力开展教育招商引资活动，利用各类社会资本发展教育。四是强化人事分配制度改革，激发教师工作积极性。全面推进学校内部管理体制改革，全面实行教职工全员聘任制，逐步推行区域内中小学教师轮岗制度，加强中小学编制管理，深化教师职称改革，推行评聘分开、竞争上岗的管理机制，实现师资的合理流动。强化教师准入制度，加大学科带头人培养力度。加强人事制度改革，建立人力资源配置市场化的运行机制。五是进一步规范义务教育阶段办学体制改革行为，严格控制义务教育阶段办公办民助学校。公办民助学校实行"三独立"，开放非义务教育市场，鼓励社会力量以多种形式办学。规范民办教育秩序，强化对民办学校的管理。

（二）教育发展与教育现代化建设

1. 教育现代化建设水平苏北领先

2009 年出台了《连云港市中长期教育改革和发展规划纲要》，提出了建设教育强市、实现教育现代化的战略目标，明确了工作指导思想、基本方针和主要措施，切实将县（区）域教育现代化建设放在重要位置，不断加大工作力度，创新工作举措。2013 年被确定为江苏省首批教育现代化市级示范区建设单位，赣榆被确定为教育现代化县级示范区建设单位。召开了全市省级教育现代化市级示范区建设动员大会，出台《关于推进教育现代化建设的实施意见》，启动教育现代化市级示范区建设。并召开专题会议对县域教育现代化创建工作进行全面部署，按照“与本地区基本达小康的进程保持相对一致，适度超前，分时段推进”的原则，制定实施《县（区）域基本实现教育现代化实施方案》，建立了教育现代化创建专题网站，教育现代化创建工作取得突破性进展。赣榆区、海州区、连云区、开发区、灌南县已顺利通过教育现代化建设水平现场评估。县（区）域教育现代化建设达成率在苏北居领先地位。

2. 基础教育均衡发展水平不断提高

学前教育加快发展。市政府出台了《关于加快学前教育改革发展的意见》，全市创建省级优质幼儿园 148 所，新、改、扩建幼儿园 149 所，幼儿园办园条件得到大幅改善。

义务教育均衡发展。完善“控辍”工作制度和责任追究制度，做好留守儿童和“三残”儿童教育工作，确保适龄少年儿童一个不少地接受义务教育。在新浦海州城区义务教育阶段学校实施委托管理，组织新海实验中学等 6 所优质学校对新浦中学初中部等 6 所薄弱学校实施委托管理，薄弱学校办学实力快速提升。稳妥做好改制学校清理整顿工作，全市 15 所义务教育阶段学校回归公办。科学调整城区义务教育阶段学校招生政策，全部实行划片就近入学。师专一附小和师专三附小合并组建师专一附小教育集团，优质教育资源不断扩大。江苏省副省长对连云港市推进义务教育优质均衡发展工作作出专门批示，给予充分肯定。

普通高中优质发展。创建四星级及三星级普通高中 12 所，全市普通高中学生在三星级及以上高中就读比例达 91.6%。高考普通类本科达线人数连续两年突破万人。新海高级中学入选省首批普通高中创新人才培养试点校，2 个实践课程基地被批准为江苏省首批普通高中课程基地。2010年连云港市被评为江苏省推进基础教育课程改革工作先进市。

3. 职业教育基础能力建设加强

全市现有国家级中等职业教育改革发展示范校2所、国家级重点职业学校12所、省高水平示范性职业学校8所、四星级中等职业学校6所、三星级中等职业学校5所，创建国家级职业教育实训基地3个、省级职业教育实训基地17个、省级品牌和特色专业6个、示范专业40个。2008年以来组织参加全国、省职业院校技能大赛，获全国一等奖3名、二等奖2名、三等奖1名，省一等奖11名。2011年，赣榆县被确定为江苏省首批职业教育创新发展试验区。大力开展农村成人教育，年均进行农村劳动力转移培训4.7万人次、农村实用技术培训45万人次，不断提升农村劳动力技能与就业能力，为新农村建设作出积极贡献。

4. 高等教育发展层次提升

1985年创办第一所省属普通本科院校淮海工学院，实现高等教育的突破。1998—2002年期间，根据全省高等教育体制改革总体部署，均具有50年以上办学历史的江苏盐业学校、连云港水产学校和连云港化工高等专科学校先后并入淮海工学院。2013年8月，国务院学位委员会审议批准淮海工学院为硕士学位授予单位。学校下设17个二级学院，开设62个本科专业，覆盖工学、理学、文学、管理学、农学、法学、经济学、艺术学、教育学和医学等十个专业门类。海洋科学与技术成为江苏省唯一的海洋类优势学科，机械工程、化学工程与技

▲ 淮海工学院

术为省重点培育学科，控制科学与工程、计算机科学与技术、测绘科学与技术和生物工程被列为省重点建设学科。拥有江苏省海洋生物技术重点实验室、江苏省海洋药物活性分子筛选重点实验室、江苏省海洋资源开发研究院、江苏省海洋经济研究中心、江苏省海洋信息技术中心、省级大学科技园等一批海洋特色鲜明、学科力量雄厚的科技研发和服务平台。目前，928 位专任教师中 460 人具有高级职称，761 人具有博士和硕士学位，其中正高级职称 131 人，博士 221 人。有多位教师获得享受国务院特殊津贴专家、江苏省有突出贡献的中青年专家和全国优秀教师、江苏省教学名师、江苏省中青年科技领军人才等荣誉称号，入选教育部高等学校骨干教师资助计划，江苏省“333 工程”培养对象、“青蓝工程”培养人选，获得江苏省“六大人才高峰”高层次人才项目资助。全日制在校本科生、硕士研究生近 2 万人。近五年，全校教师共主持和参与厅级以上科研项目 500 多个，全校教师在国际国内学术期刊发表论文 5000 多篇，被 SCI、EI、ISTP 三大检索收录 1000 余篇，申请专利 200 多项。学校目前已与美国、日本、德国、英国、加拿大、澳大利亚、新西兰、韩国等 12 个国家的 30 余所高校建立了友好合作关系，与近 20 所国外高校签署教育交流与科研合作协议。常年邀请外国文教专家来校讲学任教，同时招收各国来华留学生。

高等教育合作办学也取得突破性进展，引进江苏师范大学与连云港师范高等专科学校合作建办江苏师范大学连云港校区，2011 年，江苏师范大学连云港校区录取 500 名师范本科生；与南京医科大学签订协议，康达学院整体搬迁来连；与江苏大学签订全面合作协议，共建江苏大学连云港工程研究院和江苏大学连云港学院。淮海工学院大学科技园经省科技厅、教育厅联合批准为省级大学科技园，南京大学连云港高新技术研究院、南京工业大学连云

▼连云港职业技术学院新校区

港海洋工程研究院正式挂牌运行。整体搬迁到科教园区的连云港职业技术学院、连云港师范高等专科学校、江苏财会职业技术学院、工贸高等职业技术学校、中医药高等职业技术学校、市体育运动学校、连云港中等专业学校等已经建成使用。

5. 中小学办学条件不断改善

先后实施了“四配套”“农村教育两项工程”和城乡学校结对帮扶工程等，投入资金 6 亿余元，全市义务教育合格学校建设任务基本完成。制定了《连云港市市区中小学布局规划（2008—2030 年）》，城市发展与配套建设中小学融入全市总体规划。全面推进中小学校舍安全工程，至目前，全市新建、加固维修校舍面积达 152 万平方米。扎实推进教育重点工程建设，连云港高级中学、赣榆县第一中学、灌云高级中学、东海中等专业学校、灌南中等专业学校、大港中等专业学校、新海实验中学苍梧校区、海州实验中学新教学楼、市特殊教育中心综合楼等建成使用。全面推进教育信息化工作，完成基础教育信息化公共服务体系平台建设，实现江苏教育科研计算机专网省市县对接，全市各县区全面完成平台接入工作。教育技术装备水平进一步提高，连云港市在省教育技术装备综合评估中名列第一，荣获省教育技术装备先进集体。2014 年全市新增交互式多媒体终端和普通多媒体 2370 套、学生用计算机 2200 台、e 学习电子书包专用室 32 个，生机比达 8.5：1。

6. 教师队伍综合素质持续提高

强化师德建设，建立了师德监督预警机制，组织开展了教育法规学习、师德标兵宣讲、师德论文评比等活动，师德师风建设得到切实加强。2008 年以来，表彰优秀教育园丁、师德模范、师德标兵、农村教师突出贡献奖、中等职业学校突出贡献奖 1068 名，评选优秀校长、优秀班主任、学科带头人近 1000 人，多名教师被评为全国模范教师、全国优秀教师、省特级教师、省优秀教育工作者，赣榆县金山职业高级中学和灌南县孟兴庄中心小学被评为全国教育系统先进集体。深入推进“千校万师支援农村教育工程”和“万名大学生支教工程”，来连支教教师和优秀大学毕业生达 1000 余名，农村中小学教师结构得到进一步优化。注重教师培训，2008 年以来培训教师 7.5 万人次。全面实施中小学高层次人才“333 工程”，培养骨干教师、骨干班主任和骨干校长 2100 名。被评为 2010 年度江苏省师资队伍建设先进市。

7. 素质教育实施水平不断提升

德育工作不断加强。深入开展弘扬培育民族精神月活动、中小学“三养成”教育等活动，积极开展心理健康教育。扎实推进中小学生素质教育实践基地建设，建成连云、灌云、灌南、东海、赣榆等 5 所素质教育实践基地，年均参加实践活动的学生达 3.6 万人次。体卫艺活动全面开展。全面推进阳光体育活动，确保中小学生每天一小时锻炼时间；全面实施中小学体育艺术“2+1 项目”，积极开展阳光体育联赛活动和中小学艺术系列活动。在省教育厅组织的高校新生身体素质测试中，综合指标连续 3 年列全省第二位。全市各级各类学校及幼托机构连续五年无食品卫生安全事故和大的传染病疫情发生。教育科研工作成绩显著。省“师陶杯”、“教海探航”论文竞赛中，连云港市获得一等奖的论文数连续多年列全省之首。

8. 教育发展保障力度不断加大

学校生均公用经费基准定额逐年提高。2011 年分别提高到小学每生每年 550 元、初中每生每年 750 元，小学、初中家庭经济困难寄宿生生活费补助标准分别提高到 750 元 / 年、1000 元 / 年。免费政策全面落实，义务教育阶段全面免除学杂费，免费提供教科书、作业本，真正实现了免费义务教育。切实做好扶贫助学工作，2008 年以来，为义务教育阶段家庭经济困难寄宿生补助生活费 4568 万元；按 1500 元 / 年标准为普通高中家庭经济困难学生和中等职业学校一、二年级学生发放助学金，2008 年以来累计金额达 2.13 亿元；为家庭经济困难应届大学新生提供助学金，仅教育系统发放助学金 1216 万元，全市无一名学生因贫困而失学。

9. 全民教育与终身学习

建设学习型社区。推进街道、乡镇学习型社区建设，乡镇成人教育中心校通过提升改造全部转变为功能全、覆盖广、辐射强的社区教育中心。截至 2013 年，全市乡镇（街道）、村（居）社区教育基地全面建成，城市居民参与社区教育活动数达到 60% 以上，农村居民达到 40% 以上。完善成人社区教育。加强社区教育阵地建设，实现社区教育资源的综合利用。2013 年，全市创建省级农科教结合示范基地 10 个、市级 30 个，省级社区教育中心 15 个、市级 40 个，省级社区教育示范乡镇 10 个，争创国家级社区教育示范区 2 个。建立民办教育体系。至 2013 年，创建 2—3 所三星级民办高中学校，3—4 所省级示范初级中学，创建一定数量的省级实验小学和幼儿园。培训机构能满足广大人民群众多种高质量需求，基本形成布局合理、规模适度，与公办学校共同发展，具有连云港特色的民办教育发展格局。

四、医疗卫生和体育事业的改革与发展

（一）连云港市卫生事业改革与发展

从 1985 年起，连云港市就开始卫生事业管理体制和规章制度的改革，逐步改变单纯依靠国家举办卫生事业的模式，调动地方、部门、集体和个人办医的积极性。从 1990 年起，采取治理整顿医疗卫生工作秩序、抓好农村基层卫生工作、抓好预防保健工作和加强组织领导等政策措施，推动卫生事业发展。2009 年，全面深化医药卫生体制改革工作，积极推进医改五项重点工作，医改成果惠及广大人民群众。这一阶段，各级政府加大了对卫生事业的投入，农村卫生、社区卫生、公共卫生等基层基础卫生工作得到进一步加强与发展。

1. 卫生服务体系日臻完善

至 2014 年底，全市共有医疗卫生机构总数 2702 个，其中医院 184 所。全市卫生技术人员 21896 人、医疗机构床位 17672 张，全市每万人口拥有床位数、医师数分别为 39.2 张、18.1 人。公立医院改革进一步深化，推进非公立医疗机构发展，2014 年全市非公立医疗卫生机构 520 所，占全市医疗卫生机构总数的 20.1%。基本药物制度不断完善，全市 109 家政府办基层医疗卫生机构全部实施基本药物制度。新农合保障水平持续提升，全市共有 337.07 万人参合，参合率为 99.87%，人均筹资标准 400 元。公共卫生工作水平进一步提升，市、县（区）疾控体系建设达标率为 85%，新增无害化卫生厕所 3.5 万座。食品安全与卫生监督工作不断加强，监测各类食品 2854 份，对 4 项食品安全标准进行跟踪评价。

医院建设水平明显提升。1986 年连云港市人民医院更名为连云港市第一人民医院，1994 年 10 月被评为国家三级乙等医院，1999 年冠以徐州医学院附属连云港医院名称，2004 年合并连云港市东方医院，2008 年晋升为国家三级甲等综合医院。1986 年，由海州基督教会开办的义德医院几经变名后定名为连云港市第二人民医院，1991 年冠以徐州医学院教学医院名称，1996 年增冠连云港市肿瘤医院名称，2012 年晋升为三级综合医院。市东方医院 1985 年由连云诊所更名为连云港市红十字医院，1986 年 9 月更名为连云港市第三人民医院，1994 年

▲连云港市第一人民医院

5 月由第三人民医院与连云区人民医院合并更名为连云港市红十字医院，1999 年 3 月增添连云港市东方医院冠名，2004 年 3 月与市第一人民医院合并重组后更名为连云港市第一人民医院东方医院，同时，增挂连云港市涉外医院牌子，2012 年晋升为三级综合医院。1984 年 6 月，成立市中医院，2010 年建成国家三级甲等中医院。1985 年，在新浦农场职工医院的基础上成立连云港市妇幼保健院，1989 年改称连云港市妇女儿童医院，1994 年 5 月增挂连云港市第三人民医院名牌，2001 年 6 月更名为连云港市妇幼保健院，保留连云港市第三人民医院名称，2001 年 6 月与连云港市妇幼保健所合并，2010 年建成国家三级甲等妇幼保健院。连云港市第四人民医院 1988 年 11 月由连云港市结核病防治院更名，2000 年精神科病房楼落成使用，开设精神科病区，2005 年实施整体迁建，传染病院建设工程（一期工程）于 2010 年 9 月完工，并于 2010 年 12 月完成搬迁，精神病院的精神卫生中心综合楼（二期工程）2014 年内完成主体封顶，该院于 2013 年建成三级传染病专科医院。

2011 年以后，全市逐步建成口腔、儿童、脑科、骨科、肿瘤等市属专科医院 5 所。灌云、灌南、东海和赣榆区分别建成 1 所二级甲等综合医院和 1 所二级甲等中医医院。“十二五”以来，市区启动建设新海新区医院、徐圩新区医院、连云新城医院，2014 年内开工建设市妇幼保健医院新院区。

农村卫生服务体系和城市社区卫生服务体系不断完善，各类专业公共卫生机构逐步健全，非公立医疗机构发展迅速。2005 年，市政府出台《关于鼓励社会力量兴办医疗机构的若干意见》；2006 年，市卫生局制定《连云港市民营医疗机构管理办法》，支持和引导社会资本举办医疗机构，允许社会资本和社团、个人参与公立医疗机构的改制、改革或合作、联营。2011 年，《市政府办公室转发市发展改革委市卫生局等部门关于进一步鼓励和引导社会资本举办医疗机构实施意见的通知》，进一步鼓励社会资本举办上规模、有特色的非公立医疗机构。2014 年，全市非公立医疗卫生机构 520 所，占全市医疗卫生机构总数的 20.1%，其中非公立医院 40 个，占全市医院总数的 60.6%；全市非公立医疗机构共有床位数 2970 张，占全市总床位数的 17.0%；全市非公立医疗机构在岗职工 4501 人，占全市卫生人员总数的 16.3%（其中民营医疗机构的执业医师数占全市执业医师数的 7.18%、注册护士数占全市注册护士数 9.48%）；全市非公立医疗机构年诊疗 42.56 万人次，占全市年诊疗人次总数的 11%。同时，非公立医疗机构的规模不断扩大，已有 12 家非公立医疗机构达到二级医院标准。紧缺型医疗机构得到发展，建成赣榆仁和护理院、润科老年病医院。

基本医疗卫生服务能力不断提升。坚持硬件和软件建设并重，持续完善基层医疗卫生服务网络，强化人员培训培养。在农村基本实现“小伤小病不出村、一般疾病不出乡、大病基本不出县”，在城市基本实现“小病在社区、大病进医院、康复回社区”的就医格局。

基层医疗卫生机构条件持续改善。依托省、市扶持政策，大力推进新一轮基层医疗卫生机构升级改造工程。2011 年以来，全市共改造乡镇卫生院 88 个、村卫生室 1245 个，改造社区卫生服务中心 22 个、社区卫生服务站 30 个，并为乡镇卫生院、社区卫生服务中心购置基本设备 400 台（套）。市财政对村卫生室建设给予扶持，经验收合格每个补助 3 万元，共扶持 90 个村卫生室建设。全市累计建成省级示范乡镇卫生院 18 个、全国示范社区卫生服务中心 2 家、全国群众满意社区卫生服务中心 1 家（全省仅 4 家，另 3 家分布在苏南）、省级社区卫生服务中心 17 家、省级示范村卫生室 12 个。

卫生人才队伍建设持续加强。全面实施基层卫生人才“三个千人计划”，2011 年以来共培训基层各类卫生人员 7000 余名，下派 1300 余名城市医生支援基层，引进大专以上基层卫生人才 1000 余名（其中农村订单定向医学生免费培养 260 人），实施乡村医生学历补偿教育 3000 余人。通过用人单位委托培养、卫生行政部门定向培养和培训基地面向社会招收等多种渠道，对全市各级各类医疗卫生机构从事临床工作、本科及以上学历的医学专业毕业生进行全科或专科方向的住院医师规范化培训，全市累计培训合格住院医师 1015 人、全科医生 125 人，在培住院医师 1059 人，基本覆盖全市各级各类医疗卫生机构。全市基层医疗卫生机构注册全科执业（助理）医师达到 580 人，每个社区卫生服务中心、乡镇卫生院平均拥有全科医生 5.4 人，全科医生实现基层机构全覆盖，居全省前列。深入实施医学重点学科建设与人才培养战略“科教兴卫工程”，加快建成一批具有省内先进水平的学科（专科），并以学科建设带动拔尖人才培养。全市共建成省市联合共建医学创新团队与领军人才 1 人、省医学重点人才 2 人，建成省级妇幼保健重点学科 3 个、重点学科建设单位 2 个、省级妇幼保健重点人才 2 人、省级妇幼保健重点培养对象 1 人；建设市级医学重点学科 21 个，选拔培养市级医学重点人才 100 人；专科服务能力显著提升，共建成省级以上重点专科 17 个（位居苏北五市第二名），其中临床重点专科 11 个、中医重点专科 6 个（含 2 个国家级），建成市级临床重点专科 75 个。

乡村医生老有所养目标全面实现。积极推动村卫生室机构公办、人员公职、服务公益，全市乡村一体化管理率达到 99.5%，乡镇卫生院对村卫生室领办率达 66%。实施 3000 余名村医中专学历补偿教育，全市取得乡镇执业助理医师以上资格的村医为 2390 名，占村医总数 5862 名的 41% 以上。全面建立乡村医生养老保险制度，将企业职工基本养老保险作为村医养老保险的主体制度形式，全市 74.3% 的应参保乡村医生参加企业职工基本养老保险，80.6% 的已退职乡村医生得到政府合理养老补助安排，未落实的主要是灌云县、云台山景区及花果山乡。

家庭医生制度大力推行。2009 年以来，积极转变基层机构服务模式，主动上门为群众提供健康管理等综合服务，全市 23 家社区卫生服务中心全面实施家庭医生制度，96% 的政府办乡镇卫生院实施健康管理团队服务。

新农合保障水平持续提升。新农合制度建设从 2003 年试点，2004 年扩面，到 2005 年全市四县和市辖区（采取市级统筹的模式）全面实施，在江苏省内较早实现了城乡农村居民全覆盖，参合率一直稳定在 96% 以上。2010 年实现全市参合就医“一卡通”，县转市病人可以直接在市级医院进行补偿结报。

2. 基层医疗卫生机构运行新机制逐步完善

自 2009 年启动新一轮医改工作以来，连云港市按照“保基本、强基层、建机制”的指导原则，出台连云港市巩固完善基本药物制度和基层运行新机制的实施方案，不断深化基层综合改革。

规范实施基本药物制度。在2011年底实现109家政府办基层医疗卫生机构基本药物制度全覆盖的基础上，逐步将纳入一体化管理的村卫生室纳入基本药物制度实施范围，2013年底全市1552个实行一体化管理的村卫生室中有1411个村卫生室配备使用并零差率销售基本药物，实施率为91%。2014年初，启动非政府办基层医疗卫生机构实施基本药物制度，2013年底6家非政府办基层医疗卫生机构已正式采购、配备、使用基本药物。2011年以来，全市109家基层医疗卫生机构从15家配送企业网上采购基本药物8.48亿元，配送率达93.89%，验配比达99.02%，累计为患者节约医药费用达3亿元。二级以上医疗机构将基本药物作为首选药物，优先配备使用，2011年以来，二级以上医疗卫生机构共采购药品32.78亿元，其中基本药物占比为8.61%，整体配送率为88.93%，验配比为89.39%。

全面建立新的补偿机制。按照财政补偿到位、保障正常运转的要求，将基层医疗卫生机构基本建设、设备配备等专项补助和基层医疗卫生机构经常性收支差额补助纳入财政预算；积极配套基本公共卫生服务经费，并做到专款专用；采取多种方式对基本药物零差率销售进行补助，并全面实施一般治疗费政策。同时，推进落实乡村医生补助政策。

全面推进人事分配制度改革。在基层医疗卫生机构整体推进人事分配制度改革，全面建立按岗聘用、合同管理的用人机制和科学公平、体现绩效的考核分配机制。

3. 公共卫生工作得到强化

坚持预防为主的方针，免费为全民提供基本公共卫生服务和重大公共卫生服务项目，促进公共卫生服务均等化。

免费为群众提供11类43项基本公共卫生服务。基本公共卫生服务人均补助标准从2009年的15元提高到2014年的35元，服务项目由9大类21项增至11类43项。至2013年底，全市累计建立电子健康档案364万余份，建档率达84.23%；儿童预防接种率达到95%以上；老年人健康管理率84.7%；高血压患者、2型糖尿病规范管理率达80%以上；重性精神病患者规范管理率达90%以上。基本公共卫生服务的公平性和可及性有了明显的提高。

认真抓好重大公共卫生服务项目。农村孕产妇住院分娩补助，农村妇女补服叶酸、宫颈癌、乳腺癌检查等重大公共卫生服务项目均超额完成省下达任务；全市农村无害化卫生户厕普及率达 78.6%；加强农村生活饮用水卫生监测，继续保持农村生活饮用水卫生监测全覆盖。

卫生防病能力不断提升。认真落实人感染 H7N9 禽流感疫情、手足口病、结核病、艾滋病等重点传染病防控措施，全市法定报告传染病发病率连续多年控制在全省平均水平以下。1988 年、1990 年、1995 年如期实现了以省、县、乡（镇）为单位的 3 个 85％计划免疫目标，计划免疫针对疾病得到有效控制，鼠疫、天花、白喉、斑疹伤寒、恶性疟疾、新生儿破伤风等传染病基本绝迹。全市推广食用加碘盐，到 2006 年底，全市已消灭碘缺乏病。自 1993 年始开展爱婴医院创建，提倡孕产妇住院分娩，爱婴医院建成率达 100%。2002 年，连云港市实施降低孕产妇死亡率项目，2006 年启动“母婴安康工程”，不断提高产科服务水平和环境。至 2007 年底，全市孕产妇死亡率、婴儿死亡率分别下降至 11.46/10 万、5.56‰，提前 3 年达到市“十一五”妇女儿童发展规划目标要求。

（二）体育事业的改革与发展

1. 体育打造城市品牌

通过举办大赛打造城市品牌。2003 年，连云港市成功举办世界女子沙滩排球巡回赛中国连云港站比赛，改写了没有承办过国际正式体育比赛的历史。2004 年，相继举办世界男子沙滩排球巡回赛、亚洲沙滩排球锦标赛、全国沙滩排球巡回赛、全省沙滩排球比赛，实现沙滩排球办赛的大满贯。中央电视台对世界男子沙滩排球巡回赛、亚洲沙滩排球锦标赛闭幕式和决赛的现场直播以及全国各联合体电视台、有线电视台、广播电台对赛事的转播，在全国乃至世界产生了巨大的宣传效应，对打造城市品牌、宣传连云港起到了积极的促进作用。

通过参加大赛打造城市品牌。在竞技体育方面取得了历史性突破，填补了 3 项历史空白。2003 年，郜普庆在第七届世界武术锦标赛上荣获 70 公斤级散打金牌，成为连云港市历史上正式比赛的第一个世界冠军。2004 年李梅芳在公路自行车项目上取得雅典奥运会的入场券，填补了连云港市个人项目没有选手参加奥运会的历史空白；2004 年，薛兰梅在残奥会上夺得柔道女子 70 公斤以上级金牌，成为连云港市第一个残奥会冠军。2008 年北京残奥会上，叶如意、成昌杰、张春翠、董敬萍、张文馨 5 名运动员在轮椅击剑、轮椅射箭和自行车三个大项的比赛中，取得了 4 金 2 银 2 铜的战绩，金牌数和奖牌数均位居全省第二，在连云港体育运动历史上写下了浓墨重彩的一笔。此外，李梅芳在第十四、十五届亚运会公路自行车项目上蝉联金牌；郃普庆、张亭宾在第二届世界杯武术散打比赛、亚洲武术锦标赛、全国武术散打锦标赛、全国武术散打冠军赛上夺取金牌。自此，连云港市运动员获得3个世界冠军、2个亚运会冠军，10个亚洲冠军、56个全国冠军。

通过申报奥运吉祥物（简称“申吉”）打造城市品牌。连云港市积极支持和参与2008年北京奥运会“申吉”活动，于2002年10月向北京奥组委举荐“美猴王”孙悟空为奥运吉祥物，取得了中国奥组委和国家体育总局对连云港市“申吉”活动的认同。连云港市通过建立“美猴王”申吉网站，利用举办的各项赛事，将“美猴王”孙悟空推向全国，在全国产生了广泛影响。虽然“美猴王”最终未能入选，但连云港市作为第一家以政府名义申吉的城市，在全国掀起了奥运申吉活动的热潮，为推动全社会支持和参与北京奥运会作出了积极贡献，并探索出利用体育资源宣传城市的成功之路。

2. 构建全民健身服务体系

大力实施“三节一歌”工程。所谓“三节一歌”工程指农民体育节、渔民文化体育节、社区体育节和以冬长跑、春演练、夏游泳、秋登山为内容的全民健身“四季歌”。该工程推动全民健身活动蓬勃开展，取得丰硕成果。2004年，连云港市组队参加全省第五届农民运动会，获得优秀组织一等奖，金牌数和团体总分排名全省第三。2005年，获得首届江苏省全民健身运动会金牌、总分第二的好成绩。

大力实施特色体育创建工程。精心培育具有区域特色的体育项目，形成了赣榆县的拔河、锣鼓，灌云县的3人制广场篮球赛，灌南县的棋类，东海县的水上项目，海州区的舞龙、风筝，新浦区的秧歌和连云区的沙滩系列活动等。

大力实施体育健身工程。2001年体育彩票发行以来，连云港市加大全民健身设施建设，在城区建设全民健身工程28个，全民健身点249个，晨（晚）练活动点895个。全民健身设施覆盖了100%城市街道、社区，为在连云港市范围内全面构建全民健身体系打下了良好的基础。

2006年，在行政村开展万村体育健身工程建设。在乡镇实施乡镇体育健身中心建设。到2007年底，全市74个乡镇全面完成建设任务，总投资达2467万元，在苏北率先实现连云港市农村体育设施全覆盖。万村体育健身工程建设，包括一个篮球场、一间有两张球台的乒乓球室。乡镇体育健身中心建设，室外包括1套健身路径、两张室外乒乓球台、3片运动场地，室内包括1个健身房、1个乒乓球室、1个棋类活动室。

3. 提升竞技体育水平

做好赛事承办和备战工作。在2003年全国第五届城运会上，以6金、4银、3铜的战绩名列第17位，实现参赛成绩和位次历史性跨越。2005年，成功承办全国第十届运动会武术散打、沙滩排球、帆船、帆板4个项目的比赛任务，成为江苏省继主赛场南京之后承办项目最多的城市之一。省队市办的武术散打队以1金、2银、0.5铜、40分的比赛成绩，超额完成了参赛任务；为江苏夺得金牌、奖牌、总分第一的优异成绩作出了贡献。2013年，全市各级各类运动员获得省年度锦标赛金牌24枚、奖牌84枚、1070分，奖牌、总分列全省第八，为历年来取得的最好成绩。参加十二届全运会夺得6.5金、208分，与十一届全运会相比，金牌数增长225%，总分增长44%，创造连云港市籍运动员参赛历史最好成绩。组成中国健美队，第二次代表国家参加亚洲健身健美锦标赛，取得4金、2银、2铜的中国参赛历史最好水平。4名运动员首次参加亚青会，夺得4枚投掷金牌。

不断改善竞技体育基础条件。相继投入400多万元建设了皮划艇赛艇训练基地、自行车训练基地、投掷训练基地、武术散打训练基地、场管中心、体育运动学校。2006年，开始启动市体育中心建设、市体育运动学校建设和县级体育"四个一"工程建设。市体育运动学校于2008年9月投入使用，市体育中心在2010年建成投入使用，2013年市体育全民健身馆建成投入使用。县级体育"四个一"工程建设也如期完成，激发了体育事业发展活力。

▲连云港市体育中心

第十章 统筹城乡发展，建设创新型城市

城市发展的高度在于统筹城乡发展，发展的动力在于创新，创新是城市获取核心竞争力的不竭源泉。连云港市一方面以提高城镇化发展质量和水平为主线完善城镇体系，以解决好人的问题为关键推进新型城镇化，突出五个着力点推进城乡发展一体化，加快了城乡统筹发展步伐；另一方面，推进科技创新，通过提升科技创新能力，加大科技投入，提升创新能力，创新引导经济社会发展，促进了苏中、苏北地区首个国家级创新型试点城市建设，在统筹城乡发展，打造创新型城市的道路上取得了实质性的进展。

一、统筹城乡发展

（一）统筹城乡发展基本情况

1. 统筹城乡发展历程

20 世纪 80、90 年代，随着改革开放的深入推进，经济建设和城市建设步伐逐步加快，农村劳动力开始向城镇非农产业转移，推动了小城镇发展，全市城镇化水平突破了 30%。从 20 世纪 90 年代到 21 世纪前 10 年，各类开发园区和城市新区蓬勃兴起，不仅成为经济的新增长点，也成为城市拓展的新空间，全市城镇化步伐明显提速，而且特点比较突出，大多是经济开发区起步，然后产城互动，形成了新的城市发展空间。

进入“十二五”以来，随着中央和全省一系列战略部署的实施，城镇化也进入以人为本、城乡统筹的发展新阶段。市委、市政府高度重视城镇化工作，按照“全面启动、重点提升、示范带动”的思路，以提高城镇化发展质量和水平为重点完善城镇体系，以城乡统筹为着力点提升城乡社会发展水平，以产业为支撑推动港产城融合发展，不断提升城市的文化、公共服务内涵，在产业支撑、人居环境、社会保障、生活方式等方面实现由乡到城的转变，走以人为本、四化同步、优化布局、生态文明、传承文化的新型城镇化之路，以努力实现城镇化水平和质量稳步提高、城镇化格局更加优化、城市发展模式科学合理、城市生活和谐宜人、城镇化体制机制不断完善为发展目标，进一步优化城乡规划布局，建立完善“六个一体化”工作推进机制，扎实推进城乡统筹发展。突出抓好中心城区建设，形成了“一老三新四组团两轴一环”的城市建设发展格局，城市框架不断拓展，产业、人口聚集效应进一步显现。同时，大力实施乡镇区划调整，归并了二十几个乡镇，积极开展城乡统筹试点镇村建设，农村建设发展展现出新的面貌，城乡居民生活水平稳步提高。

2. 统筹城乡发展现状

2014 年年末户籍总人口 526.52 万人，比上年增加 6.34 万人，其中市区 219.07 万人。常住总人口 445.17 万人，较上年增加 2.34 万人，其中市区 206.64 万人。常住人口出生率 11.76‰，自然增长率 4.83‰。城镇化水平提升，2014 年末全市城市化率达 57.13%。

经济综合实力和要素集聚能力增强，城乡经济结构持续优化，城乡一体化加快推进。城乡规划、产业发展、基础设施、公共服务、就业社保和社会管理“六个一体化”深入，农村生产生活条件持续改善，城镇集聚辐射能力不断增强。全市 26 个乡镇、119 个村庄城乡统筹试点稳步推进，5 个乡镇实施市级城市化示范镇创建，建成农民新社区 23 个。全面开展美好城乡建设行动，市区建成区绿化覆盖率 39.9%，实现公园绿地服务半径全覆盖，初步形成以公共绿地为核心、道路滨河绿化为纽带、社会绿化为补充的城市绿化体系，城市人居生态环境显著改善。2011—2013 年，全市村镇建设投资 160 亿元，完成 3100 个村庄环境综合整治任务，创建省、市级城市化示范镇 15 个、省级康居示范村 4 个，新增三星级康居乡村 45 个，11 个乡镇、19 个村庄开展城乡统筹发展试点工作。城乡综合改革加快推进，建立了城乡统一管理的户籍制度和外来人口居住证制度，城乡建设用地增减挂钩试点有序开展，建立了被征地农民生活保障制度。

城乡居民生活持续改善。坚持发展为了人民，财政预算民生支出超过70%，保障和改善民生“六大体系”加快构建。城镇居民人均可支配收入达到两万多元，农民人均纯收入突破万元。终身教育、就业服务、社会保障、基本医疗卫生、住房保障、社会养老等基本公共服务体系不断完善，“一委一居一站一办”新型社区管理模式全面推广。实现社会保险市级统筹，被征地农民社会保障全覆盖。

城镇化和城乡发展一体化质量显著提升。推动基本公共服务均等化。城乡居民收入水平不断提高，以县域为单位实现多规融合全覆盖。城乡空间布局形态更加优化。城镇体系逐步完善，城市、城镇、社区功能更加清晰，主体功能区规划深入实施，建设开发、农业生产和生态保护三大空间结构更加清晰。城乡基本公共服务水平进一步提高。基本养老保险、基本医疗保险和城镇保障性住房覆盖率稳步提高，基础设施和公共服务设施更加完善。城乡可持续发展能力稳步提升，生态环境明显改善，空气质量逐步好转，饮用水安全得到保障。

城乡发展一体化体制机制不断完善。按照城乡一体化发展要求，推进城乡规划一体化、产业布局一体化、基础设施一体化、公共服务一体化和劳动就业一体化。一是统筹城乡规划。加快推进城乡各类规划全覆盖，强化功能片区定位，促进城乡建设、土地利用、产业发展、生态建设等各级各类规划相互衔接和融合，加强对城乡空间发展和布局的引导。大力推进工业向园区集中、人口向城镇集中、居住向社区集中、土地向适度规模经营集中，加快形成布局合理、分工有序、开放互通的城乡空间结构体系。建设灌河半岛新区城乡一体化示范区。二是统筹城乡产业布局。优化城乡产业发展布局，强化城乡产业协作，促进三次产业融合，形成互为支撑、互动发展的城乡产业结构。鼓励城市资金、技术、人才等生产要素进入农村，通过多形式、多层次、多领域的合作与开发，带动农村产业结构调整。采取税收分成、财政奖补等政策措施，引导乡村工业向开发区和重点工业集中区集中。三是统筹城乡基础设施建设。推进城乡基础设施和公共服务设施统筹建设，加快推进城市现代化公用服务设施向农村地区延展。加强新农村规划建设，优化调整农村居民点布局，加强村庄形态设计，突出村庄地方特色，重视历史文化遗存的保护。四是统筹城乡公共服务。建立和完善公共服务均等化的保障机制，统筹城乡科技教育、医疗卫生、文化体育、就业保障发展，鼓励城市优质社会事业资源进入农村，优化公共资源在城乡之间的配置，提升农村公共事业建设的财政保障水平，促进公共服务向农村延伸，推进城乡基本公共服务均等化。五是统筹城乡劳动就业。强化政府促进就业责任，加大对农村劳动力的培训力度和就业服务，制定和完善统一规范的劳动用工制度和转移就业的政策制度，加快建立城乡均等的公共就业服务制度。

（二）城乡发展一体化主要做法

1. 着力抓好城镇布局规划

坚持规划引领。推进新型城镇化，规划是先导、是灵魂、是纲领。在城镇化空间布局上，重点突出“一区两轴三板块”。“一区”即中心城区，进一步增强中心城区的集聚力和辐射力，充分发挥其带动区域发展的主导作用。“两轴”即沿海、沿东陇海线这两条轴线，以综合交通通道为纽带，切实增强两大城镇发展轴的产业和人口集聚能力。“三板块”即赣榆、东海、“两灌”三大功能板块。赣榆板块依托海洋资源和港口优势，加快港产城联动发展，打造江苏沿海地区北大门、新型城镇化综合改革试验区；东海板块充分利用东陇海的自然资源和良好的区位交通条件，以“一带一路”建设为契机，打造沿东陇海线城镇轴的重要节点；灌云、灌南板块依托沿海南北大通道与灌河开发轴线交汇的区位特色，充分发挥海河相联的优势，建设城镇化转型升级示范区。

2. 进一步完善市域城镇体系

构建中心城区辐射，中小城市带动，重点镇支撑的中心城区—中小城市—重点镇三级城镇体系，推动大中小城市和重点镇协调发展，形成交通便捷、结构合理、功能互补的市域城镇体系。

表 10–1　　城镇发展布局一览表

城镇等级			城镇名称
中心城区			主城区及赣榆城区
中小城市			牛山、伊山、新安、柘汪、班庄、桃林、安峰、杨集、燕尾港、堆沟港、田楼
重点镇	按功能分	卫星镇	浦南、板浦、墩尚
		中心镇	新坝、温泉、白塔埠、海头、金山、沙河、圩丰、汤沟
	按特色分	工业支撑型	驼峰、石梁河、房山、海头、金山，汤沟
		商贸流通型	曲阳、沙河、四队
		农业发展型	黄川、双店、墩尚、南岗、新坝
		旅游观光型	温泉、厉庄

一级为中心城区。加快赣榆城区和主城区同城化发展。

二级为中小城市。争取东海撤县设市，建设中等城市，强化对东陇海城镇发展轴的支撑能力。灌云伊山凸显山水生态特色，灌南新安凸显亲水融绿特色，建设现代工贸城市。推动柘汪等沿海重要节点港产城一体化发展，建设成为近海临港小城市。推动安峰等沿交通主干线的重要节点，建设成为交通节点小城市。优化产业和公共服务资源布局，在资源环境承载力强、发展潜力大的中小城市实施经济社会发展重点项目。加强市政基础设施和公共服务设施建设，引导优质教育和医疗机构设立分支机构，推动公共资源配置向中小城市倾斜。

三级为重点镇。中心城区周边的浦南、板浦、墩尚发展成为卫星镇，保持农业生产和农村管理的基本特征，依托主城区发展，并合理控制主城区发展边界。合理规划布局重点镇，增强产业发展能力和交通节点功能，更多吸引农业转移人口，并赋予更多社会管理权限，发挥城镇产业集聚、人口集中、带动发展的作用。充分发挥各镇村区位优势、资源优势，坚持因地制宜、因村制宜、因镇制宜，不走单一化的道路，做到宜商则商、宜工则工、宜农则农、宜游则游，培育一批农业强镇、工业重镇、商贸大镇和旅游名镇。加强城镇建设，完善水、电、路和文化、教育、卫生等公共设施，提升城镇形象和层次。与农村产业布局相结合，对城镇不同区块进行科学功能定位，合理设置工业区、商贸区、生活区等，使城镇真正成为服务周边的服务中心、经济中心。

发展新型农村社区。与建设田园城镇相结合，全面规划、分步实施、自然过渡、有序推进农民集中居住区建设，发展布局合理、设施配套、有利生产、方便生活、风情浓郁的新型农村社区。与全面小康村建设相结合，抓好示范镇、示范村建设。

3. 强化城乡产业支撑

支持和鼓励中小城市、重点镇建设工业集中区，加快发展生产服务业和先进制造业，引导产业集聚集群发展，提升产业链发展水平，完善城市综合服务功能，加快建设成为吸纳农业转移人口就业的重要载体。鼓励有条件的中小城市和重点镇根据自身资源、特色建立大型批发市场和物流中心。支持工商企业到中心镇建立配套生产加工基地。一般镇主动融入周边城市产业链布局，着力培育特色化、规模化产业集群，走专业配套、差别发展道路，重点发展面向农业的产前、产中、产后的服务行业，健全公共服务设施，提高生活服务业便利化程度，增强对当地农业转移人口的吸引力。

着力推动产业结构高端化、产业布局合理化、产业发展集聚化，优先发展高新技术产业和新兴战略性产业，重点突破用高新技术武装的重化工业，培育形成以重化工业为主导，结构优化、技术先进、清洁安全、附加值高、吸纳就业能力强的现代产业体系，推动港产城互动融合发展，为新型城镇化和城乡发展一体化提供强有力的产业就业支撑。

4. 有序推进农业转移人口市民化

推进符合条件农业转移人口落户城镇，推进不同群体转为城镇居民。逐步淡化户籍因素，统一本地城乡户籍登记，健全外来人口居住证制度，加快城镇人口服务管理，由户籍人口为主向常住人口转变，着力推进按常住人口实现基本公共服务均等化。优先解决失地农民市民化待遇问题，积极稳妥推进异地务工人员本地长成子女市民化。对不愿意放弃农村各项权益的本地进城农村居民和异地转入常住人口，按常住人口管理并让其平等享有城镇居民基本公共服务。充分尊重有意愿在城镇落户的进城务工人员及家庭的选择权，建立健全公开透明的市民化工作运行机制。

建立健全农业转移人口市民化推进机制。市、县（区）政府为市民化工作直接责任主体，主要承担人口信息管理、居住证颁发、辖区内农业转移人口在本地落户、常住人口基本公共服务均等化等职责。市以市区及其所属街道（乡镇）、城乡社区内常住人口为工作责任范围，县（区）以城区（街道）和乡镇、农村社区常住人口为工作责任范围。

明确农业转移人口市民化成本分担责任。各级政府根据基本公共服务的事权划分，主要承担义务教育、就业服务、基本养老、基本医疗卫生、保障性住房以及市政设施等方面的公共成本，进一步增强吸纳农业转移人口较多地区政府的公共服务保障能力。企业主要落实进城务工人员与城镇职工同工同酬制度，加大职工技能培训投入，依法为进城务工人员缴纳职工养老、医疗、失业、工伤、生育等社会保险费用。进城务工人员按照规定承担相关费用，积极参加城镇社会保险、职业教育和技能培训等，强化自身融入城市社会的能力。

5. 加强城乡基础设施建设

有序推进村庄规划建设。积极推进新农村规划居住示范点建设，吸引农民逐步向农村居民点集中。在村庄规划上，增加教育设施、老年公寓、福利院、文化设施的内容，加强规划管理。尽早完成规模较大、历史文化遗存丰厚、地形地貌复杂的三类村庄建设规划编制工作。

加强水利基础设施建设。把解决内涝水患和生产生活用水问题摆上突出位置，加快推进重点水利工程建设。围绕改善农村水环境，深入实施“碧水工程”。加大病险水库除险加固力度，扎实推进流域性河道和村庄河塘整治。大力实施灌区节水改造、山丘区水源、圩区治理、小型泵站更新改造。积极推广农民参与灌溉管理的有效做法，引导农民开展直接受益的农田水利工程建设。

加快农村道路建设。按照镇村布局规划，加快农村公路建设，逐步把乡村公路延伸到规划的农村集中居住点。已建成的农民规划居住点应逐步通沥青路或水泥路，适宜通公路的行政建制村全部通四级或四级以上的等级公路。加速城乡客运一体化，推进农村客运班车通达工程，符合通车条件的行政村和已建农民规划居住点应全部通达客运班车。

搞好农村环境综合整治。重点是清洁水源、清洁家园、清洁田园和绿化造林。探索建设简易可行、适度集中的农村生活污水处理设施，积极推动农村改圈、改厕、改厨，大力发展农村沼气。推广使用农药、兽药、饲料、化肥等高效低毒低残留投入品，加大农村工业污染整治力度。探索建立组保洁、村收集、镇转运的农村生活垃圾收运体系。大规模开展农村植树造林活动，绿化美化家园。

6. 彰显港城特色品质

没有特色的城市是没有灵魂和生命力的城市。当前城市建设普遍面临千城一面的特色危机，连云港充分发挥依海而建、以港命名，历史人文资源独特的区域特色，做好山、海、城、文相融相衬的文章，把良好的资源禀赋转化为现实的发展优势，着力塑造城市个性，打造城市品牌。一是彰显历史文化底蕴。连云港被誉为“东海名郡”、“淮口巨镇”，城市发展史在苏北堪称是最早，历史文化遗存很多，城市发展具有丰富的历史积淀。二是用历史文化的眼光做好城市发展，尽可能维护文物建筑、传统民居、街巷体系以及一些老镇的水系。三是彰显自然生态特色。连云港不仅在海一方、依山傍水，是全省唯一的海滨城市，也是我国南方和北方的过渡区，既有北方的地域风貌，也有南方的属性特点，还位于陆上丝绸之路和海上丝绸之路的交汇节点，自然生态多元化，为城市发展提供了丰富的自然生态底蕴。

7. 创新城乡社会管理

强化政府社会治理职能。坚持系统治理、依法治理、综合治理，建设平安连云港。加大党委统筹推进力度，强化政府主导作用，引导社会各方面有序参与，实现政府治理和社会自主调节、居民自治良性互动。加快政府职能转变，进一步理顺各级政府职责关系，强化公共服务、市场监管、社会管理、环境保护等职责，建立覆盖城乡的食品药品安全监管体系。有效预防和化解社会矛盾，健全重大决策的社会稳定风险评估机制。加强社会公共安全保障，健全防灾减灾救灾体制，加快社会信用体系建设，提高全社会文明程度。

推动社会治理创新。以改善服务引领管理创新，整合城乡各类社会服务管理资源，建立覆盖常住人口的一站式社会服务管理综合平台。鼓励外来常住人口扩大政治参与度和社会融入度，保障其依法行使民主权利，引导农业转移人口有序参政议政和参加社会管理。切实保障留守儿童、留守妇女、留守老人权益。加强特殊人群的引导、服务和管理，健全社会弱势人群关怀帮扶体系。

强化基层和社区建设。加强基层基础工作，推动社会治理重心下移，完善县（市、区）、乡镇（街道）、社区（村）三级社会服务管理平台。健全县（市、区）"一委一居一站一办"等社区组织架构，强化社区、社会组织和社会工作专业人才"三社联动"效应，完善网格化管理、社会化服务。进一步厘清行政事务和社区自治事务、政府委托事务和社区自治事务边界，深入推动政府行政管理与基层群众自治有效衔接，构建政社互动新模式。结合新农村建设，拓展新型农村社区就业社保、民政事务、综治警务、环境养护等功能，打造一站式综合服务。充分发挥社区居委会的群众自治性组织作用，引导社区群众依法参与社区事务、财务和集体资产等管理。广泛开展社区志愿服务。

推进社会组织健康有序发展。加快实施政社分开，规范发展行业协会商会、社区服务等社会组织，推进社会组织明确权责、依法自治发挥作用。推动政府部分行业管理、社会事务管理、技术服务等职能有序转移，建立健全以项目为导向的政府购买社会服务常态机制。限期实现行业协会商会与行政机关真正脱钩，重点培育和优先发展行业协会商会类、科技类、公益慈善类、城乡社区服务类社会组织，扶持发展一批示范性社区社会组织和农村专业经济协会，推行社会组织直接依法申请登记。推动社会组织完善法人治理结构，健全监督管理与自律管理制度，提高承接政府转移职能、开展公益服务和中介服务的能力。

加强城乡环境整治。在中心城区及城乡结合区，控制建设规模，加强绿地等生态基础设施建设。加大对城乡结合部环境的整治力度，大力削减中心城区外围污染物排放量，鼓励发展循环经济。建设城市森林，加强景区与城区的融合，改善中心城区的绿化质量，营造舒适宜人的城市生活环境，提高人居环境质量。从农村迫切需要改善的道路、供水、排水、生活垃圾收运等基础设施建设和环境卫生状况入手，推行城乡生活垃圾一体化处理模式，深入开展村庄环境综合整治工程。

强化工业污染治理。贯彻落实污染物减排计划，加大对排污企业的监管力度，加快工业企业向环保基础设施齐全的工业园区集中。强化生活污染治理，加快城镇污水处理厂及管网建设，建立城乡统一的生活污水处理收费机制，积极推进城镇垃圾收运体系和无害化处理设施建设。强化环境监管，严把环境准入门槛，提高产业项目环境准入标准。

8. 推进城乡统筹发展

以城乡统筹为着力点提升城乡社会发展水平。进一步强化政府提供公共服务产品、保障社会公共安全、维护社会公共秩序等方面的职责，充分尊重权益诉求，全面提升人口素质，实现人的全面发展。

统筹城乡发展根本的是要破除城乡二元结构，改变过去重城轻乡、城乡分治的做法。结合连云港特点，以城乡一体化为导向，进一步加大城乡统筹力度，切实增强农村发展活力，逐步缩小城乡差距，促进新型城镇化和新农村建设协调推进。

一是发展规模高效外向及观光农业。围绕农业规模化，重抓结构调整。应结合本地特色，引导农民重点建设优质稻米、高品质棉花、优质专用小麦、特色蔬菜、创汇花生等产业。大力发展设施种植业，重点是发展温室、大棚，积极发展大中棚蔬菜、应时鲜果。还应把推进规模化养殖作为高效农业的重要抓手，以大中型规模养殖企业、规模养殖小区、专业大户为重点，大力发展设施畜牧业。充分利用海洋滩涂资源，大力发展立体养殖、工厂化养殖和无公害养殖。围绕生态农业、环保城市，大力发展观赏苗木、中高档盆栽花卉、反季节鲜切花。围绕农业产业化，重抓龙头带动。按照“谁有本事谁牵头、谁当龙头扶持谁”的要求，加大资金、信贷、财税等扶持力度，打破所有制、行业、地区界限，通过兼并、收购、重组、上市等形式，做大做强农业龙头企业，提高龙头企业对农产品资源的消化能力、对农户的带动能力和在国内外市场的竞争能力。加快农产品市场体系建设，大力发展现代物流、连锁经营、配送专卖等农产品现代营销业态和流通方式，加快农产品进超市步伐，促进农产品流通。围绕农业品牌化，重抓品质提高。实行农产品产地准出和市场准入全程质量控

▲ 机械化收割

制，搞好无公害农产品配套技术、低毒残留农药、肥料的推广，引导农产品“场地对挂”、专营直销，确保农产品质量安全。实施品种、品质、品牌“三品”工程，开展申报和争创无公害农产品、绿色食品、有机食品活动，注册一批品牌，创建一批名牌。推进品种、技术、知识三项更新工程，引进一批新品种，推广一批新技术，转化一批新成果。加强农业科技示范园区建设，发挥园区在科技推广、示范带动上的引领作用。围绕农业外向化，重抓外向驱动。应树立抓农业重在抓项目、抓项目重在抓招商的理念，精心筛选、包装一批农业项目。根据农产品出口、品牌和国际需求，规划建设一批农产品出口示范基地，彻底改变我市出口农产品多是过路产品的现状。培育带动能力强、知名度高的农产品出口企业，创出一批有国际影响力的特色农产品品牌，增强农产品出口竞争力和边际效益。围绕农业效益化，重抓休闲观光。除了发展家庭农场等规模农业、高效农业之外，时下在很多地方兴起的观光农业也是一个很好的路子。除游览田园风景外，有林间狩猎、水面垂钓、采摘果实等农事活动。还有就是结合观光农业，发展农村休闲养老业，让社会人口“60 岁之前在城市挣钱，60 岁后到农村休闲”成为现实。

二是抓好城乡基础设施和公共服务均等化。相比苏南等地，目前连云港市大部分农村地区基础设施、公共服务等社会事业发展水平偏低，城乡差距明显。

在推进新型城镇化进程中，要更多地关注农村，以改善农村居民的生产生活条件为重点，着力抓好基础设施建设和公共服务水平改善。现在，县、乡镇区划调整已经基本完成，后续进一步完善工作主要是继续抓好行政村居住点的规划选址和公共服务配套。要加快推动城镇供排水、供电、供气、交通、信息等基础设施向农村社区和居住点延伸，实现城乡基础设施衔接配套、共建共享。要加快农村社会事业发展，引导教育、卫生、文体、社保等公共服务向农村覆盖，使农民逐步享受与城镇居民同等的公共服务。

三是抓好镇村建设。镇村建设是推进城乡统筹的重要切入点，也是新型城镇化和城乡发展一体化的关键任务。要将城乡统筹的各项工作覆盖普及到所有乡镇，各县区要认真贯彻镇村规划体系要求，整合政策资源，加大推进力度。要坚持镇当城建、村当镇建，参照城市的标准进行规划建设，按照城市的理念实施服务管理，努力提升镇村建设质量和水平。要坚持分类指导、各有侧重，突出在集中新建、改造提升相结合上作文章。集中新建型就是在紧邻城区、市场化程度较高、产业支撑较强，原有的镇际规模已经满足不了居住需求，经济情况比较好、需求比较旺的地方，集中建设一批新城镇和新社区。改造提升型就是在已有一定公共设施建设基础和建设范围内，目前没有太多新的需求的镇村，以改造提升为主，保留原镇村建制和范围，只对现有的基础设施和公共服务进行查漏补缺、提档升级。在新农村建设过程中，积极倡导新理念、新的生产生活方式。鼓励有条件的村，在村里搞光伏发电厂，利用老百姓的屋顶发电，保证自己使用的同时还可以上网赚钱；一些信息技术工程建设要向农村延伸、推动；在注意硬件建设的同时，还要注意社区的文化建设，营造社区文化。镇村建设过程中要充分尊重自然基础和农民意愿，注重保留不同镇村在产业结构、功能形态、空间景观、社会文化等方面的差异，深度挖掘地域风貌、自然村落、民俗文化、建筑传统等独特元素。要深入推进农村环境综合整治，抓生活污水、垃圾的统一处置。进一步巩固扩大城乡环境整治工作的成果，尽快改善农村的居住生活环境。

（三）城乡发展一体化主要特点

1. 以提高城镇化发展质量和水平为主线完善城镇体系

把推进农业转移人口市民化作为首要任务，实现城市功能的扩张和城市服务承载能力的提升；把优化城乡空间布局形态作为推进新型城镇化和城乡发展一体化的重要方向，强化中心城市在推进新型城镇化进程中的引领和带动作用，注重发挥中小城市吸纳农业转移人口的重要作用，促进城镇化和新农村建设协调推进，建立完善中心城区—中小城市—重点镇规划体系，推动大中小城市和乡镇协调发展。

以产业为支撑推动港、产、城融合发展。着力推进深水海港、临港产业和沿海城镇融合发展，加快建设国际性海港中心城市，增强对产业、港口发展的服务能力。以世界级石化基地为重点，建设现代化临港产业基地，深入实施“双千双百”工程，增强对港口和城市发展的支撑能力。全面加快组合大港建设，集聚发展要素，参与国际产业分工和资源配置，增强对城市和产业的带动能力。

以城乡可持续发展作为推进新型城镇化和城乡发展一体化的基本要求。坚持城乡发展与人口、资源、环境相协调，严格保护耕地，严守生态红线，合理控制城镇开发边界，强化资源节约、环境保护和生态修复，走集约化、生态化、低碳型、宜居型的城乡生态文明和可持续发展道路。

以深化体制机制改革作为推进新型城镇化和城乡发展一体化的强大动力。大力弘扬改革创新精神，加强统筹谋划、综合集成，推动人口管理、土地管理、社会治理、财税金融、生态建设等重点领域和关键环节改革取得重大突破，为加快新型城镇化和城乡发展一体化进程提供源泉和体制机制保障。

2. 以解决好人的问题为关键推进新型城镇化

国家和全省新型城镇化规划都把促进符合条件的农业转移人口市民化作为首要任务，着力提高城镇人口素质和农民变市民后的生活质量。牢牢把握大方向，切实解决好农业转移人口进城、就业、安居三个基本问题，扎实推进以人为本的城镇化进程。

以解决好进城的问题为基础推进新型城镇化。20 世纪 90 年代以来，我国城镇化和工业化进程不断加快，创造了大量就业岗位，加上城乡之间收入和生活差距，吸引了大量怀揣着梦的农村劳动力进城务工。截至 2013 年底，连云港市进城务工半年以上人员达 10 万多人，其中在本市的 8 万多人、外地 2 万人左右。随着城镇的建设发展，港产城一体化的发展，需要大量劳动力，这些劳动力大部分都是由农村进城人员补充。解决好这部分农业转移人口就近就地城镇化的问题，将是当前和今后一个时期连云港面临的重要任务。要在统筹经济社会发展水平和城市综合承载能力，坚持自愿、分类、有序的原则，对符合条件的农业转移人口，从实际情况出发，以县城、重点镇为主要平台，全面放开城镇落户限制，按照先存量、后增量，先失地农业人口、后其他农业人口，先进城务工人员及子女、后投亲靠友的顺序，推进不同农民群体转为城镇居民；对暂不具备条件或者不愿意落户的农民，全面实行居住证制度；对将来可能进入城镇的农业转移人口，给予合理预期，留足足够空间，进行有序引导。

以解决好就业的问题为根本推进新型城镇化。人口跟着就业走。农业转移人口进城之后能不能站得稳脚，关键看就业有没有保障。面对全市目前还存在的城市就业岗位不足、对人口的吸纳能力不强、城市常住人口呈现出小幅下降趋势、人口净流出等问题，在推进新型城镇化进程中，坚持产业先行，突出抓好新兴产业、现代服务业发展，增强城市吸纳就业的能力，重点加快民营经济发展，壮大民营企业特别是中小企业的数量和规模，为进城人员创造更多的就业岗位。实施积极的就业政策，建立消除歧视、公平竞争、同工同酬的城镇就业体系，赋予进城务工人员机会均等、权利平等的就业待遇。积极推动全民创业，主动为进城创业者提供项目推介、创业指导、小额担保贷款等帮扶措施，引导他们大胆创业，充分发挥创业带动就业的倍增效应。健全和创新进城务工人员职业教育和技能培训体系，切实提升他们的就业能力、竞争实力以及对劳动力市场变化和科技进步发展的适应力。

以解决好安居的问题为保障推进新型城镇化。农民进了城能不能生活得好，是检验新型城镇化成效的一个重要标尺。加快政策性保障住房的建设，重点是经济适用房、各种工业园区的邻里中心建设，合理布局公共租赁住房，建立健全以经济适用房、公共租赁住房等为主要保障方式的新型住房保障体系。把符合条件的外来务工人员纳入住房补贴范围，支持进城农民自主购买住房，有效满足农业转移人口的住房需求。按照保障基本、循序渐进的原则，逐步建立财政转移支付同农业转移人口市民化挂钩机制，积极推进教育、养老、医疗等基本公共服务均等化、全覆盖，保障随迁子女平等享有受教育权利，提高社会保障水平，改善基本医疗条件，逐步实现新市民与原住民同城同待遇。

3. 突出推进城乡发展一体化的发展重点

一是以统筹城乡发展为前提。认真落实“工业反哺农业、城市支持农村”和“多予、少取、放活”的方针，财政支出、预算内固定资产投资和信贷投放，切实加大对“三农”的投入力度，尤其是基础产业和公共服务建设必须向农村转移。尽快建立以城带乡、以工促农的发展机制，促进城市技术、人才、资源向农村流动，农村人口向城镇和社区集聚。

二是以发展经济为中心。发展经济是推进新型城镇化和城乡发展一体化建设的物质基础，提高农民生活质量是新农村建设的出发点、着力点和落脚点。应坚持放权搞活的原则，通过外引内联、建设园区、招才引智等多种途径，不断增强城乡经济实力。积极拓展农业的多种功能，扩大非农产业和民营经济，推动农村劳动力内转外输，拓宽农民增收渠道。

三是以实事求是为原则。积极稳妥地推进“人口向城镇集中、产业向园区集中、居住向社区集中”，确保农民自建房、易地迁建房建到规划的集中居住点上。合理设计村庄形态，注重自然环境和历史文化的保护，形成地方特色。根据经济社会发展水平和农民群众的现实需要，确定基础设施建设和公共服务的目标、任务，做到有计划、有步骤地组织实施。

四是以依靠群众为主体。让群众意识到新型城镇化和城乡发展一体化建设是自己的事业，发挥农民在新型城镇化和城乡发展一体化建设中的主力军作用。采取典型示范、教育引导、提供服务等办法，使广大群众自觉拥护、积极投身新型城镇化和城乡发展一体化建设，不刮风，不搞强迫命令。围绕农民需求谋划新型城镇化和城乡发展一体化建设，根据群众意愿推进新型城镇化和城乡发展一体化建设，主要依靠群众力量搞好新型城镇化和城乡发展一体化建设。

五是以加强组织领导为保障。新型城镇化和城乡发展一体化建设涉及面广，是一项宏大复杂的系统工程，必须健全组织领导体系，形成党委领导、政府主导、群众主体、部门配合、社会参与的工作机制。建立符合新型城镇化和城乡发展一体化建设要求的工作评价体系和激励机制，加大督查考核力度，做到责任到位、工作到位、督查到位、奖惩到位。

在新型城镇化和城乡发展一体化加速推进过程中，还存在一些必须高度重视并着力解决的矛盾和问题。主要表现为：

一是城市供给、需求双不足，特别是中心城区辐射带动能力仍不够强。二是空间结构有待进一步优化，有待形成更为清晰的经济、人口、生态空间发展格局。城市—县城—乡镇的功能结构、城区内部空间结构有待优化，存在土地城镇化快于人口城镇化的问题。三是产业支撑能力不足，产业对推动人口集聚、城镇化建设的支撑能力有待进一步增强。四是缩小城乡差距的任务艰巨。农民持续增收长效机制不稳固，农业兼业化，农村老龄化，留守儿童、妇女和老人问题日益凸显，城乡公共服务、公共基础设施供给差距依然明显。同时，城镇内部也存在二元矛盾。五是社会综合治理和社会管理创新需要加强。社会管理体制不适应工业化、城镇化快速发展及人口流动性增长的新形势，社会管理体制改革相对滞后。六是城乡生态环境和可持续发展面临挑战。资源环境约束趋紧，节能减排任务艰巨，城乡生产生活环境需不断改善。

二、建设创新型城市

（一）科技创新历程回顾

1. 科技体制改革

1984—1988年是推进科技体制改革阶段。1984年5月4日，连云港被国务院批准进入14个沿海开放城市，迎来了一个新的发展机遇。1985年3月，中共中央作出了关于科学技术体制改革的决定，确立了科学技术必须为振兴经济服务、促进科技成果迅速商品化等方针，动员科技界面向经济主战场，解决科技与经济脱节问题。8月，江苏省政府召开全省科技工作会议，正式启动江苏科技体制改革。1987年4月，市政府批转《关于推进科学技术研究机构体制改革的暂行规定》。改变原来科研机构单纯依靠政府财政支持的运行机制，鼓励科研机构在面向经济建设中提高自身的生存和发展能力。以此为指导，连云港以改革科研经费拨款制度、建立知识产权工作体系和技术市场为突破口，放活科研机构，激发科技人员积极性、创造性，引导科技工作主动面向经济建设主战场。科研机构面向经济建设的能力得到了加强，科技直接进入经济的格局开始形成。

2. 提升科技创新能力

1989—2005年为提升科技创新能力阶段。1989年，市委、市政府提出科技兴市发展战略，多次召开科技兴市会议，研究部署科技进步与创新工作，科学技术得到迅速发展。2000年4月，全市技术创新大会召开，对进一步实施科教兴市战略，大力推进技术创新工作进行全面部署，提出要以技术创新和体制创新为动力，增创后发优势，实现全市经济和社会的跨越发展。同年12月，市委市政府成立了科教兴市领导小组，先后制定出台了《关于进一步加强技术创新工作的意见》《关于进一步推进科技成果转化和高新技术产业化的意见》《加快发展民营科技企业若干规定》《党政领导科技进步与人才工作目标责任制考核制度》等一系列政策措施，形成有利于科技创新和产业化的体制和机制，逐步把科技进步工作的重点引向发展高新技术产业方面，全市科技发展进入了以提升科技创新能力为主线的新阶段。

3. 创新引导

2006 年至今为创新引导阶段。2006 年全国科学技术大会，明确提出了建设创新型国家的战略目标。同年召开的连云港市第十次党代会，将“创新驱动战略”作为实现连云港跨越发展崛起腾飞目标的五大发展战略之首，提出要全面推进科技创新，建设一个充满活力的创新型城市，科技创新工作进入重大战略机遇和重要跃升期。全市科技事业以科学发展观为统领，按照经济工作方式和更加开放、集成的思路，大力构建产学研合作平台，深入推进产业技术创新、企业自主创新和民生领域科技创新，加快创新型城市建设，全市创新的理念更加强烈，创新的能力不断提升，创新的方式更加多样，创新的成果日益明显，科技工作进入快速发展时期。市委市政府召开全市人才与科技创新工作会议，先后出台了《市委市政府关于加快企业为主体市场为导向产学研相结合技术创新体系建设的实施意见》《市政府加快促进科技与金融结合的实施意见》等一系列政策，推进科技体制改革，加大支持科技创新和发展壮大战略性新兴产业。各级科技部门把落实创新政策作为科技工作的主要抓手，不断强化政策落实的组织领导机制、协调联动机制和检查考核机制。

（二）科技发展奠定创新基础

1. 科技投入不断加大

从 1983 年开始，市财政将科技三项费用列入财政预算。自 2006 年全市科技创新大会后，市政府又相继设立科技成果转化资金、中小企业技术创新等科技资金；落实企业技术开发费用加计扣除、研发机构科技人员工资税前据实扣除等重点创新政策，2012、2013 年仅企业技术开发费用加计扣除一项政策，企业科技减免税额分别达 5.5 亿元和 6.7 亿元。2013 年，全社会 R&D（研究与开发）支出占 GDP 比重达到 1.57%，科技进步贡献率达 50%，万人发明专利拥有量 2.25 件，高新技术产业产值占规模以上工业产值比重达 38.4%，获批国家知识产权试点城市，连续六年荣获全国科技进步先进市称号。连云港市累计承担国家重大新药创制科技重大专项项目 59 项，项目总投资 24.62 亿元，获拨中央资金 4.13 亿元，获批项目总数位居全国地级市第一。

充分发挥科技经费对创新的导向作用，调整完善市级科技计划体系，加强与上下级的集成与联动，突出高新技术产业发展、重大科技成果转化、创新创业载体培育等重点工作，加大项目支持力度，加强科技计划管理，提高科技经费的使用效率，获省以上科技拨款数也逐年增长，由1978年的42.12万元增加到2013年的争取科技经费1.4亿元。

2. 科技创新能力不断提升

企业创新成效显现。以新医药、新材料、新能源、高端装备制造“三新一高”为代表的战略性新兴产业，已成为全市最具竞争力和发展潜力的特色主导产业。建有4个国家级产业基地、6个省级科技产业园区。新医药发展成为国内最大的抗肿瘤、新型肝病药物研发生产基地，恒瑞、康缘、正大天晴、豪森四大药企全部进入中国制药企业前50强；新材料建成国内最大的碳纤维产业化基地，高纯石英制品、环氧模塑封料市场占有率国内第一；新能源形成太阳能、风能产品集群，培育了亚洲最大的风机叶片制造企业，打造了“太阳雨”太阳能光热中国第一品牌；高端装备研制出填补国内空白的低温LNG装备、大功率变频刮板输送机等，正在创建国家级装备制造特色产业基地。30万吨级航道建设关键技术列入国家863计划，船用岸电技术上升为国家标准，海铁联运量居全国首位，成为全国低碳试点港和科技示范港。

推进重大科技成果转化。自2004年省重大科技成果转化专项资金设立以来，全市共获批项目45项，获省拨资金4.6亿元，引导社会资金投入42亿元。实施项目中，共申请专利258件（其中发明专利118件），获得授权专利196件（其中发明专利95件），制订标准26件（其中国家标准和行业标准6项）；形成目标产品68个，累计形成销售收入385亿元，利税97亿元，出口创汇3.2亿美元，有力地推动和提升了连云港的科技实力和竞争力，加快了创新型城市建设。

专利战略积极实施。专利法实施以来，连云港市专利申请与授权量稳步增长。1984—2013年，全市专利年申请量从27件增至8017件。2013年，成功获批建设国家知识产权试点城市。专利多次获国家金奖。1993年，由中国科学院力学研究所、连云港建港指挥部、连云港锦屏磷矿、交通部第三船务工程勘察设计院联合申请的“水下淤泥质软基的爆炸处理法”摘得国家专利金奖。2007年，江苏正大天晴药业股份有限公司的发明专利“一种新的化合物异甘草酸镁及其生产方法和用途”再次捧得国家专利金奖。2013年，江苏康缘药业股份有限公司的“一种用于清热解毒的药物及其制备方法”发明专利和中国医学科学院药物研究所、江苏恒瑞医药股份有限公司的“含有磺酰基吡咯烷酮化合物及其制法和药物用途”摘得了金奖，包揽本届大奖江苏省所有的发明专利金奖项目。

3. 科技基础设施建设取得突破

科技服务平台建设不断加快。2006 年，市政府批准成立的市科技创业服务中心正式运作，以“一中心多园区”的形式，首期建成高新区科技创业园，具备提供创业流程、辅导培训、创业投资、技术转移及交易、网络信息等综合性服务能力。拓展平台载体，提高人才吸纳承载功能，加快各类人才平台载体建设。打造市科技创业城的核心载体，占地面积 530 亩，总建筑面积约 68 万平方米，总投资 50 亿元，分科技研发区、科技服务区、科技展示区、科技商务区、人才公寓区五个功能区。

加大重大研发机构建设力度。围绕连云港市海洋特色产业科技创新和全市加快发展的需要，主动设计、创新模式，整合集成高校、科研院所和企业资源，与中国科学院、省政府共建的中科院能源动力研究中心已完成投资 5.2 亿元，研发与实验设施面积达 3.9 万平方米，正在全力争取“高效低碳燃气轮机实验装置”国家重大科技基础设施和燃气轮机国家科技重大专项项目。建成江苏省海洋资源开发研究院、国家硅材料质检中心、省高性能纤维检测中心、港口物流公共技术服务中心等公共平台 30 多个。企业研发机构成效突出。截至 2014 年，全市 95% 以上大中型企业设立了研发机构，60% 以上大中型企业与高校、

▲ 连云港经济技术开发区中科院能源动力研究中心

科研单位实行了联合开发。

4. 科技进步推动农业增效

发展星火支柱产业，带动农业增产增效和农民增收致富。1996 年市政府成立连云港市星火产业开发带建设协调领导小组；各县充分发挥了各地的资源优势，优化配置技术、资金、人才等生产要素，坚持从本地的实际出发，统筹规划，集成实施，加强关键技术的科技攻关，促进优势产业的形成与发展。2003 年，国家科技部、农业部在连云港联合召开全国星火富民经验交流会，总结推广连云港市在发展星火支柱产业、带动农业增产增效和农民增收致富方面的典型经验。植物新品种连粳 2 号、4 号及连麦 2 号通过国家和省级审定，连粳 5 号、6 号被选为“国家粮食丰产科技工程”项目试验品种。深入开展“送科技下乡、促农民增收”活动，东海县、赣榆县列入科技部“科技富民强县专项行动”计划。2007 年，赣榆县宋口村被列入科技部全国首批新农村建设科技示范村，为苏北地区唯一列入的村，该村同时为省新农村建设科技示范村。

加快发展现代农业，完善农村科技服务体系。东海县获批国家可持续发展实验区。灌云新型农机装备、灌南的食用菌、东海特色果蔬 3 个产业被认定为省重点支持特色产业，赣榆海洋资源综合利用科技园的海洋水产产业关键技术集成创新项目入选省农业科技支撑计划重点支持园区项目。水稻广两优矮 93、中作稻 2 号、小麦连麦 8 号、洋葱连葱 9 号、连葱 10 号等 5 个农业新品种通过审定。以园区建设为载体，大力推进农业产业升级，建成全国最大的紫菜生产加工基地、泥鳅养殖基地和全省最大的鲜切花生产基地，培育市级以上特色农业生产基地 21 个、市级以上“一村一品”示范村镇 42 个。四个县全部列入国家科技富民强县专项计划。建有 5 个省级现代农业科技园，市级园区 47 个。龙头企业培育取得显著成效。全市有省级农业科技型企业 37 家，市级 80 家。全市已建有农村科技服务超市 8 家分店、37 家便利店，并全部获得省科技厅立项扶持，选派 1125 名科技特派员，建立科技特派员工作站、农村实用人才培训基地、农村人才服务站等近百个，年均开展农村实用技术培训 20 万人次。

5. 协同创新深度融合

以市场应用与实现产业化为导向，在开放中推进科技进步与创新，调整科技工作方式，拓展科技工作空间，充分调动各类科技资源和创新要素向连云港市集聚。组织举办了连云港市新医药、新材料成果展示洽谈会、东南大学科技成果展示洽谈会等大型产学研对接活动。深入推进与中科院系统的合作，连云港市与中科院签订了全面合作协议，2007 年成功举办中科院—江苏省海洋高技术产学研对接洽谈会、“科学与中国”院士行等高层次科技对接活动，中科院系统 9 家涉海研究所与连云港市建立“9+1”合作机制。先后与中科院、南京大学等近 30 家重点高校院所建立战略合作关系，建产学研联合重大创新载体 20 个，数量列苏中、苏北地区首位。组建了抗肿瘤药物、硅材料等国家和省级产业技术创新战略联盟，东海县成为首批产学研产业协同创新基地，江苏核电有限公司获批国家级国际科技合作基地。

在新医药、新材料等优势产业领域，构建以德国、美国、以色列为高端源头，以上海、北京为研发高地的协同创新网络。先后举办了苏州产业合作恳谈会、南京新特产业技术创新联盟暨政产学研用合作恳谈会、中关村战略合作框架协议签约仪式、深圳市经贸活动、“一带一路”城市系列活动等，全市已建立校企联盟累计达到 740 个，涉及高校院所 110 家、学科团队 522 个、专家团队 26696 人。通过产学研联合，带动了高层次人才和先进理念的引进和技术的再创新，实现了产业提升和成果转化的良性互动发展。2011 年起设立产学研联合创新资金，先后建成了南京大学连云港高新技术研究院等联合创新载体 20 多个，其中受省资助的省重大创新载体 11 个，获拨款 4000 多万元。

（三）建设国家创新型城市

1. 苏中、苏北地区首个国家级创新型试点城市

2011 年 5 月底，国家科技部依据区位优势、产业特色、创新基础、发展潜力等条件，将连云港市批准为最新一批 4 个国家创新型试点城市之一，成为苏中、苏北地区首个国家级创新型试点城市。

连云港市成立了以市委书记为组长、市长为第一副组长的国家创新型城市建设工作领导小组，加强组织领导和统筹协调。2012 年、2013 年分别召开全市性大会，出台了推进科技创新工程、加快国家创新型城市建设的《总体规划》《实施意见》《若干政策》和《关于加快建设人才强市的意见》《关于加快企业为主体市场为导向产学研相结合技术创新体系建设的实施意见》《关于推进知识产权战略的实施意见》等 10 多个政策文件，并将重点项目和任务列入市政府目标考核体系。

海州区、东海县获批省级创新型试点区县，柘汪、新坝等 8 个乡镇获批省

创新型试点乡镇。全市共建立国家级产业基地5个、省级科技产业园6个、省级科技企业孵化器13个；建有国家级企业重点实验室、工程（技术）研究中心8个，省级重点实验室、工程（技术）研究中心106个。建成苏北唯一的国家靶向药物工程技术研究中心和中药制药过程新技术国家重点实验室。全市拥有国家级产业基地5个、省级科技产业园6个、省级科技创业园13个，科技创业园面积达57.4万平方米。

2. 创新型城市建设推进科技进步

创新能力持续提升。制定并实施科技企业培育“十百千”工程，建立了首批518家科技企业培育库，新增国家级高新技术企业38家，总数达到140家，备案确认的省级科技型中小企业增至415家。创新成果加速涌现，全市专利申请量首次突破1万件，豪森药业荣获国家科技进步二等奖和第十六届中国专利奖金奖（全国金奖共20件），康缘药业获省科技进步一等奖（全省获奖企业4家），国电联合动力和中蓝连海获省企业创新奖（全省12家）。朝阳、堆沟港、燕尾港等5个乡镇获批为省级创新型乡镇，加上之前获批为省级创新型乡镇的柘汪、新坝等8个乡镇，连云港同类乡镇总数达到13个；省级知识产权战略试点示范实现县区全覆盖。海州区获批为国家知识产权强县工程试点区。

表10-2　　国家专利奖获奖情况一览表

序号	奖项名称	获奖专利或人员	单位	年份
1	第三届发明创业奖（中国发明协会等）	萧伟	江苏康缘药业股份有限公司	2007
2	第十届中国专利奖金奖（国家知识产权局、世界知识产权组织）	ZL02111693.8一种新的化合物异甘草酸镁及其生产方法和用途	江苏正大天晴药业股份有限公司	2008
3	第四届发明创业奖	孙飘扬	江苏恒瑞医药股份有限公司	2008
4	第六届发明创业奖	卢明立	江苏天明机械集团有限公司	2010
5	第十四届中国专利奖优秀奖	孟宪台、彭滢、孙飘扬、周云曙	连云港新阳医药有限公司	2012
6	第十五届中国专利奖金奖	ZL02114995.X一种用于清热解毒的药物及其制备方法	江苏康缘药业股份有限公司	2013

续表

序号	奖项名称	获奖专利或人员	单位	年份
7	第十五届中国专利奖金奖	ZL00105899.1 含有磺酰基吡咯烷酮化合物及其制法和药物用途	江苏恒瑞医药股份有限公司	2013
8	第十五届中国专利奖优秀奖	ZL200510078426.X 用于制造叶酸拮抗剂及其中间体的方法	江苏豪森药业股份有限公司	2013
9	第十六届中国专利奖金奖	ZL03151156.2 新型抗癌药吉西他宾重要中间体新合成工艺	江苏豪森药业股份有限公司	2014
10	第十六届中国专利奖优秀奖	ZL00819882.9 一种治疗头痛病的药物组合物及其制备方法和应用	江苏康缘药业股份有限公司	2014
11	第十六届中国专利奖优秀奖	ZL201210119771.3 一种适用于含氮化工废水总氮的处理方法	中蓝连海设计研究院	2014

资料来源：根据连云港市统计资料整理。

表 10-3　　省专利奖获奖情况一览表

序号	奖项名称	获奖专利或人员	单位	年份
1	江苏省第二届十大优秀专利发明人（省知识产权局等）	张国良	连云港鹰游纺机有限责任公司	2006
2	江苏省第五届专利奖金奖（省知识产权局等）	ZL02111693.8 一种新的化合物异甘草酸镁及其生产方法和用途	江苏正大天晴药业股份有限公司	2007
3	江苏省第五届专利奖金奖	ZL01815449.2 一种中药组合物及其制备方法	江苏康缘药业股份有限公司	2007
4	江苏省第七届专利奖金奖	ZL200710103833.0 一种制备瑞格列奈的方法	江苏豪森药业股份有限公司	2011
5	江苏省第八届专利奖优秀奖	ZL200710128120.X 一种制备七氟烷的方法	江苏恒瑞医药股份有限公司	2013
6	江苏省第三届民间发明创新奖一等奖	王行安	连云港富安紫菜机械有限公司	2013
7	江苏省第六届十大杰出专利发明人	吕爱锋	江苏豪森药业股份有限公司	2014

资料来源：根据连云港市统计资料整理。

平台载体取得突破。全市现有特色产业基地4家：国家火炬计划东海硅材料产业基地、连云港国家高性能纤维及复合材料高新技术产业化基地、国家火炬计划连云港新医药产业基地、国家火炬计划连云港装备制造特色产业基地。2014年基地内共有企业458家，其中省级以上高新技术企业61家，基地骨干企业61家，从业人员75346人。基地内实施中的各级科技计划项目257项，其中国家级项目66项，企业投入研究开发经费18.79亿元，研发经费占总收入的2%。高新区升格取得成功；市科技创业服务中心入驻科技创业城，成功获批为连云港市首家国家级科技企业孵化器；杰瑞科创园、连云海洋功能材料科技产业园晋升为省级（文化）科技产业园，全市省级（文化）科技产业园增至8个。中科院能动中心开始气化炉试验，省海洋资源研究院海洋药物研发平台初步建成，获批建设省级海洋药物活性分子筛选重点实验室；新建市级以上企业研发机构60个，总数达到314个，豪森生物药物重点实验室获批为国家重点实验室培育点，13家企业研发机构获批为江苏省重点企业研发机构，中蓝连海与716所被评为江苏省百强科技服务机构。

创新资源加速集聚。组织开展连云港—西安人才与科技合作恳谈会等产学研活动近30场，成功推进重点合作项目100多个，校企联盟总数发展到837家，启动了中国药科大学连云港研究院及东华大学连云港纤维新材料研究院建设，全市引进高校共建研究院总数达13个，建成科研设施面积近2万平方米，基本实现县区全覆盖。引进高校人才资源，新设立省级企业研究生工作站26个；依靠企业、依托平台，全市已累计集聚国家“千人计划”人才18人、省科技创新团队3个，省“双创计划”人才78人、省“企业博士集聚计划”人才103人。启动“科技创新券”试点，向203家企业发放创新券总额2000万元。全年获批国家和省各类科技项目301项，项目经费20540万元。

创新环境不断优化。出台《创新型试点城市建设推进计划（2014—2015）》和《连云港市国家知识产权试点城市建设实施方案（2014—2016年）》等政策文件，落实高企和企业研发费用加计扣除等科技减免税额7.73亿元。东海获批省级科技金融服务中心，开发区科技支行加快运营，推进“苏科贷”等科技金融新产品试点，帮助27家中小企业落实科技贷款9260万元。专利行政执法规范化建设取得成效，科创城一站式科技服务大厅初步建成，成功举办首届市科技创业大赛，与市广播电台联合举办16期《科技在线》宣传栏目，进一步活跃了全社会创新创业的氛围。

民生科技支撑增强。“科教兴卫”取得进展，市第一人民医院获省临床专项立项，为我市在该领域的首次突破，我市医药创新服务民生水平得到国务院参事等的高度肯定。科技富民扎实推进，东海、灌云和灌南三县被省科技厅确定为省富民强县重点县，赣榆被确定为省现代农业科技园提升建设重点县，东海“特色果蔬及加工技术集成创新示范”项目列入国家科技富民强县专项行动计划。21 个项目列入国家星火计划。科技超市建设省内领先，4 家分店、1 家便利店获评省优秀，得到省易购奖补资金支持。

全市科技进步贡献率达 51%，全社会 R&D 支出占 GDP 比重达 1.7%，万人有效发明专利拥有量达 2.76 件，全市高新技术产业实现产值 1904.28 亿元。

3. 创新型城市建设推动科技横向合作

（1）产学研扩大连云港横向联系

开展产学研对接活动。先后组织市相关企业和单位与西安地区重点高校、浙江大学、兰州大学、东南大学、南京工业大学、南通大学、北京化工大学、中科院合肥物质研究院和福建物构所等高校院所开展对接活动 30 多场。为推进我市与丝绸之路沿线高校院所开展多层次合作，在西安举办了连云港—西安人才与科技合作恳谈会，中科院光机所、西安交通大学、西北工业大学等 10 多家高校院所相关负责人参加了会议。50 多家企业代表与当地 50 多名专家进行了洽谈与交流，现场签约重点科技合作项目 16 项。达成合作意向 15 项；组织我市 15 家化工企业赴南京举办南京工业大学与连云港市科技对接交流会，现场达成合作意向 10 项；组织 19 家骨干企业与东南大学化工学院和材料学院专家进行对接，企业就省重大成果转化项目申报以及生产过程中遇到的技术难题与专家进行了咨询和交流，达成合作意向 7 项。

成功推进一批重点产学研合作项目。各类产学研活动为校企合作搭建了交流平台，促进了我市企业和高校院所合作交流。成功推进重点合作项目 130 项，我市企业已经建立校企联盟达 798 家，涉及高校院所 112 家、学科团队 570 个、专家团队 3898 人，其中，康缘药业与浙江大学共同开展中药数字化生产过程知识管理系统开发及产业化研究，构建以中药注射剂生产过程为主的中药数字化制药过程知识管理系统，该项目获国家重大新药专项近亿元资金支持。黄海机械联合东南大学、天明装备联合中国矿业大学、兆昱新材料联合包头稀土研究所、福东正佑照明电器联合中科院半导体所等承担的成果转化项目获得省重大科技成果专项资金的支持，四个项目总投资 41538 万元，共获得省资助经费 3900 万元。我市相关高校院所联合企业承担的11个产学研前瞻性研究项目列入省科技计划项目，获得195万元资金支持。推进22个博士专家入驻我市企业担任科技副总。

大力推进产学研创新载体建设工作。一是做好中科院能源动力研究建设相关工作。推动中科院能源动力研究中心与703所相关合作事宜。积极推进能动中心与中科院福建物构所、北京化工大学、德邦集团等单位和企业合作。二是推进南京大学连云港高新技术研究院等校地共建创新载体工作。市政府专门召开了高校研究院建设工作会议，研究解决相关问题，推进3家研究院成立新一届理事会，指导高校院所与企业开展合作共建各类产学研创新载体20多个，合作申报省产学研前瞻性研究等计划项目70多项，其中我市各类研究机构申报项目18项，有12个项目获得255万元支持。三是积极推动淮海工学院与省外高校院所共建技术转移中心工作。组织淮海工学院与中科院过程所、兰州大学联合申报江苏省高校技术转移中心项目，获得省厅前瞻性研究专项60万元资金支持，是我市第一个获批的省级技术转移中心。四是加快推进东华大学连云港纤维材料研究院、中国药科大学连云港研究院建设工作，两个研究院分别在2014年9月和2014年10月注册成立。五是推进东南大学、南京航空航天大学在我市建立技术转移中心工作，专门招聘了一名技术转移专员负责技术转移中心日常工作，达成了一批合作项目。

表10–4　　　　连云港与高校院所共建研究院一览表

序号	研究院名称	举办单位	成立时间
1	南京大学连云港高新技术研究院	连云港市科技局	2010年6月
2	南京工业大学连云港研究院	连云港市科技局	2010年12月
3	南京理工大学连云港研究院	连云港市科技局	2011年7月
4	南京工业大学东海先进硅基材料研究院	东海县科教园区管理委员会	2011年3月
5	河南科技大学东海硅产业节能技术研究院	东海县科教园区管理委员会	2010年7月
6	中国农业科学院东海农业综合试验站	东海县现代农业园区管理委员会	2011年9月
7	江苏大学东海机械汽配研究院	东海县科教园区管理委员会	2009年4月
8	南京农业大学灌云现代农业装备研究院	灌云县科技局	2011年3月
9	南京农业大学（灌南）食用菌产业研究院	灌南县科技局	2012年10月

续表

序号	研究院名称	举办单位	成立时间
10	水科院东海所赣榆海洋资源综合利用研究院		2010年4月
11	中国矿业大学连云港徐圩新区高新技术研究院	连云港徐圩新区管理委员会	2011年3月
12	中国药科大学连云港研究院	中国药科大学、连云港市市开发区管委会	2014年9月
13	连云港纤维新材料研究院		2014年10月

（2）国际合作扩大国际影响

围绕企业创新国际化需求，面向美国、德国、俄罗斯、以色列等全球产业技术创新能力强的国家或地区，引导企业开展国际技术引进和联合研发，并建立紧密合作关系，扩大国际影响。一是围绕第四届省跨国技术转移大会开展系列工作。与省跨国技术转移中心等机构合作，将我市企业合作需求通过该中心向海外发布。同时征集了国外先进技术和成果向企业发布，利用省国际科技合作平台，帮助企业与外方开展在线对接，如恒瑞医药、正大天晴、中酷歌数码、丽港稀土等10家企业，通过深入洽谈，达成了多项合作意向。二是大力组织国际合作项目。以项目为抓手，引导企业把技术合作研究与技术引进相结合，与外方联合开发先进技术，组织申报国家省国际科技合作项目12项，其中中复连众、日出东方太阳能和恒瑞医药等3家企业的国际合作项目列入省国际科技合作计划。我市受国家、省计划支持项目总数和资金总量列苏北首位。三是邀请国际合作专家帮助企业开展国际科技合作对接服务。邀请跨国技术转移中心专家到我市指导国际科技合作工作，调研10多家单位和企业，听取企业和相关单位对外合作的困难和具体的技术难题，重点推介了以色列、俄罗斯、德国、芬兰等国的成熟技术和先进成果。四是组织企业赴国外开展对接交流活动。组织江苏恒瑞医药、康缘药业集团参加在以色列举行的首届全球创新大会。组织乐园新材料公司、酷歌电子和金豆公司参加江苏省在俄罗斯、芬兰、荷兰等国举办的清洁技术、纳米材料和电子信息项目对接交流活动，并达成了相关合作协议。

展望篇

在国家“一带一路”战略中，连云港是丝绸之路经济带陆桥通道东方桥头堡，多重国家战略叠加，引领连云港未来发展。

未来的连云港，要建设成为服务丝绸之路经济带对外开放的重要门户：以设立自由港区为核心打造区域性国际航运中心和区域性国际物流中心；以建设金融创新区为核心打造区域性国际金融中心；以连云新城为核心打造区域性国际商贸中心。

要建设成为亚欧之间重要的国际交通枢纽：健全口岸“大通关”体系；健全航运服务功能；沟通完善综合交通网络。

要建设成为丝绸之路经济带产业合作示范基地：进口资源加工基地；出口产品生产制造基地；产业承接与转移基地；新兴产业和先进制造业集聚区。

多重国家战略是独有的稀缺性战略资源，国家战略集聚高端要素、重塑经济地理空间：功能分区重构经济空间版图；通道建设压缩时空距离；基础设施建设提升区位功能。财政和投资政策、土地政策、资源开发与管理政策、开放政策、金融政策、人才保障政策等国家战略红利将支撑连云港建设现代化和谐宜居滨海城市，桥头堡建设将迈上新台阶。

第十一章 多重国家战略叠加引领城市未来发展

2009年以来，多重国家战略叠加连云港，确定了连云港发展的战略目标、战略定位与任务。国家战略重塑经济地理空间，重构经济版图，压缩时空距离；国家战略提升区位功能，释放财政和投资政策、土地政策、资源开发与管理政策、开放政策、金融政策、人才保障政策等政策红利，引领连云港未来发展，支撑桥头堡建设迈上新台阶。

一、多重国家战略是独有的稀缺性战略资源

（一）党和国家领导人关注连云港

一直以来，连云港的发展备受党和国家领导人的关注。尤其是近几年，连云港重要的战略位置得到了习近平、李克强、张德江，以及胡锦涛、温家宝、贾庆林、贺国强等中央领导同志的充分肯定，并被寄予服务和促进全国区域共同发展的厚望，使得连云港自1984年成为全国首批沿海开放城市之后，再次走进国家最高决策层的视野。

2006年4月，贾庆林同志在连云港视察时强调："连云港的最大优势在于区位和港口，要在带动苏北振兴和中西部发展中发挥更大的作用"。

2007年元旦，温家宝同志在连云港视察时强调："连云港南连长三角、北接渤海湾，隔海东临东北亚，又通过陇海铁路西连中西部地区乃至中亚，是连

接东西南北的纽带，在我国区域经济协调发展中具有重要战略地位。要搞好连云港的规划和建设，加快连云港的建设步伐，从而使连云港成为连接沿海地带包括环渤海湾、长江三角洲以及浙江、福建的一个中间环节，又使连云港成为陇海线经济发展与沿海经济发展相沟通的一个纽带。”

2007年10月中共十七大期间，胡锦涛同志在参加江苏代表团讨论时强调：“连云港的位置重要，是涉及全局的问题。连云港的建设不仅要看到附近的几个省，中亚国家也关注欧亚大陆桥。”“连云港地理位置有优势，要好好发展。”

2009年4月，习近平同志视察连云港时强调：“如果孙悟空的故事有现实版的写照，应该就是连云港在新的时期新的世纪后发先至，构建新欧亚大陆桥，完成我们新时代的西游记。”“连云港虽然地处苏北，但是生机勃勃，有一种积极向上的精神，让我们看到了苏北发展的前景。连云港有很大的发展后劲，而且正在推进跨越式的发展，这里的发展进步值得关注”。

2009年6月，张德江同志来连视察调研时指出：“连云港要建设大港口，发展大工业，服务大腹地，就有大希望”。

2010年5月，贺国强同志来连视察时指出，连云港市要进一步加快港口建设，大力发展临港产业，切实把港口建设成为转型升级先行区，创新发展实验区，科学发展示范区。

2010年8月，李克强同志来港视察并嘱咐：“连云港和鹿特丹是大陆桥的东西桥头堡，要向鹿特丹学习，学习学习再学习，在竞争中发展”。

（二）多重国家战略叠加连云港

1.《江苏沿海地区发展规划》

《江苏沿海地区发展规划》经历了从江苏省政府《江苏省沿海开发总体规划》到国务院《江苏沿海地区发展规划》的过程。2007年3月1日，省委在南京召开常委会，深入落实温家宝同志元旦期间视察连云港的重要指示精神，专题研究加快连云港的建设与发展问题。会议强调，要根据温家宝同志对连云港新的战略定位，紧紧围绕“全面达小康，重振连云港”的总目标，制定好连云港的发展规划，引导支持连云港又好又快发展，使之成为苏北振兴的龙头、全省发展的新增长极、全国沟通东西的重要经济枢纽。同年4月，省政府正式启动《连云港发展纲要》编制工作，并经省委、省政府联合审议通过后上报国务院。8月《江苏省沿海开发总体规划》正式出炉。规划提出连云港要以建设人口超百万的特大城市、特色鲜明的区域中心城市、富有魅力的国际性海港城市为目标，坚持“以工兴港、以港兴市、以市带农”，推进中心城市行政、商务功能东迁，加快东部城区建设。把东部城区、新海城区、赣榆城区作为相互联动的三大增长极，把位于三极之间的海滨新城作为未来最重要的城市核心，完善城市空间布局。实施港城互动，密切港口与开发园区的联系，强化城市与港口相连的基础设施建设。以国家级和省级开发区为载体，重点发展钢铁、能源、石油储备、化工、粮油加工等临港产业和医药、现代纺织、机械制造等优势产业。以东部新城为依托，大力发展技术、信息、交易、海事服务、货物代理等商务服务业，提升城市服务能力，把连云港建设成为振兴苏北的龙头、全省开放的新增长极和全国连接南北、沟通东西的重要经济枢纽。

《江苏沿海地区发展规划》还经历了从智库成果到国家决策的过程。2007年下半年到2008年初，全国政协原副主席钱正英院士组织21名院士对江苏沿海开发进行战略研究，在研究报告中着重就连云港在江苏沿海开发及国家生产力布局中的重要战略位置、如何发挥好连云港的综合优势布点重大产业、以什么样的形式把连云港纳入国家战略层面等关键问题进行了着重阐述，并以江苏省人民政府和中国工程院联合行文的形式，将战略研究报告提交国务院研究审议。2008年5月，国务院召开总理办公会，专题研究江苏沿海开发，把连云港作为重中之重来强调，并委托国家发改委牵头组织国家部委到连云港调研，推动连云港进入国家战略迈出重大步伐。2009年6月10日下午，国务院常务会议审议并原则通过《江苏沿海地区发展规划》，会议明确指出，将江苏沿海地区建设成为中国东部地区重要的经济增长极。把加快建设新亚欧大陆桥东方桥头堡与促进海域滩涂资源合理开发利用作为江苏沿海地区建设的两大发展重点之一，正式确立了连云港作为新亚欧大陆桥东方桥头堡的地位和连云港的国家战略定位。

2.《长江三角洲地区区域规划》

2010年5月24日，国务院正式批准实施《长江三角洲地区区域规划》，该规划明确了长江三角洲地区包括上海市、江苏省和浙江省，这使得长三角的核心城市由原来的16个增加到25个。长江三角洲地区发展的战略定位，是亚太地区重要的国际门户、全球重要的现代服务业和先进制造业中心、具有较强国际竞争力的世界级城市群；到2015年，长三角地区率先实现全面建设小康社会的目标；到2020年，力争率先基本实现现代化。这是中国第一个跨省份的区域规划，也是 2008 年以来国务院批准的第 18 个区域发展规划。该规划提出加快连云港等潜力较大地区的发展，形成新的经济增长点，带动江苏沿海和沿东陇海地区的发展。

3.《国家主体功能区规划》

2011 年 6 月，《国家主体功能区规划》出台。该规划根据不同区域的资源环境承载能力、现有开发密度和发展潜力，统筹谋划未来人口分布、经济布局、国土利用和城镇化格局，将国土空间划分为优化开发、重点开发、限制开发和禁止开发四类，确定主体功能定位，明确开发方向，控制开发强度，规范开发秩序，完善开发政策，逐步形成人口、经济、资源环境相协调的空间开发格局。

《国家主体功能区规划》涵盖苏北的连云港、徐州、盐城、宿迁四市，但内容分两个类型：一是重点开发区域；二是禁止开发区域。[①] 重点开发区域为东陇海地区，连云港位于全国“两横三纵”城市化战略格局中陆桥通道横轴的东端，是陆桥通道与沿海通道的交汇处，区域的功能定位是：新亚欧大陆桥东方桥头

▲ 以港口大楼为主体的东部城区面貌

① 从禁止开发区域看，江苏三个湿地禁止开发区域全部在苏北：江苏盐城湿地珍禽国家级自然保护区，丹顶鹤等珍稀鸟类及海涂湿地生态系统；江苏大丰麋鹿国家级自然保护区，麋鹿和丹顶鹤等鸟类及滨海湿地生态系统；江苏泗洪洪泽湖湿地国家自然保护区，大鸨等珍稀鸟类及湖泊湿地生态系统。

堡，中国东部地区重要的经济增长极。具体内容为："构建以连云港为中心，以沿海产业带和沿陇海线产业带为轴线的空间开发格局。强化连云港港口、产业的一体化发展，增强对陇海兰新沿线地区的辐射作用，集约发展临港产业，建设临港产业基地和国际性海港城市。培育形成沿海发展带，增强连云港的港口功能，实施沿海临港产业开发，培育和壮大沿海城镇。提升沿陇海带的发展水平，增强徐州集聚人口和经济的能力，加快资源型城市转型，打造重要的能源基地、先进制造业基地、物流基地和商品集散地。"连云港是重点开发区域的重中之重。

4.《国家东中西区域合作示范区建设总体方案》

为贯彻落实国务院批准的《长江三角洲地区区域规划》和《江苏沿海地区发展规划》，推进国家东中西区域合作示范区建设，2011 年 6 月国家东中西区域合作示范区获得批准，示范区设在连云港市连云区，包括徐圩新区和连云港经济技术开发区、连云港国际商务中心、连云港区、连云港保税物流中心。随后，国务院批复《国家东中西区域合作示范区建设方案》（以下简称示范区建设方案）。

5.《依托黄金水道推动长江经济带发展指导意见》

2014 年 9 月 25 日，国务院发布《依托黄金水道推动长江经济带发展指导意见》。这个文件，不仅将连云港列入长江经济带，而且对发展作了战略上的定位。

（三）多重国家战略叠加的战略意义、战略目标

1. 战略意义

（1）完善国家区域战略格局

有利于长三角地区产业优化升级和整体实力提升。加快江苏沿海地区发展，将有效缓解长三角地区土地资源紧张状况，拓展新的发展空间，优化调整区域产业布局，推动产业升级，促进区域协调发展，进一步增强长三角地区整体实力和竞争力，更好地应对国际金融危机的冲击和影响。

有利于完善全国沿海地区生产力布局。加快江苏沿海地区发展，提升经济发展水平，将进一步增强长三角与环渤海地区的经济联系，促进两大区域在更高平台上开展合作，生产要素在更大范围内合理流动，经济在更深层次上实现对接融合，进一步完善沿海地区经济布局，形成全国沿海地区共同发展、互动

并进的新局面。

有利于促进中西部地区发展。加快江苏沿海地区发展，充分发挥陇海兰新沿线地区出海通道的作用，将进一步促进中西部地区与东部沿海地区的经济交流，增强互动效应，为中西部地区提升对外开放水平、承接国际资本转移、参与国际分工合作创造更加有利的条件，促进中西部地区加快发展。

有利于强化我国与新亚欧大陆桥沿线及东北亚地区的合作。加快江苏沿海地区发展，增强新亚欧大陆桥东方桥头堡作用，将进一步加强我国与欧洲、中亚、东北亚国家之间的沟通和联系，促进国际合作与交流，实现共同发展和共同繁荣。

（2）“东方桥头堡”的定位决定江苏沿海开发的重点、方向和路径

首先，连云港的区位优势决定江苏沿海地区区位优势。连云港的区位优势，温家宝总理表述为“连云港市南连长三角、北接渤海湾，隔海东临东北亚，又通过陇海铁路西连中西部地区乃至中亚，是连接东西南北的纽带。”国务院在《江苏沿海地区发展规划》中将江苏沿海地区的区位优势表述为：“江苏沿海地区南部毗邻中国最大的经济中心上海，北部连接渤海湾地区，东与东北亚隔海相望，西连新亚欧大陆桥和长江黄金水道，是陇海兰新沿线地区出海通道的战略要冲。”可见，连云港的区位优势决定江苏沿海地区区位优势。

其次，连云港的发展决定江苏沿海地区发展的全局。国家对江苏沿海地区发展的重大意义定位为“四个有利于”，即有利于长三角地区产业优化升级和整体实力提升；有利于完善全国沿海地区生产力布局；有利于促进中西部地区发展；有利于强化中国与新亚欧大陆桥沿线及东北亚地区的合作。在这“四个有利于”中，连云港市南连长三角，北接渤海湾，有利于完善全国沿海地区生

▲ 西连中西部地区以至中亚的东陇海铁路

产力布局，形成全国沿海地区共同发展、互动并进的新格局；连云港市通过陇海铁路西连中西部地区乃至中亚，有利于促进中西部地区发展；有利于强化中国与新亚欧大陆桥沿线及东北亚地区的合作，将进一步加强中国与中亚、欧洲、东北亚国家的沟通和联系，促进国际交流与合作，实现共同发展和繁荣。可见，连云港的发展决定江苏沿海地区发展的全局。

最后，连云港的发展是江苏沿海开发的重中之重。国务院对江苏沿海开发最新的战略定位是："建设中国重要的综合交通枢纽，沿海新型的工业基地，重要的后备土地资源开发区，生态环境优美、人民生活富足的宜居区，成为中国东部地区重要的经济增长极和辐射带动能力强的新亚欧大陆桥东方桥头堡"。提出江苏沿海地区建设的重点是"加快建设新亚欧大陆桥东方桥头堡和促进海域滩涂资源合理开发利用"。在这两个重点中，功能和定位是不同的，新亚欧大陆桥东方桥头堡的重点是建设问题，海域滩涂资源主要是农业和生态保护问题。根据规划确定的原则，农业和生态用地占围填面积的 80%（其中农业用地占 60%），建设用地占 20%，因此，海域滩涂资源主要是在保护的基础上合理开发利用。成为中国东部地区重要的经济增长极和辐射带动能力强的新亚欧大陆桥东方桥头堡的目标定位的关键，在确立连云港作为江苏沿海开发的龙头，在加快建设新亚欧大陆桥东方桥头堡。因此，东方桥头堡现象决定江苏沿海开发的重点、方向和路径。

"江苏沿海开发的基本思路是按照建设大港口、引进大项目、发展大产业、构建沿海经济带的总体要求，实施港口、产业、城镇三位一体联动开发，提高开发水平。开发的重点是，加快连云港开发步伐，推进港口、临港产业基地、国际性海港城市建设，把连云港港建设成为面向国际、服务陇海的黄海大港"（罗志军，2008）。以东桥头堡理念引领江苏沿海地区的开发开放，以加快建设新亚欧大陆桥东方桥头堡为载体推进江苏沿海地区的开发开放，应当是江苏沿海开发的不二选择。

2. 战略目标

立足连云港，依托大陆桥，服务中西部，面向东北亚，加强区域合作与交流，推动东中西良性互动，全方位拓展开放合作的广度和深度，以徐圩新区为先导区，建成服务中西部地区对外开放的重要门户、东中西产业合作示范基地、区域合作体制机制创新试验区。

主要目标，到 2015 年，示范区建设初见成效，服务中西部地区对外开放的能力显著提升。港口服务功能进一步完善，大陆桥沿线地区出海更加便捷高效；区域合作服务平台初步形成，面向中西部地区的合作服务体系基本建立；产业合作基地建设初见成效，与中西部地区产业分工更加合理、协作更加紧密；合作体制机制创新取得重要进展，东中西地区协调发展的政策体系初步形成。到2020年，示范区全面建成，服务中西部地区对外开放的重要窗口功能更加完善。以港口为核心的综合交通枢纽作用充分发挥，面向中西部地区的合作服务体系更加完备，东中西区域产业合作层次进一步提升，促进区域合作的体制机制基本形成。

（四）定位与任务

1. 定位

（1）《长江三角洲地区区域规划》对连云港的发展定位

沿东陇海线发展带。沿东陇海线成为长三角规划中“一核九带”[①]空间格局的重要组成部分。沿东陇海线发展带包括东陇海沿线的市县，连云港是沿东陇海线发展带的核心部分。规划提出“大力发展劳动密集型产业，积极发展对外贸易，建设资源加工产业基地，成为振兴苏北、带动我国陇海兰新沿线地区经济发展的重要区域。”

东陇海通道。规划提出“依托陇海铁路和连霍高速公路，构建中西部地区至连云港港的重要出海通道。加快建设郑徐客运专线徐州段并规划延伸至连云港，增强对中西部地区的辐射带动作用并支撑沿线产业发展。”

产业基地。规划提出“建设南京、苏州、连云港、杭州、湖州、金华等中医药、化学原料和生物医药研发生产基地，加快建设上海、苏州、杭州、宁波新材料研发中心和宁波、连云港国家新材料高技术产业基地，无锡、常州、镇江、泰州、南通、徐州、湖州、嘉兴、绍兴、台州、金华、衢州等城市积极建设新材料研发转化生产基地。”“积极开发以连云港—盐城—南通—上海—嘉兴—宁波—舟山—台州—温州为主的滨海海韵渔情旅游带。”

综合运输枢纽建设。规划提出“重点建设上海、南京、连云港、徐州、杭州、宁波全国性综合运输枢纽。加快连云港港建设，尽快形成‘一体两翼’的

① 以上海为核心，沿沪宁和沪杭甬线、沿江、沿湾、沿海、沿宁湖杭线、沿湖、沿东陇海线、沿运河、沿温丽金衢线为发展带的“一核九带”空间格局。

发展格局，强化港口对中西部地区的辐射能力，建成我国重要的综合交通枢纽和物流中心，成为辐射带动力强的新亚欧大陆桥东方桥头堡。”

江苏沿海港口群。规划提出“加快连云港港30万吨级深水航道建设，规划建设原油、矿石等大型专业化深水泊位，大力发展集装箱干线运输。以连云港港为核心，联合南通港、盐城港共同建设沿海港口群，大力发展国际航运和现代物流，增强为中西部服务的能力，建设成为上海国际航运中心北翼重要组成部分。”

能源基础设施建设。煤炭，规划提出“重点建设宁波—舟山、连云港、盐城等沿海煤港。”油气，规划提出“重点建设宁波—舟山石油中转港口，完善宁波北—上海、宁波北—南京的输油管道，规划建设日照—仪征输油管道连云港支线。”规划还提出迁建连云港机场。

（2）《江苏沿海地区发展规划》对连云港发展的定位

该规划一是确立了连云港新亚欧大陆桥东方桥头堡的地位：立足沿海，依托长三角，服务中西部，面向东北亚，建设我国重要的综合交通枢纽，沿海新型的工业基地，重要的土地后备资源开发区，生态环境优美、人民生活富足的宜居区，成为我国东部地区重要的经济增长极和辐射带动能力强的新亚欧大陆桥东方桥头堡。二是确立了连云港为我国重要的综合交通枢纽。提出以连云港港为核心，联合南通港、盐城港共同建设沿海港口群，综合发展陆路交通和航空业；大力发展国际航运和现代物流，进一步提高综合服务能力，服务中西部地区和长江中上游地区的经济发展，成为我国重要的综合交通枢纽、陇海兰新沿线地区最便捷的出海通道和对外开放窗口，逐步形成亚欧之间重要的国际交通枢纽。三是确立了连云港为我国沿海新型的工业基地。提出依托深水港口资源，优先发展石化、造船等临港产业；立足现有产业基础，加快发展现代纺织、新型装备制造、新材料、新医药等优势产业，提高高技术产业比重，推进传统产业全面升级，建设具有较强国际竞争力的新型工业基地。

规划在土地后备资源开发、生态环境方面也提出了要求：立足沿海海域滩涂资源丰富的独特优势，科学规划土地资源，积极探索立足沿海海域滩涂资源丰富的有效的开发方式，合理划分农业、建设和生态用地空间，增强粮食安全保障能力，创新土地利用管理机制，推进土地节约集约利用，进一步拓展长三角发展空间。充分利用滨海临江、区域生态环境良好的优势，大力推进生态城镇建设，进一步优化人居环境，形成人与自然和谐相处的良好局面；积极发展社会事业，不断增强公共服务能力，提高城乡居民生活水平和质量，打造成为经济繁荣、社会和谐、生态良好的沿海宜居地区。

（3）《依托黄金水道推动长江经济带发展指导意见》对连云港发展的定位

该规划将连云港列为长江经济带的重要组成部分，并从“一带一路”战略对连云港的发展提出要求：“加强与丝绸之路经济带的战略互动，优化整合向西国际物流资源，提高连云港陆桥通道桥头堡水平，加强与沿线国家海关的合作，提高贸易便利化水平。”并提出加快建设包括连云港在内的 14 个全国性综合交通枢纽，[①] 有序发展区域性综合交通枢纽，提高综合交通运输体系的运行效率，增强对产业布局的引导和城镇发展的支撑作用。

在长江经济带综合立体交通走廊规划中，多项涉及连云港的重大项目被列入其中。在长江支线航道规划重点项目中，规划“实施连申线、芜申线、杭申线、苏申内港线、苏申外港线、长湖申线、通扬线、湖嘉申线、杭甬运河、杭平申线、钱塘江、大芦线等航道整治工程”，连申线被列为首项。在长江港口系统规划重点项目中，规划“建设宁波—舟山港、连云港进口铁矿石码头”。连云港进口铁矿石码头被作为仅有的一个铁矿石码头列入其中。铁路规划重点项目中，关于快速铁路，提出“建设上海至南通、上海经江阴至南京、连云港经扬州至镇江、徐州经淮安至盐城、杭州经长沙至昆明、杭州至黄山、商丘经合肥至杭州、郑州至合肥、合肥至九江、南昌至赣州、赣州至深圳、九江至武汉、武汉至西安、怀化经邵阳至衡阳、重庆至郑州、重庆至贵阳、重庆至昆明、成都至重庆、汉中经巴中至重庆、成都至贵阳、贵阳至南宁等铁路”。连云港经扬州至镇江被列入其中。在江苏综合交通枢纽（节点城市）中，连云港再次被列入。

（4）《国家东中西区域合作示范区建设总体方案》

示范区建设方案是关于连云港发展的专项规划，明确提出：立足连云港，依托大陆桥，服务中西部，面向东北亚，加强区域合作与交流，推动东中西良性互动，全方位拓展开放合作的广度和深度，以徐圩新区为先导区，建成服务中西部地区对外开放的重要门户、东中西产业合作示范基地、区域合作体制机制创新试验区。

---

① 其他 13 个全国性综合交通枢纽为：上海、南京、徐州、合肥、杭州、宁波、武汉、长沙、南昌、重庆、成都、昆明、贵阳。

2. 重点任务

（1）建设三大产业合作基地

一是建设进口资源加工基地。鼓励利用临港产业园区与中西部地区进口资源深加工企业合作，建设石油化工、有色金属、精品钢材等加工基地，降低物流成本，形成紧密型产业链，增强中西部地区企业参与国际市场竞争的能力。二是建设出口产品生产加工基地。利用现有港口条件，大力发展海铁联运，鼓励中西部地区外向型企业在示范区建设出口产品加工分装、装备制造出口组装等专业化生产加工基地，为大陆桥沿线地区产业发展提供配套服务。三是建设产业承接与转移基地。积极承接长江三角洲其他地区重化工业转移，建设临港产业基地。依托现有高技术产业基础，大力发展生物医药、新材料、新能源等战略性新兴产业，提升产业整体实力，增强对中西部地区的产业辐射能力。

（2）提升出海通道功能

提升出海通道功能，完善开放服务功能。围绕打造中西部地区便捷高效的出海通道，大力发展集装箱干线运输，积极引进战略合作伙伴，开辟集装箱远洋干线航线和加密航班，进一步提升连云港港集装箱过境运输能力和效率。积极推进现有海关特殊监管区域和保税监管场所整合发展，完善服务周边地区及内陆腹地的保税物流体系，大力发展国际中转、配送、采购、转口贸易和出口加工，建设面向中西部地区的资源集中采购平台和连接中西部地区的现代物流中心。鼓励国外大型企业在示范区设立区域性总部和研发生产、采购配送、商品交易中心，并向中西部地区拓展分支机构。

建设综合交通枢纽。加强与中西部地区重大交通基础设施对接，支持大陆桥沿线重要城市共建共用连云港港。进一步提升连云港港口通过能力，重点实施深水航道疏浚工程，根据国家重大产业布局建设矿石、原油、液化天然气等大型专业化深水泊位。打通陇海兰新铁路客运通道，进一步提升新亚欧大陆桥铁路运输能力。规划建设疏港铁路及集装箱办理站，大力发展海铁联运和铁路集装箱运输。加强徐圩新区铁路支线、骨干公路、内河航道建设，提高对外运输能力。

健全口岸“大通关”体系。支持大陆桥沿线城市在海关、检验检疫、边防检查等方面开展跨区域口岸合作，推进“属地申报、口岸验放”的通关模式。在大陆桥沿线节点城市合作建设物流场站，大力发展海铁、海陆等多式联运业务。充分发挥国家电子口岸的作用，加强港口、铁路间互联互通和信息共享，建设具有通关、物流、商务等应用功能的大通关信息平台。

（3）完善四大合作服务体系

一是完善金融服务功能。鼓励国内外银行及其他金融机构在示范区设立分支机构，大力发展金融中介服务，积极引进一批高级金融管理人才，建立便捷高效的资金结算信托投资和保险等投融资服务体系，为中西部地区企业发展进出口业务提供金融服务。二是完善商务服务功能。在连云港国际商务中心重点建设航运交易市场和口岸一站式服务平台，设立中西部地区驻连云港办事机构集中区。在徐圩新区云湖商务核心区建设大陆桥沿线地区产品展示展览中心，组织开展面向中西部地区的会展活动。三是完善重大科研成果转化功能。加强技术交易市场建设，引导科技研发和中介服务机构集聚，大力推进产学研联合，支持科研院所和企业相互转让先进适用技术和专利、商标，促进科技成果转化，构筑服务中西部地区产业发展的技术合作和交易平台。四是完善人力资源合作开发功能。加大大陆桥沿线地区人力资源合作开发力度，通过整合并充分利用现有的人力资源和培训基地，提高相关资源的综合利用效率，促进人力资源跨区域合理流动。建立健全有利于人力资源优化配置的体制机制，为中西部地区发展提供人力资源支撑。

二、国家战略红利支撑桥头堡建设迈上新台阶

（一）国家战略释放政策红利

1. 财政和投资政策

投融资政策。支持江苏沿海地区重大基础设施建设，在重大产业布局及项目审核等方面给予必要支持；依法减免海域使用金；促进海洋科技成果转化，建立科技兴海多元化资金投入机制；加大商品粮基地、农产品加工基地建设投入力度；条件成熟时支持设立地方性银行，鼓励国内外金融企业在江苏沿海地区设立分支机构；探索发展股权投资基金，设立政府创业投资引导基金，引导支持创业型企业发展，扩大企业融资规模。[①]

国家对示范区建设给予一定的支持。赋予示范区相当于省级政府投资主管

① 见《江苏沿海地区发展规划》。本篇写作多处依据《江苏沿海地区发展规划》《国家东中西区域合作示范区建设总体方案》《长江三角洲地区区域规划》，以下不再一一加注。

部门的项目管理权限。

2. 土地政策、资源开发与管理政策

国家在编制土地利用年度计划时合理安排江苏省用地计划指标，江苏省根据建设需求和进度安排对示范区用地指标给予适度倾斜，保障港口集疏运体系等重点工程建设。加大对港口航道、码头等基础设施建设用海的政策支持力度，依法减免海域使用金。加强围填海项目审查，严格控制围填海规模。

实施科技兴海战略，完善成果转化和人才培养机制，推动江苏沿海地区海洋经济加快发展；支持海域滩涂资源开发，在新增建设用地土地有偿使用费的安排上，对符合条件的海域滩涂开发予以支持，新增耕地可用于全省耕地占补平衡；支持低产盐田用途调整；支持土地管理改革，开展多种模式的征地安置试点，开展农村集体建设用地流转及土地收益分配、增强政府对土地供应调控等方面的改革试验，探索农用地转用和土地征收方案一次报批、分期分批组织实施，实行城乡建设用地增减挂钩政策，推动农村建设用地向城镇集中。

3. 开放政策

支持现有海关特殊监管区域整合发展；支持连云港高新技术产业园区升级；支持企业发展服务外包，建设服务外包园区。建立陇海兰新铁路运输协调机制，开通郑州至连云港港双层集装箱“五定”班列，研究制定陇海兰新铁路沿线地区到连云港港的集装箱“五定”班列运价优惠政策。

对外开放政策。支持在有条件的地区设立海关特殊监管区域，加快连云港出口加工区等各类海关特殊监管区功能叠加和整合；支持有条件的省级经济开发区和高新技术开发区升格为国家级开发区；探索设立国家东中西区域合作示范区，鼓励在促进跨区域生产要素共享、推进重大基础设施对接、加强产业合作等方面先行先试，创新合作模式，完善合作机制，为实现区域合作发展探索新路径。

4. 金融政策

支持符合条件的企业发行企业债券、中期票据、短期融资券、中小企业集合债券等债务融资工具和上市融资。允许示范区在发展多种所有制金融企业、创新外汇管理制度等方面开展先行先试。

5. 人才保障政策

加大连云港等地高校海洋学科建设和海洋产业人才培养力度，支持有条件的高校增设海洋专业。支持江苏沿海地区引进国内外优质教育资源，与本地各类高等院校开展合作办学和科学研究，培养适应发展需要的各类人才。完善为江苏沿海开发提供人才支持的工作机制，探索建立政府、社会、用人单位和个人多元化的人才开发投入体系。依托高新技术开发区、科技企业孵化器等平台，鼓励留学归国人员到江苏沿海地区创业。支持开展专业技术和职业技能培训，形成一批支撑产业发展的高技术、实用型人才队伍。

（二）国家战略重塑经济地理空间

1. 功能分区重构经济空间版图

适应中西部地区开放合作的实际需要，科学合理地划分功能分区，更好地服务中西部地区开放型经济发展。

现代物流服务功能区。布局在连云港港和相关的物流园区、海关特殊监管区。加强物流基础设施建设，构建集国际运输、分拨转运、仓储配送、临港加工、交易及配套服务功能于一体的区域性物流中心，为中西部地区发展提供便捷高效的物流服务。

产业合作功能区。布局在徐圩新区和连云港经济技术开发区。重点建设服务中西部地区的进口资源加工基地、出口产品生产加工基地，积极承接长江三角洲其他地区和日、韩等国家产业转移，打造东中西产业合作的集聚区。

商务服务功能区。布局在连云港国际商务中心和徐圩新区。进一步完善连云港国际商务中心的服务功能，配套建设徐圩新区云湖商务核心区，打造面向中西部地区的商务服务平台，提升服务中西部地区的能力。

科技和人才服务功能区。布局在连云港经济技术开发区和徐圩新区。重点建设重大科技成果转化基地、支撑产业发展的实用型技术人才培养基地，打造面向中西部地区的科技和人才服务平台，加强东中西科技和人才的合作交流。

生态功能区。布局在云台山风景名胜区、徐圩新区以及主要河流、公路、铁路沿线。重点建设开敞绿色生态空间和防护隔离林带、生态隔离区，加强海洋及海岸带生态环境保护，构建优美的滨海景观，着力打造低碳生态功能空间。

2. 通道建设压缩时空距离

通道建设压缩时空距离，拉动经济集聚发展。

铁路。加快建设沿海铁路大通道，重点建设黄岛至连云港至盐城、南通至上海铁路，加快陇海铁路客运专线建设，实施连徐线电气化扩能改造，进一步强化陆桥铁路大通道能力；新建宿州至淮安至连云港铁路；根据连云港徐圩、南通洋口、盐城大丰等港区发展需要，规划建设相关港口铁路支线。

公路。实现高等级公路与沿海港口和产业集中区直接连接，建设贯通南北的临海高等级公路，提高临海地区公路技术等级和路网整体效率。

航空通道。扩建连云港白塔埠机场并提升为国家一类开放口岸，迁建新机场，建设服务苏北鲁南地区、面向亚太的区域性国际航空港。综合运输枢纽。重点建设连云港、徐州全国性综合运输枢纽。

3. 国家战略提升区位功能

通道建设，规划提出依托陇海铁路和连霍高速公路，构建中西部地区至连云港港的重要出海通道。加快建设郑徐客运专线徐州段并规划延伸至连云港，增强对中西部地区的辐射带动作用并支撑沿线产业发展。

综合运输枢纽建设，规划提出将连云港与上海、南京、徐州、杭州、宁波共同定位为重点建设全国性综合运输枢纽。加快连云港港建设，尽快形成“一体两翼”的发展格局，强化港口对中西部地区的辐射能力，建成中国重要的综合交通枢纽和物流中心，成为辐射带动力强的新亚欧大陆桥东方桥头堡。加快连云港港 30 万吨级深水航道建设，规划建设原油、矿石等大型专业化深水泊位，大力发展集装箱干线运输。迁建连云港机场。煤炭重点建设宁波—舟山，连云港，盐城等沿海煤港；油气规划建设日照—仪征输油管道连云港支线。

港口体系。连云港港是国家沿海主要港口及区域性中心港口，江苏沿海港口群的核心，中国综合运输体系的重要枢纽，是上海国际航运中心北翼重要组成部分，要加快深水航道建设，开辟新港区，大力发展集装箱干线运输，增强港口功能，拓展服务领域，提升为中西部地区服务的能力。

港口能力。推进连云港港 30 万吨级深水航道建设，尽快启动徐圩、赣榆港区进港航道建设，并根据产业发展需要及时浚深；加快连云港区大堤作业区 10 万吨级以上集装箱泊位建设，尽快论证确定原油、矿石等大型专业化深水泊位布局，推动煤炭下水港建设，推进赣榆港区深水泊位和灌河港区万吨级以上泊位建设。

服务功能。大力发展港口物流，拓展保税、国际贸易、金融保险、信息咨询等功能。加快建设连云港航运交易市场，提高连云港口岸查验单位级别和查验设施水平，开设两翼港区一类口岸，建设电子数据交换（EDI）信息管理系统，完善口岸“大通关”体系。加强与陇海兰新沿线及苏北其他地区的跨区域口岸协作，在主要城市建设具有综合物流集散功能的内陆“无水港”，拓展属地申报、口岸验放和检验检疫直通放行业务，延伸口岸功能，逐步扩大通关适用范围。积极推进连云港至莫斯科国际班列西延，实现新亚欧大陆桥全线贯通，简化进出境货物通关、转关和过境手续，提升通关贸易便利化水平，吸引新亚欧大陆桥沿线更多货物选择连云港口岸通关。

（三）国家战略集聚高端要素

国家战略集聚高端要素，优化连云港产业质态。

二产业：

钢铁产业，规划提出在连云港等沿海具备条件的地方建设新型钢铁基地。

新兴产业，规划提出建设连云港等中医药、化学原料药和生物医药研发生产基地；加快建设连云港国家新材料高技术产业基地。先进制造业方面，积极发展临港产业，引导沿江及内陆地区，特别是城市钢铁企业向连云港转移，重点发展满足沿海先进制造业基地所需的钢铁产品。加快发展优势和新兴产业。建设国家级碳纤维生产基地。培育全国重要的医药龙头企业，重点发展具有自主知识产权的创新药。支持江苏省与中国科学院在能源动力研究方面的合作，促进技术成果转化，建设清洁能源创新产业园。

三产业：

服务业，加快连云港国际商贸中心建设，完善商务服务功能，设立服务陇海兰新沿线地区的技术交易市场、非上市公司产权交易中心、中小企业融资服务市场、进出口市场和信息中心，积极发展信息咨询、中介代理、会展交易等商务服务，提升国际会展功能，打造区域性和国家级会展品牌。

旅游业，将连云港建成国际知名的海滨旅游城市和国内著名的旅游目的地，创造条件在南通、连云港等地引进发展邮轮经济，以连云港为基地开发日韩海上旅游航线。积极开发以连云港—盐城—南通—上海—嘉兴—宁波—舟山—台州—温州为主的滨海海韵渔情旅游带。

三、国家战略引领发展路径

（一）扩大开放合作

1. 大力发展开放型经济

实施引进来与走出去相结合的对外开放战略，优化利用外资结构，发挥外资对产业升级和技术扩散的促进作用，积极承接国际产业转移，重点引进高技术产业和先进制造业项目，扩大服务外包；着力提高利用外资质量，注重引进先进技术、管理经验和智力资源；支持跨国公司在江苏沿海地区设立总部、研发中心和专业服务机构；鼓励企业与国际跨国公司进行合作配套，促进形成产业集群；积极利用国际金融组织贷款、外国政府贷款、国际产业投资基金，为江苏沿海地区发展提供资金支持；鼓励和支持有实力的企业到境外投资，扩大对外承包工程和劳务合作。

2. 强化与长三角其他地区的互动

进一步加强与上海、苏南等地区重大基础设施的衔接，积极开展产业合作，建立长三角地区农副产品供应基地，承接上海、苏南等地区的产业转移，推动长三角地区产业优化升级，促进互动发展。进一步加强与苏北其他地区的合作，服务和带动苏北腹地经济发展，提升外向型经济发展水平。积极推进泛长三角区域合作。

3. 加强对中西部地区的服务带动

充分利用新亚欧大陆桥出海通道便捷的交通条件和不断增强的服务功能，进一步扩大与中西部地区在产业、科技、人才、信息等领域的交流与合作，增强辐射带动作用。

4. 密切与环渤海地区的联系

积极发挥承南启北的作用，加强与环渤海地区的沟通，推进技术、项目、人才的交流，促进产业分工与协作，加强连云港与青岛、日照之间的港口合作以及其他基础设施对接。

5. 加强国际合作

深化与新亚欧大陆桥沿线和日韩等东北亚国家的经济贸易合作，举办沿线国家和地区经济合作论坛，促进互利共赢。推动建立沿线国家共同参与的高层次协调机制，定期磋商解决重大问题，进一步推动经贸合作与交流。

（二）完善区域功能

1. 区域性国际航运中心功能

首先，建设连云港区域性国际航运中心，是连云港作为新亚欧大陆桥东方桥头堡这个特殊地位决定的。东桥头堡地位决定连云港市在国际贸易通道上的特殊地位。新亚欧大陆桥连结辐射亚欧两大洲 40 多个国家和地区，连通大西洋和亚太两大经济圈，是新兴的亚欧国际集装箱运输陆上通道。新亚欧大陆桥使我国内陆腹地与中亚、欧洲国家紧密连接起来，实现东西双向开放的同时，为日本、韩国、东南亚地区与东欧、西欧、西亚、中亚、南亚各国的经贸发展开辟了一条便捷的通道。在党的十七大召开期间，胡锦涛总书记指出："连云港的位置很重要，是涉及全局的问题。连云港的建设不仅要看到附近的几个省，中亚国家也关注欧亚大陆桥"。并强调："连云港有地理优势，要好好发挥作用。"

其次，建设连云港区域性国际航运中心，是连云港在我国区域经济协调发展中重要战略地位决定的。关于连云港在我国区域经济协调发展中的重要战略地位，2007年元旦，温家宝总理在连云港视察时作了具体表述："连云港港处在我国东部沿海中部，是我国沟通南北、纵贯东西的枢纽港。连云港南连长三角、北接渤海湾，隔海东临东北亚，又通过陇海铁路西连中西部地区乃至中亚，是连接东西南北的纽带，在我国区域经济协调发展中具有重要战略地位。连云港港，小而言之是带动苏北发展的龙头；大而言之可以带动江苏全省的发展；再大一点，从全国区域范围可以带动经济协调发展"。"连云港就处在这样一个连接东西、沟通南北的重要节点和纽带上。连云港的发展前途在港口，连云港要做苏北振兴的龙头，也要在促进东西部地区协调发展上发挥重要作用"。在我国生产力国土构架中，连云港是我国唯一横贯东中西三大地带的陇海兰新铁路和连霍国道主干线公路快速通道的东方起点。随着我国西部大开发、中部崛起、东部率先发展三大战略的实施，连云港的作用益发重要。加快连云港建设步伐，有利于沿海经济发达地区借助于连云港这个中间环节向陇海兰新地带扩展，加强陇海线经济发展与沿海经济发展的沟通与交融，带动中西部地区发展的意义重大。"连云港这个港与别的港不一样，它的作用没有别的港可以代替。因沿陇海线，一直到甘肃、新疆，连云港是这些省区的重要出海口，对这些省区的经济发展与繁荣有重要作用，是重要条件"（李鹏，1986）。因此，连云港作为陇海兰新沿线地区出海通道的战略要冲的特殊区位决定确立连云港区域性国际航运中心的战略定位。

最后，建设连云港区域性国际航运中心，符合国家《江苏沿海地区发展规划》、江苏《江苏沿海地区综合开发战略规划》对连云港的目标定位。国家在《江苏沿海地区发展规划》中对连云港城市的定位是"建设连结长三角与环渤海的国际性海港城市"，对连云港港口的定位是"国家沿海主要港口及区域性中心港口，我国综合运输体系的重要枢纽，是上海国际航运中心北翼重要组成部分”。江苏省在《江苏沿海地区综合开发战略规划》中，不仅对连云港区域性国际航运中心的发展目标定位作了具体表述，而且规划近期加速港口基础数据库建设，初步完成港口信息系统集成化改造，初步建成较先进的港口数据中心和可靠的网络体系，争取2020年全面实现数字化港口的目标。

连云港建设区域性国际航运中心需要争取建立航运发展综合试验区，借鉴航运发达国家和地区航运支持政策，大力发展船舶交易、船舶管理、航运经济、航运咨询、船舶技术等各类航运服务机构，拓展航运服务产业链，延伸发展现代物流等关联产业，不断完善航运服务功能。与之相适应，连云港自由港区需要先行先试，在以下方面实现突破性创新：合理的港口收费制度；便捷高效的海关监管制度；有竞争力的税收体制；宽松可控的金融监管体系；灵活的制度管理机构；规范完善的法律政策制度。最终在连云港形成一个真正意义上具备自由港区功能的“境内关外”特殊监管区域，实行国际通行的财税、金融和法律制度，带动连云港区域性国际航运中心建设的突破。

2. 区域性国际商贸中心功能

连云港作为新亚欧大陆桥东方桥头堡，应在环太平洋沿岸地区和欧洲的市场范围、资金流通范围、生产网络范围内增强竞争能力，强化城市综合服务功能，形成具有鲜明连云港特色的城市综合服务功能体系。因此，要加强辐射、流通以及信息等功能塑造，充分发挥连云港的区位优势，形成一个集功能、规模、综合服务等比较优势为一体，具备集聚力、辐射力和流通力的综合型内外贸平台，并以此带动连云港现代服务业、先进制造业发展和发展方式转型。连云港区域性国际商贸中心框架主要包括四个层面：口岸商贸中心、现代国际化采购交易中心、贸易营运与控制中心和国际服务中心。

一是口岸商贸中心。货物贸易是连云港区域性国际商贸中心建设的基础，从国际经验看，无论是纽约、伦敦、东京，还是中国香港，口岸贸易都曾经是其成为国际商贸中心的基本前提与标志之一。近年来连云港口岸进出口额不断上升，口岸功能进一步增强。同时，连云港国际枢纽港建设取得明显成效，为口岸商贸中心建设提供了不可或缺的条件 。因此，连云港区域性国际商贸中心功能框架中应以口岸商贸中心为基础，将连云港建设成为大陆桥沿线国家和地区主要商品进出口集散中心、亚太地区重要转口商贸中心。

二是现代国际化采购交易中心。现代国际化采购中心在跨国公司供应链管理中有着举足轻重的作用，也是中国制造走向世界的核心环节，更是国内专业批发市场转型升级的主要方向之一。因此，现代国际化采购中心应该成为连云港区域性国际商贸中心建设的主体框架之一。展览设施规模、展会知名品牌集聚度、商务洽谈平台构建、各类交易市场建设、跨国总部集聚等是建设现代采购中心的主要构成要素。因此，连云港要建设区域性国际商品展示中心、商品信息交流中心、各类新品信息发布中心、国内外批发贸易大平台、国内外大型批发企业集聚中心、国内外跨国公司采购中心集聚地。

三是贸易营运与控制中心。追求对整个贸易过程、贸易收益的控制以及贸易融资、保险、仲裁等与贸易相关的服务提供营运与控制功能是商贸中心功能框架中的高级形态。以对交易合同和交易订单的控制、对贸易产业链上下游相关业务的整合以及对相关产业供应链的管理和控制为核心的贸易资源配置中心，应成为连云港区域性国际商贸中心框架的高层次核心功能之一。

四是国际服务中心。一要建设服务商贸中心，这是连云港区域性国际商贸中心主要延伸功能。重点发展国际离岸服务外包业务，形成大陆桥沿线服务外包的重要基地之一，重点开拓国际离岸服务外包总承接和对内服务外包总发包业务市场，形成服务外包订单交易港。二要打造贸易服务体系，包括物流、信息、金融、社会服务、政府服务等服务体系，构成国际商贸中心的重要支撑，成为国际商贸中心的重要组成部分。

在上述四个中心中，口岸商贸中心、现代国际化采购交易中心、贸易营运与控制中心是国际商贸中心的基本功能，而国际服务中心既是指要形成国际服务商贸中心，同时又是由物流、信息、金融、社会等贸易服务体系的集成，既是国际商贸中心的延伸功能，成为国际商贸中心的重要组成部分，又构成对国际商贸中心基本功能的重要支撑。

按照建立接轨国际的服务贸易制度的要求，连云港区域性国际商贸中心建设要立足进一步扩大服务业开放的战略要求，形成符合国际惯例的服务贸易自由化、便利化制度环境。一是服务业进一步扩大开放。除涉及意识形态、国家安全以及敏感领域外，重点推进航运服务、商贸服务、金融服务等领域的扩大开放（上海自贸区开放金融服务、航运服务、商贸服务、专业服务、文化服务以及社会服务六大领域）。二是服务贸易便利化制度。建立与服务贸易特点相适应的通关管理模式，在保证有效监管的情况下，为以实物载体形式出口的服务提供通关便利，为服务贸易商务签证、进出境审批提供便利。三是服务贸易管理服务制度。对照 TPP、TTIP（跨大西洋贸易与投资伙伴关系协定）和 BIT（中美双边投资保护协定）等相关条款，建立完善服务贸易领域标准体系、知识产权保护体系、服务贸易统计体系等。

贸易便利化的目的，是实现三个有利于：一是有利于鼓励跨国公司、贸易公司、企业总部进驻园区，在全球贸易价值链中发挥更重要的作用；二是有利于发展离岸贸易、跨境电子商务、融资租赁、期货保税交割等新型贸易模式；三是有利于发展各类贸易中介服务。

3. 区域性国际经济中心功能

连云港区域性国际产业中心的构成，包括两大板块，一是依托新亚欧大陆桥，建设东中西区域产业合作区，二是依托东方桥头堡，以徐圩新区和连云港经济技术开发区为主要载体，建设产业集聚区。

从东中西区域产业合作区看，在《国家东中西区域合作示范区建设总体方案》中提出：连云港作为新亚欧大陆桥东方桥头堡，西连安徽、河南、陕西、甘肃、新疆等中西部省（区），东与日本、韩国等东北亚国家隔海相望，是中西部地区便捷的出海口和对外开放的重要门户。连云港以港口为核心的现代综合交通运输体系初步形成，以国家级开发区和海关特殊监管区为主体的开放载体功能逐步完善，对中西部地区的服务能力明显提升。目前，中西部地区在连云港设立商务办事机构 260 多家，连云港港 60% 的货物进出口服务于中西部地区，连云港与新亚欧大陆桥沿线重要城市在物流、产业等方面已建立了良好的合作关系。

从以徐圩新区和连云港经济技术开发区为主要载体的产业集聚区看，国家在《江苏沿海地区发展规划》中总的要求是：“坚持走新型工业化道路，积极推进清洁生产和循环经济的发展模式，发展技术含量高、附加值高的产业集聚、优势产业和新兴产业”。关于发展产业集聚，国家在《江苏沿海地区发展规划》中提出：“引导沿江及内陆地区，特别是城市钢铁企业向连云港转移，重点发展满足沿海先进制造业基地所需要的钢铁产品”。关于发展优势和新兴产业，国家在《江苏沿海地区发展规划》中提出：“建设国家级碳纤维生产基地”，“培育全国重要的医药龙头企业”。国家在《长江三角洲地区区域规划》中，提出“引导沿江及内陆地区，特别是城市钢铁企业向连云港转移，重点发展满足沿海先进制造业基地所需要的钢铁产品”。

区域性国际经济中心制度创新的核心是外资准入及投资管理制度创新，具体是探索建立基于负面清单的外资准入和投资管理制度，实现投资便利化。

区域性国际经济中心制度创新有一个非常明确的目标：有利于吸引跨国公司的地区总部入住自由港区，大力发展以内外交易和服务经济为目的的平台经济，推进发展邮轮经济。因此要建立基于负面清单管理的外资准入制度和高效规范的投资管理制度，先行试验与国际投资新规则相适应的外资准入方式和国民待遇制度，在监管方式、风险防控等方面接轨国际惯例，从根本上终结传统的投资审批制度，实行内外资一视同仁。具体而言，一是外资准入前国民待遇。选择部分产业、一定额度内试点准入前国民待遇，完善外资享受准入前国民待遇的风险防范、外汇登记、海关监管、安全审查等配套措施与机制。二是负面清单管理模式。全面梳理涉及外资进入的限制措施和行业领域，将涉及国家经济安全的战略性、敏感性行业及产能过剩行业列入负面清单，探索提出适合连云港市现阶段发展水平的负面清单总体构架，试点实施负面清单管理方案。三是实行备案管理。外商投资项目由核准制改为备案制；外商投资企业合同章程审批改为备案管理。对境外投资开办企业实行备案制；对境外投资一般项目实行备案制。四是注册资本实缴改认缴。实缴登记制改为认缴登记制，法律、行政法规对公司注册资本实缴有明确规定的（如银行、保险公司等），公司仍然实行注册资本实缴登记制；法律、行政法规、国务院决定对特定行业注册资本有最低限额规定的，公司注册登记时也会有最低注册资本的要求。五是提高行政透明度，建立一个窗口受理的工作机制。六是取消企业年度检验，试行年度报告公示制，建立经营异常名录制度，建立多部门信息共享机制及境外投资年检制度。

4. 区域性国际金融中心功能

连云港的发展承载着重大使命，但连云港的目标定位与现实之间还存在巨大差距。连云港要完成东方桥头堡承载的重大使命，首先需要打通国际国内资本通道，建设连云港区域性国际金融中心是一条关键途径。

第一，金融中心可以为连云港地区企业提供投融资便利。金融中心是资金的集散地，它可通过其发达的金融市场、金融体系为本地区的企业发展提供资金支持，消除资金瓶颈，如通过风险投资、银团贷款、企业债券等多种方式满足企业多种形式资金需求，可以有效地解决该地区企业发展中的资金短缺问题。同时，金融中心发达的金融市场体系也为本地区的资金盈余者提供了多样性的投资渠道。这样既可以创造大量的就业机会，又可以根据市场供求关系，优化资源配置，从而达到推动经济增长的目的。第二，金融中心可以促进连云港地区金融及相关产业发展。金融中心将刺激本地区金融市场与基础设施的发展，创造更多的金融业以及法律、会计、通讯等行业的就业机会，同时促进与金融业相关的产业，如交通运输业、房地产业、通讯产业、信息媒体产业等的发展，从而促进本地区经济的发展。第三，金融中心可以促进连云港地区经济结构和产业结构的调整。金融中心具有较完善的市场机制、竞争机制及信息、资金条件，为本地区经济结构的调整提供了较好的环境，从而有助于推进产业结构的优化升级，推动经济持续增长。第四，金融中心可以促进连云港地区市场与国际市场接轨。金融中心不仅会吸引外国的金融机构与资金流量，而且会汇集来自世界各地的有关金融、贸易和行业的信息流量，从而吸引跨国公司在本区域内进行投资，包括设立地区总部或海外总部。跨国公司可利用金融中心相对优越的资金、信息、人才、外汇兑换以及法律政策条件等，在金融中心所在地或经济带开展业务活动。由此，金融中心加强了本地区市场与国际市场的联系，促进本地区经济国际化。第五，金融中心可以提升连云港地区经济的辐射和带动作用。金融机构通过在金融中心设立分支机构，依赖其强大的资源、人才、经验和技术优势，以较小的成本，提供较广泛的金融产品和服务，以此换得较高市场占有率，形成金融机构的规模效应。同时，金融机构在金融中心的大量聚集使得机构间的合作和人员的交流频繁，形成集聚效应。金融中心利用交通、通讯、传媒及相关制度等作为媒介，将规模效应和集聚效应向其影响范围内扩散和传播，产生辐射和带动作用。金融中心的资金技术、人才和其他方面的实力越雄厚，辐射的范围越大，越能够带动整个地区经济的发展和现代化进程。

其次，要从连云港实际出发，推进金融创新。

一要创新与完善东方桥头堡建设开发融资平台，探索组建陆桥发展银行。陆桥发展银行的基本职能任务，是根据新亚欧大陆桥东方桥头堡发展的需要，筹集和引导社会资金，通过市场化运作，支持基础设施、基础产业和支柱产业的大中型基本建设和技术改造等项目及其配套工程的建设，支持重大高新技术在经济领域的应用，支持经济社会发展的瓶颈领域建设，为政府特定的经济政策和意图提供融资支持，促进经济社会全面协调可持续发展，为加快建设新亚欧大陆桥东方桥头堡服务。二要围绕东方桥头堡建设开发，组织开发东方桥头堡建设开发产业投资基金。广义上的产业投资基金是一种对未上市企业进行股权投资和提供经营管理服务的利益共享、风险共担的集合投资制度。围绕沿海沿桥开发，在连云港建立东方桥头堡建设开发产业投资基金，既能满足连云港作为中国极具发展潜力的新增长点的大量资金需求，又能对大陆桥沿线地区转化储蓄资金、改变企业资金来源构成、完善企业公司治理结构、促进陆桥沿线地区资本市场发展发挥积极作用。三要加大企业发行债券的规模，加强债券的监管。要扩大连云港地区的企业债券的供给和需求。供给方面，首先应扩大企业债券发行规模；其次对企业债券进行创新，丰富企业债券种类、期限、偿债方式和其他条款的设计，以吸引投资人。需求方面，应进行企业债券利率改革，提高企业债券的收益性；培育企业债券的流通市场，提高企业债券的流动性；加强对投资者的教育，培育机构投资者。这样从供需两方面加大企业发行债券的发展，为加快建设新亚欧大陆桥东方桥头堡做好资金准备。

最后，从金融机构的现状出发，加快金融领域的合作和开放。一要加强与三大政策性银行的合作，加大对连云港开发的支持力度。三大政策性银行指国家开发银行、农业发展银行和中国进出口银行。国家开发银行作为政策性银行，始终致力于完善和发挥政策性银行功能，按照国家经济发展的战略，积极支持国家产业结构优化升级，支持国家重点技改和高新技术产业化项目，促进经济结构战略性调整。依照国家的政策引导社会资金投向，为扩大内需、拉动经济增长、促进资源优化配置和经济协调运行发挥了较大的作用。所以应加强国家开发银行江苏分行与连云港的开发合作，以加快连云港的基础设施建设和产业结构优化升级。另外，应鼓励中国农业发展银行参与连云港沿海开发中的滩涂开发、生态农业等农业项目。在企业进出口方面与中国进出口银行进行广泛而有深度的合作。二要加强江苏银行在连云港的布局密度和信贷支持力度。作为江苏本地银行，支持地方中小企业、民营经济是江苏银行业务特色以及发展重点，同时参与地方重大项目、重点企业的建设和发展。江苏银行成立之后，不仅资本实力显著增强，而且坚持和强化了城市商业银行立足地方、立足中小、立足市民的市场定位。在新亚欧大陆桥东方桥头堡上升为国家战略以后，应该争取江苏银行加大在连云港的布局密度，多增加网点。同时，争取江苏银行加大对连云港的信贷支持力度。三要加大连云港金融领域开放程度，吸引外资金融机构进入开展业务。一般而言，外资银行选择到哪个城市或地区投资有三个标准：一看国家的政策倾向，比如西部大开发、中部崛起等；二看当地的业务量大小；三看当地的优惠政策。随着《江苏沿海地区发展规划》的批复，连云港作为新亚欧大陆桥东方桥头堡已经上升为国家战略。所以一定要争取加大连云港的金融开放程度，争取配套的优惠措施，吸引外资金融机构进入开展业务。

同时，鼓励连云港的地方金融机构与外资银行的合作（合作可以在股权、业务、技术等多方面进行）。外资银行的大力引进不仅仅是资金的问题，更是江苏省将加快建设新亚欧大陆桥东方桥头堡作为加快沿海发展重中之重的象征，是外部对新亚欧大陆桥东方桥头堡发展前景、对连云港龙头建设信心的体现。四要加快地方金融机构的发展，增强融资能力。与全国性银行的分支机构不同，城市商业银行和各县农村信用社都具有独立法人地位。对它们来讲，由于其经营的地域性特征，使得它们与地方经济休戚相关，而决策的独立性、资金使用的地域性也注定它们要成为连云港龙头建设的重要的资金提供者。

（三）推进区域发展

1. 加快发展现代服务业，努力形成以服务业为主的产业结构

优先发展面向生产的服务业。加快以区域性国际航运中心和金融中心为主的现代服务业发展。进一步整合港口资源，加强港口基础设施、集疏运体系建设，加快发展现代航运服务体系，努力提高管理水平和综合服务能力。依托区域综合交通网络，大力推进现代物流业发展。积极探索金融机构、金融产品和服务方式等多种金融创新，健全多层次金融市场体系，引进和培育高层次金融人才，大力改善金融业发展环境，提高金融服务业发展水平。扶持和培育技术创新型第三方服务企业，大力发展科技服务业。运用信息技术和现代经营方式改造提升传统商贸业，加快现代商贸业发展步伐。整合建立区域内综合性的软件服务公共技术平台和公共信息应用平台，培育创新型特色化的软件服务和信息服务企业，积极发展增值电信业务、软件服务、计算机信息系统集成和互联网产业。

积极发展面向民生的服务业。大力发展旅游业，进一步拓展市场、整合资源，建设世界一流水平的旅游目的地体系。加快发展广播影视、新闻出版、邮政、电信、文化、体育和休闲娱乐等服务业。积极扶持电子书刊、网络出版、数字图书馆、网络游戏、电影特技制作、数字艺术设计、数字媒体、虚拟展示等新兴数字创意产业发展。

大力改善服务业发展环境。加快建设区域服务业联动机制，开展多方面的交流与协作。研究建立区域现代服务业标准规范体系，加强面向现代服务业技术、产品与服务的认证机制建设。加快建立市场化运作的企业和个人信用服务体系，制定行业标准，完善监管制度。大力开展现代服务业人才培训与职业教

育，多层次培养现代服务业复合型人才。

2. 全面推进工业结构优化升级，努力建设先进制造业基地

做大做强高技术产业和优势支柱产业。继续巩固和提高实体经济发展水平，集中力量积极发展电子信息、生物、新材料、新能源等战略性高技术产业，培育更多新的增长点。进一步做大做强石化、钢铁、汽车、船舶及先进装备制造等优势支柱产业，加快形成核心关键技术和提升规模水平。大力发展总部经济和研发、设计、营销中心，促进产业链条向高端延伸。加快淘汰落后生产能力，积极推动传统产业的升级改造和梯度转移。大力培育建设陆桥通道沿线地区与先进制造业基地相适应的优秀经营管理人才和高级技工队伍。

进一步优化空间布局。以沿东陇海线为重点发展具有先导效应、发展潜力大的电子信息、生物、新材料和先进装备制造等产业；在沿海地区优化发展产业链长、带动性强的石化、钢铁、汽车、船舶等产业。促进企业向产业带集中、向园区集聚，引导关联企业集聚发展。加快沿内河等发展潜力较大地区的发展，形成新的经济增长点，带动铁路、高速公路沿线发展。

进一步提升企业竞争力。鼓励和支持优质资本、优势企业跨行政区并购和重组。在电子信息、石化、钢铁、汽车、船舶、装备制造、轻纺、商贸、旅游等重点领域和优势行业，加快培育形成一批拥有自主知识产权的世界级品牌、具有国际竞争力的大企业，形成以大企业为龙头、中小企业专业化配套的协作体系，提升产业整体素质，增强竞争能力。

3. 大力推进自主创新，加速建成创新型区域

构建具有国际竞争力的区域创新体系。抓紧编制自主创新规划，加快构建技术创新体系。引导创新要素向企业集聚，支持有条件的企业建立技术研发机构和创办海外研发机构，鼓励有条件的企业与高校、科研院所建立技术创新战略联盟。整合自主研发力量，建设一批有区域特色的科研机构和创新型企业，加强国家、省级重点实验室、工程技术（研究）中心、重大科学工程的建设，建设开放共享的科技基础条件平台和产业共性技术研发试验平台。构建区域创新网络，建立和完善技术转移转化的公共服务平台和中介服务机构，重点办好若干区域性重点科技园区。实行科技资质互认制度。

营造鼓励自主创新的政策环境。加大财政对竞争前技术和共性技术研发、引进技术消化吸收再创新、初创型科技中小企业的引导性投入。抓好企业研发费用税前抵扣和高新技术企业优惠政策的贯彻落实。进一步改善创新创业投融资环境，鼓励发展创业风险投资和私募股权投资，支持区域内国家级开发区中高新技术企业进入股权代办转让系统，鼓励发展金融租赁业，积极发展小企业信用担保体系。推动形成市场化、专业化的创新服务体系。加大知识产权保护力度，加强知识产权的集成、运营和管理。

加强创新型人才的培养和引进。调整完善高等教育的学科布局和专业设置。鼓励企业依托高等院校、职业院校和科研机构，建立区域高新技术和高层次应用型人才、高技能人才培养基地。加强国际合作交流，发展和完善多种形式的科技创新人才国际化培养模式。加大人才引进力度，重点引进高层次人才、高科技人才以及经济社会发展需要的紧缺人才。

4. 走新型城市化道路，培育具有较强国际竞争力的城市群

构建完备的城镇体系。加快建设以大城市为主体，中小城市和小城镇合理发展的网络化城镇体系。发展基础较好、已初步形成城市带的各个城市，要进一步密切相互间的经济、技术、文化联系，促进要素流动和功能整合，发挥同城效应。

完善和提升各类城市功能。发挥东部城区的龙头作用，加快建成区域性国际经济、金融、贸易和航运中心，进一步增强创新能力和高端服务功能，率先形成以服务业为主的经济结构，成为具有区域国际影响力和竞争力的国际性海港城市。进一步提升“一心三极”其他节点地区的综合承载能力和服务功能，扩大辐射半径。其他县区要按照自身优势，形成特色，提升功能。中小城市和小城镇要进一步增强实力，完善服务功能。

提高城乡规划和建设管理水平。合理规划城市规模，优化城镇建设布局。严格控制新增建设用地规模，促进城镇集约紧凑发展。统筹规划建设城镇供排水、供电、通信、垃圾处理和覆盖城乡的区域性防洪排涝、供水、治污工程等重大基础设施。加强城镇防灾减灾和应急管理能力建设。统筹新区开发与旧城保护，切实维护城镇历史文化风貌。

第十二章 建设丝绸之路经济带东方桥头堡

在党中央提出的建设“丝绸之路经济带和21世纪海上丝绸之路”的战略构想中，连云港处于海陆交汇点的特殊区位。连云港正推进建设丝绸之路经济带东方桥头堡，提高江苏沿海开放水平，带动苏北快速崛起，实现江苏区域协调发展。

一、连云港是丝绸之路经济带东方桥头堡

（一）新亚欧大陆桥是丝绸之路经济带陆桥通道的主要依托与载体

1. 新亚欧大陆桥是丝绸之路经济带建设的主要依托与载体

古丝绸之路是西汉时张骞出使西域开辟的以西安为起点，经关中平原、河西走廊、塔里木盆地，到锡尔河与乌浒河之间的中亚河中地区、大伊朗，并联结地中海各国的陆上通道。这条具有历史意义的国际通道是古代全球最重要的商贸大动脉，本质是服务于亚欧之间的商贸和物流通道，是经济全球化的早期版本，为东西方之间经济、文化交流作出了重要贡献。

丝绸之路经济带是古丝绸之路的现代升级版。经济带是经济地理学范畴，经济带的发展需要依托一定的交通运输干线，并以其为发展轴，以轴上经济发达的一个和几个大城市作为核心，发挥经济集聚和辐射功能，联结带动周围不同等级规模城市的经济发展，由此形成点状密集、面状辐射、线状延伸的生产、

贸易、流通一体化的带状经济区域。丝绸之路经济带是跨国经济带，建设跨国经济带的前提是运输畅通，就是要为地区内各国营造畅通、可靠的运输体系，包括改善跨国运输体系的物理条件、减少用户运输成本、为用户减少从起点到终点的运输时间、提高运输时间准确性、提升运输安全性，实现经济带内贸易和生产要素自由流动。

丝绸之路经济带依托交通运输干线展开，新亚欧大陆桥通道是丝绸之路经济带建设的主要依托与载体。

第一，新亚欧大陆桥是现有通道中效应最佳的线路。从远东到西欧的货物，经新亚欧大陆桥全程10870公里，比西行绕过好望角的海上运输线缩短运距15130公里，比经苏伊士运河出直布罗陀海峡海上运输线缩短9100公里；比东行经巴拿马运河的海上运输线缩短运距12100公里，构筑了丝绸之路复兴的国际战略基础。曾任国务院新亚欧大陆桥国际协调机制办公室主任、商务部原副部长的魏建国认为丝绸之路经济带建设“首先必须要找出一条能够比海洋经济物流成本更低、效率更高的通道，我们就有贯穿整个欧亚大陆的新亚欧大陆桥，而且沿途有着丰富的资源，从连云港到阿姆斯特丹，中间有47个城市，联系了17个国家。”[①]

第二，新亚欧大陆桥使丝绸之路经济带的实现具备了必要的现实条件。总体上，经济带的干线仍需以铁路交通为主，其次才是公路和石油管道，最后是其他配套设施。新丝绸之路经济带路线的选择需要充分考虑地理环境、经济效益与政治协调。建设丝绸之路经济带的挑战从经济视角主要体现在基础设施建设不足，尤其是中线和南线所经过的地区涉及中亚、西亚、北非等地，这些地区自然条件较差、地形地势复杂、发展水平较低，要建设贯通这些国家的铁路、公路及其他基础设施难度很大。从我国境内情况来看，现实的选择是新亚欧大陆桥。它是我国西北地区目前唯一的出境铁路。“第二欧亚大陆桥的开通仍具有十分重要的意义，它使‘丝绸之路经济带’的实现具备了必要的现实条件，特别是交通条件大大改善。”“我们说的交通便利化，主要说的是第二座欧亚大陆桥的交通便利化。”（邢广程，2004）

第三，新亚欧大陆桥是现有通道中最成熟的线路。新亚欧大陆桥1990年9月12日全线贯通，1992年12月1日连云港市组织了新亚欧大陆桥的首列试运，

① 参见《丝绸之路经济带是国家大战略与大布局》，2013年12月27日《世纪经济报道》。

1993年以后陆桥过境运输逐步走上正常化，呈现三大功能：一是辐射功能。新亚欧大陆桥在中国境内全长4131公里，贯穿中国东、中、西部的江苏、山东、安徽、河南、山西、陕西、甘肃、宁夏、青海、新疆10个省（区），并辐射湖北、四川、重庆、内蒙等地区，人口约4亿，占全国的30%；国土面积360万平方公里，占全国的37%。新亚欧大陆桥的开通使大陆桥（中国段）区域内部经济结构发生根本性变化，促进区域经济的横向联系与分工协作，从而逐步向具有强大内聚力的陆桥经济带发展。二是枢纽功能。新亚欧大陆桥上坐落着徐州铁路枢纽、商丘铁路枢纽、郑州铁路枢纽、西安铁路枢纽、宝鸡铁路枢纽、兰州铁路枢纽等国家重要的铁路“十字枢纽”，连接东西，沟通南北。三是重点开发功能。在《全国主体功能区规划》中，全国18个重点开发区域，新亚欧大陆桥沿线就有6个：东陇海地区、中原经济区、兰州—西宁地区、宁夏沿黄经济区、天山北坡经济区。

2. 新亚欧大陆桥东方桥头堡与丝绸之路经济带桥头堡

连云港作为联结环太平洋沿岸国家和地区与欧洲市场国际运输通道海陆联运节点，成为新亚欧大陆桥东方桥头堡，作为“一带一路”交汇枢纽，在新的战略格局中，要加快建设成为丝绸之路经济带桥头堡。

丝绸之路桥头堡实质上就是新亚欧大陆桥桥头堡基础上的升级，但是，作为丝绸之路经济带东方桥头堡与大陆桥东方桥头堡的建设内涵与要求不同。

连云港作为国际海陆联运的节点，在丝绸之路经济带的建设中具有连接东西、沟通南北的枢纽作用，对于“政策沟通、道路联通、贸易畅通”具有直接关联，在实现“五通”中具有全局作用。

丝绸之路经济带是在古丝绸之路概念基础上依托新亚欧大陆桥形成的一个新的经济发展区域。丝绸之路经济带东方桥头堡是大陆桥东方桥头堡的升级版和经济发展的新引擎。丝绸之路经济带与新亚欧大陆桥的关系是传承与发展的关系，后者是前者的基础，前者是后者发展的高级阶段；新亚欧大陆桥是一条国际海陆联运运输通道，丝绸之路经济带是依托这条国际运输通道沿线交通基础设施和中心城市，对域内贸易和生产要素进行优化配置，促进区域经济一体化，最终实现区域经济和社会同步发展。因此，作为丝绸之路经济带的东方桥头堡，要求所在区域港产城的一体化，能够推进陆桥运输通道通过区域综合效应的最大化，实现区域活动的国际化。

（二）打造丝绸之路经济带东方桥头堡的实践价值

1. 统筹国家“一带一路”战略发展的需要

基于新亚欧大陆桥的特殊区位，连云港是我国唯一联结丝绸之路经济带和21世纪海上丝绸之路两大战略的枢纽。丝绸之路经济带西通中国内陆省区及中亚、欧洲诸国，21世纪海上丝绸之路东联日韩及环太平洋沿岸国家与地区，连云港是洲际间物流、资金流、信息流的重要战略节点，打造丝绸之路桥头堡有利于统筹国家丝绸之路经济带和21世纪海上丝绸之路的建设，有利于创新统筹区域发展的体制机制，探索合作的新途径，为推动国际区域协调发展提供经验和示范。

2. 构筑中国对外开放新格局的需要

打造连云港丝绸之路桥头堡，有利于发挥新亚欧大陆桥便捷的出海通道作用，有利于沿海经济发达地区借助于连云港这个中间环节向陇海兰新地带扩展，促进资源的跨区域合理流动和优化配置，推动东部与中西部地区在更广范围、更高层次上交流互动，更好地服务中西部地区发展开放型经济，提升我国整体对外开放水平。通过打造连云港丝绸之路桥头堡，搭建内陆东西双向开发开放平台，中国中西部地区依托这个平台更多地参与到全球贸易中来，更好发挥区位、资源优势，统筹利用国际国内两个市场、优化配置市场资源，推动经济社会加速发展，才能与全国同步进入全面小康社会，并实现我国东西部经济的平衡协调发展。

3. 提升江苏区域竞争力的需要

打造连云港丝绸之路桥头堡，可以做好向西开放文章，更好地完善东陇海铁路交通干线功能，进一步释放东陇海经济带发展潜能，为苏北振兴和全面小康建设提供更加有力的支撑；可以放大向东开放优势，更好地发挥沿海开发的综合效应，加快把我省沿海地区建设成为我国东部地区重要的经济增长极；可以挖掘连云港自身的潜能，通过加大港口铁路公路等基础设施建设力度，加快口岸改革进度，加速产业转型升级步伐，实现港产城联动发展，提升城市现代化和国际化水平，培育江苏沿海新的重要增长极，推进整个江苏区域共同发展战略的实施，具有重要作用。

二、加快丝绸之路经济带东方桥头堡建设

（一）丝绸之路经济带战略与“四大国家战略”叠加

在大陆桥从交通走廊向跨国经济带的转型中，作为桥头堡的连云港面临又

一次重大发展机遇：丝绸之路经济带战略与连云港“四大国家战略”叠加。

丝绸之路经济带战略与连云港“四大国家战略”是一个统一体，二者的关系中，丝绸之路经济带战略是国际战略，“四大战略”是国家战略；“四大战略”叠加连云港是丝绸之路经济带战略前期布局，丝绸之路经济带战略的提出又对连云港建设提出新的要求；丝绸之路经济带与连云港“四大国家战略”的共同指向是连云港作为东方桥头堡的特殊区位。

“四大战略”从国家层面确定连云港新亚欧大陆桥东方桥头堡的战略定位。《江苏沿海地区发展规划》明确提出连云港成为我国东部地区重要的经济增长极和辐射带动能力强的新亚欧大陆桥东方桥头堡的区域定位；《全国主体功能区规划》对连云港的功能定位是新亚欧大陆桥东方桥头堡，我国东部地区重要的经济增长极。《国家东中西区域合作示范区建设总体方案》提出连云港是新亚欧大陆桥东方桥头堡，西连安徽、河南、陕西、甘肃、新疆等中西部省（区），东与日本、韩国等东北亚国家隔海相望，是中西部地区便捷的出海口和对外开放的重要门户。

“四大战略”分别从不同角度对作为桥头堡的连云港进行区域定位。主体功能区规划既从全国规划的角度，对连云港进行了区域定位——构建以连云港为中心，以沿海产业带和沿陇海线产业带为轴线的空间开发格局。强化连云港港口、产业的一体化发展，增强对陇海兰新沿线地区的辐射作用，集约发展临港产业，建设临港产业基地和国际性海港城市。又从全国“两横三纵”城市化战略格局中陆桥通道的角度，对连云港作了东方桥头堡的区域功能定位。长三角规划是对连云港在长三角“一核九带”空间格局中的定位。连云港在长江三角洲地区具有“战略北翼”的特殊功能：连云港港是长三角港口群的重要北翼；连云港沿海是长三角地区产业的重要北翼；连云港地区是长三角地区与陇海兰新经济带、环渤海地区跨区域合作的节点和纽带。江苏沿海发展规划是从沿海和沿桥结合部的角度对连云港的定位，而示范区建设方案是关于连云港发展的专项规划，也是对东方桥头堡进行的实体规划与具体建设方案。

（二）巨大的经济效应和社会效应

丝绸之路经济带战略与“四大国家战略”叠加，对连云港打造丝绸之路经济带东方桥头堡具有巨大的经济效应和社会效应。

从经济效应看，一是政策直接产生的经济效应，如国家在《江苏沿海地区发展规划》中明确“依法减免海域使用金”；江苏省委、省政府在《关于贯彻落实国家东中西区域合作示范区建设总体方案的实施意见》中规定：“对徐圩先导区 2012 年起新投产的工业企业和相关服务业企业缴纳的增值税、企业所得税省集中部分，在 2015 年前由省财政全额返还给连云港市”。二是政策内容中包含的投资政策。如国家东中西区域合作示范区建设总体方案“赋予示范区相当于省级政府投资主管部门的项目管理权限”。

从社会效应看，以连云港与哈萨克斯坦铁路股份公司共建的过境货物运输通道及中转分拨基地项目为例，2013 年 9 月，中国国家主席习近平和哈萨克斯坦总统纳扎尔巴耶夫在哈国见证了该项目的签字仪式；2014 年 5 月 19 日晚，习近平主席和纳扎尔巴耶夫总统又在上海通过视频连线，共同启动该项目一期工程。仅此一个项目的社会效应，对于连云港打造丝绸之路经济带东方桥头堡的社会效应已不可估量。

丝绸之路经济带东方桥头堡建设中，既要落实“四大国家战略”叠加的既有政策优势，又要争取丝绸之路经济带的新优势，通过政策创新和机制体制创新，切实把创新的活力、政策的潜力融合叠加，为推进丝绸之路经济带东方桥头堡建设注入新的动力。

（三）桥头堡的特质与内涵

桥头堡不是一般的区位或地理概念，具有其区别于一般区域的特质，表现在以下方面：

一是桥头堡具有国际性属性。包括城市的国际性：建设综合性交通枢纽、以重化工为主的临港产业基地和国际性海港城市；港口的国际性：逐步形成亚欧之间重要的国际交通枢纽、面向亚太的区域性国际航空港等。

二是桥头堡地位具有全局性特征，包括我国重要的综合交通枢纽、我国东部地区重要的经济增长极等。

三是桥头堡建设具有系统性要求。既有战略的总定位，也有城市、产业、基础设施发展的具体要求；打造连云港成为丝绸之路经济带东方桥头堡的关键要素，是港、产、城及其联动。

根据桥头堡的上述特质，我们将东方桥头堡的具体内涵表述为：以新亚欧大陆桥经济带为依托，以自由港区为引领，以强化对丝绸之路经济带地区的服务和支撑为导向，将连云港建设成为服务丝绸之路经济带东向开放的重要门户、亚欧之间重要的国际交通枢纽、产业合作示范基地、区域合作体制机制创新试验区，为实现区域协调发展探索新路径。

三、丝绸之路经济带东方桥头堡的功能构架

（一）建设服务丝绸之路经济带对外开放的重要门户

1. 以设立自由港区为核心打造区域性国际航运中心和区域性国际物流中心

桥头堡的建设需要创新思维，建设服务丝绸之路经济带对外开放的重要门户，一定要争取自由港区的特殊政策，作为自由贸易区的一种形式。连云港自由港的规划一定要适应“一带一路”战略的需要，建设大陆桥国际航运中心和区域性国际物流中心。按照统筹规划、合理布局、创新体制、分步实施的原则，以点带面，推进区域整合。

加快推进连云港航运交易市场和大陆桥国际航运功能区建设，引导现代航运服务业集聚。扶持船舶交易、船舶管理、航运经纪、航运咨询、船舶技术、海事仲裁等航运服务业发展，拓展产业链和服务功能。探索形成具有国际竞争力的航运发展制度和运作模式，建设区域性航运中心，为大力发展过境运输、国际中转、国际配送、国际采购、国际转口贸易和出口加工等业务提供保障。

争取获批连云港合作综合保税区，恢复汽车整车进口口岸资质，承接中国（上海）自由贸易试验区的溢出效应和虹吸效应，开展启运港退税等先行先试工作。

积极探索海关特殊监管区域管理制度的创新，推进海关特殊监管区域联动。整合发展出口加工区、保税物流中心（B 型）等现有的海关特殊监管区域和保税监管场所，完善服务周边地区及内陆腹地的保税物流体系，积极争取国家批准建设综合保税区，大力发展国际中转、配送、转口贸易和出口加工，建设面向中西部地区的资源集中采购平台和连接中西部地区的现代物流中心。加快信息化平台建设和联网监管进度，努力实现海关与各类海关特殊监管区域管理部门、企业、物流单位全面联网管理。简化港口与各类海关特殊监管区域之间、区区之间的转关作业流程，努力实现保税货物在各类海关特殊监管区域之间自由流动。

2. 以建设金融创新区为核心打造区域性国际金融中心

《中共中央关于全面深化改革若干重大问题的决定》提出，"建立开发性金融机构，加快同周边国家和区域基础设施互联互通建设，推进丝绸之路经济带、海上丝绸之路建设，形成全方位开放新格局。"要从战略层面积极谋划构建丝绸之路经济带东桥头堡区域性国际金融中心，从而确保海陆丝绸之路战略构想的有效实现。

大力推进连云港金融改革创新区建设，打造区域性金融机构聚集中心、金融创新中心、金融市场交易中心和金融信息服务中心等功能载体。争取国家在连云港设立银行、证券、期货、保险、信托、租赁等金融机构，研究金融领域的开放创新，争取在连云港发展离岸金融中心业务，建立整合贸易、物流和结算等功能的营运中心。争取过境对连云港实施差别化的监管政策和给予更加优惠的金融政策支持，引导金融资源向桥头堡配置，充分发挥金融政策的资源配置、产业引导和融资服务功能。

积极发展地方金融，加快引进各类金融机构，着力培育金融市场，支持符合条件的企业发行企业债券和上市，支持股权投资企业和创业投资企业发展，建立支持中小企业发展的融资平台。探索发展股权投资基金，设立政府创业投资引导基金，引导支持创业型企业发展，扩大企业融资规模。

加强东中西地区跨区域金融合作，推动金融服务项目跨区域开展，促进金融服务监管无障碍化。鼓励国内外银行及其他金融机构在连云港设立分支机构，引进金融机构法人总部、地区总部和结算中心。组建江苏沿海发展银行，在示范区设立总部。大力发展金融中介服务，建立便捷高效的资金结算、票据贴现、证券发行、信托投资和保险等投融资服务体系，为中西部地区企业发展进出口业务提供金融服务。

3. 以连云新城为核心打造区域性国际商贸中心

重点突破商务功能区建设，加快连云港区域性国际商务中心、连云新城国际商务核心区、徐圩新区商务功能区等一批现代服务业集聚区建设。各商务功能区形成分工合理、功能完备以及较为成熟的格局和运作模式，较好展现桥头堡的国际性海港城市形象。

打造丝绸之路经济带企业总部集聚区和商贸办公服务集聚区。吸引跨国公司地区总部和营运中心设立分支机构，为中西部地区重要城市在连云港市设立商务机构提供支持，共同促进城市、产业合作常态化。推进贸易发展方式转变，开展国际贸易结算中心、融资租赁业务创新、期货保税交割、跨境电子商务服务等改革试点，推动服务外包业务发展，为丝绸之路经济带建设提供高质量商贸服务。

（二）建设亚欧之间重要的国际交通枢纽

1. 健全口岸“大通关”体系

建立和完善连云港检验检疫信息中心和电子分平台，为中国中西部、丝绸之路经济带有关区域提供电子信息服务。实现入境货物快速查验系统、电子支付系统、证书核查系统、特殊监管区监督管理系统，应用电子申报、电子监管、电子放行等业务程序，进一步提高通关效率和服务水平，实现提速、减负、增效、严密监管。

加强港口、铁路间互联互通和信息共享，建设具有通关、检验检疫、海关、铁路、水运、商务等应用功能的大通关信息平台，推动信息共享互通，支持监管部门采取信息化手段提升监管效能，加快建设覆盖中西部的新亚欧大陆桥区域物流公共信息平台。

吸引大陆桥沿线重要城市共建共用连云港港，鼓励中西部地区的投资发展主体以参股、控股等形式，按照各自权利义务共同开发、建设和运营港口、码头等配套基础设施。以郑州、洛阳、西安、银川、兰州、西宁、乌鲁木齐、霍尔果斯为重点，加快内陆“无水港”建设。到 2015 年，形成辐射区域基本覆盖大陆桥沿线主要区段的“无水港”布局。整合苏北区域物流链，建立各市与连云港的区港联动机制，提升连云港服务苏北能力。

2. 健全航运服务功能

布局建设连云港航运交易所是健全连云港航运服务功能的重要举措。建设连云港航运交易所，一方面，拓展航运信息加工与发布、航运公约的宣传与推广、航运政策的研究与建议、航运业务的沟通与交流、航运交易的经纪与鉴证、航运实务的咨询与代理、航运文本的制定与示范、航运市场的规范与服务等业务。另一方面，组建连云港国际航运服务中心，将涉及航运有关的港、航、货、代企业及海关、国检、边防、金融保险、法律咨询等单位引入连云港航运交易所集中办公，为广大会员企业提供集中、便利、经济、高效的一门式、一条龙服务。

3. 沟通完善综合交通网络

加强港口基础设施建设，按照“航道深水化、泊位大型化、功能多元化”

▲ 港口集疏运通道

的要求，建成连云港港 30 万吨级深水航道、连云港区旗台作业区防波堤工程、徐圩港区防波堤工程。根据国家重大产业布局，建设 30 万吨矿石、30 万吨原油、液化天然气等大型专业化深水泊位。推动煤炭下水港建设，争取建成我国海铁联运煤炭物流专用通道。充分发挥现有铁路专用线作用，加快建设徐圩港区、赣榆港区等铁路支线，规划建设金港湾物流园铁路专用线，建设大陆桥（朝阳）铁路集装箱物流园区，建成连云港集装箱办理站，创造条件，争取提升为国家集装箱中心站。加快建设连霍高速墟沟互通工程，与北疏港高速公路形成优势互补的横贯东西的港口运输大通道。建成连接“一体两翼”四大港区的港口连接线，建成贯通南北的临海高等级公路连云港段，实现港区之间的纵向交通联系。

完善快速公路网络体系，建成连沭和徐新一级公路、临海高等级公路。

加强内河航道与沿海港口联系，争取开工建设徐圩港区疏港航道，推进连申线（东台至长江段）、盐河航道整治工程，形成水系沟通、干支直达、区域成网的海河联运水运体系。加强与河南、安徽两省的水路通道建设，实现安徽北部及河南中部地区千吨级船舶直达连云港。加快连宿运河建设，打通与京杭运河的水运联系。开通至苏州、扬州、徐州等地的内河航线，争取集装箱内河运输在省内免收过闸费，形成中西部货物从新亚欧大陆桥经连云港进入长江干线的物流新通道。

扩建连云港白塔埠机场，建设新机场并提升为国家一类开放口岸。拓展客货运航线，推动开设连云港至日韩空中航线并实现常态化，建设服务苏北鲁南地区、面向亚太的区域性国际航空港；远期开通经中西部节点城市至哈萨克斯坦及周边国家的国际航线。

（三）建设丝绸之路经济带产业合作示范基地

1. 进口资源加工基地

吸引丝绸之路经济带国家、地区进口资源深加工企业在示范区合作建设石油化工、有色金属、精品钢材、粮油食品、木材等加工基地，重点建设石化深加工产业园、有色金属深加工产业园、钢铁深加工产业园等，发展市场需求大的高附加值石化深加工产品、有色金属和精品钢材等，形成资源性加工产业集聚区，促进示范区产业与中西部地区产业形成紧密型产业链，推动区域分工和产业布局趋于合理。加快发展物流配送中心、检验检疫平台、展示交易平台、配套服务平台等功能载体，加强上下游产业的组合布局，降低物流成本，形成紧密型产业链，实现原材料、基础产品的高效利用，增强这些企业参与国际市场竞争的能力。

2. 出口产品生产制造基地

利用现有港口条件，大力发展海铁联运，吸引丝绸之路经济带国家、地区外向型企业在示范区建设出口产品加工分装、装备制造出口组装等专业化生产加工基地，为大陆桥沿线地区产业发展提供配套服务，提高中西部地区的产业外向度和国际竞争力。联合中西部省区，加强区域合作，整合信息资源，加强出口产品的统计分析，跟踪和监测重点出口市场的动态，开展出口信息服务，逐步构建多层次、一体化的出口信息服务体系。支持企业和行业组织参加国际博览会、交易会，提高陆桥沿线地区产品的国际知名度。支持企业和行业组织开展市场调查、广告促销、营销策划、产品推介以及其他市场营销活动。

3. 产业承接与转移基地

我国中西部地区，特别是陕西、甘肃、青海、宁夏、新疆等西部省区，与丝绸之路经济带上的中西亚国家地区产业类型和布局非常相近，都是资源产业为主。而东部沿海地区具有产业优势，连云港是“一带一路”桥头堡，要成为产业融合、转型、升级的枢纽，产业承接与转移基地。把示范区作为承接产业转移的重要载体和平台，加强配套基础设施建设，增强园区综合配套能力，引导转移产业和项目向园区集聚，形成特色鲜明、用地集约的产业集群。吸引日韩、中亚国家及中西部地区的城市和企业在东中西区域合作示范区以“区中区”、“园中园”的形式共建园区，争取中亚国家在东中西区域合作示范区建立产业合作基地。鼓励东部沿海地区与中西部地区在示范区共建园区，鼓励和支持中西部地区适宜在沿海发展的产业项目到示范区布局，鼓励和支持长三角发达地区优先向示范区转移产业，建设临港产业基地。积极承接日、韩等国家产业转移，注重承接有技术、有品牌、有市场的国际国内知名公司落户，鼓励在示范区设立地区总部、研发机构、采购中心和产业基地，并向中西部地区拓展分支机构。节约、集约利用土地资源，满足大规模承接产业转移用地需求。

4. 新兴产业和先进制造业集聚区

建设新型工业化产业示范区。依托连云港经济技术开发区、高新技术产业园区和徐圩新区，大力发展新兴产业，推动制造业转型升级，加快发展循环经济，提升产业整体实力。优化发展环境，引导企业向特色产业基地、国家级和省级新型工业化产业示范基地集聚。建设新材料产业基地，重点发展硅材料、纳米碳、碳纤维、复合材料以及化工新材料，加快建设新材料国家高技术产业基地、国家高性能纤维及复合材料高新技术产业化基地和国家火炬计划硅材料产业基地。建设创新药物研发及产业化示范基地，积极实施新药创制国家科技重大专项，重点发展具有自主知识产权的创新药物，建立一批具有国际先进水平的技术平台，增强医药企业自主研发能力和产业竞争力。建设新能源产业基地，以中科院能源动力研究中心为龙头，加快推进连云港清洁能源创新产业园区建设。建设制造业转型升级示范区，走新型工业化道路，大力推进装备制造、石油化工、冶金、纺织等制造业转型升级。建设循环经济示范区，在冶金、石油化工、装备制造、生物医药等重点行业实施一批循环经济试点项目，形成以高新技术武装、闭合式循环的临港产业发展格局，推动建设国家级循环经济示范区。以建设清洁生产示范项目为载体，大力推广应用清洁生产先进适用工艺技术。

四、加快丝绸之路经济带东方桥头堡建设的对策举措

（一）突出重点，深度推进核心载体建设

1. 争取连云港自由港区尽快获批

在桥头堡建设中以什么载体切入，自由港是迎合当前国家整体经济发展举

措的重要切入点。上海自由贸易区的设立，终结了我国理论层面是否可以设立自由贸易区的探讨，在实践层面进行了如何建设自由贸易区的探索，也为连云港自由贸易区的模式选择提供了思路。

连云港与上海港的不同功能决定自贸区类型的差异性。上海港是中国的最大港口，背依中国经济最发达的地区，打造中国的国际航运中心。连云港是上海国际航运中心的战略北翼，二者关系上，前者与后者是从属关系；连云港是新亚欧大陆桥东方桥头堡，是国际贸易通道海陆联运的节点，打造的是区域性国际航运中心——大陆桥国际航运中心。不同的港口功能决定其开发的广度有差别，与上海港定位相适应，上海建设的是综合型的自由贸易区，上海自由贸易试验区肩负着我国在新时期加快政府职能转变、积极探索管理模式创新、促进贸易和投资便利化，为全面深化改革和扩大开放探索新途径、积累新经验的重要使命，是国家全局战略需要，形成与上海国际经济、金融、贸易、航运四大中心建设的联动机制。上海自由贸易试验区采用负面清单管理模式，在金融服务、航运服务、商贸服务、专业服务、文化服务以及社会服务领域扩大开放。

与新亚欧大陆桥东方桥头堡定位相适应，连云港建设的应是以港口开放为特色的自由贸易区——自由港区。连云港自由港肩负着丝绸之路经济带探索“政策沟通、道路联通、贸易畅通”的重要使命，是区域性国际战略需要。因此要主动顺应丝绸之路经济带建设新格局，更加积极主动地开放，打造面向东亚、深耕中亚的战略载体。主动对接国际贸易投资新规则新要求，培育功能与政策创新相结合，形成与国际投资、贸易通行规则相衔接的基本制度框架，借鉴上海自由贸易试验区负面清单管理模式，初期可先行选择金融服务、航运服务、商贸服务、专业服务领域扩大开放。通过自由港这种更开放的模式，最大限度吸引国际、国内货物中转，使连云港尽早形成大陆桥国际航运中心，形成服务丝绸之路经济带的国际物流中心。

2. 深化中日韩自由贸易区先导区研究规划

目前中日关系已降到中日建交以来的低点，但建立“中日韩自由贸易区”是一个国际战略，已成为中国、日本和韩国三国经济界当前的共同选择和迫切需要。中日韩自由贸易区的建立，不仅对中日韩三国会产生很大的影响，而且还会带动整个东北亚区域合作与东亚经济圈的形成。面对市场规模巨大、人口与成员众多的美、欧区域经济集团，东亚国家通过区域经济一体化，变分散的小市场为统一的区域大市场，努力用一个声音说话，以此增强对世界经济的影响力，提升东亚国家在对外经济交往中的讨价还价能力，是大势所趋。

从注重区域协调发展的战略出发，国家将在沿海若干港口条件好、对外开放功能丰富、能够承担自由贸易使命的港口城市设立中日韩自由贸易改革试验区，作为三国之间自由贸易的特殊区域。按照“抵近运输”的国际惯例原则，或于大连、青岛至连云港一线的港口城市之间选择。当前北方各海港城市争先角逐先行先试的激烈态势，对连云港提出了严峻的挑战。连云港要密切关注、及时跟踪国家对外开放的最新政策方针和其他港口城市的动作举措，准确把握形势动态。积极引导学术界、产业界开展合作，加强对国际先进的自由贸易区运作经验和运作模式的研究，为连云港建设中日韩自由贸易区提供理论支持和实践指导。要尽快开展可行性规划研究，先期开展建设连云港中日韩自由贸易区先导区的论证工作，进而抓紧编制该自由贸易区的可行性报告和总体规划。还要主动向国家有关部委和省政府有关部门汇报沟通，尽快以省政府的名义向国务院申报，早日在国家发改委备案。要利用得天独厚的优势条件，抢抓机遇，加快建设港口基础设施，不断优化港口服务功能，提升港口核心竞争力，大力完善与丰富国际性海港城市的对外开放功能，加快将连云港建设成为中日韩之间重要的贸易港口，以便将来在国家选择试点地区时能够承担国家使命。要积极主动介入中日韩三国政府、企业、学术界三方的有关活动，在更多层面上开展对话合作，吸引日韩政、商界精英目光，凸显连云港丝绸之路经济带的桥头堡地位。

（二）创新发展路径，实行“四位一体”

1. 港、区、产一体联动

所谓港、区、产一体联动，包括“三港联动”、“三区联动”、“三产联动”在内的港、产、城一体规划。

所谓“三港联动”，即深水港、航空港、信息港三港联动。在东桥头堡建设中，基础设施占据关键地位。根据东京国际商贸中心的建设经验，随着贸易产品内容和运输条件的变化，贸易枢纽重心将逐渐由港口转变为深水港、航空港、信息港的集合，航空港的重要性日益突出，已经成为一个城市能否成为国际商贸中心城市的关键性因素。连云港港在建设“一体两翼”港口群、构建国际航运服务体系和集疏运体系为核心的大陆桥国际航运中心基础上，应按照《江苏沿海地区发展规划》中“建设服务苏北、鲁南地区、面向亚太的区域性国际航空港”的要求，加快发展区域性国际航空港体系建设，形成以空港物流中心为核心区，服务大陆桥沿线、丝绸之路经济带的航空物流网络。应加快推进海空联动发展，建设海空联动保税仓库，努力构筑航空配送转运体系。同时，整合大陆桥国际信息中心等资源，构筑贸易信息服务体系，进一步发挥三港优势，促进三港之间的联动发展。

所谓“三区联动”，即国家级经济技术开发区、出口加工区、保税物流园区三区联动。以连云港出口加工区、国家级经济技术开发区、保税物流园区为载体，着力打造多功能贸易集聚区。充分利用连云港的已有优势，实施贸易聚焦政策，打造具有较强带动作用、辐射面较广的战略性、功能性的贸易集聚区。

所谓“三产联动”，即农业、工业、商贸三产联动。从商贸与产业互动发展来看，纽约、西雅图、东京及我国上海等国内外国际商贸中心发展经验表明，贸易与产业是相互促进、相辅相成的。产业发展离不开贸易的拉动，贸易振兴离不开产业的支撑，两者是不可割裂的一个整体。桥头堡建设要率先建设区域性国际商贸中心，而国际商贸中心建设离不开产业的支撑，商贸中心功能的提升依赖于产业结构的升级。连云港应通过商贸中心建设助推产业结构优化，促进先进制造业、高新技术产业发展，提升高新技术产业地区竞争力，形成具有连云港独特优势的贸易产品结构。通过贸易政策与产业政策的有机结合，引导产业向拥有自主知识产权、核心技术和自有品牌转变，实现产业结构的调整和升级，同时提升东方桥头堡的能级。

2. 东中西（海陆双向区域）一体开放

东中西（海陆双向区域）一体开放与合作从本质上讲就是丝绸之路经济带与海上丝绸之路的一体化建设。海向，指面向日韩的开放与合作，也是连云港的向东开放，拥抱大海。陆向，指与中亚国家、中西部地区的区域合作。

在操作层面上，要坚持开放合作，利用两个市场、两种资源，广泛吸纳各类生产要素，以大开放促进大发展。海向，巩固与日韩的海陆联运，建设中韩陆海联运试点口岸，积极推进国际甩挂运输业务；加强与日韩等知名船公司的合作，构建与日韩便捷旅游通道，在中韩客货班轮基础上争取开通中日航线；加快建设日韩商品交易中心，扩大经贸往来，不断扩大对日韩的经济合作成果；加强产业招商，拓展航空通道建设，深化与日本、韩国的合作交流。陆向，以中哈国际物流园区建设为抓手，积极按照李克强总理“中方愿在亚欧大陆桥东端的连云港为各成员国提供物流、仓储服务”①的指示，引进上合组织其他成员国在连云港建立物流分拨基地，吸引中亚国家共建共用桥头堡。创新区域与国际合作机制，在合作共赢中谋求新的发展。

3. 功能与载体一体建设

东方桥头堡的功能体现在载体建设上，如东中西区域合作示范区的功能承载了桥头堡的主要功能，即现代物流服务功能、产业合作功能、商务服务功能、科技和人才服务功能、生态功能。示范区建设功能的完善程度决定桥头堡建设成功与否。而示范区的上述功能又通过基地与平台等载体建设体现出来。如前所述，现代物流合作平台、商务合作平台、投融资平台、科技和人才合作平台、信息服务平台、政府服务平台等都承载着特定的功能。东中西区域合作示范区的国家战略，最终落实在基地与平台等具体载体建设上。只有精心设计载体，功能与载体一体建设，才能将国家战略落到实处。

4. 内生动力与外部环境一体培育

激发内生动力是关键。通过激发内生动力增强发展活力，重点要抓四要素：一是观念，全力推动思想大解放；二是机制，激活跨越发展机制；三是环境，努力营造良好的发展环境；四是人才，建设一支适应、推动桥头堡建设的人才队伍。

营造外部环境是基础。通过营造外部环境加强区域合作，实现优势互补，重点在五方面：一是国内外的合作，即桥头堡建设与国际市场的合作与交流。二是跨区域的合作，即桥头堡建设与沿海地区、沿桥地区、淮海经济区的合作；三是区域间的合作，即桥头堡建设与江苏苏南、苏中、苏北各市的合作；四是区域内的合作，即桥头堡建设中市域内港产城要素之间、部门之间、条块之间的合作；五是桥头堡建设与中央部委及省级机关的纵向合作。

（三）创新发展方式，实现“四大突破”

1. 重点领域推进上有大突破

桥头堡建设要制定具体的行动方案，调整相关规划，组织重大项目建设，落实规划提出的各项任务和措施，确保规划目标的实现。以重点突破引领连云港内外发展整体推进，既强调整体推进形成整体效应，又集中力量攻坚克难寻

① 见李克强在上海合作组织成员国总理第十二次会议上的讲话。

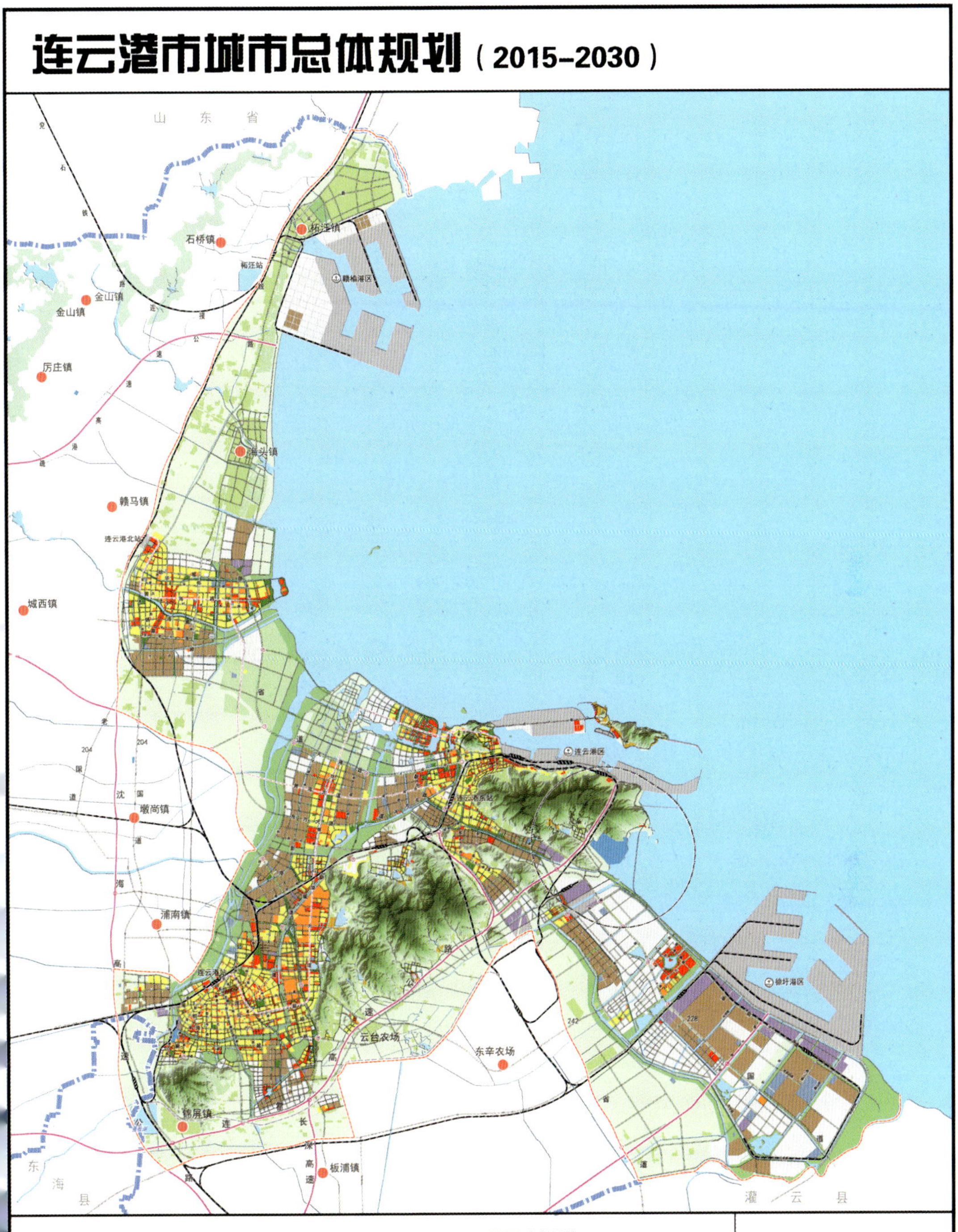

2015—2030城市总体规划图

连岛日出

千舟待发

中哈物流园区

SINOTRANS
SINOTRANS
KTS
IRISL
CHI YU
CHI YU
CHI YU
APL

港城初秋

港城初秋

展翅而飞

求重点突破，解决重点领域和关键环节的体制机制障碍，在重点领域和关键环节取得突破，突出时间节点，干好眼前的急事、要事、大事。要在主动对接丝绸之路经济带、服务中西部中拓展发展空间，形成集聚效应。

2. 集约发展上有大突破

桥头堡建设的空间布局坚持园区模式、集约开发。近年来，连云港规划了不少开发园区和共建园区，虽有一定效果，但规划相对滞后，布局分散，功能定位执行不力；投资强度和产出效益低，开发区多而滥；高层次园区低层次建设。如共建园有苏州与南通、盐城共建；无锡与通州共建；上海外高桥与启东共建；上海嘉定与建湖共建；上海杨浦与大丰和海安共建。上述共建主体都是经济发达地区。而连云港5家南北共建园区是：太仓港经济开发区灌南工业园，连云港开发区昆山工业城、江宁工业城，镇江经济开发区东海工业园，丹阳经济开发区灌云工业园。这些共建主体自身的经济都有极大的待提升空间，在连云港的共建园区很难形成竞争优势。

在桥头堡建设中，要提高园区合作的层次和水平。园区合作在企业自主、政府推动、市场运作方面，优势互补、利益共享方面，都已取得了长足发展。重点是在集聚、集约、集中方面，如何围绕优势产业集群的形成，积极引进关联度大、产业链长的投资项目，注重发展与其配套的相关企业，促进产业集聚。加强科学规划，强化对土地资源的集约开发，提高投资强度和产出效率。围绕确定的重点方向，充分发挥产业集中区在港产城联动中的载体作用，加大集中开发力度，防止多头开发和分散开发。根据自身发展基础、资源禀赋、潜在优势等具体特点进行区域发展规划，形成各具特色、优势互补的产业结构，强调区域间的专业化分工与协作，通过专业化分工与协作提升整体空间效率。

3. 支撑能力建设上有大突破

国际会展功能。争取国家及有关部门的支持，设立丝绸之路经济带（连云港）国际论坛，争取国家将海州湾会议中心确立为永久会址，举办沿线国家和地区经济合作论坛；深化与新亚欧大陆桥沿线和日韩等东北亚国家的经济贸易合作，举办中国（连云港）丝绸之路国际物流博览会，促进互利共赢。

区域协调功能。争取设立哈国铁连云港商务代表处，争取上海合作组织部长级会议、经贸合作工作会议等双多边各领域工作会议等国际性会议在连云港召开。加强沟通交流，定期磋商解决重大问题，形成一系列丝绸之路经济带开发行动方案，增进沿线各国相互理解，不断提高各国对加强丝绸之路经济带建设的关心和支持。

产业服务功能。加强物流基础设施建设，构建集国际运输分拨转运、仓储配送、临港加工、交易及配套服务功能于一体的区域性国际物流合作平台；建设连云港铁矿石国际交易中心，加快构建东北亚和中亚国家资源集中采购平台，构建中国中亚综合类大宗商品出口加工和中转的电子商务平台。

开发开放功能。以示范区建设的发展，奠定进一步提升开放度的基础，要以争取设立连云港综合保税港区的突破，加快推进设立自由港的步伐，以自由港的争取，带动中日韩自贸区先导区的争取。近期，在争取开放徐圩港区、赣榆港区口岸，连云港高新技术产业开发区升级为国家级高新区，争取将连云港海关直属国家海关总署管辖，争取恢复连云港汽车整车进口口岸等方面应有实质性的进展。

4. 凝聚合力上有大突破

桥头堡建设，仅靠连云港一己之力是不行的，一定要在凝聚合力上有大突破。首先，加强与沿海地区的合作，目前江苏沿海三市之间竞争大于合作，应在沿海三市充分发挥连云港“四大国家战略”的政策优势，以促进集聚发展为原则，协调好发展中的重点与一般的关系；以促进一体化发展为原则，协调好产业发展中的重点区域与重点项目的关系。竞争是客观的，但要实现差别发展，错位竞争。其次，在江海联动的基础上，以促进区域共同发展为原则，协调好桥头堡建设与苏中、苏南地区发展的关系。争取苏南、苏中、苏北共享、共建丝绸之路经济带东方桥头堡，促进全省的区域协调发展。另外，加强与陆桥沿线的合作，共享、共建东方桥头堡，在此基础上实现共同繁荣。

第十三章 建设现代化和谐宜居国际化海港中心城市

连云港是座钟灵毓秀、物华天宝，历史悠久，文化积淀厚重的城市。依托山、海、岛、温泉、湿地、古城、港口、人文古迹等非常丰富又很独特的生态、文化资源本底，海、陆、空等便利多样的立体交通和现代化的产业基础，开展城市环境治理、强化生态文明，加快建设港产城融合发展和谐城市、山海相拥的国际知名旅游城市和环境优美的宜居宜业城市。

一、建设港产城融合发展和谐城市

港产城是连云港发展的核心资源，是城市发展的主要内容，港产城融合发展是建设和谐城市的关键举措。

（一）实施港产城联动战略

1. 港口功能定位

连云港港是国家沿海主要港口及区域性中心港口，江苏沿海港口群的核心，我国综合运输体系的重要枢纽，是上海国际航运中心北翼重要组成部分，也是日韩等亚太地区进出国内中西部地区的最便捷港口，在国家“两带一路”战略中具有重要作用。根据《连云港港总体规划》，连云港港“一体两翼”港口群由连云港主港区、赣榆港区、徐圩港区、灌河港区和前三岛港区组成，其中前三岛港区为预留港区。按照港产城一体化的要求对连云港港口群规划方案局部调整，依托深水泊位与深水航道建设，对各港区进行有效分工，创新管理体制，优化功能布局，实现有序竞争，错位发展。

连云港主港区是"一体两翼"港口群的核心港区，承载新亚欧大陆桥东方桥头堡、"一带一路"陆海交汇点和自由贸易港区建设的重任，以打造成为区域性国际航运中心和集装箱干线大港为目标，增强港口功能，拓展服务领域，提升为中西部地区服务、"一带一路"国家和地区服务的能力。加快货物结构调整，大宗散货向两翼港区调整，重点发展集装箱运输，国家重要战略性物资运输，兼顾客运、清洁件杂货及散粮运输；大力推进大陆桥国际航运中心核心功能区建设，为国际采购、国际贸易、离岸金融服务等提供高效港口基础服务，为自由贸易港区预留岸线；增设内陆无水港、延伸拓展港口腹地，加强与哈国铁全方位合作，共同打造中哈物流基地国际物流服务品牌，搭建国际物流服务平台，打造上合组织成员国共同出海口。加强与城市三产业的互动，积极发展为航运物流业发展提供配套服务的商务服务业，加快国际旅游客运、国际游轮码头、私人游艇等高端航运经济要素集聚。

徐圩港区是国家东中西区域合作示范区先导区建设重要组成部分，是连云港港口群核心产业港，依托临港工业起步，以干散货、液体散货和件杂货运输为主。重点发展石油、钢铁、煤炭等工业及上下游配套产业，致力于港产联动，形成港口与工业互动发展的产业集聚区，并预留远期承接连云港主港区及满足临港产业发展的大宗散货、集装箱等货物转运的功能，逐步发展成为为腹地经济和后方临港工业服务的综合性港区。

赣榆港区是连云港"一体两翼"港口群北翼的重要组成部分。以支撑主港货种转移、服务区域经济发展和临港产业开发为主，重点发展有色金属冶炼加工、机械制造、修造船、建材及相关海洋产业，适度发展精细化工等。主要以铁矿砂、木薯干、木材等运输为主，兼顾集装箱运输功能。

灌河港区具有海河联运优势，是服务临港产业及发展海河联运的产业港区，应大力发展海河联运功能，主要以散杂货、化工品运输为主，兼顾修造船功能。

前三岛港区是"一体两翼"港口群的预留港区，未来适应船舶超大型化需要，发展以石油运输为主，为大型石化产业发展服务。

2. 产业发展定位

港产城一体化中，产业集群是对一体化支撑的最为重要的因素。产业集群形成的一个重要因素是地理集中，工业向园区集中，园区向港口集中，以国家级、省级开发区和合作共建园区建设为重点，带动产业发展，培养壮大优势产业。依托“一体两翼”港口群，发挥产业基础和比较优势，加快集群集聚，建立区域产业分工体系，切实转变经济发展方式，加快推进产业优化升级，加强产业园区互动和一体化建设，形成以大型临港产业为基础、先进制造业为主体、生产性服务业为支撑的产业协调发展新格局。

主港区突出港口与第三产业港产联动。重点发展旅游业、物流业、中介服务业、会展业、金融保险、国际贸易与高端商业。要以市场为导向，形成以现代物流技术、网络信息手段和经营管理理念为支撑的多层次、高效率商贸业态。

徐圩港区突出港口与大型临港产业的港产联动，发展重点为构筑石化、精品钢、节能环保、重型装备和现代物流等五大产业集群，努力把徐圩临港产业基地建设成为江苏沿海新的经济增长极，在区域协调发展和东中西区域产业合作中发挥重要作用。

赣榆港区主要以铁矿砂、木薯干、木材等大宗散货运输为主，抓住承接主港区大宗货物转移机会，发展物流产业，建立大宗产品交易市场。利用国际大宗农产品中转和仓储条件，积极发展粮油加工业，提高精深加工水平。合理布局石化、钢铁、粮油加工等临港产业。从主要服务后方精细化工、加工工业等临港产业向装备制造业、海洋工程方面转移。

灌河港区以为地方经济和港产城联动发展服务为主。

3. 城市发展定位

连云港主港区以建设连云港区域性国际商务中心、区域性国际航运中心为目标，连云、墟沟、连岛三位一体，港产城联动发展。主体港区除保留码头外，退港还城，围绕海湾区域建设集商务、金融、会展、旅游休闲、创意文化、高端居住、集装箱运输等为一体的聚集区。通过实现多样化服务业要素资源的集聚和功能整合，加速完善国际化活力湾区的环境形态与配套服务，逐步建成贸易要素优质、技术设施完备、交通便捷高效、环境舒适宜人、产业政策优化、信息高度透明、公共服务卓越、商务活动繁忙，国内一流、区域顶级的以高端商务服务为主的商务产业聚集区和核心区。经过 20 年的努力，将东部港湾建设成高度国际化、对国内外市场具有较强集聚力和辐射力，并在“一带一路”国家和地区具有竞争力和影响力的重要国际商务中心城市之一。实现航运物流要素汇聚，高端产业落户，金融、国际贸易企业云集的繁荣景象。

徐圩是临港产业区，控制城市规模，为产业发展服务。重点建设徐圩云湖商务核心区，将云湖商务区建设成为徐圩新区集行政、商务、休闲为一体，为徐圩新区产业配套的高端商务区。配套建设医疗救助、基础教育、生活服务设施。重点发展生产性服务业，特别要围绕国家石化基地建设，建立针对石化下游产业主导产品的行业技术研发中心，鼓励有实力的企业建立独立的企业技术研发中心；针对炼油产业，探索央企与地方合作的新模式，争取央企在本地建立技术研发的分支机构，不断探索石化产业的新技术，开发新产品；建立大型的石化产品交易和中转市场，建设区域性的石化产品交易平台，构筑服务于石化企业交易、商务、结算一体化的信息体系，为石化基地建设提供技术支撑。

海州区是连云港政治、文化中心，打造集高等教育、行政办公、商贸服务、文化体育等为一体的中高端商务区。

赣榆主城区是城市沿海发展的北翼，承担北翼港区、产业的服务职能，重点发展区级行政办公、商贸服务、文化体育、生活居住及临港产业支撑等功能，随着城市化的推进和沿海产业的发展，赣榆主城区的功能将从为生活服务逐步向生活、生产服务型延伸，并逐步形成功能齐全、环境优美、具有较高水准的复合型城区。

（二）强力推进港产城融合发展

1. 优化结构，推进转型升级

主体港区转型发展、迁转功能。按照连云港区规划布局调整方案，明确各作业区的功能定位及调整时序。2016 年，推动墟沟作业区西区货运功能向两翼转移，加快依托墟沟西作业区和大堤作业区建设邮轮、航运经济等综合服务配套功能区的前期工作，规划确定港区旅游线路和旅游参观点。2017 年，建成庙岭作业区西区中哈物流基地二期散粮接卸码头，旗台作业区及马腰作业区依托后方物流园区，成为服务区域发展的大宗散货接卸及集散基地。2018 年，推动墟沟作业区东区散货、庙岭作业区危险品接卸功能向徐圩港区和旗台作业区转移。2020 年，启动马腰作业区大顺岸改造工作，连云港区液体散货等危化品全部调整至旗台作业区西区。2030 年根据徐圩港区码头建设及铁路等集疏运体系建设情况，逐步启动将马腰作业区、旗台作业区散货运输功能向徐圩港区转移。依托深水大港，建立物流信息平台，加强与国内外物流企业合作，大力发展第三方物流，培育现代物流企业集团，把连云港建设成为现代物流基地，形成高效便捷低成本的物流体系。

两翼港区加快建设，完善功能。徐圩港区要按照适度超前的原则迅速提升港口能力建设，争取30万吨级航道在2017年底建成，推进30万吨级散货码头、30万吨级原油码头建设，形成以30万吨级为龙头、10万吨级以上为主体、5万吨级为补充的码头结构，并积极做好40万吨级航道、40万吨级码头建设的远期规划。徐圩港区在建设过程中，要注意与后方铁路、疏港公路等集疏运体系，口岸查验、物流园区等配套设施的建设统筹，具备承接主体港区功能转移和服务大型临港产业的能力，确保码头能力得到充分发挥。赣榆港区要加快推进港口建设，提升承载连云港区服务区域发展的散杂货运输功能能力，根据临港经济及周边发展需求以及LNG船舶发展前景，将港口航道及码头等级控制在20万吨级以下，航道、码头建设时序按照临港产业需求加快推进。建设大宗产品交易市场。推进石油化工、煤炭、钢材、有色金属、棉花、粮食等大型商品交易市场建设，支持在示范区设立面向中西部的有色金属、铁矿砂期货交易市场。灌河港区要根据临港经济需要，积极打造海河联运的示范区。前三岛港区要根据港航发展需要适时启动超大型码头泊位的前期工作。

构建立体集疏运体系。进一步整合公路、铁路、内河、空港等运输资源，建立通畅、便捷、高效的集疏运体系。完善铁路公路基础设施。争取国家和省尽快启动建设徐圩、赣榆港区铁路支线和金港湾物流园区铁路专用线。加快连盐铁路建设，开工建设连青铁路，争取建设徐连客专，构筑丝绸之路东端陆桥“T”形高铁格局；加快建设连霍高速墟沟互通工程，建成北疏港高速公路，形成横贯东西的港口运输大通道。建成连接“一体两翼”港区的港口连接线和临海高等级公路连云港段，实现各港区之间的纵向交通联系。加快推进空港建设。逐步开通经中西部重要节点城市以及至哈萨克斯坦及周边国家的国际航线，推动开设连云港至日韩空中航线并实现常态化运营。强力推进连云港新机场建设，积极争取丝路基金及“一带一路”国家共同筹建新机场，着力构建区域性的航空港。着力构建内河航道网络。推进连申线等干线航道建设，扩大水运中转能力，做大做强海河联运品牌。

加快发展现代物流。提升金港湾物流园区综合服务功能。依托打造上合组织成员国物流仓储基地契机，大力引进和培育以第三方物流为主的国内外著名物流企业入驻园区，着力打造为临港产业和城市发展提供物流资源整合，集中仓储、配送加工、中转交易、多式联运、保税增值、城市配送等物流服务的综合性大型国际物流基地。统筹发展两翼临港产业物流园区。进一步调整和规范万邦矿石物流园、柘汪物流园区木薯干物流中心、徐圩港区能源物流基地、灌南海河联运物流基地等特色产业园区的功能布局，有计划地对产业园区和地域产业集聚区进行引导，鼓励临港产业打造功能完善、专业性强的物流服务基地。构建多式联运体系。放大连云港至阿拉山口、霍尔果斯等海铁联运示范通道建设效应，稳定、扩大重载双向的五定班列规模，力争开行霍尔果斯、西安至连云港的东行集装箱班列，尽早开通连新欧、连新亚等国际集装箱班列。抓住中韩陆海联运汽车甩挂运输机遇，大力发展跨国汽车货物甩挂运输，以甩挂规模效应促进中韩陆海联运业务发展。积极推进海河联运，开通至苏州、扬州、徐州等地的内河航线，实现江海直达、海河贯通，开成中西部货物从新亚欧大陆桥经连云港进入长江干线的物流新通道。

2. 发展大型临港产业，加快产业集聚集约

加快构筑临港产业带。充分利用港口腹地优势，以片区为板块，沿海州湾打造我市沿海临港产业带。市开发区重点发展生命健康、高性能纤维、装备制造、消费电子、粮油加工等产业，打造成为新兴高端产业示范区。

徐圩新区重点发展基础石化、精细化工、化工新材料、节能环保、盐化油化、智能装备产业、金属制品产业，打造成为临港重化工产业集聚区。两灌临港产业区重点发展精细化工、农业机械、工程机械、食品产业，推动化工、冶金产业转型升级，打造成为精细化工产业集聚区。推动资源的跨区域合理流动和优化配置，重点建设服务中西部地区的进口资源加工基地、出口产品生产基地，积极承接长江三角洲其他地区和日、韩等国家产业转移，打造东中西产业合作的集聚区。

赣榆临港产业区重点发展金属制品、海洋生物产业等，推动石化、冶金产业转型升级，打造成为临港重化和海洋产业集聚区。

积极打造对外开放平台。建设临港保税物流园区，积极吸纳国内外更广泛的港口生产、加工、流通领域的企业参与物流业发展，加快形成千亿级临海物流产业。进一步发展国家级出口加工区，提高园区开发水平，加快产业向园区集中。在此基础上申报建设综合保税区。以老港区为基础，充分整合开放资源优势申报创建自由贸易港区。扶持连云港高新技术产业园区发展，按照集中开发、连片推进原则，做大产业规模，提升发展层次，打造外向型高新技术产业高地。

创新开发园区体制机制。打破行政区划界限，按照连云港产业发展规划纲要，推动招商来的产业跨区域集聚集约。按照谁招商、谁受益的原则，各县区招来的项目，可以摆进市开发区，GDP、固定资产、财政收入等所有方面都归各县区所有。

3. 完善城市功能，港城协调发展

发展商贸、旅游、总部经济，通过对主港区墟沟作业区及西大堤填海区转型为城市、三产发展，实现港城融合发展。

东部城区实行退港还城，打造三大功能板块：将连云港国际商务中心重点打造成为与区域性国际枢纽港配套的，以大陆桥国际航运中心为主要功能的综合性国际商务区。连云港国际商务中心区依托连云港港口、陇海铁路等基础设施，东濒海滨，西临北固山，南起陇海铁路，北至官山，规划区域 270 公顷。是江苏省委、省政府决定建立的三个区域性国际商务中心区之一，并列入全省经济和社会发展“十一五”计划纲要。加快推进连云港航运交易市场和大陆桥国际航运功能区建设，引导现代航运服务业集聚。扶持船舶交易、船舶管理、航运经纪、航运咨询、船舶技术、海事仲裁等航运服务业发展，拓展产业链和服务功能，建设区域性航运中心。

墟沟港区实行港退城进，打造高端商务核心区，重点发展旅游业、高端商业和中介服务业等。旅游方面，陆上，探索开通丝绸之路经济带国际旅游客运专列；海上，提升中韩客货滚装班轮航线，争取开通中日连云港客货班轮航线；配置游艇俱乐部，创造条件建设邮轮码头靠泊岸线，加快建设后勤服务与配套设施，将主港区逐渐建设成为区域性国际邮轮母港，逐步形成高端邮轮经济商业圈，使邮轮经济成为连云港经济发展新的增长点；开发建设一批海上嘉年华、演艺中心等海上休闲娱乐项目。重点建设一批中高档海鲜美食街，吸引更多港城旅游和商务的客人前来消费。中介服务业方面，加快促进物流、科技、金融、职业、信息咨询、法律财务及自律性服务行业中介服务业的发展；高端商业方面，重点建设大规模高能级商务楼宇群，若干宾馆酒店、公寓等配套，最终成为创新消费文化和服务方式、促进消费结构升级的主要拉动力量；成为特色消费市场和辐射周边地区的资源中心；成为城市形象的精华或区域性标志、城市繁荣和城市文化的窗口，引导功能的向心集聚，增强城市辐射力，成为展示连云港市国际化海港中心城市形象的“窗口”和高端服务业的核心载体。

港口集团大堤作业区从港口用地调整为商业及城市配套用地，统一规划，建设服务“一带一路”核心功能区。建设上合组织秘书处及中西亚国家商会、友好协会、驻华使领馆等政府机构和国际友好组织在连云港设立办事处和商务机构的集中区、丝绸之路经济带专业性国际论坛。建设金融、总部经济功能区，争取国外金融机构在此设立分支机构，推动江苏沿海开发银行和国家开发银行连云港分行在此落户。

发展时序上，将大堤港区作为港退城进重点优先发展区，大堤港区目前已形成约4个平方公里陆域，港湾风平浪静，海水清澈，是理想的滨海岸线，先行启动；将墟沟港区作为港退城进近期优先区，加快货种结构调整步伐，按照从西向东逐步调整的原则，有序推进。

对于主港区的改造，应坚持充分利用已有建筑及设施的原则，达到传承港口历史文化、节约资源的目的。即尽可能保留原有码头区完整性、真实性和历史内涵，严格限制污染性码头和企业入驻，为港城融合发展夯实生态基础。

（三）实施与保障

1. 组织保障

建立统一的港产城一体化发展研究和领导协调机制，跟踪国内外港口、城市、产业和技术的发展趋势，制定发展规划及相关政策，统筹考虑重大基础设施建设项目，组织港口物流，协调产业布局中各行业间、各县区间的关系，负责对上汇报争取支持。成立港产城一体化领导小组，由主要领导任组长、市委市政府分管领导任副组长，有关县区和部门负责同志为成员，明确责任，相互配合，形成合力。建立例会制度，协商解决一体化过程中出现的问题，重大问题提交常委会研究。

2. 政策保障

加强港口岸线统一管理，全市所有海岸线、内河岸线，按照“统筹规划、远近结合、深水深用、合理开发、有效保护”的原则，由市港口管理局统一管理，市长一支笔签批。树立港口群“一盘棋”的思想，统一对外。今后徐圩、赣榆、灌河等港区对外统称连云港××港区，港区生产建设信息、年度投融资计划等一律以市港口管理局名义发布。市港口管理局要切实加强对“一体两翼”港口群的行业管理，加快组建专业执法队伍，加强对岸线使用、港口建设、港口经营、港口安全生产、港口统计、规费征收等实施监督检查。市口岸委要统领全市口岸发展，统一协调口岸改革及“大通关”建设。

深化港口管理体制改革。“一体两翼”港口群作为一个整体，在建设、经营方面，港口码头建设、生产经营，由连云港港口集团与徐圩方洋集团、赣榆金东方公司和灌云、灌南县方投资公司分别组建新的两翼港区开发公司负责。两翼港区各投资公司以港界范围内的有效资产注入，港口集团以连云港区港界范围内的资产配比出资。可引入多元化战略投资者，实现混合所有制改造。港区开发公司作为各港区范围内唯一的一级开发商，港界范围内岸线、土地和海域等资源全部归港区开发公司所有。在新的港区开发公司主导下，负责岸线、土地和海域等资源的开发，配套公共设施（《港口法》规定由政府投资建设的项目除外）的建设与维护。码头及其配套设施亦由新的港区开发公司建设经营。政府主导两翼港区的航道、防波堤、疏港道路、水电等公共基础设施建设和维护。港口开发建设形成的岸线、土地等资源按照谁投资、谁受益的原则进行分配。

3. 资金保障

深化港口投融资体制改革，加快两翼港口建设。两翼港口建设还处于起步阶段，港口建设任务极其繁重，主体港区转型发展、迁转功能迫切需要两翼港区予以承接和补充。两翼港区后方产业园区迫切需要港口支撑。只有加快港口建设，才能真正实现以港兴市的战略目标，才能实现港口结构调整，才能有效带动临港产业的发展。创新发展投融资方式，进一步完善国家投资、地方筹资、社会融资、利用外资的投融资机制。尽快出台具体的扶持政策，吸引社会资本特别是民间资本参与港口设施建设。加大力度引进国内、国际知名的航运商、码头运营商参与港口经营，支持日韩、中亚西亚国家及中西部地区的城市和企业参与港口物流园区共建共用。

调动两翼投资建港积极性，做强连云港港口集团主体市场。突出港口集团在参与“一带一路”发展和港口群运营的主体地位，加强对港口集团开展结构调整的引导和激励。对连云港主港区因功能结构、货源结构调整出来作为城市使用的老码头用地、岸线、海域等资源的增值部分，全部以市政府资本金的方式再注入港口集团，增强港口实力，由港口集团根据调整以后的规划主导开发。两翼港区所在县区要积极创造条件支持港口集团参与运营，对于承载连云港区功能及货源转移的功能区域，优先由港口集团主导开发运营，支持港口集团以品牌、技术等做资入股参与码头运营，保障因拓展港口功能而建设堆场、物流园区的物流土地，对于港口集团因生产需要建设职工生活设施给予用地及税费支持。港口集团要根据重新调整后的港口各港区功能定位，主动将散货运输功能向两翼转移，将码头投资的主要方向转向两翼。

二、建设山海相拥的国际知名旅游城市

山海相拥是连云港的地理特征，也是旅游特色和核心要素，建设山海相拥的国际知名旅游城市是连云港城市发展的目标和方向。山的文章不高，海的文章不足，山海相拥的文章不够，制约了国际知名旅游城市建设的速度，也是加快建设国际知名旅游城市的切入点和发展路径。

（一）发展邮轮旅游，提升旅游空间

1. 发展邮轮旅游是建设国际知名旅游城市关键举措

当前世界旅游市场的发展已经进入一个新的阶段，观光型旅游所占的市场比重逐渐下降，取而代之的是休闲度假型旅游。邮轮旅游作为国际旅游市场上增长速度快、发展潜力大的高端旅游产品，近年来一直保持着年均 8%—9% 的高速增长，远远超过国际旅游业的整体增长速度。世界邮轮旅游市场一直稳健增长，潜力很大。近些年随着欧美传统邮轮市场日趋饱和逐渐“东移”的趋势，中国邮轮经济总体上保持平稳上升的发展态势，邮轮市场正进入发展的快车道，国内已有数十个城市接待过国际豪华邮轮，并逐步形成了以天津、上海等多个港口开设邮轮母港航线的全面发展局面。深圳、珠海、宁波、舟山、青岛、威海、秦皇岛等沿海城市也大力推动邮轮码头的研究、规划和建设。

发展邮轮旅游是连云港建设国际知名旅游城市关键举措：

一是连云港需要培育邮轮经济作为整个经济发展的新增长点。邮轮旅游对旅游业和经济的拉动作用十分明显。对邮轮而言，邮轮以某港口为母港，邮轮的燃油、物资的补给、进出港口、停靠的税费、邮轮公司设立总部以及船员在港口附近的消费等将会拉动港口所在地的经济发展。对邮轮乘客来说，平均每条大型邮轮载游客 2000 人，相当于 6 架波音 747 民航客机的载客量，将给市内交通、景点门票、餐饮、娱乐、服务、购物等行业带来大量的客源和收入。一部分落地的游客除了游览当地的风景名胜之外，还会利用邮轮在港口停泊的时间通过汽车、火车和飞机等交通方式，前往停靠港口周边的著名城市、风景名胜和度假地旅游，从而产生了对周边城市旅游的拉动和辐射，带动区域旅游经

济和服务业的发展。发展邮轮经济是国民收入提高之后的重要趋势，也是连云港港口城市发展的新的增长点。连云港港口行业要主动适应邮轮经济发展的需要，并做好与之相关的各项基础设施建设工作。提升对邮轮产业的经济效应和关联效应的充分认识，把邮轮经济列为城市经济发展的新动力和新增长极。

二是具备发展邮轮旅游的条件。作为新亚欧大陆桥东桥头堡，连云港港是韩国通往大陆桥沿线地区最便捷的口岸，连云港市与韩国的交流逐年递增。目前连云港已经开通到韩国仁川、平泽的两条客货班轮航线。随着“一带一路”战略的实施和新亚欧大陆桥的发展，沿桥国家和亚欧两大洲经济贸易交流更为便捷，连云港的国际形象不断提升。政策的扶持，社会经济和连云港市各方面条件的发展使得邮轮经济发展成为可能。

三是呼应国家战略的需要。连云港发展邮轮经济，符合国务院《江苏沿海地区发展规划》和《长三角地区区域规划》等叠加连云港的多重国家战略的要求。长三角区域一体化发展正在北翼形成新的增长极。位于长三角经济圈北端的连云港市，在港口配套、产业承接及城市布局等多方面与上海及长三角其他城市形成互动格局。连云港作为上海国际航运中心的北翼城市，在邮轮经济上也应与上海形成互动格局。

四是连云港的区位优势不可替代。连云港东邻日本、韩国，西连陇海兰新产业带，亚欧大陆桥头堡的地位是其根本优势。连云港要成为中国沿海中部青岛和上海之间的又一座大型海港中心城市、山海相拥的知名旅游城市，应把连云港建设成为全国连接南北、沟通东西的重要的邮轮经济枢纽，上海邮轮母港北翼、天津（青岛）邮轮母港南翼的邮轮组合港和区域性邮轮枢纽港，建设成为江苏又一个新经济增长点。

2. 以邮轮码头建设整合旅游存量资源

将邮轮码头建设与港区综合整治改造调整产业布局相结合。改善提升港池外围的生活旅游环境，促进旅游项目开发。港产城联动战略已经确定对城区有较大环境影响的墟沟港区露天原材料堆货场和大宗散杂货泊位向两翼港区转移。利用港池航道扩深，逐步实施向集装箱枢纽港转型，同时加快商贸物流配套建设，这为邮轮码头建设提供了良好的发展环境。

将邮轮码头建设与商贸、休闲设施相结合。结合墟沟的会议展览中心和在建的连云新城发展邮轮码头，提供优质、高端的度假酒店设施，沿西大堤内外至北固山发展一系列海上休闲活动设施。

将邮轮码头建设与区域内游轮码头建设相结合。在港池内和新填海区设置多个游船码头，开拓海上观光路线，方便旅客游览海港及其周边滨海水域的风景。游船可让旅客感受悠闲舒适的体验，同时饱览海滨的美景。另外，配合生态旅游产品的开发，开拓岛屿漫游路线。为开拓沿海名城（如青岛、上海）海上旅游路线提供硬件，推动开拓连接国内其他沿海主要城市的海上旅游航线。

将国际邮轮码头建设与以生态观光休闲为特色的乡村旅游相结合。由于邮轮在港口逗留短期化的趋势，连云港的现有港口靠近未来临海的城市中心区和多个主要旅游景点，有利发展邮轮旅游。邮轮旅游产品是以海上的连岛度假区旅游板块为主体，陆上的古城文化旅游区为重点，其他旅游板块为辅助延伸的产品体系。通过协调统一、合理开发中心城区旅游资源，着重发展观光旅游、休闲旅游、专项旅游和特种旅游等，完善旅游交通网络，建设旅游集散中心。鉴于赣榆设区，整合自然资源、特色农产品资源、农业文化资源和现代农艺资源，大力发展观光农业、生态农业。可开发三类不同旅游模式。一是特色农产品、农业资源占优势的特色产业带动模式（观赏 + 学习 + 参与型），适用于以农产品为核心，围绕某一种或几种特色农产品展开的主题辐射发展模式。二是自然旅游资源占优势的"观光 + 体验"模式，适用于拥有一定的农业资源，和其他地方相比特色不够鲜明，但拥有较好的自然旅游资源禀赋（清新的山水自然环境、美丽的田园风光、整洁舒适的乡村居住环境等）。三是人文资源占优势的"观赏 + 学习"模式，适用于在农业特色和自然资源特色方面都不占有优势的农业地区。

（二）创新发展模式，优化旅游存量资源

1. 借鉴国际旅游岛模式发展海滨旅游

借鉴韩国济州岛国际自由都市、海南国际旅游岛、福建平潭综合实验区、广西北海涠洲岛旅游区的做法，发挥连云港岛屿众多优势，研究、谋划连云港国际旅游岛的发展目标、建设构想与政策框架，率先将连岛建成一个以日本、韩国为主要合作伙伴，以中、日、韩、俄为主要客源群体，以日本、韩国和俄罗斯等东北亚游客自由进出、资本自由流动、特种旅游商品免税购物为主要内容的国际旅游岛（区）。

建设国际旅游岛必将带动邮轮经济快速崛起。从更长远的视角看，这是中

国在新时期东向海洋开放战略与西向大陆开放战略的结合点，将成为新亚欧大陆桥东端全方位改革开放的试验区，并引导连云港市在未来成为向世界全方位开放的国际自由港，真正形成“东有连云港、西有鹿特丹”的新亚欧大陆桥的全球格局。对江苏来讲，将成为沿海经济区开发的引爆点、中国东部沿海中部地段开放开发的引爆点。

连岛度假区加快建设海滨高档度假酒店、国际邮轮码头、游艇俱乐部、海上运动、休闲广场等海滨标志性旅游项目，深度开发海岛休闲度假、海洋旅游，尽快建成区域性高端海滨休闲度假胜地。

2. 开发山海相融旅游线路

连云港市的旅游资源以海岛景观、山水风光、摩崖石刻、古建筑、文化遗址为主。在空间分布上，这些旅游资源集中在市区内的云台山自然保护区、云台山风景名胜区、锦屏山及连云港港周边。要以标志性旅游项目为依托，与邮轮旅游相适应，开发山海相融的旅游线路。

鉴于邮轮航程的安排不同，每个航次在港口停靠时间不同，且停靠的时间都比较短，整合不同旅游景点、线路和设施，本着精品、特色的原则设计岸上的旅游线路。如半日精华游线，以新亚欧大陆桥东端起点标志、海上云台山、渔湾等景点为主体；一日特色游线，可依托半日精华游线，辅之以花果山、孔望山、海州古城和温泉度假区等景点合理编排；还可以考虑设置其他几个可以控制的可选项，设计不同的线路。由于时间相对较长，可以组织游客到各景点、休闲度假区、民俗表演区和生活旅游区进行参观，或重点突出或各有兼顾，灵活整合各种资源，保证游客的旅程满意。专项主题游线，针对不同的游客展示港城风貌的多元性：新亚欧大陆桥东端起点的无限想象，西游记故事的经典，城市生活的展示，民俗风情的神秘与参与的结合，各种休闲区提供的身心放松，购物街区的时尚或特色创意，均可用来穿成吸引游客的旅游黄金线。标志性景观线，主要是新亚欧大陆桥起点标志、花果山、孔望山摩崖造像、海州古城和渔湾等能够代表或彰显连云港特色的景点，宣传、提升连云港形象。历史人文线，将孔望山风景区、花果山风景名胜区、云台山海宁禅寺、朝阳镇兴国寺、连云港市民俗博物馆等具有不同文化色彩的景点（区），整合成连云港市特色的文化象征，开发出港城文化产品。

另外，还可以将港城保留的传统民间风俗等，编排成节事活动或定期不定期的娱乐演出，定期的演出清单在客人订票时就提前制作出来，增加游客的先见性，且经常变换，避免重复。让游客参与进来，增加旅游情趣，加深游客印象，特别是对于国外游客更具吸引力，同时开发各种民俗特色的纪念品。

3. 开辟“连云港号”东方快车旅游专线

发挥连云港新亚欧大陆桥东方桥头堡的功能，将山海特色与中西部旅游资源结合起来，将邮轮旅游与高铁旅游结合起来，开行通往中、西部及中亚以至欧洲地区的旅游专列——“连云港号”东方快车。

中国中西部有着世界级旅游资源，邮轮旅游与高铁旅游相结合，河南可开行黄河之旅、寻根朝觐之旅，以及三国战略线、古都巡游线、中原名刹线、石窟旅游线、唐僧窟迹巡访线等。陕西可开行丝绸之路游、西安兵马俑—华山旅游线、三国遗踪游、黄土风情游、唐僧取经线、文成公主进藏线等。甘肃省可开行丝绸之路游、唐僧取经线、文成公主进藏线、成吉思汗转战线等。新疆有丝绸之路游，其中包括西、南、东 3 条传统旅游线路。

“连云港号”东方快车旅游专线与邮轮旅游相配合，将大大提升连云港旅游的内涵与国际性的层次。

（三）建设旅游交通枢纽，增强整体旅客集聚力

建设国际知名旅游城市的一个重要方面，是建设旅游交通枢纽，增强整体旅客集聚力，打造旅客进出连云港，以及出游连云港周边地区及中国中西部地区的“旅游门户”。

1. 海上旅游集散中心

为了适应邮轮旅游和高铁时代的到来，要完善旅游集散功能，加快建设水上旅游集散中心。扶持组建大型旅游客运公司，以保证邮轮乘客大流量接待的需求。加强与以上海为中心的长三角城市群的旅游集散中心的对接，提高旅游运输能力。在东部的临港地区，集中设置主要的海陆交通客运枢纽站，促使区域性交通枢纽的形成。

2. 航空交通枢纽

扩建白塔埠机场，加快完成连云港新机场前期审批工作，加快新机场建设步伐，加快发展大型干线机场，确保一期工程“十三五”建成投入使用，提升航空服务水平实现一类口岸开放。开辟连云港至周边著名旅游城市的旅游的特色专线服务，增加周边城市客源市场；加大连云港至北京、上海、广州、桂林等国内大型城市及著名旅游城市的航班密度；开辟或增加连云港至日韩及欧美城市的国际

航班。开通香港、韩国等主要客源市场的国际航线航班或直航包机。

3. 铁路交通枢纽

全面推进干线铁路建设。加快构建覆盖全市、功能完善、结构合理、高效便捷的干线铁路网络。加快连盐铁路、青连铁路、连淮扬镇铁路等干线铁路建设，形成南连长三角、北接环渤海的沿海大通道；争取连徐客专尽早开工建设，充分释放陇海铁路运能，加快推进连临铁路前期研究。争取开通北京、上海、西安、郑州、太原、武汉等城市的假日旅游专列。建设沿海城际客运专线通道。加强柘汪、灌河口两翼支线铁路建设，保证港城市内交通通达性；建设和改造连云港至周边旅游城市的线路；强化连云港亚欧大陆桥东方桥头堡的作用，吸引大陆桥沿线地区的客源；在邮轮客流高峰期加开专列，建设邮轮乘客专用候车室和登船通道，做到火车站与邮轮港交通直接对接。

4. 公路交通枢纽

加快完善干线公路网络布局。一方面，突出围绕“一体两翼”港口集疏运体系发展要求，加快市域干线公路网络完善和功能提升。加快推进长深高速至连云港主体港区的疏港高速公路建设，提升港口快速疏运能力；加快推进G204、G310、S242、S344、S264 等一批普通国省干线公路建设，打通市域对外联系通道；推进徐新公路、S509、S401、S402、S245 等一批疏港干线公路建设，提升港区集疏运能力，支撑服务港口与临港产业、城市之间的融合发展。另一方面，重点投资建设连云港市内特别是到景区的公路系统和连云港至周边邮轮客源城市及旅游城市的公路干线，如连徐、连淮高速；利用连霍、同三高速公路吸引外地客源；修建或扩建改造景点至港口的公路支线，充分利用公路便捷、通达的优势给邮轮乘客提供便利的旅游通道；改善高速公路出入口与邮轮港口之间的交通对接条件。滨海新区内部交通联系，主要是依靠 204 国道和 242 省道。除此以外，通过增加与高速公路的连接点，使用同三高速、连盐通高速成为规划区外部的主要联络通道。连云区和新填海区的长途客运站与公交客运总站，共同设置在邮轮港、轻轨站附近，形成对外与城市内部的公共交通交汇处、人流集散的主要场地。

三、建设环境优美的宜居宜业城市

建设宜居宜业城市是当今世界城市建设发展的普遍趋势，也是建设国际化海港中心城市不可或缺的重要方面。

（一）建设生态城市

1. 优化和提升生态环境

连云港生态环境基础较好。多年来，始终坚持生态优先发展理念，自觉把科学发展观贯穿于开发开放的始终，持续改善环境质量。强化环境保护的源头控制和综合管理，落实规划环境影响评价制度，从严执行环境影响的责任追究制度。重点解决水环境污染、大气污染、环境噪声污染、重金属污染、固体废弃物污染等突出问题，持续改善环境质量。大力推动工业项目向园区集中，进一步提高产业集约发展水平，所有开发区、工业园区、工业集中区必须配套建设污水处理厂。认真抓好城乡统筹，不断改善农村环境，以治理污染为重点，推进农村环境整治。不断完善监管体系，加快生态环境监控信息化建设，加强环境监测站网建设，加快提升环境监管水平。加强科技创新，充分发挥高校、科研机构、企业和行业协会等各方面力量在生态环保科研中的主力军作用，深化产学研合作，加快推进环保产业科技创新，发展绿色循环型经济。

2. 构建生态网络

加强自然保护区、风景名胜区、森林公园、地质遗迹、饮用水源保护区、重要湿地、重要渔业资源、清水通道、蓄滞洪区、大型水面和重要山体等生态功能区保护和生态修复，积极构建生态网络。坚持生态保护和自然恢复为主，根据国家法律法规和相关规划实施强制性保护，严格控制人为因素对自然生态的干扰，维护生态功能，确保受保护区域面积不低于国土面积的15%。强化生物安全管理，加强物种资源调查和保护。积极推进森林群落及野生动植物保护，保护生物多样性。加强森林防火通道、涵水池等基础设施建设，切实保护好云台山等森林资源，加大古树名木、物种资源和林区人文资源保护力度，促进森林生态建设。

3. 加强生态城市建设

加强生态空间管制，加强自然保护区、风景名胜区、森林公园、地质遗迹、饮用水源保护区等重要生态功能区域研究、规划与保护。对重要生态功能区实施严格保护，受保护区域面积占全市国土面积的21.96%。加强滩涂湿地保护、生物多样性保护以及植树造林绿化，编制湿地保护规划，建立湿地管理信息系统，切实加强内河、湿地和海洋环境保护，建立湿地保护示范基地。坚持

▲ 山海相拥的连云港

按照《江苏沿海地区环境保护和生态建设规划》具体要求，以“发展现代林业，建设生态文明，推动科学发展”为主题，建设生态绿色连云港，加大生态林建设及生态保护管理力度，繁荣发展生态文化，努力建设完备的森林生态体系和发达的林业产业体系，构建连云港生态安全屏障。大力开展绿色创建活动，并与创建全国文明城市、卫生城市、环保模范城市等活动有机地结合起来，深入开展生态创建。

（二）建设绿色城市

1. 开展绿地工程

大力实施农村成片造林、云台山景观生态林、沿海防护林、丘陵岗地植被恢复、绿色通道等林业重点生态工程。

森林旅游业建设。依托云台山风景名胜区、云台山森林公园 2 个国家级和 3 个省级森林公园以及 17 个市县级林果资源，建设融旅游、度假、休闲、观光等为一体的森林旅游业，逐年强化林业生态园、观光园、采摘园建设，进一步加强森林公园、湿地公园建设。

云台山景观生态林建设。在连徐高速公路两侧、新港城大道两侧以及锦屏山、后云台山、前云台、中云台、东西连岛等地，云台山森林覆盖率达到 93% 以上，形成一个环境绿化、美化、优化、生物多样性丰富的绿色生态环境，使云台山的环境质量、结构、布局迈上一个新台阶。

沿海防护林体系建设。在赣榆区、主城区郊区范围内所有的河流、海岸、路渠及宜林滩涂营造基干林带和生态防护林，建设高标准农田林网，进一步扩大林带，特别是基干林带宽度，优化结构，提高建设标准，充分发挥防护林的防风固沙、涵养水源和保持水土的作用。

丘陵岗地植被恢复建设。赣榆区班庄、黑林、厉庄、柘汪、塔山等镇内所有集中连片的宜林地建设优质生态林果茶带、特种养殖业、山区生态观光带。通过发展林茶、林粮、林药、林牧、林棉等多种形式的林农复合经营，发展特色种植业，并以此带动果品经营加工等相关行业的发展。

2. 开展重点绿化工程

以重点绿化工程为抓手，统筹城市、农村绿化建设。对城市，主要是城市出入口绿化广场、街头园林小品、交通节点绿地、城市中心绿化广场、居民小区立体绿化等绿化提升，实行扩面、增量、提质，做到市域范围内有路就有林、有水就有林。并把连云港城市历史文化内涵和园林造园手法应用到城市绿化建设中，形成具有连云港特色的城市生态网络系统，突出山海自然景观特色和历史文化内涵。

新海城区，提升现有绿地景观品质，结合老城区改造增加街旁绿地、社区绿地等小型绿地节点，提高绿地游憩服务功能；注重城区滨水绿地的系统建设，形成相互串接的景观绿廊；深度挖掘海州古城历史文化内涵，将绿地建设与城市文化建设相结合，形成主题鲜明的绿地景观亮点。

连云城区，以北固山、连岛为核心景观要素，注重对滨海地区公园绿地系缆的整体塑造，提升绿地景观品质，强化海滨城市景观风貌形象；以藤花落遗址为主题，重点塑造景观独特、人文价值极高的遗址类公园景观；利用区域内山城相嵌的空间特征，结合部分低丘山林绿化，建设公园绿地，进一步优化绿地功能。

连云新城，结合新区城市建设发展时序，有序推进道路绿化和滨水绿化建设；高标准、高质量建绿，以绿化环境营造为先手，带动新区的可持续发展；东中西区域合作示范区（徐圩新区），以埒子河口、善后河所构成的河口湿地为重点，注重对滨海河口湿地的保护和培育；利用南翼地区原有的水系特征，以驳盐河、排淡河及多处小型湖体为基础，进行公园绿地及生态防护绿地建设，并与道路绿化相结合，尽快形成区域绿地景观系统。

赣榆区，对现有乡村，根据村庄特点，围绕提升村庄绿化效益做文章，实现村庄周围森林化、村内道路林荫化、村民庭院花果化、公共绿地人性化、河渠公路风景化、基本农田林网化等“六化”。按照“点、线、片”全覆盖的思路，实施三大生态绿化工程。“点”，即生态家园建设，每年建设一批省级绿化示范村；

"线"，即生态廊道建设，重点围绕高速公路建设；"片"即生态中心，有生态湿地、山体、湖库等。形成"林在城中、城在林中、林城相融"的森林城市风貌。

3. 推广绿色建筑

加快新建绿色建筑发展步伐。大力推广绿色设计、绿色施工，广泛采用自然通风、遮阳等技术，引导新建建筑由以节能为主向绿色建筑发展方向转变。全市城镇新建建筑项目全面按一星及以上绿色建筑标准设计建造，建成1—2个省级绿色建筑示范区。

加快推进既有建筑节能改造。全市机关办公建筑和大型公共建筑在装修、扩建、加层等改造及抗震加固时，综合采取节能、节水等改造措施。具备条件的，整体达到一星级绿色建筑标准；局部改造的，改造部分要达到绿色建筑相关指标要求。以商业、酒店、办公建筑等为重点，推行合同能源管理等模式，引导既有建筑开展绿色建筑节能改造，发挥试点示范带动效应。

可再生能源建筑应用。进一步推动太阳能、浅层地能、生物质能等可再生能源在建筑中的应用，提高应用比例和质量。新建国家机关办公建筑、大型公共建筑，必须使用一种可再生能源并与建筑物主体同步设计、同步施工、同步验收。推进可再生能源一体化与建筑屋顶、墙面等部位的立体绿化相结合。鼓励结合城市建筑物、公共设施建设一体化太阳能光伏并网发电设施。对道路、公园、车站等公共设施，应当推广使用太阳能光电照明系统。

大力推动建筑工业化发展。加大推广绿色低碳建筑技术与产品目录，积极引导规范市场消费。加快建立促进建筑设计、施工、部品生产等环节工业化发展的技术规范体系，推动结构件、部品、部件的标准化，提高标准件的通用性和可置换性。研究出台开展建筑工业化的企业享受一定的扶持政策，政府主导的保障性住房应率先开展住宅工业化应用试点。

4. 推进产业结构绿色转型

市委、市政府始终坚持"发展与环保并重、经济与环境双赢"的原则，以全面提升和改善全市生态环境质量为目标，建设生态城市；大力发展循环经济、低碳经济、生态经济、绿色经济。

（三）建设环保城市

1. 开展城市环境治理工程

生态环境是最基本的民生，为了让人民群众呼吸上新鲜的空气、喝上干净水，开展解决突出环境问题专项行动：

一是城市河道环境综合整治专项行动。深入开展市区内排淡河、东盐河、玉带河、西盐河、龙尾河等5条城市河道专项整治行动，通过采取控源截污、环境整治、疏浚活水、生态修复等综合措施，全面改善市区城市河道环境，保障城市河道水质，消除城市河道“黑臭”现象，提升城市形象。

二是城区化工企业搬迁整治专项行动。利用三年时间，推动30家化工企业入园进区，根据情况分类实施，按照企业所处不同区域，环境和安全危害性大小，企业有无治理能力，以及搬迁条件是否成熟等，进行综合平衡，限期解决。

三是清水工程、污水处理专项行动。积极开展饮用水水源地达标建设，完成蔷薇河整治一、二、三期工程，取缔作坊式石英砂酸洗企业近百家，加快推进沭新渠改造和市区取水口上移工程；实施生态调水，满足市区河道生态用水需求；完成市区主要河流的清淤工程，改善了市区水环境。开展污水处理设施建设专项行动，加快污水处理厂建设，完善污水收集系统。

四是水土保持专项行动。针对低山丘陵和平原洼地，从山丘区实际情况出发，遵循自然规律和经济规律，按照“科技先行，因地制宜，开发和保护相结合，走可持续发展道路”的原则，改善生态环境，实现生态效益与经济效益双丰收。

五是实施矿山地质环境整治专项行动。将市区废弃（关闭）塘口作为矿山地质环境整治重点对象，先期进行矿山地质环境恢复治理，对矿山损毁的土地进行复垦复绿，对矿山地质环境进行修复。结合城市建设规划、土地复垦整理和生态环境保护有关要求，综合整治市区废弃矿山，切实消除地质灾害，改善地质环境和恢复植被生态，提升城市景观和对外形象。

六是港口环境综合整治专项行动。严格按照环保、生态要求加强建设管理，开展大气污染治理、水污染防治、港容港貌整治、货源结构调整，确保全港环境综合整治工作取得实效，为实现生态港、低碳港、绿色港、景观港的愿景奠定坚实的基础。

2. 加强自然湿地和生物多样性保护

加强湿地保护区建设。在前三岛建立省级鸟类自然保护区，保护区范围包括平山岛、达山岛、车牛山岛、平岛东礁、牛背岛、牛角岛、牛尾岛七个岛、礁周围200米海域，面积2.05平方公里。

建设湿地公园。坚持“保护优先、科学修复、合理利用、持续发展”基本原则，以保护湿地资源为最终目的，建设一批湿地公园。力争到 2017 年，在赣榆区、海州区及灌云县各新建省级湿地公园 1 处；争取将东海县西双湖国家湿地公园建成国家湿地公园。

建设湿地保护小区。对不具备条件或不宜大面积划建自然保护区、湿地公园，但已经纳入江苏省湿地资源信息数据库的湿地板块，特别是区域典型湿地类型、重要水源地、重要野生动植物栖息地、渔业资源保护地、重要生态廊道、湿地恢复工程恢复的湿地、河口湿地等所在的湿地，因地制宜，采取建立湿地保护小区的形式加强保护管理。

加强生物多样性保护。实施生物多样性保护战略与行动计划，建立生物物种资源数据库，实施珍稀濒危野生动植物拯救与地方园艺品种等特有物种保护工程。加强外来入侵物种的防范和控制，推进自然保护区、森林公园、湿地公园、郊野公园、生态廊道建设，维持物种生活环境不受到干扰和破坏，保持种群内正常的交流和沟通，加强风景名胜资源保护与培育。

加强岛屿资源和海岸线生态保护。港口与工业岸线控制在 42.3 公里，严格控制污水排放，建设完善的环境基础设施，严禁污水直排入海；城市生活岸线控制在 8.2 公里，建设绿地公园，保留海岸线至内陆的景观及通风廊道；旅游岸线控制在 15.3 公里，在保护自然生态景观的前提下，保护性开发旅游岸线；严格划定生态岸线，主要包括蔷薇河口、埒子河口、北固山岸线、竹岛岸线、

▲ 白鹭乐园

前三岛岸线、连岛岸线等，长度控制在20公里，禁止工业开发，严控住宅商品开发，适度打造海滨生态旅游度假胜地，保护生态岸线原生态，保护动植物的整体生存环境以及迁徙路径。

（四）建设法治平安城市

1. 推进法治政府建设

坚持依法行政，推进法治政府建设，确保在法律授权范围内行使行政权力。完善居（村）民自治机制，扩大基层民主。开展法制宣传教育，提高公民法治意识。全面实施“六五”普法规划，积极开展法律援助，推进司法体制和工作机制改革，规范司法行为，加强司法监督，维护司法公正，提高人民群众对法治管理的满意度。健全社会治安防控体系，加强社会治安综合治理，深入开展平安创建活动，集中整治突出问题，依法打击各种违法犯罪活动，进一步完善落实大调解、大防控和社会管理措施，在更高水平上推进法治连云港、平安连云港建设。健全群众权益维护机制，畅通群众诉求表达、利益协调、权益保障渠道，全面推行重大决策、重大项目社会稳定风险评估，推动科学决策、民主决策和依法决策，妥善处理和协调好各种利益关系，兼顾不同群体利益，维护和促进社会公平正义。

2. 健全社会矛盾纠纷的排查调处机制

完善社会矛盾纠纷大排查、大调解组织管理体系和工作运行机制，健全人民调解、行政调解、司法调解的相互衔接、联调联动机制，加强县、乡两级调处中心规范化建设，多层面搭建调解组织网络平台，妥善处理群体性事件，把各种不稳定因素化解在基层和萌芽状态，努力从源头上化解社会矛盾。加强和改进信访工作，推进信访工作制度化、规范化和法制化。落实信访工作责任，健全领导干部接访下访和包案工作机制，深化信访代理制。高度重视社会热点、难点问题，依法依规、及时有效处理群众反映问题，坚决纠正损害群众利益的不正之风，维护群众合法权益。

加强社会组织、群众组织建设，不断提升管理水平，实现政府行政管理与基层群众自治有效衔接、良性互动。巩固和发展军政军民团结，做好新形势下双拥、优抚安置工作，争创全国双拥模范城。加强流动人口服务管理，做好特殊人群帮教、管理和服务工作，推进社区矫正和安置帮教“教育基地”、“阳光驿站”建设。把民防工作纳入社区服务体系。加强正面的舆论引导，关注网络民意，推进互联网有效使用和管理。做好民族、宗教、侨务、外事、对台和关心下一代工作。深化全民国防教育，加强国防后备力量建设。

3. 加强城市管理

建立与城市化水平相适应、与经济规模和人口规模相匹配、与特大城市发展要求相符合的城市管理体制。大力推进城市管理网络化、数字化、精细化，建设便民应急服务中心。运用先进的信息化技术，全面加强城市地理信息、智能交通、社会治安、市容市貌、灾害应急等各项管理能力。科学界定和划分市、区在城市管理行政执法、市容市貌、环境卫生、园林绿化、市政设施、房产物业等方面的管理权限，理顺城市管理各部门之间的关系。落实属地管理责任，推进管理重心下移，充分发挥街道、社区在城市管理中的作用，形成市为主导、区为重点、街道和社区为基础的城市管理格局。把符合条件的农民工逐步转为城镇居民作为推进城市化的重要任务，放宽农民工和其他外来人口落户条件，放开县城和城镇户籍限制，在充分尊重本人意愿的基础上，推动农民有序转变为城镇居民。合理确定城市开发边界和开发时序，强化城市规划和建设管理。加强城市环境综合整治，显著提高净化、绿化、美化、亮化水平。

后　记

《当代中国城市发展·连云港》在经过近10年的打磨后，终于与广大读者见面。

本书立足于本地实际和特点，对连云港市城市发展的历程作出历史性回顾，总结经验教训，研究连云港城市化建设的重大问题，把握城市发展中带有全局性、战略性、前瞻性的重大问题，探索有连云港市特色的城市化道路及其发展规律，并对未来的发展作出科学的展望。

本书编写工作在江苏全省各市中起步较早。2005年11月市委办、连委办发［2005］69号文成立了丛书编审委员会，由时任市委常委、宣传部部长吴加庆任主任，市委副秘书长、市委办公室主任陈东美和市社科院（江苏省社科院连云港分院）副院长古龙高任副主任，市建设局、规划局、财政局、档案局等单位主要领导为委员。2007年10月9日调整了编审委员会，由时任市委副书记、宣传部部长仲琨任主任，市委副秘书长、市委办公室主任江行舟和市社会科学院（江苏省社科院连云港分院）副院长古龙高任副主任。编审委员会在市社科院下设办公室，古龙高同志担任办公室主任。编撰后期，为了加强领导，项雪龙市长亲自担任编审委员会名誉主任，市委常委、宣传部部长滕雯担任编审委员会主任，保证了编撰工作的顺利进行。

本书编写过程中，得到了丛书江苏省编写工作指导委员会（以下简称“省编指委”）的热忱指导，省编指委贾轸、张小刚副主任，唐文起研究员认真审读书稿，提出了极为重要的、具体的修改意见；省编指委办公室张卫主任及孟静、王振卯同志为本书的出版提供了指导帮助。本书得到了市委市政府领导的关心和重视，市政协仲琨主席、市委宣传部吴加庆老部长十年如一日关心本书工作。特别是在后期制作过程遇到困难时，市委常委、宣传部部长滕雯，市委宣传部常务副部长任瑜给予了大力支持和帮助。

本书具体编撰工作由市社科院主持，采取撰稿人方式。在对编写大纲、详细提纲进行反复讨论、论证，广泛吸收专家、学者意见，集思广益，形成共识的基础上，由市社科院（江苏省社科院连云港分院）牵头，特邀淮海工学院及连云港市有关部门领导、知名专家和实际工作者负责编撰工作。编写过程中，召开了研讨会，组织参编人员与各界专家对城市发展中的重大问题进行研讨，与兄弟市就城市发展的共性问题和丛书编写的经验、困难进行交流。邀请省编指委及有关专家、顾问参与这些活动，积极提供协助。

本书共分历史篇、专题篇、展望篇三部分，撰写具体分工如下：古龙高负责撰写全书写作提纲、统稿，周军负责第一篇统稿，薛为昶负责第二篇统稿，杨雪英负责第三篇统稿。各篇的具体撰稿人为：刘洪石负责第一章、第二章，马红负责第三章，古龙高负责第四章、第五章及三篇篇首语，薛为昶、古龙高负责第六章及各章导语，李洪波负责第七章第一、二部分（李洪波还参与第一章第四节文化部分的撰写），许思文负责第七章第三部分，周军负责第八章，杨东升、杨雪英、邱仕明负责第九章，渠敬华、张淑萍、邱仕明负责第十章，古璇、赵巍、杨雪英负责第十一章，赵巍、古璇、周一云负责第十二章，古龙高、张淑萍、邵翔负责第十三章。任瑜、周玉久审阅了书稿。

本书字里行间渗透着作者们对连云港的深厚感情，凝聚着作者们为连云港城市发展研究所付出的智慧与汗水。

市财政局为本书编写工作的顺利开展提供了宝贵的支持，不仅及时解决了启动费用，还及时解决了出版费用，保障了该书的最终面世。

当代中国出版社的柯琳芳等老师对书稿做了精心设计、精细加工，本书的出版凝聚了他们的心血与辛勤劳动。

在此，我们谨向所有对本书编写出版给予关心、支持、指导、帮助的领导、专家和同志们表示衷心的感谢和崇高的敬意。特别感谢周军教授，虽然调任淮阴师范学院副院长，仍不忘此书工作。怀念连云港著名历史学专家、连云港博物馆老馆长刘洪石先生，他为本书的撰写作出了重要贡献，但没能看到本书的出版。

本书中所用图片由市摄影家协会主席张晓晖先生负责统筹，徐放、季汝明、邓维鉴等也付出了许多劳动。由于图书编撰体例的要求，图片作者没有一一署名，在此向各位作者表示感谢。本书中所用的统计资料及其他文字资料涉及较广，提供支持的单位较多，难以一一列举，谨向有关单位和作者致谢。

这是一本未尽的书，一个未完成的课题。连云港历史悠久而丰富，此书难以完全涵盖她的昨天、今天，也难以完全把握她的明天，挂一漏万，恭请广大读者批评指正。

本书课题组

2016 年 12 月